传统治道与修身研究

童建军　肖俏波　著

中山大學出版社
SUN YAT-SEN UNIVERSITY PRESS
·广州·

图书在版编目（CIP）数据

传统治道与修身研究/童建军，肖俏波著. —广州：中山大学出版社，2019. 10

ISBN 978－7－306－06550－6

Ⅰ. ①传… Ⅱ. ①童… ②肖… Ⅲ. ①儒学—研究 Ⅳ. ①B222. 05

中国版本图书馆 CIP 数据核字（2019）第 007143 号

出 版 人：王天琪
策划编辑：陈 霞
责任编辑：陈 霞
封面设计：林绵华
责任校对：苏深梅
责任技编：何雅涛
出版发行：中山大学出版社
电　　话：编辑部 020－84110771，84110283，84111997，84110779
　　　　　发行部 020－84111998，84111981，84111160
地　　址：广州市新港西路 135 号
邮　　编：510275　　传　　真：020－84036565
网　　址：http：//www. zsup. com. cn　E-mail：zdcbs@ mail. sysu. edu. cn
印 刷 者：广州市友盛彩印有限公司
规　　格：787mm × 1092mm　1/16　20. 875 印张　320 千字
版次印次：2019 年 10 月第 1 版　2019 年 10 月第 1 次印刷
定　　价：52. 00 元

如发现本书因印装质量影响阅读，请与出版社发行部联系调换

本书受2015年度教育部人文社会科学研究专项任务项目（高校思想政治理论课）“传统典故在‘思想道德修养与法律基础’教育教学中的应用”（15JDSZK033）资助

前　言

党的十八大以来，在以习近平同志为核心的党中央领导下，我国各级党委和政府更加自觉、更加主动地推动中华优秀传统文化的传承发展。教育部2014年印发的《完善中华优秀传统文化教育指导纲要》要求进一步加强新形势下中华优秀传统文化教育；党中共中央办公厅、国务院办公厅2017年印发的《关于实施中华优秀传统文化传承发展工程的意见》将中华优秀传统文化的传承发展提高到“建设社会主义文化强国，增强国家文化软实力，实现中华民族伟大复兴的中国梦”的战略高度；党的十九大报告提出，“坚守中华文化立场”，“推动中华优秀传统文化创造性转化、创新性发展”。

文化自信是一个国家、一个民族发展中更基本、更深沉、更持久的力量。因自觉而本自信，因自省而显自信，因自强而更自信，是中华优秀传统文化自信的三个根源。它从历史的纵深、现实的比较和未来的趋向这三个维度，揭示了中华优秀传统文化自信的底气。

因自觉而本自信。这是在客观认识和辩证观照中华优秀传统文化“从何来”的禀赋与特质基础上的本然自信。自觉的根本目的是为中华优秀传统文化自信奠定坚实的理性根基，而不仅仅是基于温情的敬意。中华民族创造了光辉灿烂的中华文化，中华优秀传统文化所蕴含的思想理念、美德境界和人文精神滋养着生生不息的中华民族。中华民族尽管饱经磨难，但文脉未曾中断。

因自省而显自信。这是在经由与他者文化交流互鉴而反观自身文化的基础上，更加合理地辨析自身文化在世界文化中“居何处”而确立的当然自信。自省的根本追求是，在开放社会背景下为中华优秀传统文化自信夯实平和的对话姿态。中华优秀传统文化与世界其他传统文化，共同为世界人民建立了精神家园，为化解世界性困局贡献了思想智慧，为解决当代人类难题提供了重要启示。

因自强而更自信。这是在深刻认识自我文化和批判互鉴他者文化的基础上，更加科学地前瞻自身文化“往何去”的理想追求而确立的应然自信。自强的根本指向是，在自觉和自省的基础上，明晰中华优秀传统文化未来的前进趋向。这就需要对中华优秀传统文化“要有鉴别地对待，有扬弃地继承”，“在继承中发展，在发展中继承”，使中华优秀传统文化“与当代文化相适应、与现代社会相协调”，实现中华优秀传统文化的创造性转化和创新性发展。

正因为中华优秀传统文化自信的基础是文化自觉，参照是文化自省，目标是文化自强，因此，自残自虐、自大自负和自暴自弃的文化态度，都是对中华优秀传统文化自信的重伤。

本书以先秦的孔子、孟子和荀子为代表，探讨了传统儒学的道义论及其政治理念。“道义”一词在先秦典籍中已经正式使用，并且一直延续使用至今，也就是说，道义并非舶来品，因此，研究道义论不应忽略先秦儒家的道义论；同时，“政治”一词在先秦典籍中也已经正式使用，并且一直延续使用至今，有其特定的传统语境含义。在中国传统文本语境中，“政治”是指“政事治理”的意思，包含行为与效果两个方面的意义。从行为方面来说，是指治理（或管理）政事，也就是“治政”，此时“治理”一词是作为一个动词使用；从效果方面来说，是指政事得到有效治理，此时“治理”一词是作为一个动名词使用。因此，研究中国传统政治理念，不应忽视“政治”的特定传统语境含义。本书通过对孔子、孟子与荀子的道义论与政治理念的综合论述，认为孔子、孟子与荀子的道义论与政治理念是心性之学与政治之学、内圣学与外王学的一以贯之，这是先秦儒家的道义政治观，孔子、孟子与荀子同道。

本书探讨了儒家传统典故的现代伦理想象。通过对一个简单的故事或者情节进行言简意赅的点化而起到开悟常人道德心灵的作用，是中国古代哲学家表达思想的特殊方式。这些简单的故事或者情节历经知识性考据和义理性阐发，积淀成中国传统道德文化中的重要典故，是民族道德文化的精华、民族道德智慧的象征和民族道德精神的结晶，也是发挥伦理想象的重要空间，如“孔颜乐处”“三年之丧”“直躬证父”“曾点气象”“嫂溺叔援”“孺子入井”“窃负而逃”“以羊易牛”“庄周梦蝶”“濠梁问答”与“自相矛盾”等。伦理想象的精髓在于，依托重大的道德哲学理论，深度呈现传统典故的道德蕴意，丰富传统典故的普遍性道德价值。它尊重传统典故注疏中已有的汉学和宋学范式，不仅解读传统典故所反映的古典生活秩序的规则，合乎情理地探寻古今共有的经验，更反思传统典故与当代实践的关联。它对传统典故的义理性发掘不限于传统文化的视野内，而是立足于更宽泛的人类道德文化，由此超越传统典故仅仅作为案例性伦理证据的学理范式，为传统典故的伦理价值利用提供新思路。

第一章　传统文化的历史特质与时代展开

党的十八大以来，在以习近平同志为核心的党中央领导下，我国各级党委和政府更加自觉、更加主动地推动中华优秀传统文化的传承发展。教育部2014年印发的《完善中华优秀传统文化教育指导纲要》要求进一步加强新形势下的中华优秀传统文化教育；中共中央办公厅、国务院办公厅2017年印发的《关于实施中华优秀传统文化传承发展工程的意见》将中华优秀传统文化的传承发展提高到"建设社会主义文化强国，增强国家文化软实力，实现中华民族伟大复兴的中国梦"① 的战略高度；党的十九大报告提出，"坚守中华文化立场"，"推动中华优秀传统文化创造性转化、创新性发展"②。

第一节　中华优秀传统文化的表现形式和丰富内涵

传统文化是反映民族文明演化而形成的具有特定民族特征、性质和风貌的总体表征，亦可视为反映该民族物质资源、思想观念以及风俗制度的文化实体和文化意识。中华优秀传统文化是指中华民族在数千年历史之中逐渐演变和发展而成的具有民族自身文明烙印的文化样态。正所谓"泱泱中华历史，皇皇民族文化"。中华优秀传统文化乃中华民族的精神之根和文明之魂。党的十八大以来，以习近平同志为核心的党中央高度重视传承

① 中共中央办公厅、国务院办公厅：《关于实施中华优秀传统文化传承发展工程的意见》，载《人民日报》2017年1月26日，第6版。

② 《决胜全面建成小康社会　夺取新时代中国特色社会主义伟大胜利》，载《人民日报》2017年10月28日，第1版。

和发展中华优秀传统文化。党的十九大亦着重指出：挖掘和阐释中华优秀传统文化中所蕴含的思想观念、人文精神、道德规范，使中华文化展现永久魅力、焕发时代光彩。对待中华优秀传统文化，我们不但要存续和继承其形式多样的宝贵物质资源和丰富多彩的文化表现形式，更要深入思考和审视中华优秀传统文化实质与内涵的“精气神”。因此，只有充分理解和分析中华优秀传统文化外在表现形式与内在核心意蕴，才能为中华文明的传承、发展与传播起到积极作用，才能为实现中华民族伟大复兴的中国梦给予文化支撑与精神滋养，才能充分彰显中华优秀传统文化的真正旨归及其当代价值的应有之义。

一、中华优秀传统文化的表现形式

一般而言，对中华传统文化的理解大多是一个笼统性的概念。为此，我们有必要从学术视角对中华优秀传统文化的表现形式进行文化结构的分层和细化，意在从中华传统文化的外在表现形式及其诸多文化样态中汲取并凝练具有民族特色的文化心理、思维方式和价值理念。所谓文化结构是文化构成要素的一种形式，是指文化各种表现形式的内在有机联结体。[①] 中华传统文化的层次结构通过彼此的历史关系和思想体系形成缔连，不同文化要素或文化丛之间存在的秩序关系形成了文化结构的存在形式，[②] 这种形式由表层向里、由外向内逐渐深入递进，即表现为由工艺器物、书法绘画向语言文字、文学艺术直至风俗制度、思想精神的层层深入。具体而言，中华优秀传统文化的外在表现形式大体可以分为四种类型。

第一，器物型文化形式。在中华优秀传统文化的诸多表现形式中，最为直观且最具有吸引力的是器物型文化，它是中华民族物质文化资源的集中体现。器物型文化不但映射出华夏五千年历史与人文的沧桑巨变，亦将中华民族的文化精髓与文化魅力具象化。器物型文化中诸如四大发明、中

① 参见顾明远主编《教育大辞典》，上海教育出版社 1998 年版。
② 参见覃光广、冯利、陈朴主编《文化学辞典》，中央民族学院出版社 1988 年版。

国陶瓷、文房四宝、古代乐器以及古典建筑等卓越和精湛的工艺技术无不展现出中华民族的智慧力量；京剧脸谱、书法绘画、丝绸刺绣等丰富的艺术形式又展现出中华民族的审美情趣；婚丧冠礼、传统节日所引申出的服饰搭配、礼仪规范、饮食特色等亦反映出中华民族世代沿袭的风土人情和风尚习俗。由此可见，器物型文化代表了中华优秀传统文化的特征与品质，也成为了解中华优秀传统文化的先决条件。考察特定历史时期的人们利用自然、改造自然所创造和掌握的工具装备、技术水平，不但能从客观层面反映出中国古代生产力的发展水平，也能反映出中国古代劳动人民的整体技术和技艺能力。器物型文化堪称存储中华优秀传统文化信息的鲜活“化石”，它承载了中华民族厚重的历史记忆以及劳动人民集体的智慧与能力。总之，器物型文化是中国人赖以生存的前提与基础，亦是中华民族和中华文明得以存续和传承的重要保障。

第二，风俗型文化形式。所谓“风俗”或“民俗”，即“民间文化”，是指特定民族或社会群体在一定区域内的生产、生活中共同遵守的行为模式或规范准则。事实上，风俗是较为稳定的文化样态，是在漫长的文化发展过程中逐渐积累和沉淀而成的。与此同时，风俗亦表现为差异性和多样性，因为特定的环境、地域和社会等因素导致了人群行为动机的差异性和多样性，故具有鲜明的族群特色和地域风情。换言之，自然和地域条件导致的行为差异大多称为“风”；由特定历史和社会文化差异造成的行为方式之不同乃为“俗”。我们说，风俗型文化是以文化传统为先决条件的，它具有历史传统和社会传统相一致的特征。就中华优秀传统文化而言，它亦是由自然和地域、历史和社会等因素共同生成的文化现象或文化传统。譬如，“冠婚丧祭”就是风俗型文化中较为典型的文化传统。一方面，它记录了中国传统社会日常生活中关于礼仪规范的点滴细节，并经历朝历代相沿成习；另一方面，它通过仪式或习俗等方式，把伦理秩序和道德观念灌输于人，从而产生教育效果来影响个体成员的行为方式和人格塑造。

费孝通先生称中国传统社会为“乡土中国”，它的社会特征是“有机的团结”，即“一种并没有具体目的，只是因为在一起生长而发生的社会”，也可称之为“礼俗社会”。[①] 在这样的社会中，每个人眼中都是“熟人”构成的“熟悉”环境。处于熟人社会交往模式中的群体大多对契约不十分重视，他们往往更倾向于对人情、规矩和风俗等可靠性的依赖。或者说，生活在基层的民众是通过自愿和共同认定的俗约、公约来缔结生产、生活方式。正所谓“观风俗，知得失”（《汉书·艺文志》）。从社会管理和教化的角度来说，改善社会风俗对协调基层民众的人际关系、营造安定和谐的社会氛围起到了积极的作用。可见，风俗型文化从一定程度上可以约束社会成员的言行举止，具备了一定的道德管理和道德教育的功能。

第三，制度型文化形式。在文化结构之中，制度型文化基本处于风俗型文化和知识型文化之间的层级。总体而言，制度型文化指的是特定民族或人群广泛确立的各种社会规范体系，它既包括国家层面的法律制度等规范体系，也涵盖不同社会群体共同遵守的规章条例等规范体系。就中华传统文化而言，制度型文化是“诸子百家思想在政治社会层面汇集与融合的产物，是儒家、道家、法家等主要思想流派融合的结晶”[②]。进一步分析，我们也可以对其进行“广义”与“狭义”的界定。其中，“广义”指的是：中国传统社会为维护统治阶级的管理秩序所形成的一系列包括意识形态、思想信仰、核心价值观念，以及在经济、政治、社会和文化层面制定和颁布的模式化和程序化的制度体系。“狭义”指的是：具体或某一特定领域所奉行和实施的象征符号、伦理准则和礼仪规范等，以此来确保社会群体交往沟通方式的有序运行。

制度型文化建构了中华传统文化系统的基本脉络和运行准则。这是因为，其一，制度型文化代表了中华传统文化的属性与特征。具体来说，在中国传统社会，宗法制度孕育了伦理型文化，政治制度产生了政治型文化，而宗法与政治制度相结合，不但产生了“家国同构”这一封建社会最为特殊的社会结构，同时亦形成了“父权、君权”这种独特的

① 费孝通：《乡土中国》，北京大学出版社2012年版，第13－14页。
② 刘后滨：《因革损益：中国传统制度文化的精髓》，载《人民日报》2017年7月24日。

伦理政治型文化。具体来说，从政治文化来讲，是强调由父权和君权架构的等级制度森严的“权力金字塔”。在家庭层面是以“家长制”或“族长制”为首的管理机制，而在国家层面则是“家长制”的扩张版，即以“君权制”为首的国家统治机制。从伦理文化来讲，维系“父父—子子”的伦理秩序，是强调“君君—臣臣”的政治秩序。包括以儒家文化为核心的中华传统文化的内在运作逻辑与发展脉络都是从伦理与政治文化的相互运作而展开说明的。其二，制度型文化体现了中华传统文化的价值观念和道德标准。中国传统核心价值观可以概括为“五常”（即仁义礼智信），其规范原则是“修齐治平”。从本质上讲，制度型文化与传统核心价值观是不谋而合的。制度型文化的外延既可以聚焦于个人的品性修养与行为规范，也可以扩展到整个社会的交往原则。或者说，小至家庭琐事、市井生活，大到国家治理，无所不及。一言以蔽之，制度型文化是以伦理道德为核心内容，并遵循生产关系和宗法血缘关系缔结而成——“本质上是一种人伦关系，是建立在伦理的基础上通过人们的情感信念来处理关系”——的规范体系。尚需说明的是，虽然制度型文化有其特定的历史局限性，但考虑到中华传统文化的价值属性和普遍意义，我们亦应辩证认识和看待制度型文化。

第四，知识型文化形式。知识型文化主要体现在以文本为载体的诗词歌赋、经史名著等古代典籍之中。知识型文化记录了古代经济、政治、科技、文学和艺术等诸多知识体系，是古人认知世界与改造世界的经验性总结，亦是中华民族思维模式的具体表现。可以说，知识型文化贮存的知识量与信息量很大程度上保存和维系了中华民族知识体系和精神内核的连贯性和稳定性，使中华优秀传统文化在历史沧桑巨变之中依然葆有亘古不变的价值与魅力。

毋庸置疑，对于大多数中国人来说，我们对中华优秀传统文化的学习与研究都以知识型文化为依托，进而形成了对本民族的知识建构、道德标准、价值观念以及民族文化内涵的认知与感悟。简而言之，知识型文化的主要内涵可以大体概括为三个方面：其一，在文化内容方面包括老子、孔子、墨子在内的“诸子百家”的学说，以及两汉经学、魏晋玄学、隋唐儒释道、宋明理学等众多学说。这些思想具有鲜明的民族文化特征，在当今时代仍具有理论价值与现实意义。其二，在价值观方面指的是“仁义礼智信”五位一体的价值理念，它是中国传统核心价值观的集中体现，代表着中国古代社会重要的道德原则。传统核心价值观的深刻意蕴，具有广泛的道德影响力和文化辐射力，引导着中国古代社会的价值取向和教化方向，它在锤炼民族精神、塑造民族性格的过程中发挥了十分重要的作用。其三，在文化特质方面强调“文以载道”的理性思辨之精神，可以将其理解为“天、地、人”皆由“道”（最高原则）来统摄。正如老子所言：“人法地，地法天，天法道，道法自然。”（《老子·二十五章》）意即通过对自然之解读的“天道”来推导人伦社会之“人道”，这种别具一格的“天人合一”的教化范式，将个人、国家、天下乃至宇宙都紧密地联系在一起，并且将之纳入人伦纲常之中，进而达成了“人伦效法自然”抑或“自然被人伦化”的大一统。总而言之，知识型文化呈现的是中华传统文化较为深层的核心部分，也是将器物型文化、风俗型文化和制度型文化统一为中华优秀传统文化的最终奥义。古语有曰：“形而上者谓之道，形而下者谓之器。”（《易传·系辞传上》）中华优秀传统文化正是由“器物”之技艺延伸出人伦之道，直至“众妙皆道”的文化理性。因此，我们须以史为鉴，将中华优秀传统文化的核心精髓和思想内涵由表及里、由外向内地“一以贯之”。唯其如此，方能将中华优秀传统文化的时代精神与永恒魅力发扬光大。

二、中华优秀传统文化的丰富内涵

中华优秀传统文化的独特吸引力还在于它所蕴含的丰富思想内涵、文化底蕴、民族精神、家国情怀、信仰追求和价值理念等方面，以及它们相互影响和彼此整合而生成的内在逻辑体系。中华优秀传统文化的丰富内涵不但映射出中华民族固有的民族品质和民族精神，同时亦凝聚着中华民族被广泛接受与普遍认同的民族情感与家国情怀。可以说，中华优秀传统文化的丰富内涵业已融入中国人的血肉与骨髓之中，不仅成为华夏子孙共同肩负的义务与责任，更是中华民族伟大复兴不容割裂和忽视的精神命脉。

（一）中华优秀传统文化的民族精神与家国情怀

从本质上讲，中华优秀传统文化的精神内核是中华民族的民族之魂、民族气魄和民族精神之所在，是指以爱国主义为核心的民族精神与以改革创新为核心的时代精神，二者亦是“兴国之魂”与“强国之魂”。中华民族的民族精神凝聚了中国人几千年来的理性思辨和生存智慧，是中华儿女团结一心的精神纽带与独具一格的精神标识。进一步讲，中华民族的民族精神又不同于西方社会所倡导的“自由、民主、平等”的价值取向，它指的是以爱国主义精神为核心，同时表现为团结统一、爱好和平、勤劳勇敢、自强不息等人生态度和理想信仰。具体而言，崇尚和弘扬爱国主义精神是中华民族的优良传统，例如，它是“先天下之忧而忧，后天下之乐而乐”（范仲淹：《岳阳楼记》）的家国情怀；是“保天下者，匹夫之贱，与有责焉耳矣”（顾炎武：《日知录·正始》）的责任担当；是“苟利国家生死以，岂因祸福趋避之”（林则徐：《赴戍登程口占示家人二首》）的豪言壮志；是“粉骨碎身全不怕，要留清白在人间”（于谦：《石灰吟》）的高洁情操；等等。以上都是中华民族的仁人志士在不同时代背景下所彰显出的爱国情怀。由此可见，爱国主义精神不仅体现出对中华民族的深深眷恋，更是中华儿女对国家和民族的认同感、尊严感和荣誉感的情感表达。

再者来说，民族精神与民族气节也为“家国天下”的道德格局与情怀奠定了坚实的精神之基，这亦使得中国人对民族和国家的高度责任感和义务感油然而生。在汉语中，“国家”一词本身就是“家国情怀”的最好证明。正如冯友兰先生所言：“有以家为本位底生产方法，即有以家为本位底生产制度。有以家为本位底生产制度，即有以家为本位的社会制度，在以家为本位底社会制度中，所有一切社会组织均以家为中心。所有一切人与人底关系都须套在家底关系中。”[①] 因此，从个人角度来说，对家庭的感情也就表现为对国家的情感，对个人道德的至高要求也必然升华为对国家的忠诚，即“上思报国之恩，下思积家之福”（袁黄：《训子语》）。可

① 冯友兰：《三松堂全集》（第3卷），河南人民出版社2000年版，第253页。

以说，在传统道德要求范围内，对于家和国的期许亦是一致的。吕坤说："忠孝以辅国，尔父之训也。"（《闺范》）若从理性角度来思索，孝忠于"家国"，既是"父权"的需要，也是"君权"的需要。而若从情感角度来思考，则体现了古人克己奉公、精忠爱国等高尚情操。毋庸讳言，以"家国天下"的道德格局为表征的家国情怀弘扬了"大爱"的价值追求，这亦是中华文明一脉相承的文化根基。李泽厚先生曾用"情本体"表达中华传统文化的特点，即不论是君臣之间的忠恕之道、百姓之间的兼爱有信，还是家族成员间的夫妻之情、兄弟有义，其归根结底都是对"大爱"价值观念的信仰与认同。故中国人的家国情怀是超越个体、超越种族的人文精神关怀。这种情感不仅仅强调个体成员对于家、国、天下的爱，同时也强调了个体与家、国、天下间相互依存的关系。它将具有"国家"的权力体与"天下"的价值体相结合，从而完成了由"知"到"信"的超越。同时，将修身、齐家与治国、平天下的理想信念贯穿于教育始终，其根本主旨仍是强调"一国兴让，济世经邦"的家国理想。总之，"苟利国家，不求富贵"（《礼记·儒行》）。民族精神、民族之魂与民族气魄无疑是中华优秀传统文化赋予中华儿女的民族气质。

（二）中华优秀传统文化的思想内涵与文化底蕴

习近平指出："中华民族有着深厚文化传统，形成了富有特色的思想体系，体现了中国人几千年来积累的知识智慧和理性思辨。"[①] 在挖掘和阐释"历久而弥新"的中华优秀传统文化思想内核和理论精华的过程中，我们既"要讲清楚中华优秀传统文化的历史渊源、发展脉络、基本走向"——这是了解中华优秀传统文化思想精华的前提和基础；同时又要"讲清楚中华文化的独特创造、价值理念、鲜明特色"[②] ——这是彰显中华优秀传统文化当代价值和意义的关键之所在。

---

① 《在哲学社会科学工作座谈会上的讲话》，载《人民日报》2016年5月19日。

② 中共中央宣传部：《习近平总书记系列重要讲话读本》，学习出版社、人民出版社2016年版，第202页。

充分挖掘中华优秀传统文化的思想底蕴，目的在于夯实中国特色社会主义文化的根基。事实上，中华优秀传统文化在历史发展的过程中始终保持着文化的完整性和延续性。一方面，不断承袭先辈贤圣的思想，丰富与完善自身体系；另一方面，为应对不断更迭的历史境遇，传统文化亦不断融入新的思想内容，与日俱新。这种文化发展形式和演变逻辑反映出中华民族特有的文化特点和文化精神，同时亦折射出基于不同历史时期、不同社会背景而形成的共同遵守和信奉的道德理念与精神品质。可以说，只有民族的共同文化记忆，方可构建一个民族共同的文化心理，进而形成一个民族独有的精神气质。正如梁启超所言："凡一国之能立于世界，必有其国民独具之特质。上自道德、法律，下至风俗、习惯、文学、美术，皆有一种独立之精神。祖父传之，子孙继之，然后群乃结，国乃成。"[①] 可见，稳定的文化样态是民族繁衍不息的精神支撑，亦是民族全体成员共同的心理归宿。

那么，中华优秀传统文化中尚需深度挖掘和详尽阐释的丰富内涵有哪些呢？习近平总书记明确指出，中华优秀传统文化的丰富内涵是指关于道法自然、天人合一的思想，关于天下为公、大同世界的思想，关于自强不息、厚德载物的思想，关于以民为本、安民富民乐民的思想，关于为政以德、政者正也的思想，关于经世致用、知行合一的思想，关于以诚待人、讲信修睦的思想，关于求同存异、和而不同的思想，等等。[②] 概而言之，中华优秀传统文化的丰富内涵包括儒家的和谐理念，墨家的兼爱非攻思想，道家无为而治的政治主张，以及从"天人合一"的哲学思想到"尚义任侠"的朴素平民文化，从"和合中庸"的思想智慧到"仁义礼智信"的人伦修为，等等。总而言之，绵延数千年的中华文化，既不应是尘封已久的历史典藏，也不应是孤芳自赏的温室之花。中华优秀传统文化所蕴含的丰富哲学思想、人文精神、教化思想、价值理念等诸多内容可以为今人

---

① 梁启超著，宋志明选注：《新民说》，辽宁人民出版社 1994 年版，第 8 页。

② 参见《在纪念孔子诞辰 2565 周年国际学术研讨会暨国际儒学联合会第五届会员大会开幕会上的讲话》，载《人民日报》2014 年 9 月 25 日，第 2 版。

认识和改造世界提供有益的启示。它将民族性与时代性兼收并蓄、有机结合，从而为构建中国特色社会主义文化奠定了深厚的文化基础和有力的文化支撑。

（三）中华优秀传统文化的价值目标与价值理念

价值观念的实质是对事物价值性的把握，价值观念的对象是事物对人的意义和价值，价值观念的认知方式是理解和认同。① 从这个意义上讲，价值观属于人的范畴，须在社会的现实境域下才能得以显现。价值观亦属于文化范畴，文化为价值认知、价值选择、价值认同和价值评价等构成要素提供了内在的本质属性。中华优秀传统文化的价值就在于能够将个体价值与社会价值统一起来，将民族文化和世界文化联系起来，进而展示出中华优秀传统文化现实意义和当代价值的真谛之所在。

首先，从对个人价值层面而言，把中华优秀传统文化融入个体的品性修养之中，以实现人的自由而全面的发展。马克思和恩格斯在《共产党宣言》中曾指出，每个人的自由发展是一切人自由发展的条件，将人的发展置于社会现实之中，规定了对人的本质理解的价值取向。与此相应，中华优秀传统文化中的“修齐治平”亦将个体置于家、国和天下之中，从而试图凸显人的价值属性。“中国传统文化博大精深，学习和掌握其中的各种思想精华，对树立正确的世界观、人生观、价值观很有益处。学史可以看成败、鉴得失、知兴替；学诗可以情飞扬、志高昂、人灵秀；学伦理可以知廉耻、懂荣辱、辨是非。”② 中华传统文化中的优秀德育思想对个体的影响在于强调德育的方式、方法和德育效果。这不但要发挥和依靠文化的熏陶、教化和激励等作用，还要发挥文化的凝聚、润滑和整合作用。文化总是在潜移默化中影响着人们的人生观、价值观和世界观，并能够取得较好的德育实效性，使得“百姓日用而不知”（《易传・系辞传上》），进而

---

① 参见兰久富《社会转型时期的价值观念》，北京师范大学出版社 1999 年版，第 64 页。

② 《在中央党校建校 80 周年庆祝大会暨 2013 年春季学期开学典礼上的讲话》，载《人民日报》2013 年 3 月 3 日。

引领社会群体实现共同的价值目标。可以说，强调主体“人”的价值，发挥“人”的作用是价值观现实运作的基本条件，也是价值观所要实现的目标，这也正是“以文化人”“以文育人”的具体体现。

其次，从对社会价值层面而言，将中华传统文化的社会价值与社会主义核心价值观相结合，可以形成符合社会发展的时代主题和时代精神。毫无疑问，核心价值观是一个社会主流意识形态的集中体现，反映了社会成员普遍认同的思想观念、价值理念和道德规范的“最大公约数”。也就是说，一个民族价值观念的选择、价值目标的实现关乎本民族对待文化的立场和态度。所以，深入挖掘和阐释中华优秀传统文化的丰富内涵，并赋予其以新的时代使命，能够为培育和弘扬社会主义核心价值观蓄能储电。以中华优秀传统文化涵养社会主义核心价值观，就是将其中的文化精髓进一步凝练与升华，并为社会主义核心价值观提供丰厚的文化基础和理论滋养。从这一意义上讲，中华优秀传统文化对于弘扬和践行社会主义核心价值观能够起到凝魂聚气、强基固本的功效与作用。

最后，从对世界价值层面而言，将中华传统文化的世界价值传播出去，使之在与世界的交流、互鉴中推进人类文明的进步。中华文明自古以来就不是故步自封的体系，辉煌灿烂的华夏文明在人类文明史上留有浓墨重彩的一笔。中华优秀传统文化的世界价值与世界文明相融通，并具有普遍性的文化特质与文化精神。可以这样理解，中华优秀传统文化是中华民族最深厚的文化软实力，也是中国发展与建设必须扎根于此的文化沃土，这既是对中华优秀传统文化的自信，也是对中国特色社会主义道路和制度的自信。近年来，习近平提出“亲、诚、惠、容”的中国周边外交的新理念，在国际政治关系中注入了讲义气、重担当等真诚、亲切的情感元素，使国与国之间的外交模式如同邻里往来一般合情合理地健康发展，这体现了中华优秀传统文化中最接地气、亦是最为质朴的人伦思想。正所谓“物之不齐，物之情也”（《孟子·滕文公上》），在经济全球化与文化多元化的双重背景下，中华文明如欲发挥其独特的文化魅力，就应该发掘自身的潜质，并在与他国文化的交流互鉴中认清本国文化的优势和局限，这样才能获得其他国家的尊重、包容、理解和认同。

三、中华优秀传统文化的传承、转化、创新与发展

新时代中国特色社会主义是中华民族历史上新的里程碑，这也对中华优秀传统文化提出了新要求、新目标。习近平总书记指出："在漫长的历史进程中，中国人民依靠自己的勤劳、勇敢、智慧，开创了民族和睦共处的美好家园，培育了历久弥新的优秀文化。"[①] 为此，我们理应整理和阐释中华优秀传统文化的表现形式，审视和分析其中所蕴含的思想内涵和文化底蕴，并以此彰显中华优秀传统文化的传承性、民族性与时代性。正所谓"富有之谓大业，日新之谓盛德"（《易传·系辞传上》）。要推动中华优秀传统文化的传承、转化、创新与发展，还要充分理解和把握中华优秀传统文化形式与内涵"表里如一""相互涵摄"的问题，以及完成中华优秀传统文化当代价值的创造性转换与创新性发展的问题。唯其如此，才能推动中国优秀传统文化推陈出新，与时俱进。

（一）形成凝聚力：坚持以马克思主义作为传承中华优秀传统文化的指导思想

习近平强调：实现中华传统美德的创造性转化和创新性发展的前提是"坚持马克思主义道德观、坚持社会主义道德观"[②]。同时，党的十九大亦明确指出：发展中国特色社会主义文化，就是以马克思主义为指导，坚守中华文化立场，立足当代中国现实，结合当今时代条件，发展面向现代化、面向世界、面向未来的，民族的、科学的、大众的社会主义文化。这清楚地说明，要以马克思主义作为传承与弘扬中华优秀传统文化的指导思想。

马克思曾指出："正确的理论必须结合具体情况并根据现存条件加以阐明和发挥。"[③] 毛泽东提出将马克思主义与中国具体实际相结合这一论

---

① 《促进共同发展　共创美好未来》，载《人民日报》2013 年 6 月 7 日。

② 习近平：《习近平谈治国理政》，外文出版社 2014 年版，第 160 页。

③ 中共中央马克思恩格斯列宁斯大林著作编译局编译：《马克思恩格斯全集》（第 27 卷），人民出版社 1972 年版，第 443 页。

断，其中理应将中华优秀传统文化包括在内，即中华优秀传统文化乃马克思主义中国化这一命题的应有之义，从而形成具有中国特色的马克思主义传统文化观。更为准确地讲，马克思主义和中华传统文化之间具有传承与发展的内在逻辑关系。一方面，“中国共产党人是马克思主义者，坚持马克思主义的科学学说”[①]；另一方面，“中国共产党人始终是中国优秀传统文化的忠实继承者和弘扬者”[②]。因此，寻求中华传统文化与马克思主义的契合点，要从时代高度科学地审视中华传统文化，要从历史维度辩证地进行中华传统文化的转化与发展。换言之，只有坚持以马克思主义为指导，牢固树立马克思主义在意识形态领域中的主导地位，才能牢牢把握住中华传统文化的精神命脉，才能正确指明中华优秀传统文化的发展方向。

再者，要推动中华优秀传统文化在新时代的传承与发展，还要讲清楚中华传统文化与中国特色社会主义文化之间的关系。中华优秀传统文化厚重的文化底蕴与深刻内涵不但奠定了中国特色社会主义文化最为广泛的现实基础，同时还为社会主义文化的大发展、大繁荣支撑起坚实的精神脊梁。“中华优秀传统文化已经成为中华民族的基因，植根在中国人内心，潜移默化影响着中国人的思想方式和行为方式。”[③] 习近平将中华传统文化喻为“文化基因”，这一隐喻意在揭示当代中国特色社会主义文化要以中华传统文化作为根基的内在合理性，同时也意在表明对待两种文化相互关联的态度，即主动、自觉且具有创造性地发挥中华优秀传统文化的“基因重组”功能和“文化遗传”效果。或者说，中华优秀传统文化自身具有相对包容性、独特性和稳定性等特点，并在中华文明纷繁复杂的历史巨变中演绎着“文化基因”彼此整合、衍生和演化的内在运作形式，进而集萃和凝练为代表中华民族积极进取、崇善向德的“精神基因”。这种精神又促使中华民族形成“文化自觉”的认知状态，即表现为自觉地继承和运

① 《在纪念孔子诞辰2565周年国际学术研讨会暨国际儒学联合会第五届会员大会开幕会上的讲话》，载《人民日报》2014年9月25日，第2版。

② 《在纪念孔子诞辰2565周年国际学术研讨会暨国际儒学联合会第五届会员大会开幕会上的讲话》，载《人民日报》2014年9月25日，第2版。

③ 习近平：《习近平谈治国理政》，外文出版社2014年版，第170页。

用民族文化的精髓，并能充分融入先进文化，服务于先进文化，成为中国特色社会主义文化的优势与特长。此外，更值得一提的是，要实现中华优秀传统文化与马克思主义、社会主义文化的现实对接，还要以科学的态度正确地对待中华传统文化，要树立科学的传统文化价值观。即要“坚持马克思主义的方法，采取马克思主义的态度，坚持古为今用、推陈出新，有鉴别地加以对待，有扬弃地予以继承，取其精华，去其糟粕”[①]。意即说，对待中华传统文化要予以理性的审视，以科学的方法和正确的态度来体会和领悟它的当代意蕴，这是中华传统文化转型与发展的必经之路。总而言之，“明镜所以照形，古事所以知今”（《资治通鉴》）。明确了中华优秀传统文化的传承、转化、创新与发展的定位与方向，并有效地掌握和运用其现在的解读方式和路径，方可达到运用于今日之目的。以此切题才能更为准确地把握中华优秀传统文化与马克思主义、中国特色社会主义文化之间的关系，从而为中国特色社会主义文化建设保驾护航。

（二）激活生命力：推动中华优秀传统文化表现形式的创新性发展

要推动中华优秀传统文化表现形式的创新性发展，即要按照社会主义新时代的文化要求对它的表现形式加以补充、拓展、完善和提升，使其能够与当代社会主义文化相通融，并且能够兼收并蓄地汲取世界一切优秀文明成果，做到包容并进、择善而从，进而激活中华优秀传统文化的生命力。

对待器物型文化形式，要创新文化保护理念，实现文化样态的活性继承。中国现代历史文物的保护理念肇始于20世纪20年代。改革开放以后，梁思成同志曾经提出过“整旧如旧”的文化保护思路，他强调对历史文物、建筑物开展复古与复原工作。如今，党的十九大明确指出要加强文物保护利用和文化遗产的保护与传承。具体来说，对于世代传承的器物型

---

① 中共中央宣传部：《习近平总书记系列重要讲话读本》，学习出版社、人民出版社2016年版，第202页。

文化遗产，要在尽可能地修缮与保存的条件下达到“还其原貌”“留其本真”的效果和目的。在此基础上，还要提倡文化遗产的保护形式能够与时代接轨。譬如，对待传统工艺、书画曲艺、建筑群体等可以在采用保护性措施的基础上，适时、适当地与经济效益、社会效益相结合，以展现其当代价值，实现其活性继承。可以说，激活器物型文化的生命力是一项系统且复杂的社会工程，需要以科学的保护理念来实现其创新转化与发展。此外，实现器物型文化的活性继承也并不仅仅是“旧瓶装新酒”，而是要最终实现文化遗产的历史价值与当代价值的传承与统一。

对待知识型文化，要审视其文本性价值，重视对其解读性的认知。中华优秀传统文化不应是被封存于图书馆中的泛黄文献，而应是呈现在今人视野中的生动且鲜活的教育读本。长期以来，人们将传统文化视为封建时期的产物，对它持有偏见。然而马克思曾指出，批判的武器不能代替武器的批判，即强调“批判”乃人类社会发展的内源性动力。因此，以批判之视角审视传统文化的知识体系，其实质是对中华传统文化的扬弃和发展。超越文本性理解的关键是不囿于文本式的单纯解读，而是以现今的时代精神和文化品格为支撑来进行解释与追问。文本知识虽是客观且不可变更的，但对文本知识的掌握和运用却能转化为新的文化理念和价值内涵，这才体现了对知识型文化的进一步创新与升华。可见，更加深入地了解与认知中华优秀传统文化，不但能拉近古人与今人的心灵之距，更能平添对民族文化传统和民族精神的亲近感和自豪感。毋庸置疑，知识型文化夯实了国家与民族的理性地基，亦建构起了国家与民族的精神脊梁。

对待风俗型文化以及更深层次的制度型文化，要兼顾其历史性与现实性的统一。风俗型和制度型文化的历史性表现为在农耕经济、血缘政治、宗法制度以及儒家文化的共同作用下形成的生活样态、规范准则。风俗型和制度型文化的现代性，则是指在当代社会和民间生活中依然能被保留、实践的文化形式。张岱年先生曾说：“文化既有不同历史发展阶段的‘变’，也有连续性、继承性的‘常’。”[①] 风俗型文化作为一种文化传统可

① 张岱年：《张岱年全集》（第1卷），河北人民出版社1996年版，第155页。

以将传统文化元素一并“打包”继承，在“变”与“常”之间追求一种沿袭风俗习惯的文化平衡，以此来体现风俗型文化创新发展的鲜活生命力。而制度型文化则更倾向于传统社会的政治体系。亚里士多德曾说“人是天生的政治动物”，这揭示了人对权力运用与追求的政治属性。在中国传统社会，伦理道德与政治体制是相互涵摄的，制度型文化对于维系旧的封建权力体系在当代显然不具备合法性，亦没有继承和发展的价值。但秉承创新性发展之原则，国之运作仍是追求和实现独立自主、富强统一的“大一统”的政治格局和国家理想。因此，制度型文化的合理成分亦可在“大破与大立”之后一以贯之地传承下来。

总而言之，创新和发展是互为一体的两种实践途径，发展是创新的先决条件与前提基础，创新是发展的最终成果和目的所在。推动中华优秀传统文化表现形式的创新性发展，就是要让传统技艺的工匠精神绽放时代光彩，让传统思想精髓熔铸民族自信，让传统习俗和中国故事传承文化精神。中华优秀传统文化资源的外在表现形式在当今时代仍具有鲜活和强大的生命力。实现中华传统文化表现形式的传承、创新与发展，就为中华文明世代相传提供了源源不竭的持久动力。

（三）增强感召力：促进中华优秀传统文化丰富内涵的创造性转换

促进中华优秀文化丰富内涵的创造性转化，就是对中华优秀传统文化中具有借鉴价值的思想内涵与核心精神加以改造，推陈出新，并结合新时期社会现实之所需，将之转化为与中国特色社会主义文化以及核心价值观相适应的现代文化样态。正如习近平所讲：“中华文明延续着我们国家和民族的精神血脉，既需要薪火相传、代代守护，也需要与时俱进、推陈出新。”① 中华优秀传统文化创造性转换的实质与关键在于“通古今之变”，只有“返本”于中华传统文化的丰富内涵与核心精髓，打通中华传统文化的精神命脉，才能“开新”中华传统文化的新纪元。

---

① 《在中国文联十大、中国作协九大开幕式上的讲话》，载《人民日报》2016 年 12 月 1 日。

首先，要深入挖掘中华民族的民族精神与家国情怀的当代意蕴及其独特优势。如果说民族精神是树立中华民族自尊心和自豪感的精神支柱，那么，以改革发展为核心的时代精神就是推动中华民族与时俱进、革故鼎新的精神动力。黑格尔曾说："时代精神是每一个时代特有的普遍精神实质，是一种超脱个人的共同的集体意识。"[①] 中华优秀传统文化的传承与发展就是民族意志存在的重要标识。而中华优秀传统文化的现代转型，亦体现了民族精神在当今时代的鲜明特征。近现代以来中华民族艰苦卓绝、百折不挠的奋斗历程，呈现出中国古今民族精神命脉承续与对接的整个过程。这期间，孕育了"爱国、进步、民主、科学"的五四精神，"自力更生、艰苦奋斗"的延安精神，以及"全心全意为人民服务"的雷锋精神等。如果说，民族精神与家国情怀体现了古人的道德情操与价值追求，那么当今中国改革乃至社会主义建设成就则体现了中华民族锐意进取的时代精神。一言以蔽之，文化是一种精神性存在，精神价值是文化最鲜明的特征。"在五千多年文明发展中孕育的中华优秀传统文化，积淀着中华民族最深层的精神追求，代表着中华民族独特的精神标识。"[②] 我们要将民族精神与家国情怀进行现代转化使之成为兼具时代价值与民族认同感的活态文化表现形式，将中华优秀传统文化精神加以融会贯通，进而彰显民族精神别具一格的魅力。

其次，要对中华优秀传统文化中至今仍有借鉴价值的思想内涵进行创造性转化和改造。汲取和凝练诸如孔孟之道、老庄之学、申商之法、汉唐文化和宋明儒学等中可资借鉴的哲学思想、人文精神、道德理念等有益成分，将其转化为具有民族特色的文化形式。同时结合当今时代之所需，将正心笃志、崇德向善的人格修为，孝亲敬长、兄友弟恭的人伦之道，仁爱共济、立己达人的关爱品质等进行转化并赋予其新时代的意义和价值，让中华传统美德与时俱新，再放异彩。习近平指出："努力实现中华传统美

---

① ［德］黑格尔：《哲学史讲演录》（第1卷），北京大学哲学系外国哲学史教研室译，生活·读书·新知三联书店1956年版，第56－57页。

② 《在庆祝中国共产党成立95周年大会上的讲话》，载《人民日报》2016年7月2日。

德的创造性转化、创新性发展，引导人们向往和追求讲道德、遵道德、守道德的生活，让十三亿人的每一分子都成为传播中华美德、中华文化的主体。”① 具体而言，是要对传统文化中老套陈旧的表达形式加以转换，既尊重和保留其“之乎者也”的文字形式和表达意境，又要使玄之又玄的古书典籍具有“人间烟火”气息，做到古语今说，贴近生活。让中华传统文化重新回到现代人的视野之中，赋予传统文化新的时代思想，形成人们喜闻乐见、符合大众需求的新的文化形式。让曾经“束之高阁”的中华传统文化典籍以脍炙人口、喜闻乐道的形式重新“飞入寻常百姓家”。

最后，对中华优秀传统核心价值观进行创造性转化。正如上文所述，传统核心价值观、思想内涵和民族精神共同构成了中华优秀传统文化的核心价值体系。关于民族精神与思想内涵的价值转化这里不再赘述，仅对传统价值观的当代价值转化做一番简要阐释。中国传统核心价值观具有双重指向性，一方面，将“小我”与“大我”统一于心灵秩序和人格构建之中。古语有云：“君子语大，天下莫能载焉；语小，天下莫能破焉”（《礼记・中庸》）。这种价值观的认同感正是集“民胞物与”“内圣外王”于一身，又将道德培育与国家治理兼于一身；另一方面，在“人本”价值上表现为“尊德性”与“重实行”的内在统一，强调道德主体精神德性与行为秩序的一致，通过思想信仰中的“极高明”转化为言行举止的“道中庸”。我们说，中华优秀传统文化的弥足珍贵之处就在于它的思想精髓不会因时间流逝而消磨殆尽，反而会因岁月打磨而还原其本真价值与意义。继承传统价值观是对中华文明的尊重与崇敬，是“以古鉴今”而绝不是“颂古否今”。厘清传统价值观与社会主义核心价值观的关系，是从本民族的具体实际出发，科学地进行传统价值观念的创造性转化，使其不断地融入时代新内容，从而成为社会主义核心价值观强有力的支撑点与落脚处。因此，以中华优秀传统文化涵养社会主义核心价值观，不但奠定了社会主义核心价值观的历史基础和智慧源泉，同时还使培育和践行社会主义核心

① 《习近平在中共中央政治局第十二次集体学习时强调：建设社会主义文化强国　着力提高国家文化软实力》，载《人民日报》2014 年 1 月 1 日。

价值观更具感召力和感染力。

（四）发挥影响力：拓展中华优秀传统文化转化与发展的实践路径

马克思说："人们自己创造自己的历史，但是他们并不是随心所欲地创造，并不是在他们自己选定的条件下创造，而是在直接碰到的、既定的、从过去承继下来的条件下创造。"[①] 中华优秀传统文化的创造性转化与创新性发展，势必要做到立足于当代中国具体国情，提升传承主体的文化自觉，丰富文化传承方式，在交流互鉴之中实现文化的自立自强。

首先，要提升中华优秀传统文化的文化自觉与认同，发挥它在社会主义新时代的文化影响力。张君劢先生指出："文化之存亡生死，非徒文字之有无焉，衣冠之有无焉，视其有无活力。活力之所在，莫显于社会之信仰，莫显于执行文化之人。"[②] 中华优秀传统文化是否具有自觉影响力，关键在于它本身是否具有共性体认，是否能达成一致的文化认同，使人民群众产生心理共鸣，留下心理烙印。要解决这个问题，一方面，要置身于现代社会情境之中不断进行文化反思。传统文化向现代的转化可视为文化的再创造。亦可以做出"六经注我，我注六经"这样一番解释，这包含两个层面的意思：一是将传统纳入现代的思想体系之中；二是对传统进行具有现代性质的诠释与界定。从这个意义上讲，现代转化即架构起传统与现代的桥梁，使传统的历史遗存"活化"为具有生命力的现实资源。另一方面，还要不断推进中华优秀传统文化的大众化进程。将中华优秀传统文化生活化、通俗化，使之成为人民群众普遍接受、认同且具有创新性质的文化形式。

其次，要丰富中华优秀传统文化的传承与创新方式，发挥它在文化传播中的作用与影响。新传媒形式的出现使文化传承突破了时间与空间的限

---

① 中共中央马克思恩格斯列宁斯大林著作编译局编译：《马克思恩格斯全集》（第 11 卷），人民出版社 1995 年版，第 131 – 132 页。

② 张君劢：《张君劢集·民族复兴之学术基础》，群言出版社 1993 年版，第 202 页。

制，亦使文化传播呈现出多元性、广泛性、趣味性和娱乐性等诸多新的特点。这在一定程度上拓展了中华优秀传统文化的传承、传播方式与路径。具体而言，一方面，要开发以新媒介为平台的传播途径。中华优秀传统文化的传承、传播也不应仅仅局限于教育灌输的传统方式，还应以网络媒介和电子媒介为传播载体，通过电影、电视等艺术形式创作出令人民群众喜闻乐见的优秀作品，让大众充分感受到中华优秀传统文化的魅力。与此同时，还可以通过网站、商业客户端、微博和微信等新媒体来推动中华优秀传统文化成为热门话题，使其产生社会效应，引起更为广泛的社会关注。另一方面，要发挥文化场所的传播功能与作用。譬如，博物馆、文化宫、纪念堂、历史名胜古迹等亦是参观者与中华优秀传统文化接触、碰撞的空间；在学校要进行传承与弘扬中华优秀传统文化的教育；在公共场所进行公益或视频播放，引导社会各层次人群接受中华优秀传统文化的熏陶和感染。另外，还应在传统节日、纪念日以及民俗活动之中进行中华优秀传统文化的传承与传播，这也是行之有效的方式之一。

最后，要开展中华优秀传统文化的交流与合作，提升传统文化的国际竞争力和影响力。“观乎人文，以化成天下。”（《易传・彖传上》）中华优秀传统文化提供了“文化天下”的世界格局观。在日益全球化的时代，这是十分宝贵且具有世界意义的文化遗产。费孝通先生指出：“当代中国文化必须经过文化自觉的艰巨过程，才能在这个已经形成中的多元文化的世界里确立自己的位置。”[①] 可以说，越是具有开放性和包容性的文化，就越能存蓄持久的传播力和广泛的影响力。中华优秀传统文化与世界的交流与合作，是在维护和维持世界文明的多样性，尊重和包容各国、各民族文明的基础上建立起来的。因此，中华优秀传统文化要在学习互鉴中推动人类文明进步，努力构建人类命运共同体，即“要促进不同文明不同发展模式交流对话，在竞争比较中取长补短，在交流互鉴中共同发展，让文明交流互鉴成为增进各国人民友谊的桥梁、推动人类社会进步的动力、维护世

---

① 费孝通：《文化自觉的思想来源与现实意义》，载《文史哲》2013 年第 3 期。

界和平的纽带”[①]。一言以蔽之，坚持“以理服人、以文服人、以德服人”[②]，让中华优秀传统文化走出国门、走向世界。

行文至此，我们可以深刻地体会到，在中国历史发展的新时期，全面复兴优秀传统文化的重要意义在于“中华优秀传统文化积淀着中华民族最深沉的精神追求，代表着中华民族独特的精神标识，是中华民族生生不息、发展壮大的丰厚滋养，是中国特色社会主义植根的文化沃土，是当代中国发展的突出优势，对延续和发展中华文明，促进人类文明进步，发挥着重要作用”[③]。我们亦强烈地感受到，中华优秀传统文化在中国历史发展与社会进步的进程中起到了至关重要的作用。中华优秀传统文化是千百年来中华民族智慧的结晶，是难以割裂的精神命脉，是值得世代坚守的文化根基，是无法轻忽的独特优势。如今，中华民族的文化复兴既为中国文化的精神之魂注入了一剂“兴奋剂”，同时也为建设中国特色社会主义文化事业吹响了“集结号”。因此，我们在强调中华优秀传统文化“与时俱进、推陈出新”的同时，不能忘却或忽视对中华优秀传统文化资源的薪火相传、代代守护，唯其如此，才能使中华优秀传统文化以新面貌和新内涵在当代社会实现“华丽转身”，使其更好地凝聚中国力量，保持中国特色，体现中国风格，展现中国气派。

第二节　文化传统的预制性与文化自觉

文化自信是一个国家、一个民族发展中更基本、更深沉、更持久的力量。文化自信的基本前提是文化自觉。唯其如此，文化自信才是在客观认识和辩证观照文化禀赋与特质基础上的本然自信。自觉的根本目的是为文

① 《在联合国教科文组织总部的演讲》，载《人民日报》2014年3月28日。

② 《习近平在中共中央政治局第十二次集体学习时强调：建设社会主义文化强国　着力提高国家文化软实力》，载《人民日报》2014年1月1日。

③ 中共中央办公厅、国务院办公厅：《关于实施中华优秀传统文化传承发展工程的意见》，2017年1月25日，http://www.gov.cn/zhengce/2017-01/25/content_5163472.htm.

化自信奠定坚实的理性根基，而不仅仅是基于温情的敬意。只有做到文化自觉，才能树立真正的文化自信，实现坚实的文化自强。

费孝通先生认为，“文化自觉只是指生活在一定文化中的人对其文化有‘自知之明’，明白它的来历，形成过程，所具的特色和它发展的趋向，不带任何‘文化回归’的意思，不是要‘复旧’，同时也不主张‘全盘西化’或‘全盘他化’。自知之明是为了加强对文化转型的自主能力，取得决定适应新环境、新时代时文化选择的自主地位。文化自觉是一个艰巨的过程，首先要认识自己的文化，理解所接触到的多种文化，才有条件在这个已经在形成中的多元文化的世界里确立自己的位置，经过自主的适应，和其他文化一起，取长补短，共同建立一个有共同认可的基本秩序和一套各种文化能和平共处，各舒所长，联手发展的共处守则”①。

一、文化传统的预制性

“传统”是“历史上流传下来的习惯力量，存在于制度、思想、文化、道德等各个领域”②。费孝通认为，“传统是指从前辈继承下来的遗产，这应当是属于昔日的东西。但是今日既然还为人们所使用，那是因为它还能满足人们今日的需要，发生着作用，所以它曾属于昔，已属于今，成了今中之昔，至今还活着的昔，活着的历史”③。美国社会学家希尔斯在其权威性著作《论传统》中对“传统”的三个特性做了揭示：一是“代代相传的事物”，既包括物质实体，亦包括人们对各种事物的信仰以及惯例和制度；二是“相传事物的同一性”，即传统是一条世代相传的事物变化链，尽管某种物质实体、信仰、制度等在世代相传中会发生种种变异，但始终在“同一性”的锁链上扣接着；三是“传统的持续性”。④

---

① 费孝通：《反思·对话·文化自觉》，载《北京大学学报》（哲学社会科学版）1997年第3期。

② 《辞海》编写组：《辞海》“传统”条，上海辞书出版社1989年版。

③ 费孝通：《重读〈江村经济·序言〉》，载《北京大学学报》（哲学社会科学版）1996年第33卷第4期。

④ ［美］爱德华·希尔斯：《论传统》，傅铿、吕乐译，上海人民出版社1991年版，第15－21页。

由此可见，传统不是历史，因为历史只能是过去；传统亦不是政治，因为政治必定是现实的，故不可能代代相传；传统更不是经济，因为经济是不断变革的力量，不可能传承事物的同一性，也不具有持续性。毫无疑问，传统与历史、政治、经济都有密切的关系，但传统最直接的载体却是文化。文化既是有形的，也是无形的，它可通过物质实体、社会范型来表达，亦可通过思想意识、制度理念来体现。因此，文化，尤其是文化传统对人的影响方式，才具有渗透到每个人的毛孔，流淌到每个人的血液中之功能。而从文化传统的社会功能来看，“她使代与代之间、一个历史阶段与另一个历史阶段之间保持了某种连续性和同一性，构成了一个社会创造与再创造自己的文化密码，并给人类生存带来了秩序和意义”[①]。

在人类文化的诸多传统中，有“大传统”也有“小传统”[②]；即使是“小传统”，也被进一步细分为“地上的小传统”和“地下的小传统”[③]。但是，任何传统，无论其类型，都“可能成为人们热烈依恋过去的对象”[④]，发挥着预制力功能，对现实的人类生存和社会发展显现出潜在的、先天的制约影响特性；深刻地影响着人们的生存样式和思维方式，同时使得文化的发展主要不是表征为普遍的和制造的，而是呈现出经由历史延续而培育的特征[⑤]。对于文化积淀成传统所产生的预制力，钱穆先生在下面这段话中已表达得十分清楚了：“本源二字是中国人最看重的，一个民族是一个大生命，生命必有本源。思想是生命中的一种表现，我们亦可说，思想亦如生命，亦必有它的一本源。有本源就有枝叶，有流派。生命有一个开始，就必有它的传统。枝叶流派之于本源，是共同一体的。文化的传

---

① 樊浩：《中国伦理精神的现代建构》，江苏人民出版社1997年版，第199页。

② Redfield Robert, *Peasant Society and Culture*, Chicago: University of Chicago Press, 1956, p. 70.

③ 费孝通：《重读〈江村经济·序言〉》，载《北京大学学报》（哲学社会科学版）1996年第33卷第4期。

④ [美] 爱德华·希尔斯：《论传统》，傅铿、吕乐译，上海人民出版社1991年版，第17页。

⑤ 参见李萍、童建军《文化传统的预制性与公民教育》，载《中国德育》2009年第2期。

统，亦必与它的开始，共同一体，始成为生命。”①

所谓文化传统的预制性，是指文化传统对现实的人类生存和社会发展显现出的潜在的、先天的制约影响特性。它可以从文化传统的根源性、特殊性和生存性去分析。

1. 根源性

每一文化必有其源头，也就是文化的根源。从源头到支流是一整体。从支流的角度而言，经过时间的流逝后，源头就成为传统。现实的文化无疑正是这一条条支流，它们最初始的传统就是其各自的源头。源头不同，那么经源头流淌出的支流就会存在差异。德国哲学家雅斯贝尔斯通过对其“轴心时代”观念的展开，从理论上论证了文化多元性的根源。在他看来，公元前五百年前后，在世界不同地区出现了许多大思想家，他们从各自的反思路径出发，对宇宙人生等根本性问题进行了深刻思考，这些反思路径又是迥异且互不影响的，由此导致了经此路径发展而来的各民族精神文明形式的差异，成为各具特色的民族文化传统，构成不同民族生存的“集体意识”，世代影响并塑造着个体生命。杜维明在分析雅斯贝尔斯“轴心文明”的历史论证的基础上，得出鲜明的结论：人类文明发展的多元倾向有着相当长的历史，多元文化是世界文明发展的大脉络，而不同“轴心时代”的文明有不同的源头活水、不同的精神资源、不同的潜在力、不同的发展脉络。这种“源头活水”的根源性差异导致当今世界各种现实文明的差异和人们思维习惯、生活样态的差异。

马克思主义经典作家在论及人类由原始社会进入文明社会的历史进程时，认为东西方曾经走了两条不同的途径，即以希腊为代表的“古典的古代”和以古代东方国家为代表的“亚细亚的古代”。“古典的古代”是从氏族到私产再到国家的进程，个体私有制冲破了氏族组织，而后国家代替了氏族。“亚细亚的古代”则是由氏族社会直接进入国家，国家的组织形式与血缘氏族制相结合，我国古代奴隶制的形式可以说就是典型的“亚细

① 钱穆：《从中国历史来看中国民族性及中国文化》，香港中文大学出版社 1979 年版，第 77 页。

亚”生产方式。正如侯外庐先生早在20世纪40年代提出的，如果用恩格斯“家族、私产（有）、国家”三项作为人类文明路径的指标，那么中国氏族公社的解体和进入文明社会的方式与西方国家不同。西方是从家族制、私产再到国家，国家代替了家族；中国是由家族到国家，国家混合在家族里。[①] 当“国家混合在家族里”时，国就是大家，家就是小国，家国获得了本质上的同构性。而家国同构的政治文化，使得“君父同伦，家国同构，宗法关系因之而渗透于社会整体”[②]。个人与国家的关系是个人与家的关系的合理外推。君可以比之于父，友可以比之于兄。在社会生活中，中国人在处理社会事物时由此表现出明显的家庭化和亲缘化倾向，强调通过人情法则的运用，在彼此之间发展和维系关系。

2. 特殊性

儒学是中国文化传统的主流，以儒家文化为主导的传统中国社会既不是个人本位的，也不是社会本位的，而是关系本位的。[③] 在中国的文化传统中，在关于人为何或人的本性为何的看法上，存在从关系的角度去论证的倾向，认为人是人伦中的人，是在人我关系中被定位的。许慎在《说文解字》中考证，“仁”从人从二，亦即人与人之间的关系。即个体并不是孤立绝缘的个体，而是在复杂人际关系中显现的中心点，是人际社会相互依存关系中的“网结”。“我”是谁？“我”就是关系，是关系的产物（父母关系的结晶），是关系中的角色（相对最早的关系——父母而言，是他们的孩子）。正如学者李萍考察中国文化中“人”的概念时所指出的：“‘人’与‘我’对称，使‘人’‘我’两称谓具有十分明确的意蕴。与‘我’对称的‘人’，是指我以外的、与我发生关系并具有与我同样意识的别人或他人。人与我总是相比较而存在的，舍我无人，舍人无我。……在人我关系中，‘我’为一，‘人’为多，从而使‘我’处于人我交往的位置地位。”[④] 在孔孟看来，人一生下来就离不开对父母、对他人的依赖，

① 参见侯外庐《中国思想通史》（第1卷），人民出版社1957年版，第6－12页。

② 冯天瑜：《中华文化史》，上海人民出版社1990年版，第208页。

③ 参见梁漱溟《中国文化要义》，学林出版社1987年版，第96页。

④ 李萍等主编：《思想道德修养》，广东高等教育出版社2000年版，第16页。

离不开特定的群体关系，这是人之为人的天性。儒家正是基于这种认定，推演出了其全部的伦理原则、规范及实现道德目标的方式、途径——任何个人都必须寄寓于特定的关系才能生存和发展，所以维护、协调自己所处的关系就显得十分重要。

在中国传统文化中的个体实际上是复杂人际关系中所显现的中心点，是人际社会相互依存关系中的“网结”。因此，个体或“我”是依附某种群体及其关系而存在的，个体并不具有独立存在的价值和意义，个体与群体、社会的基本关系是依附关系，个人生活与公共生活并无明确区分，当然，其逻辑结果是，个体是卑微的，群体、整体是高尚的。故个人要照着关系的规则行事，中国俗语所描述的“人怕出名，猪怕壮”“枪打出头鸟”“木秀于林，风必摧之”就很贴切地表达了中国传统价值观的倾向和文化的潜规则。在关系本位的社会系统中，主体不把重点放在任何一方，而是从乎其关系，彼此相交换。[①] 有些关系是基于自然血亲而形成的，但更多的非自然的关系则是个体在生活中有意识地建立起来的。人情作为发展和维系关系的一种规范，它所调节的不是有着深厚的自然血亲基础的父子兄弟之间的人际关系，也不是彼此陌生的外人之间的人际关系，而是熟人之间的人际关系。通过人情法则的运用，交往双方可以使工具性的关系情感化，使陌生人之间的关系亲缘化，从而使对方做出有利于己方的行动安排。这种文化传统成为一股无形的力量，在潜移默化中形塑着一个民族的精神风貌。

3. 生存性

美国人类学家 A. L. 克罗伯和 C. 克拉克洪搜集的资料显示：文化的定义多达 160 种以上。无论对文化定义如何诠释，它与人类生活的内在关系都是极为紧密的。梁漱溟把文化直接定义为“人类生活的样法”。这并不是说“人类生活的样法”是由文化决定的，而是说文化传统对人类生活的“样法”有着无形的、潜在和极大的影响。因此，即使在生产力水平、经济条件相当的情况下，不同文化传统的人类生活样法也是不同的。由于

---

① 参见梁漱溟《中国文化要义》，学林出版社 1987 年版，第 93 页。

中西方文化传统的不同，彼此的生活样法就会有差异。梁漱溟指出，人类的生活大约不出三种路径样法：向前面要求；对于自己的意思变换、调和、持中；转身向后去要求。他认为，西方文化走的是第一条路径——向前面要求；中国文化走的是第二条路径——变换、调和、持中；印度文化走的是第三条路径——反身向后要求。[①] 所以，“我可以断言，假使西方化不同我们接触，中国是完全闭关与外间不通风的，就是再走三百年、五百年、一千年也断不会有这些轮船、火车、飞行艇、科学方法、‘德谟克拉西’精神产生出来。……中国人另有他的路向和态度，就是他所走并非第一条向前要求的路向态度。中国人的思想是安分、知足、寡欲、镊生，而绝没有提倡要求物质享乐的；却亦没有印度的禁欲思想”[②]。这种断言即使过于主观，但还是深刻道出了文化对人类生活样法潜在的、长久的内在制约性。

二、中华优秀传统文化自觉的三个维度

合理的文化自觉至少应该包括如下几层含义：第一，对当下生活其间的文化传统及其特质有恰当的理性认识，这是认识和观照自我文化的过程，旨在明晰所处文化的来源和特质；第二，为了更好地“自知”，必须以广阔的胸怀理解所接触到的其他文化传统或文化类型，这是经由认识他者而反观自我的过程，意在辨清自身文化在世界文化中的优势和不足，为其精进提供资源；第三，无论是认识自我还是他者，都不是为了“复旧”或者“他化”，而是要满足现实的文化建设需要，追求文化的理想；对当代中国核心价值观的自觉是认识自我和认识他者的目的与归宿，以发展出既能延续传统，又能吸纳世界文明，且能引领文化方向的社会核心价值。因此，处于转型期的中国社会，其文化自觉就有三个基本的维度：对文化传统的自觉、对全球化的文化影响力的自觉和对当代中国核心价值观的自觉。

① 参见梁漱溟《东西方文化及其哲学》，商务印书馆 1999 年版，第 61 页。
② 梁漱溟：《东西方文化及其哲学》，商务印书馆 1999 年版，第 72 页。

（一）对文化传统预制力的自觉

文化传统的预制力会影响对异己文化的接受和理解。正如贺麟先生所指出的，有许多西洋的好名词，一到中国就成了很坏的名词。如“浪漫”在西洋本来代表无限理想的追求，但现在一般中国人，都认为浪漫就是颓废狂放。又如“宗教”，它在西洋文化中代表着一种很重要的价值，主要的意义是针对信天、希天、知天、事天等追求安身立命之所的精神努力而言。但在中国一提起这个名词，大家就联想到迷信、怪诞、反科学等坏现象。“宣传”这个名词也一样，在西洋并没有什么坏的意思，在中国却处处受士大夫阶级的鄙视和轻蔑。[①]“自由”是西方人权话语中核心的概念。尽管自严复以来，梁启超、陈独秀和胡适等人都对自由做过精彩论述，但是，自由迄今不仅没有深入人心，甚至在一段时间里成为常用的贬义词，自由主义则沦为无组织、无纪律的代名词。[②]因此，中国人并不像西方人那样，对自由表现出热切的情怀。更具反讽意味的是，由于文化传统的预制力，一个具有自由概念的人，未必拥有自由的观念。因此，自由在中国传播时就会招致不理解，导致挫折。这种传统延续到现在，成为人们生存的“文化基因”。如果说生物基因是使人成为人的自然力量，那么，文化基因则可以被恰当地称为使人成为此人的文化力量。正是生物基因和文化基因的共同作用，才使人既保有人的共性，又秉持人的特性。

因此，在人类文明的发展中，特别是在中国社会的历史进程中，无论出于何种想法，无论以何种方式反传统，传统始终反不掉。我们需要理性地审视、批判地扬弃传统，在历史的变迁中不断发展、积淀传统。“尽管充满了变化，现代社会生活的大部分仍处在与那些从过去继承而来的法规相一致的、持久的制度之中；那些用来评判世界的信仰也是世代相传的遗产的一部分。”[③]从这种意义上来说，我们一生下来就生活在传统的掌心

---

① 参见贺麟《文化与人生》，商务印书馆1999年版，第215－216页。

② 参见崔宜明《以“自由”为核心的普世价值观念与中国伦理学》，载《道德与文明》2009年第3期。

③ ［美］爱德华·希尔斯：《论传统》，傅铿、吕乐译，上海人民出版社1991年版，第2页。

中；传统对于我们每个人而言都是无法摆脱的命定。由于文化传统关联着人们的文化情感、文化记忆和文化习惯，如果缺乏对文化传统预制力的深刻自觉，那么，当代文化建设实践不仅会陷入无根无据的漂泊状态，还会与社会大众的文化观念和文化心理产生隔阂而难以取得真正的实效。

但是，对文化传统预制力的自觉不是要“复古”，而是要厘清这些文化自身的规律与特质，并明晰其未来的趋向。从这个向度来思考，我们当下对文化传统预制力的自觉必须重点关注两大内容：一是如何在开放的社会背景下，坚守中华民族创建的精神家园及其文化传统，在客观地挖掘传统资源的同时，自觉地与多元文化传统进行对话，使民族的文化传统理性地融入人类文明之宝库；二是如何在现代社会发展的历史平台上，承继并发展文化传统，而不是将文化传统当作历史的教条。

（二）对世界文化冲击力的自觉

在文化人类学的田野调查研究方法中，有文化主位和文化客位之争。文化主位论者强调通过文化持有者或“族内人”去认识和理解文化的意义；文化客位论者则分析了文化持有者或“族内人”认识自身文化的局限性，从而提出必须由“外来者”以外来的、客观的、科学的观察来认知、剖析异己的文化。其实，无论哪种方法都难以独自承担起认识人类文化的重任，只有结合这两者，才能进行接近文化本真的探究。文化主位研究方法之所以必要，源于文化持有者对自身文化的熟稔；而文化客位研究方法之所以必需，来自对文化持有者文化差异判断敏感性降低的纠偏。换言之，为了更好地认识自我的文化，我们有时必须借助他者的力量，或以他者为对照。因此，为了更有效地进行文化建设，也为了更真实地认识文化传统，就应该保持对他者文化的自觉。在当代中国，这种文化自觉集中表现为对世界文化冲击力的自觉。

从历史上看，佛教中国化和马克思主义中国化都是中国文化对世界文化冲击力保持自觉的有效例证。无论是佛教还是马克思主义，其来源地和创始人都在中国文化圈外。佛教传入中国后，尽管发生过排斥其传播的运动，但是，由于统治阶级自觉其价值，并积极地对之加以改造，使之为中国文化所容纳；同时，佛教传播者也意识到中国既有的文化传统具有强大的预制力，从而主动地改变佛教的一些观念和仪式，使之能被中国文化所接受。因此，来自域外的佛教始能在中国文化中落地生根，并发展出本土化的佛教禅宗。马克思主义在中国的命运与之类似。中国共产党人自觉其是治世的真理之后，并不因其是外来的文化而盲目加以排斥，而是创造性地将其运用到中国的革命和建设之中，从而使马克思主义成为中国文化中的新传统。

改革开放以来，中国的经济实力得到提高，但是，文化实力依旧薄弱。随着中国跻身世界经济大国之列，其成长路径和发展模式的特殊性规律日益成为国际关注的重要内容，“中国道路”日渐成为广泛讨论的学术概念。从逻辑上来说，每个国家走的都是自己的道路，譬如“美国道路”“英国道路”和“日本道路”等，但是，“中国道路”之所以特别容易引起人们的关注，除却其发展出的独特的政治体制、经济体制、文化体制和价值体系外，任何一个不自负且不惮于自我剖析的人都可以清晰地意识到，尽管中国已成为极具硬实力的大国，但因其文化软实力尚未得到充分挖掘而不能被严格称为强国。强国与否，不仅取决于其经济和军事等“硬体”，更取决于其文化等“软体”。但中国的“软体”恰成为其强国的“软肋”。所以，有人说，尽管中国人从“挨打”和“挨饿”中摸爬滚打地走了过来，但是，蓦然回首，却发现自己竟陷入“挨骂”的包围圈。其重要的原因就在于中国文化的竞争力依然处于弱势。

改革开放使中国社会从封闭逐渐走向开放，更深、更广地融入全球化的进程。从整个世界来看，正如有学者指出的：“全球化既是一种事实，也是一种发展趋势。无论承认与否，它都无情地影响着世界的历史进程，无疑也影响着中国的历史进程。”[①] 它客观上为不同文化间的比较与竞争创造了条件，也为不同文化间的学习与借鉴提供了可能。但是，在这个历史进程中，每个主权国的文化发展主观上又可能面临着冲突论和对话论两种立场。以亨廷顿为代表的冲突论从欧洲中心主义的立场出发，认为文明

① 曹天予：《现代化、全球化与中国道路》，社会文献出版社2003年版，第1页。

的冲突不可避免，主张用西方文明作为典范来建构世界文明的秩序。以杜维明为代表的对话论主张通过文明的对话，寻求文明的发展。

冲突论和对话论是截然对立的文明观。如果说20世纪初，是否必须回答这个问题还有退却的空间的话，那么今天已经进入世界历史进程的中国人必须对此做出自己的价值选择。从世界的角度来看，正如许多学者指出的，15世纪以前人类的历史是属于“独白的历史”，即各民族的经济与文化处在一种彼此相知甚少，相互影响不大的独白发展历程中。“独白”就是缺少与听众交流，而且在有限的听众中，只允许一种声音说话，所以，它意味着专断。15世纪以来，随着地理大发现的深入，历史由此开始从“独白时代”转向“对话时代”，对话时代最主要的特征就是经济、文化的发展越来越超出了国家、民族的界限而在世界的范围内运作。不同地区和民族间的经济文化关系具有相互渗透和相互依赖的特征。

从表象上看，文化对话是一个借由对方认识自我和他者的过程，也是一个相互欣赏的过程；但是，从实质上看，文化对话更应是一个相互取长补短的过程，否则，对话就失去了实效。费孝通先生对文化间的相处之道有“各美其美，美人之美，美美与共，天下大同”的箴言。每种文化的持有者都认为其文化是最美的，这就容易产生冲突。所以，要同时承认他者的文化也是美的，这样就可以使不同的文化和谐共融。但是，对于文化对话而言，通过对话，仅仅认识到自身文化的优势和他者文化的长处，然后坚守着文化相对主义的信念，依然不够。因为对话的根本目的是以人之长补己之短。于是，同样主张文化对话，就会有两种不同的态度。一种是为对话而对话，通过对话发现自身之美和他人之美，“美美与共”；一种是为精进而对话，通过对话发现自身之丑和他人之美，进而自觉地以他人之美完善自身之丑。前者可使不同文化和谐共融，后者可使文化不断优化。很显然，这两种对话姿态都很重要，但中国文化的发展对后者的需求更为迫切。

任何一个不甘做埋头于沙尘的鸵鸟的人都可能清晰地意识到，在全球化的进程中，中国文化固然有其优势，并且也发挥着影响。但是，这种文化影响力同其经济大国的强势地位和历史悠久的文化传统并不相称。以国外观之，谈到中国的文化，人们的直接想象是其传统之深厚，而不是当代之繁盛；以国内观之，尽管国学已经成为一种社会时髦，但是，这依然难以与人们对境外大片的热情相比。世界文化特别是西方文化正附着在其提供的产品和服务中，冲击着国人的文化心理。对中国文化而言，这是挑战，也是机遇。因为它使我们有了文化对话的契机，从而为自身文化的精进提供了可能。

（三）对中国现代化进程特殊矛盾的自觉

无论是对文化传统的自觉，还是对多元文化影响力的自觉，其目的既不是“复古”，也不是“他化”，而是落实到对文化理想追求的实践中。因而，我们必须关注第三个维度：对中国现代化进程特殊矛盾的自觉。

的确，与欧美以及东亚一些前现代化的国家相比，中国在回答20世纪初“科玄论战”提出的三大问题时，有自己面临的特殊矛盾：其一，中国现代化的启动无论我们愿意还是不愿意，都无法摆脱其根植的文化土壤（传统），而这块土壤的悠久历史与曾经辉煌、独立的文化传统，使其产生极大的惯性和文化的拉力，但同时中国近现代以来传统所遭遇的批判又是空前的：中国现代化的历史进程始终与反传统的道德批判交织在一起。

20世纪以来，中国社会的发展、人生观念的变革、社会价值的更替，始终摆脱不了对传统批判的主线，这不仅是因为变革必然伴随着批判，更重要的是以农业文明为基础的传统社会在中国经历了太漫长的时期，以至人们将传统与某种社会形态、某种生活样态必然地联系在一起。近百年来对传统的批判有三次负载着极强的文化意义。第一次发生在20世纪初，与中国资产阶级民主主义革命——辛亥革命的爆发相伴随，中国在思想文化领域爆发了“五四新文化运动”。第二次始于20世纪中叶，与社会主义改造和社会主义建设相伴随，我国先后爆发了“反右运动”与史无前例的“无产阶级文化大革命”。第三次是20世纪末，与改革开放、发展社会主义商品经济和市场经济的中国现代化的进程相伴随，中国再一次掀起了文化反思的高潮，其实质仍然是如何对待传统与现代化的问题。

第一次反传统的前提是把传统等同于封建制度与意识；第二次反传统

的前提是把传统等同于政治需要的现实；第三次反传统的前提，是把传统与反现代化联系在一起。从这个视角看，我们不难理解，当代中国人充满了困惑：理论的与实践的、理想的与现实的、传统的与现代的。以诚信为例，中国文化传统视诚信为“立身之本，立业之基”是有史可载的，“人而无信，不知其可也”“思诚者，人之道也”，故“信”乃五常之义；“民无信不立，”以至“去兵”“去食”，宁死必信。而当文明进入 21 世纪，中国人却在为诚信危机而深深忧虑：理论上我们否定过诚信吗？没有，而实践诚信怎么这么难呢？追求诚信的理想有错吗？没有，诚信几乎在所有的文化中都被视为美德，可现实中不仅老实人会吃亏，而且诚信做人、诚信处事反倒变得不正常？这是传统的责任，还是现代性的必然？任何一种原因似乎都无法解释。正因为如此，化解诚信危机既不可照搬西方现成的模式，因为任何模式的后面都有深沉的文化基因，改变文化基因不仅需要相当长的时间，而且是十分困难的。正因为没有理性主义的文化基因，民主选举就可能变成宗族之争，变成拉帮结派；同时要化解诚信危机也不可能只考虑单方面的因素，必须系统地考虑诚信得以运行的机制、条件和进程，如果我们只强调对不诚信的行为予以严厉的处罚，而不解决制度诚信的问题，就可能出现“道高一尺魔高一丈”，或者老实人更吃亏，社会变得更为不诚信。简言之，解答当代中国人价值观上的困惑必须深及文化的层面去思考、去把握，不可只停留在形式上。

其二，中国现代化的真正启动始于中国社会经济处于低谷时期。解放生产力，解决贫困问题成为当务之急、民生之重，这是我国启动现代化进程与发达国家启动现代化进程所面对的极不相同的问题。因此，一方面政府必须高度关注人民的温饱问题，还要解决发展不平衡的问题；另一方面，市场经济极大地激发了百姓脱贫致富的本能，在物质文明与精神文明的天平上，追求物质文明自然有某种不可遏制的急迫性，这正是“穷则思变”的表现。的确，40 多年中国社会经济的快速增长，离不开这种极强的、来自民间深层的冲动，也正因为这种冲动，急功近利、唯利是图的竞争方式在给人们生活带来丰富性的同时，也给当代中国人的生活留下了许多问题和遗憾。同时，中国现代化的启动又是在经历“特殊洗礼”后，精神被严重扭曲，人的尊严、权利、理想受到亵渎而变得残缺的历史前提下展开的，因此，拨乱反正后的文化要求和社会急剧转型的文化冲突对现代化的文化选择提出了双重使命。简言之，中国现代化的进程是在一种高速跳跃或挤压式的状态中展开的，这就使得当代中国社会需要面对许多特殊的矛盾，譬如休闲，的确，经济的发展、社会的进步，使休闲逐渐成为当代中国人追求的一种生活方式和境界，这在温饱问题尚未解决的时代是不可想象的。但要实现这种生活方式或达到这种境界，并不是有钱就可以了，其与人的素质涵养、文化品位、价值观有十分密切的关系。换言之，如人的精神文明水准不能提供支持，休闲充其量是“俗休”，甚至是“恶休”。其深层的问题是我们尚未来得及对现代化进行全面的理性反思和对文化进行积淀，就进入了所谓的“现代性的轨道”。这种文化缺位所带来的不平衡，在客观上常常使生活方式的现代化蜕变为“形式的现代化”。在这样一种充满特殊矛盾的背景下，中国现代化进程的推进必然同时伴随着代价的付出。然而，我们不可以因为要付出代价而停止现代化进程，我们也不可以因为必然要付出代价而继续茫然。

第三节　在新时代的大势中理解“以文化人”

习近平总书记在不同场合多次强调了“以文化人”的重要性。在谈到历史文化问题时，他指出，“要本着科学的态度，继承和弘扬中华优秀传统文化，努力用中华民族创造的一切精神财富来以文化人、以文育人”[①]；在谈到高校思想政治工作时，他指出“要更加注重以文化人、以文育人，广泛开展文明校园创建，开展形式多样、健康向上、格调高雅的校园文化活动，广泛开展各类社会实践”[②]；在论及做好新形势下宣传思想工作时，

① 中共中央文献研究室：《习近平关于社会主义文化建设论述摘编》，中央文献出版社 2017 年版，第 140 页。

② 《习近平在全国高校思想政治工作会议上强调：把思想政治工作贯穿教育教学全过程 开创我国高等教育事业发展新局面》，载《人民日报》2016 年 12 月 9 日，第 1 版。

他指出培育时代新人要“坚持立德树人、以文化人”[①]；在谈及文艺社科工作时，他指出“文化文艺工作者、哲学社会科学工作者都肩负着启迪思想、陶冶情操、温润心灵的重要职责，承担着以文化人、以文育人、以文培元的使命”[②]；在推动中外文化交流时，他强调“通过文化交流，沟通心灵，开阔眼界，增进共识，让人们在持续的以文化人中提升素养，让文化为人类进步助力”[③]。可以说，“以文化人”的思想贯穿于习近平总书记建设文化强国的方方面面。

一、习近平总书记关于“以文化人”的重要论述

习近平“以文化人”的思想包含紧密关联的三个维度：“人”是目的维度。“以文化人”的目的和归宿在于“化人”，因此要以人为对象展开工作，满足人的精神需求，这样才能更好地明确为谁培养人，成就和培养什么样的人。“文”是内容维度。“以文化人”的核心内容是用什么样的“文”来培养人，强调坚持正确的理论指导，立足本来，吸收外来，面向未来，以确保“化人”方向的正确性。“化”是方法维度。“以文化人”的关键是如何培养人，重在强调“化”的过程，通过教化引导，在潜移默化、润物无声中达到“化人”的目的。三者有机统一，系统地回答了“为谁培养人”“培养什么样的人”“用什么培养人”“怎样培养人”等关键问题，为我们发展、繁荣新时代中国特色社会主义文化，坚定文化自信，建设文化强国提供了指导。

---

① 《习近平在全国宣传思想工作会议上强调：举旗帜聚民心育新人兴文化展形象　更好完成新形势下宣传思想工作使命任务》，载《人民日报》2018 年 8 月 23 日，第 1 版。

② 《习近平在看望参加政协会议的文艺界社科界委员时强调：坚定文化自信把握时代脉搏聆听时代声音　坚持以精品奉献人民用明德引领风尚》，载《人民日报》2019 年 3 月 5 日，第 1 版。

③ 中共中央文献研究室：《习近平关于社会主义文化建设论述摘编》，中央文献出版社 2017 年版，第 187 页。

（一）以文化“人”：坚持以人民为中心，培养担当民族复兴大任的时代新人

习近平“以文化人”思想的出发点和落脚点都在于“人”。文化也是人化，首先要找到人，重视人民的历史地位和作用，坚持以人民为中心，坚持用精品奉献人民，不断满足人民群众的精神文化需求。其次是要面向人，面向人所生活的环境，立足于人民生活，坚持与时代同步伐。最后是要成就人，明确为谁培养人、培养什么样的人，把“化人”“成人”“立人”作为其根本旨归，通过发挥文化的感召力和吸引力，培养担当民族复兴大任的时代新人。

1. 尊重人民群众的主体地位，坚持用精品奉献人民

习近平“以文化人”思想中面向的人不是抽象的、离群索居的纯粹意义上的自然人，而是具体的、处于发展状态的社会人。正如马克思所指出的，“动物只是按照它所属的那个种的尺度和需要来构造，而人却懂得按照任何一个种的尺度来进行生产”①。人依照主观意识进行实践活动，在改造自然的过程中发挥能动性，创造了人化的自然，而人化的自然被赋予了人的意志即形成了文化。可以说，文化的形成过程就是作为主体的人按照自己的标准和方式去改造和加工外部客观世界的结果。同时，人为加工的系统化、体系化的文化产品经过历史积淀又在重塑人本身，人的自主性和主体意识在其中发挥着重要作用。由此可见，习近平“以文化人”思想的前提是“以人化文”，出发点和落脚点在于“人”，关键在于要自觉站在历史文化的高度去审视和考察人的地位和作用，尊重人的主动性和积极性。人民群众不仅是社会物质财富的创造者，同时也是精神文化的创造者，因此，尊重人民群众的主动性和能动性是历史的必然和现实的要求。

人不仅创造了丰富多样的文化，同样的，人也需要文化，因为人的需求是多方面、有层次、不断发展的，不仅有物质层面的需求，也有精神文

---

① 中共中央马克思恩格斯列宁斯大林著作编译局编：《马克思恩格斯文集》（第1卷），人民出版社2009年版，第163页。

化层面的需求，而后者是人区别于动物的重要特征。习近平指出，“人，本质上就是文化的人，而不是‘物化’的人，是能动的、全面的人，而不是僵化的‘单向度’的人，人不仅要追求物质条件、经济指标，还追求‘幸福指数’；不仅追求自然生态的和谐，还追求‘精神生态’的和谐”①。可见，尽管物质需求是第一位的，但是人民对精神层面的需求也是时时刻刻存在的。随着社会经济的不断发展，人民生活水平日益提高，物质的丰盈使得人民对精神文化生活的需求不断提高，因此，习近平强调，“要坚持以精品奉献人民”②，创作出反映现实、观照现实的文化精品，努力阐释好中国精神、中国价值和中国力量，不断满足人民的精神文化需求。特别是进入新时代以来，我国社会主要矛盾发生转变，不平衡、不充分的发展制约着人民日益增长对美好生活的需求，更需要我们用中国理论解读中国实践，回应和解决现实问题，提升文化作品的精神高度和文化内涵，“把人民对美好生活的向往作为我们的奋斗目标，既解决实际问题，又解决思想问题，更好强信心、聚民心、暖人心、筑同心”③。

2. 立足人民生活，坚持与时代同步伐

“以文化人”，不仅仅要面向人本身，还要立足于人们赖以生存发展的现实生活，既接地气、贴人心，又反映当下的时代面貌和时代精神。改革开放四十年来，我们党带领人民进行了全方位变革，依靠人民创造了“中国奇迹”，取得了举世瞩目的成就。而这些成就和荣耀都归功于人民。因此，文艺工作者、哲学社会科学工作者只有以人民为中心，全景展现人民火热的生活和伟大奋斗史诗，创作才能获得取之不尽、用之不竭的源泉。一方面，要立足人民生活，反映人民心声。人民是现实生活中活生生的人，文艺创作者和哲学社会科学工作者只有“用心用情用功抒写人民、描

---

① 习近平：《之江新语》，浙江人民出版社2013年版，第150页。

② 《习近平在看望参加政协会议的文艺界社科界委员时强调：坚定文化自信把握时代脉搏聆听时代声音　坚持以精品奉献人民用明德引领风尚》，载《人民日报》2019年3月5日，第1版。

③ 《习近平在全国宣传思想工作会议上强调：举旗帜聚民心育新人兴文化展形象　更好完成新形势下宣传思想工作使命任务》，载《人民日报。2018年8月23日，第1版。

绘人民、歌唱人民"[①]，才能引起人民的共鸣，创造出的文化产品才会具有吸引力、向心力和凝聚力。特别要指出的是，文艺既源于生活又要高于生活，因此，不能单纯地、机械地反映生活。文艺不仅是一面反映世间百态的"镜子"，更是一把创造精神力度和思想深度的"斧头"，不仅要取材于真实生活，反映社会现实和生活底蕴，更要将生活素材提炼升华，激励人民永葆乐观心态和拼搏进取精神。另一方面，文艺创作和学术研究不能脱离时代精神和时代主旋律。人民不仅是历史的创造者，也是时代的雕塑家。文艺工作和哲学社会科学工作"要坚持与时代同步伐"[②]，随时代而行，与时代同频共振，特别是随着中国特色社会主义进入新时代，人民社会生活呈现出新气象、新面貌，更需要我们融入时代、融入生活，"描绘我们这个时代的精神图谱，为时代画像、为时代立传、为时代明德"[③]，创造出烙有时代印记、有温度的文化精品，否则一旦"离开火热的社会实践，在恢宏的时代主旋律之外茕茕孑立、喃喃自语，只能被时代淘汰"[④]。

但是当前在文艺创作领域存在片面追求经济效益而忽视社会利益、脱离人民真实可感的生活、单纯记述现状和原始展现丑恶却没有进行正能量的指引和精神的鼓舞引导等违背人民意愿、脱离时代主旋律的现象，在学术研究领域存在片面追求学术论文数量而忽视质量、理论并不关涉实际甚至脱离实际、照搬西方理论等缺乏学术独创性和自主性的现象，这些可能会造成文化产品"变成无根的浮萍、无病的呻吟、无魂的躯壳"[⑤]，影响"以文化人"的实效性。因此，我们只有深刻认识到人民群众的重要性，

---

① 《习近平在看望参加政协会议的文艺界社科界委员时强调：坚定文化自信把握时代脉搏聆听时代声音　坚持以精品奉献人民用明德引领风尚》，载《人民日报》2019年3月5日，第1版。

② 《习近平在看望参加政协会议的文艺界社科界委员时强调：坚定文化自信把握时代脉搏聆听时代声音　坚持以精品奉献人民用明德引领风尚》，载《人民日报》2019年3月5日，第1版。

③ 《习近平在看望参加政协会议的文艺界社科界委员时强调：坚定文化自信把握时代脉搏聆听时代声音　坚持以精品奉献人民用明德引领风尚》，载《人民日报》2019年3月5日，第1版。

④ 中共中央文献研究室：《习近平关于社会主义文化建设论述摘编》，中央文献出版社2017年版，第174页。

⑤ 中共中央文献研究室：《习近平关于社会主义文化建设论述摘编》，中央文献出版社2017年版，第160页。

坚持以人民为中心的工作导向，将人民群众心声嵌入文化作品中，积极反映人民生活并展现人民群众的伟大奋斗，才能使文化具有鲜活的生命力，才能更好地“以文化人”。

3. 培养担当民族复兴大任的时代新人

习近平“以文化人”的思想不只面向人，回答的是“为了谁”“依靠谁”的问题；其根本目的在于成就人，回答的是“为谁培养人”“培养什么样的人”的问题。也就是说，“以文化人”的核心重在明确正确的政治方向，化人之精神，成就人之根本，以文化的力量引导人，树立人们正确的理想信念，提高人的素质和道德修养，最终使人成为具有中华民族底色的现代人。

古往今来，每个国家基于政治制度安全和意识形态的需要，都会加强意识形态教育，以确保居领导地位的统治阶层的官方意识形态民间化。这就决定了教育作为意识形态教化的重要手段不可能处于“价值无涉”状态，否则人的思想只能飘浮在空中而无立足点。习近平指出，“我们党立志于中华民族千秋伟业，必须培养一代又一代拥护中国共产党领导和我国社会主义制度、立志为中国特色社会主义事业奋斗终生的有用人才”①。中国共产党作为马克思主义政党，始终坚持社会主义办学方向，这决定了我们的教育目标是“努力培养担当民族复兴大任的时代新人，培养德智体美劳全面发展的社会主义建设者和接班人”②，决定了我们教育的发展方向是“坚持教育为人民服务，为中国共产党治国理政服务，为巩固和发展中国特色社会主义制度服务，为改革开放和社会主义现代化建设服务”③。

---

① 《习近平主持召开学校思想政治理论课教师座谈会强调：用新时代中国特色社会主义思想铸魂育人　贯彻党的教育方针落实立德树人根本任务》，载《人民日报》2019 年 3 月 19 日，第 1 版。

② 《习近平主持召开学校思想政治理论课教师座谈会强调：用新时代中国特色社会主义思想铸魂育人　贯彻党的教育方针落实立德树人根本任务》，载《人民日报》2019 年 3 月 19 日，第 1 版。

③ 《习近平主持召开学校思想政治理论课教师座谈会强调：用新时代中国特色社会主义思想铸魂育人　贯彻党的教育方针落实立德树人根本任务》，载《人民日报》2019 年 3 月 19 日，第 1 版。

因此，我们必须站在历史的高度，以战略的眼光认识“以文化人”中为谁培养人的基本立场。

“以文化人”的根本内容是回答“培养什么样的人”的问题。唯物辩证法认为，矛盾有主次两个方面，要善于抓住事物的主要矛盾。这启示我们，在培养人的问题上，我们要高度重视青少年群体，因为“青少年是祖国的未来、民族的希望”[①]。青少年朝气蓬勃、富有理想、渴望进取，承载着国家未来发展的希望，他们个人的成长历程与我国实现“两个一百年”奋斗目标相吻合，是社会未来的中坚力量，他们的思想观念和价值取向是今后社会的主流意识形态，由此决定了他们是“以文化人”的重点对象。“青少年阶段是人生的‘拔节孕穗期’，最需要精心引导和栽培。”[②]但是由于他们身心还未定型，世界观、人生观和价值观还处于形成和确立时期，因此，抓住青少年“必须站在理想信念的制高点上”[③]，教育引导他们“树立共产主义远大理想和中国特色社会主义共同理想”[④]，同时，也要引导他们“把爱国情、强国志、报国行自觉融入坚持和发展中国特色社会主义事业、建设社会主义现代化强国、实现中华民族伟大复兴的奋斗之中”[⑤]。只有在青少年的心灵中埋下真善美的种子，引导他们扣好人生第一粒扣子，从学校教育抓起，从小抓起，才能更为有效地、牢牢地把他们团结和凝聚到党的周围。

---

① 《习近平主持召开学校思想政治理论课教师座谈会强调：用新时代中国特色社会主义思想铸魂育人　贯彻党的教育方针落实立德树人根本任务》，载《人民日报》2019年3月19日，第1版。

② 《习近平主持召开学校思想政治理论课教师座谈会强调：用新时代中国特色社会主义思想铸魂育人　贯彻党的教育方针落实立德树人根本任务》，载《人民日报》2019年3月19日，第1版。

③ 中共中央文献研究室：《习近平关于青少年和共青团工作论述摘编》，中央文献出版社2017年版，第62页。

④ 《习近平在全国教育大会上强调：坚持中国特色社会主义教育发展道路　培养德智体美劳全面发展的社会主义建设者和接班人》，载《人民日报》2018年9月11日，第1版。

⑤ 《习近平主持召开学校思想政治理论课教师座谈会强调：用新时代中国特色社会主义思想铸魂育人　贯彻党的教育方针落实立德树人根本任务》，载《人民日报》2019年3月19日，第1版。

（二）化人之“文”：坚定文化自信，发展、繁荣社会主义文化

“以文化人”即用文化人，而非用物化人，是指用“文”的方式去变化，摆脱原始的、野蛮质朴的方式而呈现出较为文明的、彬彬有礼的样态。因此，“文”的内容是培养人的关键，事关人才培养的方向。因此，用什么样的“文”来化人，最终决定了化人的成败。习近平指出，“我们从来认为，马克思主义基本原理必须同中国具体实际紧密结合起来，应该科学对待民族传统文化，科学对待世界各国文化，用人类创造的一切优秀思想文化成果武装自己”[①]。这一论述指明了化人之“文”的基本方向和根本要求，即坚持以马克思主义为指导，以社会主义核心价值观为灵魂，以中国特色社会主义文化为主体，以世界其他民族优秀文化成果为借鉴，不断坚定文化自信，发展、繁荣社会主义文化以更好地化人。

马克思主义是化人之“文”的方向保证。坚持马克思主义的指导地位，是习近平“以文化人”思想的根本原则。马克思主义揭示了自然界、人类社会和人类思维发展的普遍规律，通过剖析资本主义经济发展规律和揭露其剥削本质，为人类社会发展和人类解放指引方向，是指导人们认识世界和改造世界的科学的世界观和方法论，具有强大的真理力量，确保了化人之“文”的方向。因此，我们只有真懂、真信马克思主义，在学懂、弄通马克思主义理论上下功夫，“坚持学而信、学而思、学而行”[②]，才能“真正做到对马克思主义虔诚而执着、至信而深厚”[③]，才有可能始终坚持马克思主义毫不动摇。同时，马克思主义具有与时俱进的重要理论品质，为“文”的创新发展提供了不竭动力。坚持马克思主义的指导地位，既不

---

① 《在纪念孔子诞辰2565周年国际学术研讨会暨国际儒学联合会第五届会员大会开幕会上的讲话》，载《人民日报》2014年9月25日，第2版。

② 中共中央文献研究室：《习近平关于社会主义文化建设论述摘编》，中央文献出版社2017年版，第97页。

③ 中共中央文献研究室：《习近平关于社会主义文化建设论述摘编》，中央文献出版社2017年版，第64页。

能否定马克思主义的强大生命力和其中所蕴含的普遍真理，正如习近平总书记指出的，“新形势下，坚持马克思主义，最重要的是坚持马克思主义基本原理和贯穿其中的立场、观点、方法”[①]；也不能拘泥于马克思主义经典作家在特定历史条件下针对具体情况而给出的实践行动指南，把马克思主义当成教条。而是要以动态的、发展的眼光看待马克思主义，把马克思主义普遍真理与中国具体实际相结合，以解决中国文化问题为导向，这样才能创造出展现中国特色、民族气派和时代精神的中国特色社会主义文化。此外，我们还要警惕“马克思主义过时论”“历史终结论”等错误言论对马克思主义主流意识形态的削弱和消解作用。当前，正如习近平指出的，“实际工作中，在有的领域中马克思主义被边缘化、空泛化、标签化，在一些学科中‘失语’、教材中‘失踪’、论坛上‘失声’”[②]。这些尖锐的现实问题启示我们，必须坚持和巩固马克思主义在意识形态领域的指导地位，主动占领宣传思想阵地和信息传播的制高点，敢于同错误思想观念做斗争，使真理越辩越明，帮助人们拨开思想迷雾，在“乱花渐欲迷人眼”的各种社会思潮的诱惑干扰面前保持“乱云飞渡仍从容”的定力。

社会主义核心价值观是化人之“文”的核心与灵魂。社会主义核心价值观传承着中华优秀传统文化的基因，承载着中华民族的精神追求和价值共识，凝聚着全国人民的社会意识和力量，是中国特色社会主义文化的核心和灵魂，在“以文化人”中起着重要作用。一方面，“以文化人”的核心内容和基本任务就是培育和践行社会主义核心价值观。社会主义核心价值观凝魂聚气，将国家、社会、公民三个层面的价值要求融为一体，蕴含家国理想和爱国情怀，体现社会主义的本质要求，反映中国人独有的精神特质，“体现着古人先贤的思想、仁人志士的夙愿、革命先烈的理想，也

---

① 中共中央文献研究室：《习近平关于社会主义文化建设论述摘编》，中央文献出版社2017年版，第78－79页。

② 中共中央文献研究室：《习近平关于社会主义文化建设论述摘编》，中央文献出版社2017年版，第76页。

寄托着人民对美好生活的向往”[1]。因此，社会主义核心价值观决定着“化人”之“文”的性质和方向。另一方面，承载着社会主义核心价值观的精神文化产品要丰富多样，既要有雅俗共赏的文化产品，也要有“顶天立地”和“铺天盖地”的文化产品；既要有取材于真实生活，体现为人民抒写心声的文化产品，又要有展现艺术高度，为人民抒情、为人民抒怀的文化产品。同时，我们要认识到，“世界上各种文化之争，本质上是价值观念之争”[2]。在经济全球化和信息全球化的现实境遇下，我们需要特别警惕西方的普世价值对社会主义和核心价值观的冲击和影响，防止思想文化领域“去价值化”“去思想化”“去主流化”等错误观点甚嚣尘上。为此，我们既要注重教育引导和实践养成，将社会主义核心价值观融入学校课堂教学和社会实践活动之中，将传播社会主流价值观落细、落小、落实，同时又要发挥政策导向作用，用体制机制来确保社会主义核心价值观培育的稳定性和持续性。

中国特色社会主义文化是化人之“文”的源头活水。习近平指出：“中国特色社会主义文化，源自中华民族五千多年文明历史所孕育的中华优秀传统文化，熔铸于党领导人民在革命、建设、改革中创造的革命文化和社会主义先进文化，植根于中国特色社会主义伟大实践。”[3] 因此，中华优秀传统文化、革命文化和社会主义先进文化构成了中国特色社会主义文化，它既是中华民族文化自信的底气，也是“以文化人”的源泉。中华优秀传统文化展现了中华文化的思想智慧和气度神韵，是中华民族独有的精神基因。其中蕴含的讲仁爱、重民本、守诚信、崇正义、尚和合、求大同等思想，虽跨越千年仍然具有旺盛的生命力和现实指导力，是“以文化人”的宝贵文化资源。“十八大”以来，以习近平同志为核心的党中央高

---

① 中共中央文献研究室：《习近平关于社会主义文化建设论述摘编》，中央文献出版社 2017 年版，第 119 页。

② 中共中央文献研究室：《习近平关于社会主义文化建设论述摘编》，中央文献出版社 2017 年版，第 105 页。

③ 《决胜全面建成小康社会　夺取新时代中国特色社会主义伟大胜利》，载《人民日报》2017 年 10 月 28 日，第 1 版。

度重视中华优秀传统文化的传承发展，不断加强顶层设计，特别是2017年印发的《关于实施中华优秀传统文化传承发展工程的意见》将中华优秀传统文化的传承发展提高到“建设社会主义文化强国，增强国家文化软实力，实现中华民族伟大复兴的中国梦”[①] 的战略高度，保障“以文化人”的活水源头；革命文化是中国共产党在领导中国人民进行新民主主义革命的实践中，将马克思主义普遍真理与中国革命密切联系起来的特有的文化形态，其中包含的井冈山革命文化、长征革命文化、延安革命文化、抗战革命文化、西柏坡革命文化等，彰显了中国共产党人崇高坚定的革命理想和厚重深沉的革命精神；社会主义先进文化是在新中国成立后中国共产党带领人民进行社会主义建设和改革的伟大实践中形成的，既以中华优秀传统文化为渊源、以革命文化为依托，同时又源于时代，体现新时期爱国主义精神和改革创新精神的统一，是面向现代化、面向世界、面向未来的，民族的、科学的、大众的文化，是推进“以文化人”的智慧滋养和精神砥砺。可见，新时代发展中国特色社会主义文化，坚定文化自信，就是要充分发挥中华优秀传统文化、革命文化和社会主义先进文化的不同特点和优势，使之形成合力，更好地提升“以文化人”的实效。

世界其他民族的一切优秀文化成果是化人之“文”的重要借鉴。习近平指出：“我们强调弘扬社会主义核心价值观，继承和发扬中华民族优秀传统文化，坚持和弘扬中国精神，并不排斥学习借鉴世界优秀文化成果。”[②] 随着经济全球化程度的加深和国际文化交流合作的频密，开放的中国应以更加开放包容的态度看待世界其他民族的文化，吸收外来文化的营养，以其他民族的一切优秀文化成果为借鉴，丰富“文”的涵养来“化人”。一方面，尊重世界文明多样性是吸收和借鉴的前提条件。每个民族的历史境遇和文化传统造就了每个民族独特的文化形态和文化成果。因此，每种文明成果都是本民族文化发展的历史见证和精神产物，其中那些

---

① 中共中央办公厅、国务院办公厅：《关于实施中华优秀传统文化传承发展工程的意见》，载《人民日报》2017年1月26日，第6版。

② 中共中央文献研究室：《习近平关于社会主义文化建设论述摘编》，中央文献出版社2017年版，第167页。

久经考验流传至今并带有一定规律性的文明成果在今天仍然具有现实意义，是值得我们汲取和借鉴的人类精神宝库。因此，我们应该秉持尊重、平等、共生的态度，明确“不同国家、民族的思想文化各有千秋，只有姹紫嫣红之别，而无高低优劣之分。每个国家、每个民族不分强弱、不分大小，其思想文化都应该得到承认和尊重”[①]，让世界各民族文化在人类文化的“百花园”中得以绽放光彩。另一方面，坚持开放包容才能促进本民族文化更好地发展。“文明因交流而多彩，文明因互鉴而丰富。”古往今来，中华文明在长期演化中遵循着这一规律，与世界文明交流互鉴，形成开放、包容的文化形态。今天的中国，更是深谙这一规律，坚持对外开放，以开放的心态与其他文明交流、互鉴、共存，不仅为中华文化注入新活力、新内容，推动新发展，而且在顺应世界潮流基础上提出的“人类命运共同体建设”“一带一路”倡议等国际方案，更有利于促进世界文化的交往互通和共同繁荣。但同时，世界各民族的文化成果既异彩纷呈又纷繁复杂，既有精华又有糟粕，需要我们以扬弃的眼光加以审视，有选择性地吸收和借鉴其中的精华部分，摒弃其中腐朽和有害的部分。更重要的是，我们在世界文化交流中要始终“坚守中华文化立场”[②]，时刻保持辨别力、判断力和敏感性，警惕西方国家借助产业优势、信息优势、媒介优势、平台优势等手段进行文化输出和价值输出，防止西方拜金主义、享乐主义、消费主义等腐朽文化的“毒瘤”侵入我们的思想“肌体”。

（三）“化”以成人：不断提高化人的技巧和方式

要使人通过文化的熏陶成为一个文化人，联结“人”与“文”二者的关键在于“化”。“化”是一种隐性而非显露、引导而非强制的方法，旨在搭建起“人”与“文”之间的桥梁，通过有意识地借助载体和营造氛围，使人在无意识中接受教化、浸化和润化，最终实现化人的目的。因

---

① 《在纪念孔子诞辰2565周年国际学术研讨会暨国际儒学联合会第五届会员大会开幕会上的讲话》，载《人民日报》2014年9月25日，第2版。

② 《决胜全面建成小康社会　夺取新时代中国特色社会主义伟大胜利》，载《人民日报》2017年10月28日，第1版。

此，“以文化人”要注重化育之法，不断提高化人的技巧和方式，以达到潜移默化、自然而然、润物无声的效果。

1．身教示范，教化化人

习近平“以文化人”的思想不仅强调面向人、成就人，更强调了其示范人、教化人的重要作用。教育工作者是人类灵魂的工程师，在学生成长成才过程中扮演着领路人的角色，在身教示范、教化育人中起着关键作用，因此，他们要“努力实现自我净化、自我完善、自我革新和自我提高，以自身为榜样，形成对他人的示范性影响”①，在潜移默化中完成对学生的教化。

高度重视思想政治工作是马克思主义政党的显著特征。思想政治理论课是思想政治工作的具体落实，也是落实立德树人的关键课程。习近平强调：“办好思想政治理论课关键在教师，关键在发挥教师的积极性、主动性、创造性。”② 思政课教师在思政课教学中发挥主导作用，肩负着铸魂育人、立德树人、以文化人的重要使命。因此，教育工作者要修炼好自己的本领和品格，一是政治要强、情怀要深。习近平指出：“传道者自己首先要明道、信道。”③ 这就要求教育者对自己所传的“道”真懂、真信，始终坚持以马克思主义为指导，透彻理解和融会贯通，保持对社会和时代的敏感性，同时又要对自己所了解的“道”有深刻体认和坚定信仰，“在大是大非面前保持政治清醒”④，这样才能保证所信之“道”方向的正确性。因此，只有以明道为基础，才能让课堂教学更加丰富多样，做到更好

---

① 童建军、韦晓英：《理解思想政治工作本质的三个维度》，载《思想理论教育》2018年第7期，第46－51页。

② 《习近平主持召开学校思想政治理论课教师座谈会强调：用新时代中国特色社会主义思想铸魂育人　贯彻党的教育方针落实立德树人根本任务》，载《人民日报》2019年3月19日，第1版。

③ 《习近平在全国高校思想政治工作会议上强调：把思想政治工作贯穿教育教学全过程　开创我国高等教育事业发展新局面》，载《人民日报》2016年12月9日，第1版。

④ 《习近平主持召开学校思想政治理论课教师座谈会强调：用新时代中国特色社会主义思想铸魂育人　贯彻党的教育方针落实立德树人根本任务》，载《人民日报》2019年3月19日，第1版。

地化人，而不至于陷入有理说不清的境地；只有以信道为支撑，才能保证“道”的可信度和说服力，才能让有信仰的人讲信仰。二是思维要新、视野要广。教育者承载着“传道授业解惑”的重任，为更好地教化育人，既要坚持思维创新，不断创新课堂教学，善于利用启发式教育，将理论与实践结合起来以营造深刻的学习体验环节，又要不断拓宽视野，将知识视野、历史视野、国际视野纳入课堂教学中，以深入浅出、接地气、理论与实践相结合等教学方式，“让马克思讲中国话，让大专家讲家常话，让基本原理变成生动道理，让根本方法变成管用办法，将总体上的‘漫灌’与因人而异的‘滴灌’结合起来”①。三是自律要严、人格要正。教育者在传道的过程中要“坚持言传和身教相统一”②，既要起到行为示范的榜样作用，严格要求自身，做到言行一致、“课上课下一致、网上网下一致”③，用一致的言行更好地提升所传之道的说服力；同时，又要加强自身人格修养，做顶天立地、堂堂正正之人，以高尚的人格去吸引学生、感召学生、赢得学生的爱戴，更好地引导学生健康成长成才，立鸿鹄志，做奋斗者。

2. 融合网络，浸化化人

随着科学技术的进步，网络“无孔不入”地渗透到人们生活的方方面面，可以说，人类的生活早已离不开网络，由互联网构建的生活方式已经成为人们生活的基本样态，成为影响人们思想行为的重要因素。因此，浸化式化人，就是将优秀文化融入网络世界中，借助互联网渗透性、隐蔽性强等特点，发挥互联网编织的无形的“网”的强大引擎作用，营造浓厚的文化氛围，增强化人效果，使人置身文化场中而不自知，在自然而然中受到熏陶和启发，达到“入芝兰之室久而自芳”的效果。

---

① 中共中央文献研究室：《习近平关于社会主义文化建设论述摘编》，中央文献出版社2017年版，第100页。

② 《习近平在全国高校思想政治工作会议上强调：把思想政治工作贯穿教育教学全过程 开创我国高等教育事业发展新局面》，载《人民日报》2016年12月9日，第1版。

③ 《习近平主持召开学校思想政治理论课教师座谈会强调：用新时代中国特色社会主义思想铸魂育人 贯彻党的教育方针落实立德树人根本任务》，载《人民日报》2019年3月19日，第1版。

这就要求，一方面，要丰富网络文化内涵，推动文化传播手段的创新发展。我国的互联网发展已进入加速度、普及化阶段，并且重点转向移动互联网的发展，网络文化的建设显得尤为重要。因此，习近平强调，要“加强网络内容建设，做强网上正面宣传，培养积极健康、向上向善的网络文化”[①]。借助互联网承载的海量信息平台，加强网络文化资源的整合、开发和利用，丰富网络文化内涵，不断满足人们的精神文化需求，彰显对人的精神层面的关怀。同时，互联网的升级换代意味着“以文化人”的手段和方式不能仅仅局限于以往的路径，而应贯通虚拟空间与现实空间，创新融合与发展，推动传统文化传播手段和互联网结合起来，使网络成为优秀文化传输、展示、推送、共享的新平台，促成“互联网+文化”的新常态。另一方面，要不断提高网络舆论的传播力和引导力。“以文化人”，首先要求“化人”之“文”必须传播开来。正如习近平所强调的：“思想舆论工作也要久久为功，我们的观念和主张要经常说、反复说，不能长在深山无人知。”[②] 过去，我们的思想舆论宣传常常处于“有理说不出、说了传不开的境地”[③] 的被动局面，随着大数据的时代的到来，我们要不断强化互联网思维，利用互联网扁平化、交互性和快捷性的传播渠道优势，使社会倡导的主流思想和核心价值“像空气一样无所不在、无时不有”，进一步推进网络舆论宣传工作的科学化、高效化、精准化，同时借助网络平台畅通沟通渠道，更为及时有效地把握人们的思想动态和精神需求，提升宣传思想工作的亲和力、感染力和针对性。但是，互联网具有隐蔽性、渗透性、交互性等特点，已经成为舆论斗争的主战场，业已成为影响人们思想认识的“最大变量”。为此，我们要始终把“统一思想、凝聚力量”[④]

---

① 中共中央文献研究室：《习近平关于社会主义文化建设论述摘编》，中央文献出版社 2017 年版，第 50 页。

② 中共中央文献研究室：《习近平关于社会主义文化建设论述摘编》，中央文献出版社 2017 年版，第 210 页。

③ 中共中央文献研究室：《习近平关于社会主义文化建设论述摘编》，中央文献出版社 2017 年版，第 90 页。

④《习近平在全国宣传思想工作会议上强调：举旗帜聚民心育新人兴文化展形象　更好完成新形势下宣传思想工作使命任务》，载《人民日报》2018 年 8 月 23 日，第 1 版。

作为网络文化环境建设的重点，科学地用好网络虚拟空间，牢牢把握网络空间的正确舆论导向，传播社会主旋律、正能量，不断凝聚人心、汇聚力量，营造风清气正的网络空间，“使互联网这个最大变量变成事业发展的最大增量”①。

3. 形成合力，润化化人

“润化”就是“春风化雨、润物无声”，即将道德精神、情感、观念与人们的现实生活紧密结合在一起，不再脱离生活的土壤和文化的根基，在悄无声息、潜移默化中影响并改变着人们的思想认识、价值取向和行为方式，滋润着人的心灵。因此，要通过合力作用，营造良好的社会氛围，以达到温润人心、润化育人之效。一是要发挥文艺作品正面引导作用，温润心灵。积极正面的事物是主流，消极负面的东西是支流，只有把握清楚主流与支流、主要和次要的关系，才能集中反映文化积极健康向上的本质要求。正如习近平所指出的，文艺工作“应该运用独到的思想启迪、润物无声的艺术熏陶启迪人的心灵，传递向善向上的价值观”②，文艺工作者承担着“温润心灵”的重要职责，因此，文艺创作应强化正面引导作用，壮大主流声音，增强感染力，坚持用光明驱散黑暗，用美善战胜丑恶，在源源不断的创作中给人以希望和力量，润化心灵，温暖人心。有时也可以充分运用各种文化形式，尤其是发挥优秀文化作品的吸引力和感染力，以“不拘于一格、不形于一态，不定于一尊”③ 的姿态，将优秀文化融于文学、艺术、舞蹈、音乐、电影等文化表现形式之中，提升化人效果。二是要发掘静态文化资源，润化育人。社会生活是一个大舞台，赋予了我们广阔的空间来传递文化资源，因此，我们要充分发掘社会文化资源，重点开发好文化古迹、古代建筑、历史文化名城等文化遗产，“活态传承”非物

---

① 《习近平在全国宣传思想工作会议上强调：举旗帜聚民心育新人兴文化展形象　更好完成新形势下宣传思想工作使命任务》，载《人民日报》2018 年 8 月 23 日，第 1 版。

② 中共中央文献研究室：《习近平关于社会主义文化建设论述摘编》，中央文献出版社 2017，第 182 页。

③ 中共中央文献研究室：《习近平关于社会主义文化建设论述摘编》，中央文献出版社 2017，第 154 页。

质文化遗产，让历史说话，让文物说话，赋予静态的文化遗产以时代的生命力，让人置身其中仿佛“穿越时空”，心灵受到感召和浸润，民族自信和文化自信不断增强。三是要发挥思想政治教育作用，润物细无声。俗话说，十年树木，百年树人。“以文化人”并非一蹴而就或者一气呵成的，需要循序渐进、持之以恒、久久为功。这也就意味着，落实“以文化人”的目标要从小抓起，从学校抓起，分步骤、分阶段推进。习近平指出：“在大中小学循序渐进、螺旋上升地开设思想政治理论课非常必要，是培养一代又一代社会主义建设者和接班人的重要保障。”[①] 这启示我们，正如思想政治理论课要在大中小学循序渐进地开展，“以文化人”也要渐进开展，充分尊重学生成长成才的规律和阶段特征，结合不同阶段学生的心理特点和认知特点，在不同阶段的教育中体现不同的侧重点，体现有温度的教育方式，最终达到润物无声、启迪心智的教育效果。

二、传承中华优秀传统文化中的三重关系

中华优秀传统文化是中华民族在几千年的发展脉络中所创造的，具有鲜明民族特色、内容博大精深、历史悠久，且为中华民族世世代代继承与发展的文化。习近平总书记在党的十九大报告中指出：“文化是一个国家、一个民族的灵魂。文化兴国运兴，文化强民族强。没有高度的文化自信，没有文化的繁荣兴盛，就没有中华民族伟大复兴。”习近平总书记将传统文化喻为“文化基因”，形象地表明了对待中华优秀传统文化的科学态度，其意在强调传统文化与其他文化之间的内在关联，明确传统文化在现今时代的目标定位。他指出：“加强对中华优秀传统文化的挖掘和阐发，使中华民族最基本的文化基因与当代文化相适应、与现代社会相协调，把跨越时空、超越国界、富有永恒魅力、具有当代价值的文化精神弘扬起来。”[②] 习近平总书记之所以称其为“文化基因”，是因为文化固有的性质、功能

① 《习近平主持召开学校思想政治理论课教师座谈会强调：用新时代中国特色社会主义思想铸魂育人　贯彻党的教育方针落实立德树人根本任务》，载《人民日报》2019 年 3 月 19 日，第 1 版。

② 《在中国文联十大、中国作协九大开幕式上的讲话》，载《人民日报》2016 年 12 月 1 日。

与作用在其发展、传承的进程中起到了“文化遗传”的效果，这与生物学说中的遗传基因颇有相似之处。或者说，传统文化依据其自身的相对稳定性、独立性和适应性等特点，在中华文明纷扰复杂的变迁史中演绎着文化基因彼此整合、衍生和演化的内在运作形式。

把握传承与发展的辩证关系。中华传统文化源远流长，从整体上看，浩瀚的文化星空中既有亘古流芳的文化精髓，也有一些守旧禁锢的思想糟粕，如奢靡享受的陋习、愚忠愚孝的封建思想残余等。因此，学校在传承发展中华优秀传统文化时应取其精华，去其糟粕。但是，目前有些学校由于认识不足，在传承发展中华优秀传统文化过程中存在扬弃工作不到位、与时代脱节、与社会主义核心价值观理念不相符等现象。鉴于此，学校传承发展中华优秀传统文化，首先应把握好传承与发展的辩证关系。一方面，传承是发展的前提。传承中华传统文化既不能将其当作处于某种固定不变状态的教条，鼓吹全盘照搬照旧而忽视其中落后、糟粕的方面，因为时代在变化，传统文化作为上层建筑随着社会实践的发展亦在变；也不能因传统文化中的消极因素而盲目地全盘否定传统文化的积极合理方面，因为传统文化关联着人们的文化情感、文化记忆和文化习惯，其合理的优秀成分早已成为我们的一种文化坚守和安身立命的潜在力量，渗透到我们的毛孔、流淌到我们的血液之中，企图“推倒重来”只会让我们陷入无根无依的漂泊状态。因此，传承中华传统文化，不是要“复古”“复旧”，而是要“复兴”。复兴中华传统文化，关键在于优秀二字，重在厘清中华传统文化自身的规律与特质，并明晰其未来的趋向，使之成为适应时代需要的、具有旺盛生命力的优秀的传统文化。另一方面，发展是传承的必然要求。习近平总书记指出：“弘扬中华优秀传统文化，要处理好继承和创造性发展的关系，重点做好创造性转化和创新性发展。”[①] 发展中华传统文化，就要根据时代的发展要求进行创造性转化和创新性发展，即在传承中华优秀传统文化的过程中去芜存菁、去粗取精，并推陈出新、与日俱新。

---

① 中共中央宣传部：《习近平总书记系列重要讲话读本》，学习出版社、人民出版社2016年版，第202页。

因此，新时代学校传承发展中华优秀传统文化，既要坚持以社会主义核心价值观为引领，使中华民族最基本的文化基因与当代文化相适应，与现代社会相协调、相融合，成为“活的传统”；同时，又要积极与外来文化对话，以开放的姿态吸收借鉴外来优秀文化成果，坚守“以我为主，为我所用”的根本立场，在保持中华文化主体性的前提下，自觉抵制全盘西化、全盘他化的错误观念，以实现“各美其美，美人之美，美美与共，天下大同”的文化相处之道。

把握形式与内容的辩证关系。当前学校传承发展中华优秀传统文化教育存在两种明显的倾向，一种是将中华优秀传统文化教育简单等同于知识传授，只重视传授“死”知识而忽视“活”内核的传承，使得中华优秀传统文化教育像是围绕知识在做加法，被动地去迎合量化指标，将很多内容补进学校教学体系之中，忽视课堂之外的传统文化教育活动。另一种倾向是过于注重中华优秀传统文化活动的表现形式，忽视知识的传递、精神内涵的解读和活动效果的评价。例如，有些学校开展中华优秀传统文化教育活动时片面强调表演技巧而忽视知识本身，追求活动场面的壮观和气势的恢宏，缺乏对经典诗歌、成语、传统节日寓意、传统典故等流变背后的考察和阐释，活动只是浮于表面而无法深入学生内心。为此，我们亟须处理好内容与形式的辩证关系。一方面，我们要立足内容、重视内容，因为内容是基础，形式只是服务于内容的手段。无论学校开展何种形式的传统文化教育活动，目的都是为了进行知识传授与价值引领，既注重学生的知识性学习，传授为学之用，又注重将其融于学生的品格培养和道德修养之中，启迪学生做人之道。以此为出发点，围绕中华优秀传统文化的内容开展丰富多彩的活动形式。另一方面，我们要推进形式的创新，丰富对内容的表达。灵活地借助新媒体、新技术开发设计适应学生认知水平的、令他们喜闻乐见的教育活动，增强教学课堂的趣味性。同时，可以利用博物馆、文化宫、纪念堂、历史名胜古迹等中华优秀传统文化的静态呈现场所开展教育活动，使传统的历史遗存活化为具有生命力的现实资源。

把握阶段与整体的辩证关系。学校传承发展中华优秀传统文化就意味着，开展中华优秀传统文化教育活动应是学校教育的日常之态，应该作为一项经常性、持续性和连贯性的活动开展，而不是只在重大节日才闹哄哄地、敲锣打鼓式地开展，平时却静悄悄，甚至不见踪影、被人遗忘。目前，有些学校开展的形式多样的传统文化教育活动之间缺乏合理的衔接和科学的设计，显得过于心急，没有结合不同学段学生的身心发展特点来设计活动重点，容易让小学生产生畏难、反感情绪，让中学生、大学生产生无聊、无趣的感受，加之对活动效果缺乏相应的评估和检查，导致实际效果与活动初衷背道而驰。因此，新时代学校传承发展中华优秀传统文化，应注重阶段性和整体性的辩证统一。一方面，应当将传承发展中华优秀传统文化看作一个整体、一个连续的过程，并一以贯之，有序、系统地推进大中小学的中华优秀传统文化教育。正如教育家杜威所言："因为有了连续性原则，可以使先前情境中的某些东西传递到以后的情境中去。"① 整体性把握传统文化教育的好处在于教授的是系统而非支离破碎的知识，确保了教育阶段的延续和教育内容的衔接，有利于促进中华优秀传统文化的知识内容、价值取向和精神内核潜移默化融入个体的生命历程中。另一方面，坚持整体性原则并不意味着要忽略教育的阶段性特征，而是要结合不同阶段学生的身心特点，遵循学生的认知规律，以达到循序渐进的效果。叶圣陶先生曾明言"教育是农业而不是工业"，需要经历一个周期性的缓慢生长过程，无法像工业那样快节奏、高效率地生产。不同阶段学生的心理特点和认知特点是不同的，因此，教育在不同阶段的侧重点应有所区别，关照到个体的不同生命成长阶段，充分尊重学生成长成才的规律和阶段特征，体现有温度的教育方式。

把握"化文"与"化人"的辩证关系。目前许多学校并没有足够重视"以人化文"和"以文化人"的辩证关系，即没有把握"化文"和"化人"的辩证关系，要么用急功近利的实用主义标准去衡量中华优秀传统文化教育的效果，忽视"以文化人"的过程性，要么忽视人的主体性和能动性，开展的中华优秀传统文化教育活动缺乏感染力。基于此，学校在

---

① ［美］杜威：《我们怎样思维·经验与教育》，姜文闵译，人民教育出版社2005年版，第262页。

传承发展中华优秀传统文化的过程中还应把握“化文”和“化人”的辩证关系。“化文”是“化人”的前提。任何文化产品、形式都是主体对外部客观世界进行思维加工的结果，因此，“以人化文”反映了人按照自己的标准和方式去改变和创造世界的过程，强调了人的自主性和主体意识。“化文”则侧重于历史的维度，是对传承的遵循，从这一意义上讲，“‘以人化文’是一种文化自觉、文化自信，是对历史文化理性的理解、对文化现实生产规律的把握，是对文化未来发展有一定的担当”[①]。任何回避“化文”或者片面强调“化人”的倾向都是文化不自信、不自觉的表现。因此，学校传承发展中华优秀传统文化，既要尊重历史，把现实的主体放到历史文化中去考察，站在历史的高度反省自我、定位自我、把握自我；又要解放思想，打破常规，发挥主观能动性，在发掘本地资源和学校历史文化传统的基础上进行创新，为传承发展中华优秀传统文化提供更多的精神养料。“化文”的目的和价值在于“化人”，使人成为文化人。“以文化人”的过程就是人为加工的系统化、体系化的文化经过历史积淀而形成文化传统，融入我们的生命历程之中，潜移默化地影响我们的思维方式、价值取向、情感态度和行为倾向。因此，学校传承发展中华优秀传统文化，要从现实维度出发，以中华优秀传统文化为起点，去培养人、影响人和提高人，重在化人之精神，帮助人们树立正确的理想信念，提高人的素质和道德修养，最终使人成为具有中华传统文化烙印和民族底色的人。

中华优秀传统文化是中华民族历经数千年历史演变而发展的具有民族文明烙印的文化形态，是中华民族语言习惯、文化传统、思想观念、情感认同的集中体现，凝聚着中华民族普遍认同和广泛接受的道德规范、思想品格和价值取向，蕴藏着“独一无二的理念、智慧、气度、神韵”[②]，构成了中华民族独特的生活样法，“积淀着中华民族最深沉的精神追求，代表着中华民族独特的精神标识”[③]。习近平总书记指出：“中国共产党人始

---

① 赵海燕、邓如辛：《“中国梦”的文化自觉：“以人化文”与“以文化人”共轭》，载《社会科学战线》2013 年第 12 期，第 232 – 234 页。

② 《在文艺工作座谈会上的讲话载》，载《人民日报》2014 年 10 月 15 日，第 1 版。

③ 《在文艺工作座谈会上的讲话载》，载《人民日报》2014 年 10 月 15 日，第 1 版。

终是中国优秀传统文化的忠实继承者和弘扬者。”[①] 传承好、发展好中华优秀传统文化由此理应成为新时代中国特色社会主义建设的重要内容。

三、传承中华优秀传统文化中的教育效果

传承发展中华优秀传统文化的主要教育对象是学生，教育的效果亦主要看学生，因此，以“围绕学生、关照学生和服务学生”[②] 为目标定位，结合中华优秀传统文化的实践效果，从学生个人与自我、他人、社会、国家以及世界这几个方面展开分析，就能较为准确地把握“十八大”以来学校传承发展中华优秀传统文化的成就。

中华传统文化是经过长期历史积淀与演化塑造的历史文化形态，其表现形态按照钱穆先生的观点，“在整体意义上主要涵盖物质、社会和精神三个层面”[③]，具体表现为由工艺器物、书法绘画向语言文字、文学艺术直至风俗制度、思想精神的层层深入。有形的物质层面文化是体现中华传统文化精神层面的重要载体，其表现形式丰富，为学校传承发展中华优秀传统文化提供优质鲜活的教育素材。一方面，要培养学生的良好心态。学校通过营造浓厚的传统文化学习氛围，将中华优秀传统文化的价值观念和精神境界融进古诗词的讲解、书画的鉴赏、国学经典的诵读、传统节日的仪式等形式之中，潜移默化地影响着学生的心性修养，培养他们通达乐观的心态并给予他们精神慰藉。许多学生都表示，在繁忙的课程之中接触到中华优秀传统文化，犹如一缕阳光为他们驱散内心的雾霾，缓解他们内心的焦躁不安，照亮他们前进的道路，让他们在品味中华优秀传统文化的过程中获得宁静与安详，学会放慢步调，学会自我调适，学会积极乐观地面对困难。另一方面，要引导学生锤炼意志品质。学校通过丰富多彩的活动

---

① 《在纪念孔子诞辰2565周年国际学术研讨会暨国际儒学联合会第五届会员大会开幕会上的讲话》，载《人民日报》2014年9月25日，第2版。

② 《习近平在全国高校思想政治工作会议上强调：把思想政治工作贯穿教育教学全过程 开创我国高等教育事业发展新局面》，载《人民日报》2016年12月9日，第1版。

③ 钱穆：《钱宾四先生全集》（第37册），台北联经出版事业股份有限公司1998年版，第12页。

让学生发现习以为常的拼音、汉字、诗词、节日、风俗等传统文化之非比寻常，起到鼓励、启发的作用，激发他们对传统文化的学习兴趣和好奇心，引导其主动地踏上探寻中华文化之旅，成为一名传统文化爱好者。当他们面对千百年前的作品时，感受到中华传统文化的深厚底蕴和独特魅力，引起内心深处的强烈共鸣与情感认同，不由生发出惊叹与崇敬之情，进而仿效古人追求理想人格，锤炼自身的品质修为，提升精神境界。正如采访中一位同学所言："中华传统文化的影响力有很多，对我们的思想成长作用极大。我们仍需加深了解，以达到提升自我素养的目的。"①

中华优秀传统文化的精神特质中逐渐彰显在促进个人与他人的和谐相处。中华传统文化历来提倡"孝弟也者，其为仁之本与""弟子入则孝，出则弟"的孝亲敬长、兄友弟恭的人伦之道。以儒家伦理文化为核心的中华传统文化素来重视长幼有序之道，许多同学表示在传统节日习俗、家风家训中都能深切感受到传统文化对长幼有序、家庭和睦和顺、家族成员相互尊重的重视与传承，这也成为规范我们言行举止的一种无形力量；中华传统文化有"滴水之恩，当涌泉相报""投我以桃，报之以李"的感恩传统，对此受采访的同学深有感悟，"相比于其他学校单一的广播体操，小学阶段我就读的学校却有三套操种：广播体操、感恩的心、文武秀。增加'感恩的心'活动的意义在于教育我们谨记并恪守'感恩'的传统美德，对父母、师长以及帮助过我们的人常怀感恩之心"；中华传统文化还注重"己欲立而立人，己欲达而达人""己所不欲，勿施于人""夫子之道，忠恕而已矣"的立己达人、推己及人的宽恕品质，这有利于学生在与他人的良性互动中学会体谅和宽容他人，以仁爱之心待人；中华传统文化更教人以持中守和、惠风和畅的处世智慧，教我们以不偏不倚的中庸之道去维系与他人平和、恰当的关系，因此有同学感慨："纵观自己所受的十二年教育，这些活动给我的更多是对问题的思考方向，用中庸之道去思考解决问题的方法。"② 总之，在学校传承发展中华优秀传统文化的教育活动中，

---

① 访谈时间：2018 年 11 月 10 日；访谈对象：CYW。

② 访谈时间：2018 年 11 月 10 日；访谈对象：XHR。

学生们自觉不自觉地接受了中华优秀传统文化的熏陶和涵养，并将其逐渐内化为自身与他人相处的价值标准和行为准则，推己及人，以孝顺感恩之心、仁爱宽厚之情、中庸平和之态度与他人和谐相处。

中华优秀传统文化的社会价值不断凸显，表现为学生逐渐培养出强烈爱国之情和社会责任感。在中华优秀传统文化中，爱国主义始终是民族精神的核心。无数的仁人志士以行动诠释了“先天下之忧而忧，后天下之乐而乐”的忧国忧民情怀，“保天下者，匹夫之贱，与有责焉耳矣”的责任担当意识，“苟利国家生死以，岂因祸福避趋之”的豪言壮志气概，“一国兴让，济世经邦”的爱国理想等，传递弘扬了大爱的价值追求，使之成为支撑并激励着中华民族生存发展的精神力量。广东学校在传承发展中华优秀传统文化的过程中，以国家教材为重点，以地方读本为辅助，以学生活动为推进方式，向学生讲述了爱国仁人志士和广东当地英雄人物的故事，激发学生的爱乡爱国之情。多数受访学生表示，在学校组织的主题教育活动和爱国主义教育基地参观等活动中，他们会被爱国励志的故事所打动，从保家卫国的英雄人物身上学习到可贵的品质，并将这种爱国之心植入心底。所以有同学指出：“这些活动对于提高卷面成绩可以说是‘无用’的。但它们能拓展我们的视野，培养爱国情怀，是传承中华传统文化的重要一环，所以说实有‘大用’。”① 不仅如此，学校还引导学生知行合一，将爱国情怀化为实际行动，自觉肩负传承发展中华优秀传统文化的使命。受访学生纷纷表示，重温中华民族的发展历程，尤其是近代以来中华民族的历史境遇和奋斗史，让他们深切认识到，对国家和民族的深切热情和关注不能仅停留在表面，而是要把个人前途与国家命运联系起来，从中华优秀传统文化中汲取智慧和力量，并身体力行去践行爱国之志，肩负起中华民族伟大复兴的重任。

中华优秀传统文化的世界影响力的逐步提升，增强了学生的文化自信和民族自豪感。在全球化的背景下，西方多元文化和价值观对我国的传统文化造成很大影响，中华优秀传统文化在西方文化的影响下受到很大的挑

---

① 访谈时间：2018 年 11 月 10 日；访谈对象：LYQ。

战。为此，广东学校扎根于中华优秀传统文化，拓宽学生的全球视野，引导学生坚定文化自信，为学生烙上中华民族文化底色。一方面，强化学生的民族意识和文化辨别力。学校不仅重视校内的中华优秀传统文化教育，而且积极组织跨省市、跨区域，甚至跨国界的文化交流活动，让学生在文化交流中提高辨别能力。学生们普遍认为，在中华传统文化与西方文化的对比中，他们对中华传统文化有了更清晰的体认，能够在多元文化碰撞产生的“聒噪之声”中坚定立场，辨清方向，辩证理性地看待历史与当代、中华传统文化与外来文化的关系，既不盲目地崇洋、捧洋，也不孤傲自傲、唯我独尊。另一方面，增强学生的民族自豪感和文化自信。学校以春风细雨般的方式，在丰富多彩的传统文化教育活动将中华文化的精神逐渐内化、积淀、渗透于每一位学生的心灵深处，从而唤醒并强化学生的民族自我意识，给予学生深厚且无可取代的民族自豪感，坚定他们对中华文化的自信心。文化自信是一个国家自信的根源，正如一位同学所言：“中国人要强起来，首先就要树立自信，尤其是骨子里的、对民族魂、文化的自信、自豪。诸如传承发展中华优秀传统文化的活动，正是时代的要求，更是历史的必然。”① 正是因为学校传承发展中华优秀传统文化的教育活动深入人心，才会不断激发学生的民族自豪感和文化认同感，让他们更有底气地喊出“厉害了，我的国”。只有在文化自信的基础上，他们才会更主动、更积极地向世界传播中华优秀传统文化，在更广阔的意义上传承发展中华优秀传统文化。

① 访谈时间：2018 年 11 月 10 日，访谈对象：LQL.

第二章　先秦儒家的道义论

第一节　道义论内涵概述

“道义”一词并非舶来品，早在先秦，传统典籍已见使用，并且一直沿用至今，古今中外的人们在思想与行动上都离不开道义。在先秦儒家典籍中，“道”与“义”既可单独使用，也可合而连用。比如，《论语·季氏》曰：“隐居以求其志，行义以达其道。”《孟子·公孙丑上》曰：“其为气也，配义与道。”《荀子·王霸》曰：“汤武者，修其道，行其义，兴天下同利，除天下同害，天下归之。”这是分开单独使用的例子。另外，《易传·系辞传上》曰：“成性存存，道义之门。”《荀子·修身》曰：“志意修则骄富贵，道义重则轻王公。”这是合而连用的例子。这两种情况都很常见。从词源学意义上来讲，分用的情况应该早于合用的情况，但是，不管哪一种情况，就其含义来讲，“道义”其实就是“道”与“义”的字义合成。

然则，究竟何谓道义呢？古今儒家学者曾经给出这样一些代表性的定义，如，《易传·系辞传上》曰：“一阴一阳之谓道。”“形而上者谓之道。”《孟子·尽心下》曰：“仁也者，人也。合而言之，道也。”《荀子·正名》曰：“道者，古今之正权也。”《礼记·中庸》曰：“天命之谓性，率性之谓道。”“义者宜也。”朱子《孟子集注·公孙丑章句上》曰：“义者，人心之裁制。道者，天理之自然。”[①] 曹端《通书述解·师友下第二

① 〔宋〕朱熹：《四书章句集注》，中华书局1983年版，第231页。

十五》曰："道义者，兼体用而言也。道则穷天地，亘古今，只是一个道。义随时随事而处之得宜，所谓天地之常经，古今之通义也。人而身有道义，则贵且尊焉。"[①] 由上可见，儒家主要是从天地阴阳的运行演化过程、人类社会生活的历史进程和个体的行为取向等方面来体认、洞察和界定所谓"道义"的。简括而言，儒家所谓道，既指天地阴阳运行消长的法则与轨迹，也指人类在道德上正确的"行为之道"，亦即人类行为或修为应当遵循的正确道路或人伦道德意义上的规范与准则，并可以进一步引申为由人们的正确的"行为之道"交织而成的个人的、社会的、国家的"理想生活方式"[②]，或者指一种整体性的、包容一切的社会政治秩序[③]；而"义"则是指人能够依据正确的行为准则"随时随事而处之得宜"的意思。质言之，道义所要求人的就是依据正确的行为准则或价值标准做出正确的且可以为人普遍接受的行为，而合乎道义的行为必须有利于维护和促进人类社群的理想生活方式与社会政治秩序。

在先秦诸子中，儒家可以说是最富于道义情怀的。为挽救时代的社会混乱状况和道德与政治上的败坏趋势，他们以道义担当作为自我的期许，对道义的追求可以说是激发和推动他们奋发有为和积极入世甚至是"知其不可而为之"的根本精神动力。而说到底，他们的所思所为、他们的道德思考与参与政治的行动，亦正是他们那以道义相尚的士人君子之学的内在必然要求。

对先秦儒家而言，士人君子应以追求道义为职志，以居仁由义为己任，如孔子曰："士志于道，而耻恶衣恶食者，未足与议也。"（《论语·里仁》）"君子义以为上。"（《论语·阳货》）曾子曰："士不可以不弘毅，任重而道远。仁以为己任，不亦重乎？死而后已，不亦远乎？"（《论语·泰伯》）孟子则曰士"尚志"，所志在于"仁义而已"（《孟子·尽心上》）。进一步来讲，士人君子对道义的追求与担当，应优先于对富贵、权

---

① 〔明〕曹端：《曹端集》，中华书局2003年版，第82页。

② 参见［美］顾立雅《孔子与中国之道》，高专诚译，大象出版社2000年版，第129页。

③ 参见［美］本杰明·史华兹《古代中国的思想世界》，程钢译，江苏人民出版社2004年版，第31、190、425－426页。

势和利益的获取，甚至比人的生命价值更为重要，故孔子曰：“富与贵，是人之所欲也，不以其道得之，不处也；贫与贱，是人之所恶也，不以其道得之，不去也。……君子无终食之间违仁，造次必于是，颠沛必于是。”“朝闻道，夕死可矣。”（《论语·里仁》）“志士仁人，无求生以害仁，有杀身以成仁。”（《论语·卫灵公》）孟子曰：“生，亦我所欲也；义，亦我所欲也，二者不可得兼，舍生而取义者也。”（《孟子·告子上》）荀子亦曰：“志意修则骄富贵，道义重则轻王公，内省而外物轻矣。……士君子不为贫穷怠乎道。”（《荀子·修身》）质言之，道义乃是士人君子立身处世、入仕参政、经世济民的根本行为准则和终极价值依据，它关乎士人君子个人的修身立志，关乎人民大众的利益福祉，关乎天下国家的安平善治。正所谓“道二：仁与不仁而已矣”“三代之得天下也以仁，其失天下也以不仁。国之所以废兴存亡者亦然”（《孟子·离娄上》），“道存则国存，道亡则国亡”（《荀子·君道》）。

正是由于先秦儒家汲汲于以道义作为自己思想与行动的纲领与准则，努力按照道义去思考与实践，因此，在他们思考与实践的过程中，逐渐并且最终形成了其独具特色的“道义论”思想。其主旨如下：

1. 先秦儒家的道义论是一种以天道论为依据，以规范、引领或改造现实政治的思想理论

依先秦儒家之见，天地之道（即天道天德）大公无私，博厚高明，生生不息，化育万物，宇宙乃是一种自然、有序、和谐的“中和”秩序。如孔子说，“天无私覆，地无私载，日月无私照”（《礼记·孔子闲居》），又说，天虽不言，但天道生生不息，故“四时行焉，百物生焉”（《论语·阳货》）；另如《易传·系辞传上》曰“天地之大德曰生”，《礼记·中庸》则曰“天地之道：博也，厚也，高也，明也，悠也，久也”“博厚，所以载物也；高明，所以覆物也；悠久，所以成物也”，而“天地之所以为大也”也正在于“天地之无不持载，无不覆帱”。上述有关天道天德的信念为儒家的政治理想提供了终极的依据，故孔儒常常从天人合一的层面来阐述其政治理想，主张圣王之德应如天地之博大无私，所谓“三王之德，参于天地”（《礼记·孔子闲居》），或者明君圣王或居位之大人当则天而治，如孔子赞叹曰："大哉，尧之为君也！巍巍乎！唯天为大，唯尧则之。"（《论语·泰伯》）另如《易传·文言传》曰："夫大人者，与天地合其德，与日月合其明，与四时合其序，与鬼神合其吉凶。先天而天弗违，后天而奉天时。"《礼记·中庸》更有言："大哉！圣人之道洋洋乎！发育万物，峻极于天。"并说："天命之谓性，率性之谓道，修道之谓教。道也者，不可须臾离也，可离，非道也。……中也者，天下之大本也；和也者，天下之达道也。致中和，天地位焉，万物育焉。"

如前文所言，道义要求人们依据正确的行为准则或价值标准做出正确的且可以为人普遍接受的行为，而天（或天道）是一切正确的行为准则或价值标准的终极来源。因此，天道论可以说构成了儒家道义论的终极依据。而先秦儒家以天道规范人道（或曰人间道义），以理想的、尧舜式的圣王政治引领和改造现实的权力政治，换言之，先秦儒家之所以以天道论为依据来确立其道义论及其关于理想政治的信念，说到底，其目的在于重建政治新秩序，以便消除礼崩乐坏、战乱纷争的现实政治状况。

2. 先秦儒家的道义论是一种以心性论（或功夫论）为根基来确立士人入仕参政之资格和正当性的思想理论

先秦儒家不仅仅倡言一种理想的最优政治（即尧舜政治），还进一步探讨实际的执政当权者（即一国之君臣）和新兴士人阶层如何获得治国理政的资格和入仕参政的正当性问题。这不仅出于"去找权力与服从的关系有什么根据与解释"[①] 的理论上的需要，也是基于转化和提升现实政治的实际要求。

众所周知，在孔儒生活的年代，其时的国君，大多骄奢贪婪、荒淫昏庸、残暴无道，而其时的臣下，也大多僭越礼制、争权夺利、自私残忍，也就是说，现实政治生活中的执政当权者非但不是促进和维护和平安定的政治秩序的政治角色，反而常常是搅乱政治秩序的祸源，故孔子慨叹说，"今之从政者"不过是"斗筲之人"（《论语·子路》）而已，亦正如一位

① ［美］威廉·邓宁：《政治学说史》（下卷），谢义伟译，吉林出版集团有限责任公司2009年版，第250页。

避世的狂士所说，“今之从政者”危殆而不足与有为（《论语·微子》）。职是之故，先秦儒家很自然地便把重建政治新秩序的思考焦点放在了实际的一国之君臣的身上，从源头上探讨治国理政者的从政资格与统治正当性问题。尤其是针对“君不君，臣不臣，父不父，子不子”的政治时局，孔子提出了“君君，臣臣，父父，子子”的为政必先“正名”的政治策略（《论语·颜渊》《论语·子路》）。同时，由于切实认识到圣人“不得而见之”（《论语·述而》）或“圣王不作，诸侯放恣”（《孟子·滕文公下》）的政治现实，先秦儒家并不仅仅固守“内圣而外王”（即君主一定是圣人才可以王天下，或内圣的人一定要做君主以王天下）的唯一政治路径，而是从政治现实出发，另辟了一条士人君子修身事君而“务引其君以当道，志于仁而已”（《孟子·告子下》），或者由“大人”之臣（即圣臣）“格君心之非”而“致君尧舜”（《孟子·离娄上》）的政治路径。因此，“道性善”的孟子不仅倡导“人皆可以为尧舜”（《孟子·告子下》），而且还认为“不仁”的梁惠王、“望之不似人君”的梁襄王与“好货”“好色”“好勇”的齐宣王只要实行王政，便可以王天下、一天下。而依孟子之见，实施王政，很重要的一条，就是要“尊贤使能，俊杰在位”，如此，“则天下之士皆悦而愿立于其朝矣”（《孟子·公孙丑上》）。

由上可见，先秦儒家将对于重建政治新秩序的政治主体的角色期待，由显在的执政当权者（即君臣）最终转向了潜在的修身从政者（即士人精英）。因此，一方面，先秦儒家呼吁君主为政，要效法“天道”“天德”，施行“王者之政”，努力做到“贤能不待次而举，罢不能不待须而废”，或者“虽王公士大夫之子孙也，不能属于礼义，则归之庶人。虽庶人之子孙也，积文学，正身行，能属于礼义，则归之卿相士大夫”（《荀子·王制》），亦即以礼义（即道义）而不是出身为标准，向士人精英开放政权，吸纳贤士参与政治以平治天下，重建政治新秩序。另一方面，孔子更以自己的实际行动，践行并树立了一套“谋道不谋食”（《论语·卫灵公》）、“义之与比”（《论语·里仁》）、“无终食之间违仁”（《论语·里仁》）的以道义为行动准则的仕进从政之道；针对当时一些贪恋富贵、朝秦暮楚、不讲操守、不遵仕道的游士作风，孟子斥之为“不由其道”而

“以顺为正”的“妾妇之道”(《孟子·滕文公下》),同时极力阐扬“居天下之广居,立天下之正位,行天下之大道……富贵不能淫,贫贱不能移,威武不能屈”的“大丈夫”气概(《孟子·滕文公下》)和“进以礼,退以义”(《孟子·万章上》)、“穷不失义,达不离道”(《孟子·尽心上》)、志尚仁义的仕道理论;荀子继此而更在“德操”、能力和辨别士人流品的基础上阐发了一套“权利不能倾也,群众不能移也,天下不能荡也”(《荀子·劝学》)、“法先王,隆礼义,谨乎臣子而致贵其上者也”(《荀子·儒效》)、“在本朝则美政,在下位则美俗”(《荀子·儒效》)、“从道不从君”(《荀子·臣道》)的仕道理论。由此,先秦儒家在道义上为士人的入仕参政活动赋予了一种正当性的理由与资格。

然而,如何确保士人能够实际地获取和维持其入仕参政的资格和正当性呢?先秦儒家主要从心性论的角度进行了探讨,把道义论牢固地建立在心性论的基础之上,并为士人参政提供了一系列切实的修身的方法或条目。比如,孔子基于“性相近也,习相远也”(《论语·阳货》)的人类习性观和人易犯过失的问题意识,强调士人君子应志仁尚义、修己好学和克己复礼,如是才有资格入仕从政。《礼记·大学》系统阐发了一套“自天子以至于庶人,一是皆以修身为本”的格致诚正和修齐治平的内圣外王之道,而《礼记·中庸》则在天命之性的认识基础上强调明善诚身的修身功夫。后来,孟子更从“性善论”的角度进一步阐述了一套“求其放心”(《孟子·告子上》)、“尽心知性以知天”(《孟子·尽心上》)和“配义与道”以“养浩然之气”(《孟子·告子上》)的存养心性的学问功夫,而荀子则从“性恶论”的角度提出了一套“治气养心”、以礼正身(《荀子·修身》)、“化性而起伪”(《荀子·性恶》)的修身矫性的修养功夫。可见,正是通过强调士人要切实修身(做功夫),正己以正人,先秦儒家旨在造就或培养一种以道义相尚的新型政治主体(士人精英),并为他们获得参与政治的资格和正当性打下了坚固的道义根基。

3. 先秦儒家的道义论是一种以士人积极参与政治的行动来谋求实现善治的思想理论

人之资质气禀,大致如孔子所说,可分为四等,即“生而知之者,上也；学而知之者，次也；困而学之，又其次也；困而不学，民斯为下矣”（《论语·季氏》）；而孔子自道“我非生而知之者，好古，敏以求之者也”（《论语·述而》），并且以“发愤忘食，乐以忘忧，不知老之将至”（《论语·述而》）的好学形象来描画自己。然而，儒家重学，不仅仅是因为“夫学者，所以博综古今而发明道义者也”（《宋本册府元龟·晚学》），更是因为学与仕（或学与行）有着莫大的关系。此即子夏所说：“仕而优则学，学而优则仕。”（《论语·子张》）依照孔儒的理念，学以明道修身，目的在培养健全的道德人格，此为士人君子入仕从政的根基，反之，士人君子入仕从政不是为了谋食或贪求利禄，而当以治国理政、经世济民为职志，因此，学与仕彼此促进，可以互济相资为用，这一理念凸显出儒学不仅是一种个人修身的人生学问，更是一种治国安人的政治学说；不仅是一种思想理论，更是一种行动理论。先秦儒家的道义论思想是先秦儒学的一个有机组成部分，这种以士人君子积极参与政治的行动来谋求实现天下国家之善治目标的思想理论，在回答“何如斯可以从政矣”的问题时，明确主张应“尊五美，屏四恶”。所谓“五美”，是指“君子惠而不费，劳而不怨，欲而不贪，泰而不骄，威而不猛”。所谓“四恶”，是指“不教而杀谓之虐；不戒视成谓之暴；慢令致期谓之贼；犹之与人也，出纳之吝谓之有司”（《论语·尧曰》）。后来的孟、荀更进一步系统阐发了一套以实现天下国家之善治目标为鹄的王道王制或仁政礼治的政治理念，此留待后文再详论之。

综上所述，先秦儒家以天道论为依据，以心性论为根基，以道义为正确行为的依据和准则，希望通过士人君子积极入仕从政的参与行动，来谋求实现天下国家的善治目标，在我们看来，这充分体现了先秦儒家道义论深刻的理论意义和丰富的思想内涵。

第二节 孔子的道义论

对于自己的一生，孔子在晚年曾简要地概括为："十有五而志于学，三十而立，四十而不惑，五十而知天命，六十而耳顺，七十而从心所欲，不逾矩。"（《论语·为政》）时间与现实上的差异会产生理解上的差异，同是根据孔子的这个概括，后人对于"学、立、不惑、知天命、耳顺、从心所欲、矩"等概念的理解，已经不能尽同。因此，在研究孔子的道义论与政治理念之前，为减少无谓的争论，笔者认为，需要做好两方面的工作：其一，在文本史料方面，努力做到如冯友兰先生所说：历史学家研究一个历史问题，在史料方面要做四步工作——收集史料、审查史料、了解史料与选择史料，并且分别要做到全、真、透与精。[①] 其二，在研究者方面，需要向他人清楚地"介绍"并"交代"自己研究运用的文本史料与价值选择。

"周道废，秦拨去古文，焚灭《诗》《书》，故明堂石室金匮玉版图籍散乱。于是汉兴，……百年之间，天下遗文古事靡不毕集太史公。"（《史记·太史公自序》）太史公在《史记·孔子世家》中说："孔子之时，周室微而礼乐废，《诗》《书》缺。追迹三代之礼，序《书传》，上纪唐虞之际，下至秦缪，编次其事。……故《书传》《礼记》自孔氏。……［孔子］自卫反鲁，然后乐正，《雅》《颂》各得其所。……古者《诗》三千余篇，及至孔子，去其重，取可施于礼义，上采契后稷，中述殷周之盛，至幽厉之缺，始于衽席，……三百五篇孔子皆弦歌之，以求合《韶》《武》《雅》《颂》之音。……孔子晚而喜《易》，序《彖》《系》《象》《说卦》《文言》。……［孔子］乃因史记作《春秋》，上至隐公，下讫哀公十四年，十二公。"太史公认为孔子的著述如此，也就是孔子"删《诗》《书》，定《礼》《乐》，赞《易》道，修《春秋》"[②]，这是研究孔

① 参见冯友兰著《中国哲学史史料学》，见《三松堂全集》（第6卷），河南人民出版社2000年第2版，第295－296页。

② 〔唐〕颜师古原著，刘晓东平议：《匡谬正俗平议》，山东大学出版社1999年版，第1页。

子思想的直接史料与原始史料——六经。后世《书》有今古文，《诗》有三家之别与毛郑之学，《礼》有三礼，《春秋》有三传，《乐》之有无现在已说不清楚，《易》又“人更三圣，世历三古”[①]，直接史料和原始史料的佚失、缺漏以及版本的多重真伪难辨等种种情况，让后世学者难以直接从中了解孔子的思想。

研究孔子思想的间接史料和辅助史料，主要有：“1.《左传》《国语》中所记载的有关孔子的言行；2.《孟子》《庄子》和其他诸子书中所记的孔子的言行；3.《史记》中的《孔子世家》《仲尼弟子列传》；4.《孔子集语》。”[②]《孔子集语》分别有宋代薛据和清代孙星衍的辑本，山东友谊书社于1989年在“孔子文化大全”丛书里将两人的辑本一起出版；郭沂先生在《孔子集语》的基础上，做了校补，并于1998年在齐鲁书社出版了《孔子集语校补》。另外，后世关于孔子思想研究的间接史料与辅助史料可谓汗牛充栋，同时也真伪难辨：或是引申，或是托古，或是窃盗，或是寓言，等等，不一而足。也就是说，研究孔子思想的直接史料与原始史料不多，而间接史料与辅助史料过于繁多。这正如陈寅恪先生所说——史料不多，则见仁见智，言人人殊；而史料过于繁多，则皓首穷经，令人几无所措手足。[③]

冯友兰先生说：“我们研究孔子，主要是靠《论语》。其内容是孔子的弟子或是再传弟子所记载的孔子的言行，按说也是一种辅助史料。但是在现在的情况下，《论语》就是研究孔子思想的唯一的可靠史料了。”[④] 因此，本书研究孔子的道义论与政治理念，主要是根据《论语》，选择的文本是《论语集注》。[⑤]

黑格尔在《哲学史讲演录》中说：“我们看到孔子和他的弟子们的谈

---

① 〔清〕马骕撰，王利器整理：《绎史》，中华书局2002年版，第23页。

② 刘建国：《中国哲学史史料学概要》（上），吉林人民出版社1983年版，第124页。

③ 参见王钟翰《陈寅恪先生杂忆》，见《纪念陈寅恪教授国际学术讨论会文集》，中山大学出版社1989年版，第52页。

④ 冯友兰：《中国哲学史史料学》，《三松堂全集》（第6卷），河南人民出版社2000年第2版，第296页。

⑤ 〔宋〕朱熹：《四书章句集注》，中华书局1983年版。

话（按，即《论语》——译者），里面所讲的是一种道德常识，这种道德常识我们在哪里都找得到，在哪一个民族里都找得到，可能还要好些，这是毫无出色之点的东西。孔子只是一个实际的世间智者，在他那里，思辨的哲学是一点也没有的——只有一些善良的、老练的、道德的教训，从里面我们不能获得什么特殊的东西。西塞罗留给我们的‘政治义务论’便是一本有关道德教训的书，比孔子所有的书内容丰富，而且更好。我们根据他的原著可以断言：为了保持孔子的名声，假使他的书从来不曾有过翻译，那倒是更好的事。”[①] 在黑格尔那里，寻求的是思辨；而在孔子这里，谈论的是常道。双方本无多大关涉。黑格尔明明知道《论语》里讲的是道德常识，却要从中寻找思辨的哲学与特殊的东西，无怪乎大失所望。《礼记·中庸》记载，孔子说：“素隐行怪，后世有述焉，吾弗为之矣。”[②] 又说：“道不远人。人之为道而远人，不可以为道。”[③] 对于孔子的常道，世人大多恰如老子所说——“吾言甚易知，甚易行。天下莫能知，莫能行”（《老子·七十章》），或许，这是因为——“布帛之文，菽粟之味。知德者希，孰识其贵！”[④] ——的缘故吧。又或许，正如《论语·子张》里所说：“叔孙武叔语大夫于朝，曰：‘子贡贤于仲尼。’子服景伯以告子贡。子贡曰：‘譬之宫墙，赐之墙也及肩，窥见室家之好。夫子之墙数仞，不得其门而入，不见宗庙之美，百官之富。得其门者或寡矣。夫子之云，不亦宜乎！’”黑格尔也是“不得其门而入”者之一？今天，通过《论语》，我看到了孔子的言行，看到了孔子的价值选择，看到了孔子的生活方式，看到了“道义”流淌其中。

---

① ［德］黑格尔：《哲学史讲演录》（第1卷），贺麟、王太庆译，商务印书馆1959年版，第119－120页。

② 朱子《中庸章句》：“素，按《汉书》当作索，盖字之误也。索隐行怪，言深求隐僻之理，而过为诡异之行也。然以其足以欺世而盗名，故后世或有称述之者。”

③ 朱子《中庸章句》：“道者，率性而已，固众人之所能知能行者也，故常不远于人。若为道者，厌其卑近以为不足为，而反务高远难行之事，则非所以为道矣。”

④ ［宋］朱熹：《晦庵先生朱文公文集》（5），见《朱子全书》（第24册），上海古籍出版社、安徽教育出版社2002年版，第4002页。

一、道义是立身处世的准则

立身处世，名利与生死是人生面临的两大考验。

孔子说："君子疾没世而名不称焉。"(《论语·卫灵公》)又说："年四十而见恶焉，其终也已。"(《论语·阳货》)由此看来，孔子所追求的名，是建立在为善成德的基础（即实）之上的。《论语·子罕》有两则材料，材料一："达巷党人曰：'大哉孔子！博学而无所成名。'子闻之，谓门弟子曰：'吾何执？执御乎？执射乎？吾执御矣。'"材料二："太宰问于子贡曰：'夫子圣者与？何其多能也？'子贡曰：'固天纵之将圣，又多能也。'子闻之，曰：'太宰知我乎！吾少也贱，故多能鄙事。君子多乎哉？不多也。'"从这两则材料来看，面对达巷党人与太宰的称赞，孔子的回答告诉我们，他所认为的成名并不在"多能"的"艺"（即御与射等）上，也就是说，不是在"器"，而是在"道"。这就是《论语·为政》中孔子所说的"君子不器"[①]。这是孔子在为人所知与被人称赞时的情况。

如果不被人所知，孔子的态度又是如何的呢？孔子说，"人不知而不愠"(《论语·学而》)，"君子病无能焉，不病人之不己知也"(《论语·卫灵公》)。可知，孔子只担心自己不具备为人所知的德行与才能，并不担心自己不为人所知。即使为天下人所不知，孔子也"不怨天，不尤人"，因为他认为："下学而上达。知我者其天乎！"[②] 天，这是孔子最后独自面

---

① 朱子注：器者，各适其用而不能相通。成德之士，体无不具，故用无不周，非特为一才一艺而已。详见〔宋〕朱熹《四书章句集注》，中华书局1983年版，第57页。

② 朱子注：此但自言其反己自修，循序渐进耳，无以甚异于人而致其知也。（详见〔宋〕朱熹《四书章句集注》，中华书局1983年版，第157页）作者按：孔子所说的"天"，在《论语》里有：《论语·八佾》："获罪于天，无所祷也。"《论语·雍也》："予所否者，天厌之！"《论语·述而》："天生德于予，桓魋其如予何？"《论语·泰伯》："唯天为大，唯尧则之。"《论语·子罕》："天之将丧斯文也，后死者不得与于斯文也；天之未丧斯文也，匡人其如予何？""吾谁欺？欺天乎？"《论语·先进》："天丧予！"《论语·颜渊》："死生有命，富贵在天。"《论语·宪问》："不怨天，不尤人。下学而上达。知我者其天乎！"《论语·阳货》："天何言哉？"综合以上材料，可以知道，孔子所说的"天"其实是一个拥有自由意志同时又赏善罚恶的正义实体。朱子认为："天，即理也。"（详见〔宋〕朱熹《四书章句集注》，中华书局1983年版，第65页）这是一个理学家的解释。今天，我们也可以认为：天，即子贡所说"夫子之言性与天道"(《论语·公冶长》)的"天道"。天道，莫不符合理，莫不符合公正与正义，莫不符合道义。

对的心灵实体与精神信念。孔子说:“君子去仁,恶乎成名?君子无终食之间违仁,造次必于是,颠沛必于是。”(《论语·里仁》)“仁者,爱之理,心之德也。”[①] 仁与义都是德行条目,德得于道,也就是说仁义统摄于道义。因此,我们说,孔子成名是由于他修行道义。

至于利,孔子说:“君子喻于义,小人喻于利。”(《论语·里仁》)从义利之辨,孔子当下便把人分为君子与小人。“君子义以为上。”(《论语·阳货》)因此,孔子说:“富与贵是人之所欲也,不以其道得之,不处也。”(《论语·里仁》)富贵在孔子那里,是屈从于道义之下的。因此,“富而可求也,虽执鞭之士,吾亦为之。如不可求,从吾所好”(《论语·述而》),而“邦无道,富且贵焉,耻也”(《论语·泰伯》)。孔子认为,如果在无道的邦国里,自己却富且贵,那是一种耻辱。当“齐人归女乐,季桓子受之。三日不朝”时,“孔子行”(《论语·微子》)。当齐景公说“吾老矣,不能用也”时,孔子并不贪恋齐景公“以季、孟之间待之”的待遇,“孔子行”。当“卫灵公问陈于孔子”(《论语·卫灵公》)却不务“修文德”(《论语·季氏》)之时,孔子并不贪恋“奉粟六万”(《史记·孔子世家》),“明日遂行”(《论语·卫灵公》)。也就是说,在孔子那里,名与利都是屈从于道义之下的。

孔子是如何看待生死的呢?孔子说:“死生有命。”(《论语·颜渊》)也就是说,命由天降,不由人自做主宰,因此,不需要过于担忧。孔子又说:“自古皆有死,民无信不立。”(《论语·颜渊》)在面临生死与信的选择之时,孔子会选择信。这是因为:“民无食必死,然死者人之所必不免。无信则虽生而无以自立,不若死之为安。故宁死而不失信于民,使民亦宁死而不失信于我也。”[②] 孔子又说:“志士仁人,无求生以害仁,有杀身以成仁。”(《论语·卫灵公》)在面临生死与仁的选择之时,孔子会选择仁。这是因为:“实见得生不重于义,生不安于死也。故有杀身以成仁者,只

---

① 〔宋〕朱熹:《四书章句集注》,中华书局1983年版,第48页。

② 〔宋〕朱熹:《四书章句集注》,中华书局1983年版,第135页。

是成就一个是而已。”[1] 这个“是”，在理学家那里，即“理”，即“道”。在“道”的面前，孔子说：“朝闻道，夕死可矣。”（《论语·里仁》）又说：“笃信好学，守死善道。”（《论语·泰伯》）也就是说，生死是屈从于信、仁与道之下的。因此，在孔子那里，天所赋予的肉体生命虽然由天做主宰，但是，一旦在面临生死与道义的抉择之时，这个主宰却是人自己。这是孔子对自己生死的态度。

“季康子问政于孔子曰：‘如杀无道，以就有道，何如?’孔子对曰：‘子为政，焉用杀？子欲善，而民善矣。’”（《论语·颜渊》）孔子坚持主张“为政以德”（《论语·为政》），特别是在“上失其道，民散久矣”（《论语·子张》）的春秋社会。因此，当季康子问能否用“杀无道，以就有道”的方式来治理政事之时，孔子坚决反对。这是因为孔子认为治政者负有教化民众的责任。所以，当治政者“以不教民战”之时，孔子说：“是谓弃之。”（《论语·子路》）这是说治政者无辜地舍弃了他的国民的生命。同样地，当治政者“不教而杀”之时，孔子说：“谓之虐。”（《论语·尧曰》）这是说治政者暴虐地对待他的国民的生命。而“弃”与“虐”都是不符合道义的。也就是说，如果治政者不尽“教民”的责任，那就是“弃民”与“虐民”，而这都是孔子所坚决反对的。这是孔子对待他人的生死的态度。

孔子说：“吾道一以贯之。”曾子说：“夫子之道，忠恕而已矣。”（《论语·里仁》）朱子注：“尽己之谓忠，推己之谓恕。”[2] 这是说，对待自己与对待他人，都遵从同一个“道”。孔子还说：“君子之于天下也，无适也，无莫也，义之与比。”（《论语·里仁》）这是说，对待天下，也都遵从同一个“义”。

综上所述，孔子以他的言行诠释了道义及其立身处世的准则。

---

① 〔宋〕朱熹：《四书章句集注》，中华书局1983年版，第163页。
② 〔宋〕朱熹：《四书章句集注》，中华书局1983年版，第72页。

二、道义是价值评判的标准

孔子说："吾之于人也，谁毁谁誉？如有所誉者，其有所试矣。"(《论语·卫灵公》) 孔子对他人进行价值评判时是非常谨慎的。

在《论语》里，有孔子对历史人物的评判，也有其对现实人物的评判；有其对他人的评判，也有其对自己的评判；有其对圣贤君王的评判，也有其对士大夫的评判；有其对君子的评判，也有其对小人的评判。通过这些评判，我们发现，道义是孔子进行价值评判的标准。

对于尧，孔子说："大哉尧之为君也！巍巍乎！唯天为大，唯尧则之。荡荡乎！民无能名焉。巍巍乎！其有成功也；焕乎，其有文章！"(《论语·泰伯》) 对于舜与禹，孔子说："巍巍乎！舜禹之有天下也，而不与焉。"(《论语·泰伯》) 又说："禹，吾无间然矣。菲饮食，而致孝乎鬼神；恶衣服，而致美乎黻冕；卑宫室，而尽力乎沟洫。"(《论语·泰伯》) 尧、舜、禹禅继之时，"尧曰：'咨！尔舜！天之历数在尔躬。允执其中。四海困穷，天禄永终。'舜亦以命禹"(《论语·尧曰》)。这是说，尧、舜、禹之所以"巍巍乎"，是因为他们允执其中，关心四海之人的福祉。

对于微子、箕子与比干，"微子去之，箕子为之奴，比干谏而死。孔子曰：'殷有三仁焉'"(《论语·微子》)。《论语·公冶长》记载，孟武伯问孔子子路、冉有与公西华仁乎，孔子皆答以不知；子张问孔子令尹子文、陈文子仁乎，孔子皆答以未知。而《论语·雍也》记载，孔子说："回也，其心三月不违仁，其余则日月至焉而已矣。"颜回是孔子的高徒，尚且如此。可见，孔子所谓"殷有三仁"的评价是多么高！对于泰伯，孔子说："泰伯，其可谓至德也已矣！三以天下让，民无得而称焉"(《论语·泰伯》)。反观齐景公，"齐景公有马千驷，死之日，民无德而称焉"(《论语·季氏》)。可见，德是多么重要。

对于齐桓公与晋文公，孔子说："晋文公谲而不正，齐桓公正而不谲。"(《论语·宪问》) 一正一谲，春秋二霸由此分别。

对于管仲，当子路与子贡责备他不仁之时，孔子没有隐没他相齐桓公九合诸侯，一匡天下，使民受益的功劳（《论语·宪问》）。而当有人问管仲是否节俭与知礼之时，孔子因为管仲“有三归，官事不摄”，所以不得为节俭，又因为他“树塞门”与“有反坫”，所以不得为知礼（《论语·八佾》）。对于晏子，孔子说：“晏平仲善与人交，久而敬之。”（《论语·公冶长》）敬，是敬其有德。对于子产，孔子说：“有君子之道四焉：其行己也恭，其事上也敬，其养民也惠，其使民也义。”（《论语·公冶长》）另外，在《论语·宪问》中，“或问子产。子曰：‘惠人也。’”可见孔子对子产的敬重。

对于史鱼，孔子赞许他“直”；对于蘧伯玉，孔子赞许他“君子”（《论语·卫灵公》）。公叔文子知大夫僎贤而举荐他，孔子说公叔文子“可以为‘文’矣”（《论语·宪问》）。而臧文仲知柳下惠贤而不举荐他，孔子说臧文仲是“窃位者”（《论语·卫灵公》）。

孔门弟子中，颜回贫穷而子贡富贵。于颜回，孔子说：“贤哉，回也！一箪食，一瓢饮，在陋巷。人不堪其忧，回也不改其乐。”（《论语·雍也》）于子贡，孔子许他为器之“瑚琏”[①]（《论语·公冶长》）。子路勇于从道而冉求甘于自画。于子路，孔子说：“道不行，乘桴浮于海。从我者其由与?”（《论语·公冶长》）于冉求，孔子说：“力不足者，中道而废。今女画。”（《论语·雍也》）樊迟请学稼圃而南宫适赞禹、稷躬稼。于樊迟，孔子说：“小人哉，樊须也!”（《论语·子路》）于南宫适，孔子说：“君子哉若人!”（《论语·宪问》）

另外，《论语·微子》记载：“子曰：‘不降其志，不辱其身，伯夷、叔齐与!’谓：‘柳下惠、少连，降志辱身矣。言中伦，行中虑，其斯而已矣。’谓：‘虞仲、夷逸，隐居放言。身中清，废中权。我则异于是，无可无不可。’”朱子注：“孟子曰：‘孔子可以仕则仕，可以止则止，可以久

① 朱子注：“夏曰瑚，商曰琏，周曰簠簋，皆宗庙盛黍稷之器而饰以玉，器之贵重而华美者也。”详见〔宋〕朱熹《四书章句集注》，中华书局1983年版，第76页。更加详细的解释，请参考程树德撰，程俊英、蒋见元点校《论语集释》，中华书局1990年版，第292－293页。子贡的事迹，详见《史记·仲尼弟子列传》。

则久，可以速则速。’所谓无可无不可也。”[1] 我以为，无可无不可，也就是孔子所说的“从心所欲，不逾矩”与“君子之于天下也，无适也，无莫也，义之与比”。这是孔子通过比较伯夷、叔齐、柳下惠、少连、虞仲、夷逸，最后对自己做出的评判——“我则异于是，无可无不可”。孔子对于自己的评判，还见于《论语·公冶长》“十室之邑”章与《论语·述而》“叶公问孔子于子路”章，孔子认为自己不过勤奋好学而已。

《孟子·滕文公下》记载，孔子说：“知我者其惟《春秋》乎！罪我者其惟《春秋》乎！”孟子说：“世衰道微，邪说暴行有作，臣弑其君者有之，子弑其父者有之。……孔子成《春秋》而乱臣贼子惧。”为何孔子成《春秋》而乱臣贼子惧？这是因为：“夫《春秋》，上明三王之道，下辨人事之纪，别嫌疑，明是非，定犹豫，善善恶恶，贤贤贱不肖，存亡国，继绝世，补敝起废，王道之大者也。……《春秋》以道义。……为人君父而不通于《春秋》之义者，必蒙首恶之名。为人臣子而不通于《春秋》之义者，必陷篡弑之诛，死罪之名。”（《史记·太史公自序》）在道与义的评判面前，乱臣贼子的所作所为无所逃于天地之间，因此而惧。可见，无论是在《论语》，还是在《春秋》，道义都是孔子进行价值评判的标准。进一步引申，我们可以说，《论语》之道即《春秋》之道，《春秋》之义即《论语》之义。

三、道义是学、教、守、弘的核心

孔子的道义论，大体如上所述。贯穿孔子一生的，是学与教；而彰显孔子一生的，在守与弘。下面我们将从学与教、守与弘等方面进一步阐释其精蕴。

孔子非常看重“学”，除了自许好学之外，孔门之中，唯独赞许颜回好学。所谓好学，孔子说：“君子食无求饱，居无求安，敏于事而慎于言，就有道而正焉，可谓好学也已。”（《论语·学而》）“君子食无求饱，居无求安”可与“一箪食，一瓢饮，在陋巷。人不堪其忧，回也不改其乐”

---

① 〔宋〕朱熹：《四书章句集注》，中华书局1983年版，第186页。

相得益彰，“敏于事而慎于言”可与“讷于言而敏于行”（《论语·里仁》）相互阐发，“就有道而正焉”的最好注脚莫过于“始可与言《诗》已矣”[①]两章。“人不学，不知道。”（《礼记·学记》）孔子说：“修身以道。”（《礼记·中庸》）于学，《论语》自《论语·学而》以至《论语·尧曰》，篇篇皆有所论述，《论语·学而》首章与《论语·尧曰》末章尤为重要。因为，不知“道”，学而时习之，心中有何可悦？朋友自远方来，不能“以友辅仁”（《论语·颜渊》），有何可乐？人不知，如何能不愠？不知“道”，又如何能够知命以为君子？如何能够知礼以立？如何能够知言以知人？然则，孔子以博学著称，其学究竟为何？

孔子说：“吾十有五而志于学。”朱子注：“此所谓学，即大学之道也。”[②]而大学之道，在《礼记·大学》里，总起来说是“在明明德，在亲民，在止于至善”三纲领，分开来说，则是“格物，致知，诚意，正心，修身，齐家，治国，平天下”八条目。可见，孔子之学，是学“道”，是修身而后齐家、治国与平天下。如果套用曾子所说“夫子之道，忠恕而已矣”，那么自格物、致知、诚意到正心，是忠；自修身、齐家、治国到平天下，则是恕。忠是体，是本；恕是用，是末。且体用一源，本末一贯。而忠恕之道，遵从的都是同一个“道”与“义”，所以，我们可以说，孔子之学，其核心内容是道义。这也可以从《论语·述而》“德之不修”“志于道”“加我数年”章、《论语·宪问》“君子道者三”章、《论语·卫灵公》“卫灵公问陈于孔子”“君子谋道不谋食”章等材料内容得到印证。其中，《论语·述而》“加我数年”章[③]，孔子说学《易》可以无大过，这是因为：“学《易》，则明乎吉凶消长之

---

① 子贡曰：“贫而无谄，富而无骄，何如？”子曰：“可也。未若贫而乐道，富而好礼者也。”子贡曰：“《诗》云：‘如切如磋，如琢如磨。’其斯之谓与？”子曰：“赐也，始可与言《诗》已矣！告诸往而知来者。”（《论语·学而》）子夏问曰：“‘巧笑倩兮，美目盼兮，素以为绚兮。’何谓也？”子曰：“绘事后素。”曰：“礼后乎？”子曰：“起予者商也！始可与言《诗》已矣。”（《论语·八佾》）

② 〔宋〕朱熹：《四书章句集注》，中华书局1983年版，第54页。

③ 关于本章“加”与“假”，“五十”与“卒”，“易”与“亦”等考辨问题，详见程树德撰，程俊英、蒋见元点校《论语集释》，中华书局1990年版，第469－474页。

理，进退存亡之道，故可以无大过。”[①] “夫不通礼义之旨，至于君不君，臣不臣，父不父，子不子。夫君不君则犯，臣不臣则诛，父不父则无道，子不子则不孝。此四行者，天下之大过也。”（《史记·太史公自序》）可见，无大过，即在处理君臣父子等人伦关系之时，无过与不及，此即“义”。而《论语·卫灵公》“卫灵公问陈于孔子”章，孔子说：“俎豆之事，则尝闻之矣；军旅之事，未之学也。”我们由此婉辞可以推知，孔子所学者不过道义而已。

另外，我们由孔子的志与忧也可以窥测孔子之学。关于孔子之志，在《论语·公冶长》“颜渊季路侍”章，孔子说：“老者安之，朋友信之，少者怀之。”在《论语·述而》“志于道”章，孔子说：“志于道，据于德，依于仁，游于艺。”也就是说，孔子的志向是道义在身而将其实施于天下，孔子的志向如此，则其学也当在此。关于孔子之忧，在《论语·述而》“德之不修”章，孔子说：“德之不修，学之不讲，闻义不能徙，不善不能改，是吾忧也。”在《论语·卫灵公》“君子谋道不谋食”章，孔子说：“君子谋道不谋食。……君子忧道不忧贫。”也就是说，孔子的忧虑在于道义不修，孔子的忧虑如此，则其学也当在此。虽然，孔子也说“博学于文”（《论语·雍也》）与“游于艺”，但是，在《论语·学而》“弟子入则孝”章，孔子说：“弟子入则孝，出则弟，谨而信，泛爱众，而亲仁。行有余力，则以学文。”意即：“德行，本也。文艺，末也。穷其本末，知所先后，可以入德矣。”[②]归根到底，孔子所重，是在德行；而德行是道义的体现。《宋本册府元龟·晚学》说：“夫学者，所以博综古今而发明道义者也。”[③] 这是画龙点睛之语。《礼记·学记》说：“君子如欲化民成俗，其必由学乎！”这是以学为重，即以道义为尊。

孔子闻名于世，不仅以他的博学，更是以他的教育。《史记·孔子世家》记载：“孔子以诗书礼乐教，弟子盖三千焉，身通六艺者七十有二

---

① 〔宋〕朱熹：《四书章句集注》，中华书局 1983 年版，第 97 页。
② 〔宋〕朱熹：《四书章句集注》，中华书局 1983 年版，第 49 页。
③ 〔宋〕王钦若等编：《宋本册府元龟》，中华书局 1989 年版影印本，第 2993 页。

人。”孔子正是因其教而被尊为“先师”[1] 与“万世师表”[2] 的。然则，孔子之教，其究竟为何？

孔子说：“若圣与仁，则吾岂敢？抑为之不厌，诲人不倦，则可谓云尔已矣。”（《论语·述而》）又说：“二三子以我为隐乎？吾无隐乎尔。吾无行而不与二三子者，是丘也。”（《论语·述而》）孔子无隐，则他之所教，必是他之所学。前已述及，孔子之学，是学“道”，是修身而后齐家、治国与平天下。因此，孔子之教，是教弟子修身而后齐家、治国与平天下。可见，孔子之学与孔子之教，道义是核心。

有学则有守，有教则有弘。因为道义尊贵，所以需要坚守。《论语·里仁》里孔子说：“君子无终食之间违仁，造次必于是，颠沛必于是。”《论语·泰伯》里孔子说：“笃信好学，守死善道。”这都是孔子自明心志之语。孔子是这么说的，也是这么做的。当富与贵是“不以其道得之”的时候，孔子说：“不处也。”（《论语·里仁》）当子路问孔子主持卫国政治将以何为先的时候，孔子说：“必也正名乎！”（《论语·子路》）当孔子得知“陈成子弑简公”的时候，他“沐浴而朝”，请讨于鲁哀公（《论语·宪问》）。当“在陈绝粮”的时候，孔子说：“君子固穷，小人穷斯滥矣。”（《论语·卫灵公》）这些都是孔子之守——坚守道义。

知孔子之所守，即知孔子之所弘。因为，当孔子坚守道义的时候，此时孔子也就是在弘扬道义。当孔门弟子听从孔子的教诲而修习道义、坚守道义或践行道义的时候，就是在弘扬道义。因此，我们说，孔子之所守与孔子之所弘，莫非道义。孔子说：“为仁由己。”（《论语·颜渊》）又说：“人能弘道。”（《论语·卫灵公》）即人是道义守弘的主体。当孔子说“道千乘之国：敬事而信，节用而爱人，使民以时”（《论语·学而》）的时候，不就是在弘扬道义吗？当“厩焚。子退朝，曰：‘伤人乎？’不问马”

---

① 关于中国历代帝王对孔子的封谥，详见骆承烈编著《孔子历史地图集》，中国地图出版社 2003 年版，第 173 页。

② 《三国志·文帝纪》：“昔仲尼资大圣之才，怀帝王之器，……可谓命世之大圣，亿载之师表者也。”详见〔晋〕陈寿撰，陈乃乾校点《三国志》，中华书局 1959 年版，第 77 页。后来，康熙皇帝手书“万世师表”匾额，并下诏挂在孔庙大成殿。自此，万世师表便专指孔子。

(《论语·乡党》)的时候，不就是在弘扬道义吗？当孔子说“尊五美，屏四恶，斯可以从政矣”(《论语·尧曰》)的时候，不就是在弘扬道义吗？其实，从孔子个人来看，从十五志于学，到周游列国谋求任用，以期治国平天下，以便使自己和他人都能过上一种符合道义的幸福生活，因此而被后世尊奉为“万世师表”，受众人仰慕，这本身便已弘扬了道义。

在那春秋乱世，孔子之守，“守死善道”；孔子之弘，直是要“知其不可而为之”。“孔子那‘守死善道’‘知其不可而为之’的整个人生实践，只有在对道义担当的生存勇气与外在异己的命运力量均有了一种充分的自觉的意义上才是可以理解的。”①

综上所述，孔子的道义论主要是强调人是道义主体，虽然是“由道义行”，但更应该“行道义”②，努力使自己和他人都过上一种符合道义的幸福生活——《礼记·大学》里所谓的“止于至善”的生活。

孔子说仁与义，孟子“曰仁义”(《孟子·梁惠王上》)；夫子论道与义，本书“照著”③ 讲道义。

第三节　孟子的道义论④

从历史的角度来看，学术想有定论，不太容易；欲得公论，却是不难。自司马迁作《孟子荀卿列传》说孟子“述唐、虞、三代之德”与“述仲尼之意”之后，有赵岐继其轨，于《孟子题辞》说孟子“闵悼尧、

① 林存光：《孔儒之学理解新论》，载《中国文化研究》2003年第3期，第99页。

② 由道义行，是道义根于心，安而行之，即自然践行。行道义，是以道义为美，利而行之，或勉强行之。此套用《孟子·离娄下》：“舜明于庶物，察于人伦，由仁义行，非行仁义也。”朱子注：“由仁义行，非行仁义，则仁义已根于心，而所行皆从此出。非以仁义为美，而后勉强行之，所谓安而行之也。”详见〔宋〕朱熹《四书章句集注》，中华书局1983年版，第294页。

③ 冯友兰先生在《新理学》一书“绪论”中，说他的新理学是“接著”宋明以来的理学讲的，而不是“照著”宋明以来的理学讲的。详见冯友兰著《新理学》，见《三松堂全集》(第4卷)，河南人民出版社2000年第2版，第4页。

④ 本节研究孟子的道义论与政治理念，主要是根据《孟子》，选择的文本是《孟子集注》(〔宋〕朱熹撰《四书章句集注》，中华书局1983年版)。

舜、汤、文、周、孔之业将遂湮微”，“于是则慕仲尼周流忧世，遂以儒道游于诸侯，思济斯民”，可谓“命世亚圣之大才者也”[①]。至唐代，韩愈于《原道》中提出儒家道统说——“尧以是传之舜，舜以是传之禹，禹以是传之汤，汤以是传之文武周公，文武周公传之孔子，孔子传之孟轲，轲之死不得其传焉”[②]，认为孟子是继承尧、舜以至于孔子道统之人。及至宋代，程子说：“周公没，圣人之道不行；孟轲死，圣人之学不传。”[③] 程子将孟子与周公并称，也承认孔子之后的道统在孟子。“从汉代到唐代，《孟子》一直在子部。但从唐朝开始，一直到南宋，《孟子》由子部上升到经部，成为十三经中最后一部经典。”[④]《孟子》的这种“升格”[⑤]，始于学者的尊崇与倡导，而定于朝廷的权威与制度。有尊崇孟子的，便有反对孟子的。于学者方面，有荀子（作《非十二子》）、王充（作《刺孟》）、司马光（作《疑孟》）以及其他学者反对孟子。王阳明先生曾于《答罗整庵少宰书》说：“夫道，天下之公道也；学，天下之公学也，非朱子可得而私也，非孔子可得而私也。天下之公也，公言之而已矣。”[⑥] 学者但以其所实见实得，对学术“公言之”，便无可厚非。于帝王方面，则有朱元璋。《明史·钱唐列传》记载：“帝尝览《孟子》，至‘草芥’‘寇雠’语，谓非臣子所宜言，议罢其配享。诏有谏者以大不敬论。唐抗疏入谏曰：‘臣为孟轲死，死有余荣。’时廷臣无不为唐危。帝鉴其诚恳，不之罪。孟子配享亦旋复。然卒命儒臣修《孟子节文》云。”[⑦] 黄节先生曾于《李氏焚书跋》说：“夫学术者天下之公器，王者徇一己之好恶，乃欲以权力遏之，

---

① 〔清〕焦循撰，沈文倬点校：《孟子正义》（上），中华书局1987年版，第10－13页。

② 王云五主编：《韩昌黎集》（三），商务印书馆1930年版，第63页。

③ 〔宋〕程颢、程颐著，王孝鱼点校：《二程集》，中华书局1981年版，第640页。

④ 朱维铮编：《周予同经学史论著选集》（增订本），上海人民出版社1996年第2版，第928－929页。

⑤ 朱维铮编：《周予同经学史论著选集》（增订本），上海人民出版社1996年第2版，第928页。

⑥ 〔明〕王守仁撰，吴光等编校：《王阳明全集》（上），上海古籍出版社1992年版，第78页。

⑦ 〔清〕张廷玉等撰：《明史》，中华书局1974年版，第3982页。

天下固不怵也。然即怵矣，而易世之后，锓卓吾书者如吾今日，则亦非明之列宗所得而如何者。然则当日之禁燬，毋亦多事尔。”[①] 黄节先生的话，可以套用在朱元璋身上。朱元璋以一己之权力，想使孟子罢享并删节《孟子》，不待后世，便遭其大臣反对，也是“多事”而已。可见，世人对亚圣孟子的尊崇，“此万世之公言，非一人之私论也。”[②]

孟子之时，“秦用商君，富国强兵；楚、魏用吴起，战胜弱敌；齐威王、宣王用孙子、田忌之徒，而诸侯东面朝齐。天下方务于合从连衡，以攻伐为贤”（《史记・孟子荀卿列传》）。也就是说，活跃于政治舞台上的，主要是法家、兵家与纵横家。另外，《孟子・滕文公下》记载：“圣王不作，诸侯放恣，处士横议，杨朱、墨翟之言盈天下。天下之言，不归杨，则归墨。”也就是说，活跃于学术界的，主要是道家[③]与墨家。此时天下学术之大势，正如《庄子・天下》所言：“天下大乱，贤圣不明，道德不一，天下多得一察焉以自好。……是故内圣外王之道，暗而不明，郁而不发，天下之人，各为其所欲焉以自为方。”当此之时，圣人之道不著，孟子于是述“唐、虞、三代之德”与“仲尼之意”，“作《孟子》七篇”（《史记・孟子荀卿列传》）。通观《孟子》，大多为辨析与解释所作。而孟子的道义论正是在辨析与解释之中得以体现。

一、辨义利，正本清源

《孟子・梁惠王上》记载：

> 孟子见梁惠王。王曰：“叟不远千里而来，亦将有以利吾国乎？”孟子对曰：“王何必曰利？亦有仁义而已矣。王曰‘何以利吾国’？大夫曰‘何以利吾家’？士庶人曰‘何以利吾身’？上下交征利而国危矣。万乘之国弑其君者，必千乘之家；千乘之国弑其君者，必百乘

---

① 〔明〕李贽：《焚书　续焚书》，中华书局1975年版，第251页。

② 〔清〕皮锡瑞著，周予同注释：《经学历史》，中华书局2004年版，第6页。

③ 将杨朱归为道家，此从冯友兰先生。详见冯友兰《中国哲学简史》，见《三松堂全集》（第6卷），河南人民出版社2001年版。

之家。万取千焉，千取百焉，不为不多矣。苟为后义而先利，不夺不餍。未有仁而遗其亲者也，未有义而后其君者也。王亦曰仁义而已矣，何必曰利？”

从梁惠王方面来说，作为一国之君，如何才能使魏国富强，是其职责所在。因此，见着孟子，便问他是否有助于魏国富强，似乎也无可厚非。但是，“梁惠王讲的利，是富国强兵之利，‘亦将有以利吾国’即征求富国强兵的办法。孟子很明白梁惠王所讲‘利’的含义，但他认为，这种单纯追求富国强兵之利是不可行的，根本讲不得，所以才说‘何必曰利’”[①]。“上有好者，下必有甚焉者矣。”（《孟子·滕文公上》）如果梁惠王求利，则下面的大夫与士庶人也会效仿梁惠王而求利。如此，魏国上下，相互求利，则国家便会有危险。孟子深明其中利害，所以，要梁惠王不要问富国强兵之法，而问仁义之道。

《孟子》以“仁义”开篇，程子说：“君子未尝不欲利，但专以利为心则有害。惟仁义则不求利而未尝不利也。当是之时，天下之人唯利是求，而不复知有仁义。故孟子言仁义而不言利，所以拔本塞源而救其弊，此圣贤之心也。”[②] 程子可谓深知孟子之时世，颇能洞察孟子之心意。

在孟子所处的战国时代，“天下方务于合从连衡，以攻伐为贤”，孟子以“仁义”立说于其世，其结果是不得任用。这在孟子，也是不得已；义利不辨，则王道不明。朱子曾说：“只是讲明义理以淑人心，使世间识义理之人多，则何患政治之不举耶！”[③] 在孟子之时世，也只得如此。义利之辨清楚地表明了孟子的道义观，他认为，治国当以仁义而不是以利益。仁是德，德得于道，因此，治国当以道义而不是以利益。这便是《大学》所说的：“国不以利为利，以义为利也。”这是王道。

---

① 杨泽波：《孟子评传》，南京大学出版社1998年版，第239页。

② 〔宋〕朱熹：《四书章句集注》，中华书局1983年版，第202页。

③ 〔宋〕黎靖德编，王星贤点校：《朱子语类》，中华书局1986年版，第237页。

二、学孔子，自任天下

《孟子·离娄下》记载，孟子说："予未得为孔子徒也，予私淑诸人也。"孟子未能亲身受业于孔子，但从他人之处闻得孔子之道因而敬慕孔子。《孟子·公孙丑上》记载，孟子说："乃所愿，则学孔子也。"这里，孟子明确地说他愿学孔子。

学孔子什么呢？学孔子勇于担当道义，自任天下。《孟子·滕文公下》记载：

> 天下之生久矣，一治一乱。当尧之时，水逆行，泛滥于中国。……使禹治之，……然后人得平土而居之。尧舜既没，圣人之道衰，暴君代作，……邪说暴行又作，……及纣之身，天下又大乱。周公相武王诛纣，伐奄三年，……天下大悦。……世衰道微，邪说暴行有作，臣弑其君者有之，子弑其父者有之。孔子惧，作《春秋》。……圣王不作，诸侯放恣，处士横议，杨朱、墨翟之言盈天下。……吾为此惧，闲先圣之道，距杨墨，放淫辞，邪说者不得作。……昔者禹抑洪水而天下平，周公兼夷狄、驱猛兽而百姓宁，孔子成《春秋》而乱臣贼子惧。……我亦欲正人心，息邪说，距诐行，放淫辞，以承三圣者。……能言距杨墨者，圣人之徒也。

天下治乱，尧、舜之后有禹，禹之后有周公，周公之后有孔子，而孔子之后，孟子想自觉承担起这一责任。又，《孟子·公孙丑下》记载：

> 五百年必有王者兴，其间必有名世者。由周而来，七百有余岁矣。以其数，则过矣；以其时考之，则可矣。夫天未欲平治天下也，如欲平治天下，当今之世，舍我其谁也？

其时，孟子正不得意于齐君而离开齐国。然而，孟子自任天下之志，千载之后读此文，仍然荡气回肠，振奋人心！而在《孟子》末章，孟子说：

> 由尧、舜至于汤，五百有余岁，若禹、皋陶，则见而知之；若汤，则闻而知之。由汤至于文王，五百有余岁，若伊尹、莱朱，则见而知之；若文王，则闻而知之。由文王至于孔子，五百有余岁，若太公望、散宜生，则见而知之；若孔子，则闻而知之。由孔子而来至于今，百有余岁，去圣人之世，若此其未远也；近圣人之居，若此其甚也，然而无有乎尔，则亦无有乎尔。(《孟子·尽心下》)

在这里，孟子欲以尧、舜以至于孔子的道统继承人自任。

孔子说："人能弘道，非道弘人。"(《论语·卫灵公》)没有任道之人，何来弘道之人？而没有弘道之人，道义则一日不得大白于天下，如此，"天下贸贸焉莫知所之，人欲肆而天理灭矣"①。可见，任道之人不可无，尤其是在孟子之时世！

三、闲圣道，以正人心

孟子之时，天下大乱，圣人之道不明，活跃于学术界的主要是杨朱与墨子；而活跃于政坛上的，主要是法家、兵家与纵横家。所以，孟子以为，当务之急，便是要辨明圣人之道。

(一) 对于杨朱与墨子

《孟子·滕文公下》记载：

> 圣王不作，诸侯放恣，处士横议，杨朱、墨翟之言盈天下。天下之言，不归杨，则归墨。杨氏为我，是无君也；墨氏兼爱，是无父也。无父无君，是禽兽也。……杨墨之道不息，孔子之道不著，是邪说诬民，充塞仁义也。仁义充塞，则率兽食人，人将相食。吾为此

① 〔宋〕程颢、程颐著，王孝鱼点校：《二程集》，中华书局1981年版，第640页。

惧，闲先圣之道，距杨墨，放淫辞，邪说者不得作。作于其心，害于其事；作于其事，害于其政。……我亦欲正人心，息邪说，距诐行，放淫辞，以承三圣者；……能言距杨墨者，圣人之徒也。

孟子认为，在其所处时世，杨朱与墨翟的学说已经流布天下。杨朱学说倡导“为我”，“拔一毛而利天下，不为也”（《孟子·尽心上》），其学说的逻辑推演结果必然是无君（即人人都如君般贵）；而墨子学说倡导“兼爱”，“摩顶放踵利天下，为之”（《孟子·尽心上》），其学说的逻辑推演结果必然是无父（即人人都如父般亲）。荀子曾说：“我以墨子之‘非乐’也，则使天下乱；墨子之‘节用’也，则使天下贫，非将堕之也，说不免焉。”（《荀子·富国》）孟子认为杨朱之“为我”是无君，墨子之“兼爱”是无父，也是“非将堕之也，说不免焉”，也就是说，并不是孟子想堕毁杨墨，而是他们的学说推演结果不免如此。人人都是君，人人都是父，即无父无君，从而导致人道灭绝，如此便与禽兽相同。

《白虎通·三纲六纪》记载：“三纲者，何谓也？谓君臣、父子、夫妇也。六纪者，谓诸父、兄弟、族人、诸舅、师长、朋友也。故《含文嘉》曰：‘君为臣纲，父为子纲，夫为妻纲。’又曰：‘敬诸父兄，六纪道行，诸舅有义，族人有序，昆弟有亲，师长有尊，朋友有旧。’何谓纲纪？纲者，张也。纪者，理也。大者为纲，小者为纪。所以张理上下，整齐人道也。”① 人类社会是一个人伦社会，在中国，清朝以前，自然存在着三纲六纪等人伦关系。而杨墨学说之流弊，必然发展到无君无父，如此，则三纲便只剩夫妇。一个三纲社会好比一个三角形，我们知道，一个三角形之所以具有稳定性，是因为它不仅有三个端点，而且这三个端点不在同一条直线上。也就是说，三纲社会之所以具有稳定性，是因其不仅有君臣、父子与夫妇，而且有“差等”。战国乱世，一个社会与国家，如果没有君父，便是没有纲纪，犹如今天国家没有元首，家里没有父亲，其危险可想而知。因此，孟子不得不起来反对杨朱与墨子的学说。

---

① 〔清〕陈立撰，吴则虞点校：《白虎通疏证》，中华书局1994年版，第373－374页。

有人说，孟子批评杨、墨，言辞过于极端与激烈。例如："孟子斥杨墨曰：'杨氏为我，是无君也；墨氏兼爱，是无父也。无父无君，是禽兽也。'则孟子穷极丑诋，直屏斥之于人类以外，姑无论所诋之当否，第观其出词粗暴，已未免不类学人之态度矣。……孟子之出此暴论，殆未闻大道者也。"[①] 笔者以为，对于杨墨学说，因为洞悉其流弊，所以孟子是持批评态度的；而对于杨、墨两人，以至其他学术论敌，孟子都是尊敬的，这都可以从《孟子》中找到根据。《孟子·尽心上》记载："杨子取为我，拔一毛而利天下，不为也。墨子兼爱，摩顶放踵利天下，为之。"在这里，孟子称呼杨、墨为杨子与墨子，而"子"为尊称。在《孟子·滕文公上》中，我们还看见，孟子称呼农家许行为许子，称呼墨者夷之为夷子。至于孟子的德行与学术境界，"邓文孚问：'孟子还可为圣人否?'［程子］曰：'未敢便道他是圣人，然学已到至处'"[②]。

（二）对于法家、兵家与纵横家

当时，三家分晋，田和灭齐，六国之盛始于此，并且天下"务在强兵并敌，谋诈用而从衡短长之说起。矫称蜂出，誓盟不信，虽置质剖符犹不能约束也"（《史记·六国年表》），以致经常出现"争地以战，杀人盈野；争城以战，杀人盈城"（《孟子·离娄上》）等战事惨况。孟子说："此所谓率土地而食人肉，罪不容于死。故善战者服上刑，连诸侯者次之，辟草莱、任土地者次之。"朱子注："善战，如孙膑、吴起之徒。联结诸侯，如苏秦、张仪之类。辟，开垦也。任土地，谓分土授民，使任耕稼之责，如李悝尽地方，商鞅开阡陌之类也。"[③] 在这里，孟子认为，为了土地与城池而发动战争，以致杀人无数，比死罪还大，应该对那些善战的人（指兵家），联结诸侯的人（指纵横家）以及开垦荒地、分土授民而使民耕作的人（指法家）追究相应责任。又，《孟子·告子下》记载：

---

① 顾实著：《杨朱哲学》，东方医药书局1931年版，第84页。

② 〔宋〕程颢、程颐著，王孝鱼点校：《二程集》，中华书局1981年版，第255页。

③ 〔宋〕朱熹：《四书章句集注》，中华书局1983年版，第283页。另校注："尽地方"当为"尽地力"。《史记·平准书》《史记·孟子荀卿列传》与《史记·货殖列传》皆作"尽地力"。

> 今之事君者，皆曰："我能为君辟土地，充府库。"今之所谓良臣，古之所谓民贼也。君不乡道，不志于仁，而求富之，是富桀也。"我能为君约与国，战必克。"今之所谓良臣，古之所谓民贼也。君不乡道，不志于仁，而求为之强战，是辅桀也。由今之道，无变今之俗，虽与之天下，不能一朝居也。

孟子辨明古今之良臣与民贼，将"为君辟土地，充府库"的人（含法家）与"为君约与国，战必克"的人（含纵横家与兵家）都视为民贼。并且，孟子认为，事君者未能引导国君爱好仁义道德，而"为君辟土地，充府库"与"为君约与国，战必克"，这些行为就如同辅佐残暴的夏桀富强一样。如果继续这样做下去，不采取措施改变当前的风俗习惯，即使能夺得天下，也只会落得像夏桀那样的下场。又，《孟子·滕文公下》记载：

> 景春曰："公孙衍、张仪岂不诚大丈夫哉？一怒而诸侯惧，安居而天下熄。"孟子曰："是焉得为大丈夫乎？子未学礼乎？丈夫之冠也，父命之；女子之嫁也，母命之，往送之门，戒之曰：'往之女家，必敬必戒，无违夫子！'以顺为正者，妾妇之道也。居天下之广居，立天下之正位，行天下之大道。得志与民由之，不得志独行其道。富贵不能淫，贫贱不能移，威武不能屈。此之谓大丈夫。"

孟子区分大丈夫与妾妇，并将公孙衍与张仪事君之道视为妾妇从夫之道。至今，一讲"大丈夫"，国人莫不立即想起"富贵不能淫，贫贱不能移，威武不能屈"这句名言。可见，孟子对后世影响之深远。

（三）对于农家

《孟子·滕文公上》记载，农家许行从楚国到滕国，楚儒陈良的徒弟陈相从宋国到滕国，两人见面交谈后，陈相尽弃其所学（儒家学说）而向许行学（农家学说）。后来，陈相见到孟子，向孟子转述许行的看法，认为滕君应当"与民并耕而食，饔飧而治"。孟子通过许行不织布而有衣穿，以粟易冠而有帽子戴，以粟易械器而自用等事实，说明滕君并不需要也不能够边耕作边治国，即不能“与民并耕而食，饔飧而治”。然后，孟子对大人之事与小人之事、劳心与劳力、劳心者与劳力者、治人与治于人、食人与食于人进行了区分，认为君民各有所职，各有其所用心。因此，孟子认为许行之学“非先王之道”，陈相背叛师门而向许行学，实在是不应该。陈相不服，又说，如果按照许子之道施行，能使市场中凡是长短、轻重、多寡与大小相同的物品，价格都相同，因此童叟无欺，国中无伪。孟子说，物与物之间各不相同，这是物的实情；价格或者相差一倍或五倍，或者相差十倍或百倍，或者相差千倍或万倍。如果只是物品的长短、轻重、多寡与大小相同，便一律同价，这会变乱天下。而且，如果手工粗劣的屦与手工精细的屦大小相同，便价格相同，那么谁肯做手工精细的屦呢？因此，如果按照许子之道实施，恰恰会导致人们竞相作伪，这样怎么能够治理国家呢？这是孟子对农家学说的评论。

综上所述，对于杨墨，孟子是抗拒——“距”；对于法家、兵家与纵横家，孟子是罪责——“罪”；对于农家，孟子是辩论——“辩”。至此，被充塞的仁义之途，可谓已被孟子治通。然而，孔子之后，圣人之道已久不明于世。所以，最后，对于圣人之道，孟子还需要澄正——“正”。

齐宣王以为“汤放桀”与“武王伐纣”都是臣弑君，是大逆不道之举；孟子回答说：“贼仁者谓之贼，贼义者谓之残。残贼之人谓之一夫。闻诛一夫纣矣，未闻弑君也。”（《孟子・梁惠王下》）孟子为君臣正名。孟子说：“禹、稷、颜回同道。……禹、稷、颜子易地则皆然。”（《孟子・离娄下》）又说：“曾子、子思同道。……曾子、子思易地则皆然。”孟子从心与道，将圣贤沟通起来。孟子对舜与家人相处、尧舜禅让、大禹传子、伊尹要汤、孔子仕卫、百里奚相秦等圣贤典故出处与行事，一一给予澄正（《孟子・万章上》）。韩子《与孟尚书书》说：“孟子虽贤圣，不得位，空言无施，虽切何补！然赖其言，而今学者尚知宗孔氏、崇仁义、贵王贱霸而已。……故愈尝推尊孟氏，以为功不在禹下者，为此也。”[①]

---

① 王云五主编：《韩昌黎集》（四），商务印书馆1933年版，第85页。

孟子之时，内圣外王之道，暗而不明，郁而不发，孟子孤军作战，“筚路蓝缕，以启山林”（《左传·宣公十二年》），劳苦功高。孔子之后，不得无孟子。

四、道性善，造道自得

《孟子·滕文公上》记载：

> 滕文公为世子，将之楚，过宋而见孟子。孟子道性善，言必称尧舜。世子自楚反，复见孟子。孟子曰：“世子疑吾言乎？夫道一而已矣。”

滕文公来见孟子，孟子便跟他说性善，并以尧、舜来做例证。孟子此处究竟是何用心？又，《孟子·告子上》记载：

> 公都子曰：“告子曰：‘性无善无不善也。’或曰：‘性可以为善，可以为不善。是故文、武兴则民好善；幽、厉兴则民好暴。’或曰：‘有性善，有性不善；是故以尧为君而有象；以瞽瞍为父而有舜；以纣为兄之子且以为君，而有微子启、王子比干。’今曰‘性善’，然则彼皆非与？”孟子曰：“乃若其情，则可以为善矣，乃所谓善也。若夫为不善，非才之罪也。”

“文、武兴则民好善；幽、厉兴则民好暴”，而孟子不同意“性可以为善，可以为不善”，孟子此处又究竟是何用意？“以尧为君而有象；以瞽瞍为父而有舜；以纣为兄之子且以为君，而有微子启、王子比干”，而孟子不同意“有性善，有性不善”，孟子此处究竟是何用心？

孟子说：“君子所以异于人者，以其存心也。君子以仁存心，以礼存心。仁者爱人，有礼者敬人。”（《孟子·离娄下》）今试图从孟子之存心与用心的角度回答以上三个问题。

第一，滕文公是滕国世子，将会即位为国君，孟子跟滕文公道性善，劝滕文公以尧、舜为榜样，这是将滕文公以尧、舜看待。如果滕文公能够以尧、舜为榜样，效法尧、舜行仁政，即“诵尧之言，行尧之行，是尧而已矣”（《孟子·告子下》），则滕国百姓幸甚，天下幸甚。由《孟子·滕文公上》中记载的“［许行］自楚之滕，踵门而告文公曰：‘远方之人闻君行仁政，愿受一廛而为氓’”看来，滕文公确实按照孟子所说去做了。这岂非性善？历史上有尧、舜，也有桀、纣，为何孟子不劝滕文公以桀、纣为榜样呢？这是因为，如果劝滕文公以桀、纣为榜样，则是将滕文公以桀、纣看待。而如果滕文公以桀、纣为榜样，效法桀、纣行暴政，即“诵桀之言，行桀之行，是桀而已矣”（《孟子·告子下》），则滕国百姓何堪，天下何堪？孟子又岂是只跟滕文公道性善，只将滕文公以尧、舜看待？孟子对梁惠王、梁襄王与齐宣王也莫不相同。这不仅是因为“夫道一而已矣”，更重要的是孟子“以仁存心，以礼存心”。孟子以仁礼存心，所以，“非礼勿言”（《论语·颜渊》）。所以，孟子说：“我非尧舜之道，不敢以陈于王前。”（《孟子·公孙丑下》）孟子是如此说的，也是如此做的。这便是孟子的用心。

第二，“文、武兴则民好善；幽、厉兴则民好暴”，孟子不同意“性可以为善，可以为不善”，为什么？这是因为，如果孟子同意“性可以为善，可以为不善”，就意味着：民可以为善，可以为不善，并且民之善与不善最终决定于君之善与不善。如果同意此说法，就如同为民之不善开了后门；民看似有选择善与不善的自由，但是，选择不善的这种选择不要也罢。所以民可以为不善的学说，其实是在诱导民为不善。而诱导民为不善的学说，其存心与用心可想而知。又，如果民之善与不善最终决定于君之善与不善，则意味着民无为善的自由与能力，一切都由君决定。孟子说：“吾身不能居仁由义，谓之自弃也。”（《孟子·离娄上》）同样地，认为别人不能居仁由义，则谓之弃人也。而鼓吹“弃人”的学说，其存心与用心也可想而知。孟子说：“待文王而后兴者，凡民也。若夫豪杰之士，虽无文王犹兴。”（《孟子·尽心上》）孟子的存心与用心，由此可想而知。所以，孟子不同意“性可以为善，可以为不善”。

第三，“以尧为君而有象；以瞽瞍为父而有舜；以纣为兄之子且以为君，而有微子启、王子比干"，孟子不同意"有性善，有性不善"，为什么？这是因为，如果孟子同意"有性善，有性不善"，就意味着：人有善，有不善。这相当于命定论，人无法改变。如此，禀性善良的人为善，禀性不善的人为不善，人则成为毫无自由意志的主体。如此，不幸生为禀性不善的人便不能下功夫改变，不能受教化，则终究不能为善。如此，便是"弃人"。圣贤立说，岂能弃人？此所以孟子不同意"有性善，有性不善"之说，这便是孟子的存心与用心。

另外，《孟子·告子上》还记载：

> 告子曰："性犹湍水也，决诸东方则东流，决诸西方则西流。人性之无分于善不善也，犹水之无分于东西也。"孟子曰："水信无分于东西，无分于上下乎？人性之善也，犹水之就下也。人无有不善，水无有不下。今夫水，搏而跃之，可使过颡；激而行之，可使在山。是岂水之性哉？其势则然也。人之可使为不善，其性亦犹是也。"

告子将性比作水，将东西比作善不善；因为水无分东西，所以性也无分善不善。从比喻来说，是成立的；因此孟子认同告子之水无分东西的想法。但是，孟子认为水有分于上下。这里，孟子将上下比作善不善，还特地将下比作善而不将上比作善，其心何在？这是因为，从自然本性来说，水都是向下流的；将下比作善，就犹如说人的自然本性是善的。孟子的选择岂非已经说明性善？因此，孟子说，如果人性之善就犹如水自然向下流一样，那么人性就无有不善，因为水无有不向下流。然而，孟子也知道，水如果被外界形势所影响，也是可以逆行向上的，但这不是水的自然本性，这是形势所使然。也就是说，在现实中，人被外界形势所逼迫，也会成为不善，人之性善与不善也是如此。也就是说，孟子认为性不善并不是人之本性，人之本性是善。

后世学者对于孟子的性善说多有议论，少有从存心与用心的角度去体会孟子的思想。笔者以为，孟子的性善说只有从孟子的存心与用心的角度去看，方才看得真实，看得真善，看得真美。笔者特地将这个视角命名为

"性善存心/用心镜"，可以简称为"心镜"[①]。通过这面"心镜"去照看任何一家学说，都能洞悉它立说之存心与用心，便知它是正论还是邪说。只不过其前提是，自己的心镜要先是明镜，也就是说，要先识得自己性善。如此，心是良心，镜是明镜。正是通过孟子的性善说，我们看见孟子存心之仁厚。孟子的性善论有功于儒学，有功于世人。

如今，学界还在讨论性之善恶有无，议论纷纷，莫衷一是，笔者对此感到非常奇怪。因为，如果说人无性，那么就不需要讨论了。但是，大家好像又都承认人有性。如果从人有性这个前提出发，除了接受性善说之外，还有其他学说可以接受吗？——如果别人说我们性善，我们是非常高兴且乐意接受的；如果别人说我们性不善，我们是非常难过而不能接受的；如果别人说我们可以为善，也可以为不善，虽然这可能是因为别人认为我们并非具有自由意志的个体从而不能为善，也可能是别人在诱导我们成为不善，不论如何，我们都感到自己被人遗弃了，我们岂能接受这样的学说？如果别人说某某命定是性善的，自己不幸而被命定是性恶的，我们岂能接受这样的学说？我们岂能自弃！可见，凡主张非性善论者，皆是自弃或弃人之人。

然而，正如孟子所说，水被形势影响会逆流，人在现实中确实也会被形势所逼迫，放失其本心而不自知。《孟子·告子上》记载，孟子说：

---

① "心镜"一词有得于《坛经》与《孟子》。《坛经》记载，神秀作偈曰："身是菩提树，心如明镜台，时时勤拂拭，莫使有尘埃。"五祖曰："此偈见即未到，只到门前，尚未得入。凡夫依此偈修行，即不堕落；作此见解，若觅无上菩提，即未可得。须入得门，见自本性。"惠能作偈曰："菩提本无树，明镜亦非台，佛性常清净，何处有尘埃！"又作偈曰："心是菩提树，身为明镜台，明镜本清净，何处染尘埃！"五祖见惠能偈，即知惠能识大意，便传顿法与衣，曰："衣将为信禀，代代相传；法以心传心，当令自悟。"（详见〔唐〕惠能著，郭朋校释《坛经校释》，中华书局1983年版，第12－19页）笔者以为，此处神秀佛偈中"时时勤拂拭"的观点和孔子与孟子"操则存，舍则亡"的观点有异曲同工之处，而惠能佛偈中"佛性常清净"与"明镜本清净"和孟子"良心"与"性善"的观点有异曲同工之处。神秀强调"时时勤拂拭"，努力修行，可以守身而不会堕落，但是未曾识得本心，未曾觅得无上菩提；而惠能知得"佛性常清净"与"明镜本清净"，如果不加"时时勤拂拭"之渐悟功夫，则容易流为顿悟之狂禅；所以，五祖对于神秀，劝其更往上觅无上菩提以见本性；对于惠能，只是赞其"识大意"。而孟子，既知"良心"与"性善"，又知"操则存，舍则亡"，并且认为两者不可偏废，可谓圆融无碍。用心镜"照"，即是以心照心，所以，需要识得本心与守得本心。

> 仁，人心也；义，人路也。舍其路而弗由，放其心而不知求，哀哉！人有鸡犬放，则知求之；有放心而不知求。学问之道无他，求其放心而已矣。

不知性善，放失本心，确实悲哀且让人担忧。因此，需要“求其放心”，这便是“学问之道”。《孟子·告子上》还记载：

> 牛山之木尝美矣，以其郊于大国也，斧斤伐之，可以为美乎？是其日夜之所息，雨露之所润，非无萌蘖之生焉，牛羊又从而牧之，是以若彼濯濯也。人见其濯濯也，以为未尝有材焉，此岂山之性也哉？虽存乎人者，岂无仁义之心哉？其所以放其良心者，亦犹斧斤之于木也，旦旦而伐之，可以为美乎？其日夜之所息，平旦之气，其好恶与人相近也者几希，则其旦昼之所为，有梏亡之矣。梏之反覆，则其夜气不足以存；夜气不足以存，则其违禽兽不远矣。人见其禽兽也，而以为未尝有才焉者，是岂人之情也哉？故苟得其养，无物不长；苟失其养，无物不消。孔子曰：“操则存，舍则亡；出入无时，莫知其乡。”惟心之谓与？

牛山何尝没有茂密的树木！只是常遭砍伐，又有牛羊放牧其上，所以，牛山看起来是光秃秃的。如果见到牛山光秃秃的现状，便以为牛山未曾有过茂密的树木，这不符合牛山原本的实情。人也一样，何尝没有仁义之心！只是人像牛山之木一样，常遭砍伐而导致存养不足，所以行为接近禽兽。如果见到人正在做出禽兽的行为，便认为人没有仁义之心，这也不符合人原本的实情。人心跟树木一样，如果得到滋养，没有不成长的；如果失去滋养，没有不消亡的。因此，需要常常操存此心。这便是“学问之道”。

“君子深造之以道，欲其自得之也。自得之，则居之安；居之安，则资之深；资之深，则取之左右逢其原，故君子欲其自得之也。”（《孟子·离娄下》）由“求其放心”“深造之以道”，到求得本心，这是反求诸己，求之于己心，也得之于己心，既至近，又深远。知道仁义固有，人性本善，则知“人皆可以为尧舜”（《孟子·告子下》）。到此境界，人人皆有尧、舜之行，道义大行于天下，则大同社会当下便是。

“天下熙熙，皆为利来；天下攘攘，皆为利往。”（《史记·货殖列传》）孟子见其世弊，开篇便言“何必曰利”，辨义利，正本清源以使人知晓道义之至贵。天下滔滔，孟子于心不忍，愿学孔子，以天下自任；欲以道易天下，周游列国，“不得为政”（《荀子·尧问》），又逢“内圣外王之道，暗而不明，郁而不发，天下之人，各为其所欲焉以自为方”，孟子惧，故抗拒杨、墨，罪责法家、兵家与纵横家，澄正圣人之道，以正人心。然而，世人一日不知仁义固有，人人皆可以为尧舜，圣人之道便一日不著，人心也一日不正，所以，孟子道性善，欲使人“深造之以道”，反求诸己，自得本心，然后道义自行于天下。这是孟子的道义论。

第四节　荀子的道义论[①]

《荀子·尧问》说：“孙卿迫于乱世，鰌于严刑，上无贤主，下遇暴秦，礼义不行，教化不成，仁者绌约，天下冥冥，行全刺之，诸侯大倾。当是时也，知者不得虑，能者不得治，贤者不得使，故君上蔽而无睹，贤人距而不受。……天下不治，孙卿不遇时也。”孙卿，《史记》作荀卿，即本文的荀子。荀子后学认为，战国乱世，有贤人，无贤主，君臣不相遇。天下之所以不治，是因为荀子没有遇到明君。后世对荀子推崇至高。然而，荀子因其性恶之论与其弟子李斯焚书之请，颇为后世所诟病。关于焚坑之祸，“荀卿著书立言，何尝教人焚书坑儒?”[②] 笔者以为，正如“朱、象独不化，是非尧、舜之过，朱、象之罪也”（《荀子·正论》），李斯与秦始皇搞的焚书坑儒，这是秦始皇与李斯之罪，不能因为荀子与李斯

---

① 本节研究荀子的道义论与政治理念，主要是根据《荀子》，选择的文本是《荀子集解》（参见〔清〕王先谦撰，沈啸寰、王星贤点校《荀子集解》，中华书局1988年版）。

② 〔宋〕黎靖德编，王星贤点校：《朱子语类》，中华书局1986年版，第3256页。

之间有师徒关系，便算到荀子头上。皮锡瑞先生说得好："以李斯罪荀卿，则曾子之门有吴起，子夏之学流为庄周，又何以解？近之言汉学者，多推荀卿；专主孟子者，复诋荀卿为孔门孽派，尤不可为训者也。"[①] 关于性恶之论，笔者以为，当依据《荀子》原文，平心看待，不可意气用事，因噎废食，进而抹杀荀子的学术功劳[②]，看低荀子的道德品格。

"道义"一词，出现于《周易》《晏子春秋》和《荀子》等先秦儒家典籍[③]之中。《荀子·修身》说："志意修则骄富贵，道义重则轻王公。"荀子所说的道义，在《荀子》里，即是礼义。"道者，天理之自然"，而"礼者，天理之节文，人事之仪则也"[④]。可见，礼与道都是天理，道是天理的本然，礼是天理的制度化与仪式化，是一切人事的法则。所谓人事，自修身以至于治国平天下，莫不是人事。修身、治国、平天下，中道便是礼。这是朱子的训解。我们从《荀子》的文本语境来看，朱子的解释也适用于《荀子》。比如，《荀子·劝学》说："《礼》者，法之大分，类之纲纪也。"礼之文本化，即《礼》。《荀子·修身》说："凡用血气、志意、知虑，由礼则治通，不由礼则勃乱提僈；食饮、衣服、居处、动静，由礼则和节，不由礼则触陷生疾；容貌、态度、进退、趋行，由礼则雅，不由礼则夷固僻违，庸众而野。"礼是人生活与行事的仪则。《荀子·儒效》说："先王之道，仁之隆也，比中而行之。曷谓中？曰：礼义是也。道者，非天之道，非地之道，人之所以道也，君子之所道也。"这是说，中道而行，便是礼义。道，是人所行之道，是君子所行之道。《荀子·王霸》说："礼之所以正国也，譬之犹衡之于轻重也，犹绳墨之于曲直也，犹规矩之于方圆也，既错之而人莫之能诬也。"礼对于国家，犹如衡对于轻重、绳

① 皮锡瑞：《经学家法讲义》，见潘斌选编《皮锡瑞儒学论集》，四川大学出版社2010年版，第287页。

② 汪中先生认为："荀卿之学，出于孔氏，而尤有功于诸经。"详见汪中《荀卿子通论》所考。

③ 《史记·孔子世家》："孔子晚而喜《易》，序《彖》《系》《象》《说卦》《文言》。"《汉书·艺文志》将《晏子》八篇与《孙卿子》三十三篇都列入儒家典籍中。《晏子》八篇即今之《晏子春秋》，《孙卿子》三十三篇即今之《荀子》。

④ 〔宋〕朱熹：《四书章句集注》，中华书局1983年版，第51页。

墨对于曲直与规矩对于方圆，是法度。《荀子·大略》说："礼者，人之所履也，失所履，必颠蹶陷溺。"人之所履，即"人之所以道也，君子之所道也"，也就是说，礼即道。可见，礼义，即道义。又，由荀子所说"道者，非天之道，非地之道，人之所以道也"来看，结合《荀子·天论》"明于天人之分"与"唯圣人为不求知天"的思想来看，《荀子》里所谈的道，更多的是指人道。所以，在《荀子》里，我们看到，荀子更多的是使用"礼义"而不是"道义"。初步统计，《荀子》里，使用"道义"只有一处，而使用"礼义"则不少于一百一十三处[①]。"礼义"作为一个概念，如此频繁地出现在同一本著作中，古今少有；其重要性，由此可见。简单地说，荀子的礼义论，就是荀子的道义论。

一、不可少顷舍礼义

（一）从人与自然界的关系的角度来说

《荀子·王制》记载：

> 水火有气而无生，草木有生而无知，禽兽有知而无义，人有气、有生、有知，亦且有义，故最为天下贵也。力不若牛，走不若马，而牛马为用，何也？曰：人能群，彼不能群也。人何以能群？曰：分。分何以能行？曰：义。故义以分则和，和则一，一则多力，多力则强，强则胜物，故宫室可得而居也。故序四时，裁万物，兼利天下，无它故焉，得之分义也。故人生不能无群，群而无分则争，争则乱，乱则离，离则弱，弱则不能胜物，故宫室不可得而居也，不可少顷舍礼义之谓也。

---

① 一百一十三处是根据王先谦《荀子集解》本统计。另，"道也者何也？曰：礼让忠信是也"（《荀子·强国》），梁启雄《荀子简释》本校补作"道也者何也？曰：礼义辞让忠信是也"。（详见梁启雄著《荀子简释》，中华书局 1983 年版）如果加上此处，则为一百一十四处。

人之所以“最为天下贵”，是因为有“义”；人之所以能够汇集并动用群体的力量，是因为人有各自的本分；本分之所以能够被人坚守，是因为符合礼义。因此，人群能够和睦相处，和睦则统一，统一则有力，有力则强大，强大则能战胜外物，所以能安心地居住在宫室里。人天生不能脱离群体生活，如人在群体里没有坚守各自的本分，则人与人之间会发生争夺，争夺则群体动乱，动乱则群体分离，分离则群体力量被削弱，力量弱小则不能战胜外物，如此即使有宫室也不能安心地居住。也就是说，礼义对于人群来说，是片刻不能舍弃的。

（二）从人群关系的角度来说

《荀子·荣辱》记载：

> 夫贵为天子，富有天下，是人情之所同欲也。然则从人之欲则势不能容，物不能赡也。故先王案为之制礼义以分之，使有贵贱之等，长幼之差，知愚、能不能之分，皆使人载其事而各得其宜，然后使悫禄多少厚薄之称，是夫群居和一之道也。

人情上，贵为天子，富有天下，是人们的共同欲望；然而，人们的这个共同欲望，又是现实状况所不能满足的。先圣王看到这点，特地制定礼义，使人知道有贵贱、长幼、聪明与愚蠢以及能干与不能干的等级和差别，并据此承担不同的工作从而得到他们所应该得到的。可见，礼义是使人群居而能够和睦统一的法宝。“礼义不修，内外无别，男女淫乱，则父子相疑，上下乖离，寇难并至。”（《荀子·天论》）礼义不修，则破坏夫妇、父子与君臣之人伦，导致人群离散，敌寇与灾难降临。

（三）从行政用人的角度来说

《荀子·王制》记载：

> 请问为政？曰：贤能不待次而举，罢不能不待须而废，元恶不待

> 教而诛，中庸民不待政而化。分未定也则有昭缪。虽王公士大夫之子孙［也］，不能属于礼义，则归之庶人。虽庶人之子孙也，积文学，正身行，能属于礼义，则归之卿相士大夫。①

治理政事，即使是王公士大夫之子孙，如果不能遵从礼义，就将他们划归为庶人；即使是庶人之子孙，通过学习而德才兼备，能够遵从礼义，就将他们任用为卿相士大夫。可见，荀子主张以礼义作为行政用人的标准，而不是看出身。“先祖当贤，后子孙必显，行虽如桀、纣，列从必尊，此以世举贤也。”（《荀子·君子》）荀子说：“以世举贤，虽欲无乱，得乎哉！”（《荀子·君子》）仅根据出身来推举要职，必然会导致祸乱；以世族推举要职，这是乱世的做法，桀与纣便是历史上的典型事例。

（四）从修身的角度来说

《荀子·儒效》记载：

> 人积耨耕而为农夫，积斫削而为工匠，积反货而为商贾，积礼义而为君子。

人因其学习与积累之不同，最终导致自己的成就不同。学习并积累耨耕技能，便为农夫；学习并积累斫削技能，便为工匠；学习并积累经商技能，便为商贾；学习并积累礼义，便为君子。《荀子·性恶》说：“今之人，化师法，积文学，道礼义者为君子；纵性情，安恣睢，而违礼义者为小人。”“道礼义”与“违礼义”是君子与小人修身之分别。“人之于文学也，犹玉之于琢磨也。……子赣、季路，故鄙人也，被文学，服礼义，为天下列士。”（《荀子·大略》）子贡与子路，原来都是鄙人，因为“被文学”“服礼义”，最终成为天下列士。

---

① 此据王先谦说于“虽王公士大夫之子孙”后增补一“也”字。详见〔清〕王先谦撰，沈啸寰、王星贤点校《荀子集解》，中华书局1988年版，第148页。

（五）从治国、平天下的角度来说

《荀子·王霸》记载：

> 絜国以呼礼义而无以害之，……如是，则下仰上以义矣，是綦定也。綦定而国定，国定而天下定。……汤以亳，武王以鄗，皆百里之地也，天下为一，诸侯为臣，通达之属莫不从服，无它故焉，以济义矣。是所谓义立而王也。德虽未至也，义虽未济也，然而天下之理略奏矣。……如是，则兵劲城固，敌国畏之。国一綦明，与国信之，虽在僻陋之国，威动天下，五伯是也。……故齐桓、晋文、楚庄、吴阖闾、越勾践，是皆僻陋之国也，威动天下，强殆中国，无它故焉，略信也。是所谓信立而霸也。絜国以呼功利，不务张其义，齐其信，唯利之求，……如是，则敌国轻之，与国疑之，权谋日行而国不免危削，綦之而亡，齐闵、薛公是也。……及以燕、赵起而攻之，若振槁然，而身死国亡，为天下大戮，后世言恶则必稽焉。是无它故焉，唯其不由礼义而由权谋也。……故与积礼义之君子为之则王，与端诚信全之士为之则霸，与权谋倾覆之人为之则亡。

荀子认为，治理国家，有三种情况：义立而王、信立而霸、权谋立而亡。义立而王，便是“絜国以呼礼义而无以害之”，即君主引导全国上下热衷于礼义，使国家上下各安本分，国家安定；国家安定则天下安定。历史上商汤与周武便是“义立而王”的典型例子。信立而霸，是说虽然德义还未达到最高境界，但是能信守诺言，使天下相信他，因此国家强盛，威动天下。历史上的春秋五霸齐桓公、晋文公、楚庄王、吴王阖闾、越王勾践便是“信立而霸”的典型例子。权谋立而亡，便是“絜国以呼功利，不务张其义，齐其信，唯利之求”，即举国上下追逐功利，唯利是求，不能引导人民热衷礼义，也不能取信于天下，最终导致国家削弱，乃至于灭亡。历史上齐闵王与薛公便是“权谋立而亡”的典型例子。是王还是亡，取决于“由礼义”还是“不由礼义”，取决于任用“积礼义之君子”还是

“权谋倾覆之人”。《荀子·王霸》记载：

> 大国之主也，不隆本行，不敬旧法，而好诈故，若是，则夫朝廷群臣亦从而成俗于不隆礼义而好倾覆也。朝廷群臣之俗若是，则夫众庶百姓亦从而成俗于不隆礼义而好贪利矣。君臣上下之俗莫不若是，则地虽广，权必轻；人虽众，兵必弱；刑罚虽繁，令不下通。夫是之谓危国，是伤国者也。

大国君主治理国家，如果不推崇礼义，不尊敬先王法度，而喜好权谋诈术，就会使朝廷群臣效法，从而形成不推崇礼义而喜好权谋倾覆的习俗。如果朝廷群臣都这样，那么国家的老百姓就会效法群臣，从而形成不推崇礼义而贪图利益的风俗。一旦国家君臣上下都形成那样的风俗，土地即使很广阔，其国家权威也必定会被轻视；人口即使众多，兵力也必定趋于衰弱；刑罚即使繁多，政令必定不能下达。这样的国家是危险的国家，这样的做法是危害国家的做法。荀子说：“礼义之谓治，非礼义之谓乱也。”（《荀子·不苟》）国家治乱与礼义的关系便是如此。礼义即道义，由“礼义之谓治，非礼义之谓乱也”可知，道义是国家治乱的评判标准。

综上所述，礼义十分重要，所以片刻不可舍弃。

二、化性起伪以成圣

研究人性论，不得不研究性恶论；研究性恶论，不得不研究荀子；研究荀子的性恶论，不得不研究《荀子·性恶》篇。

（一）荀子的性与伪、善与恶之分

荀子认为，“不可学、不可事而在人者谓之性，可学而能、可事而成之在人者谓之伪。是性、伪之分也”（《荀子·性恶》）。在人身上，不可以学、不可以做（即不经人事加工），天生就是如此的，这是性；而在人身上，可以学习而能够胜任、可以从事而能够完成的，这是伪。“凡古今天下之所谓善者，正理平治也；所谓恶者，偏险悖乱也。是善恶之分也已。”（《荀子·性恶》）善，是正理平治；恶，是偏险悖乱。所谓正理平治，是指人“有师法之化，礼义之道”，“出于辞让，合于文理，而归于治”（《荀子·性恶》）；所谓偏险悖乱，是指人无师法之教化与礼义之引导，“偏险而不正，悖乱而不治”（《荀子·性恶》）。礼义即道义，由“礼义之谓治，非礼义之谓乱也”与“凡古今天下之所谓善者，正理平治也；所谓恶者，偏险悖乱也”可知，道义是人性善恶的评判标准。

（二）荀子的“人之性恶，其善者伪”之论证

论证一：从“今人之性，生而有好利焉”到“然后出于辞让，合于文理，而归于治”。荀子认为，“今人之性”，天生就有好利、疾恶与好声色这样的性情，“顺是”，即顺从这样的性情发展，人便会“争夺生而辞让亡”，从而导致“残贼生而忠信亡”“淫乱生而礼义文理亡”。因此，“从人之性，顺人之情，必出于争夺”，人最终会走向暴乱。只有经过师法的教化与礼义的引导，人才能“出于辞让，合于文理，而归于治”。所以，荀子说人之性恶，其善者伪。

论证二：从“故枸木必将待檃栝”到“纵性情，安恣睢，而违礼义者为小人”。荀子认为，曲木必须使用檃栝并进行烝、矫的加工才能变直，不锋利的兵器必须经过磨石的砥砺然后才能锋利，“今人之性恶”，也必须经过师法的教化与礼义的引导才能归于正善。在这里，荀子将“今人之性”比作枸木、钝金。接着，荀子认为，在当时，“今人”无师法，无礼义，则“偏险而不正”“悖乱而不治”；而在古代，“古者圣王”认为人之性恶，为人“起礼义，制法度”，“以矫饰人之性情而正之，以扰化人之性情而导之”，使人“皆出于治，合于道”。也就是说，今乱而古治，其原因在于有无师法与礼义的教化及引导。今之人，“化师法，积文学，道礼义”，则为君子；“纵性情，安恣睢，而违礼义”，则为小人。所以，荀子说人之性恶，其善者伪。

论证三：从“孟子曰：‘今人之性善，将皆失丧其性故也’”到“故曰目明而耳聪也”。孟子说“今人之性”也本善，只是因为丧失本性，所以性恶。荀子不同意孟子的说法，认为“人性生而已离其质朴与其资材，其失丧

必矣，非本善而后恶”，即人出生便已经背离他的质朴与资材，不用等到他失去本性方才性恶。“所谓性善者，不离其朴而美之，不离其资而利之也。使夫资朴之于美，心意之于善，若夫可以见之明不离目，可以听之聪不离耳，故曰目明而耳聪也。”（《荀子・性恶》）所谓性善，就是人的资朴之美与心意之善就犹如人耳聪目明一样，都是天生如此的，不可得也不可丧。因此，丧失本性的性，则不是善而是恶。所以，荀子说人之性恶，其善者伪。

论证四：从“今人之性，饥而欲饱”到“辞让则悖于性情矣”。荀子认为，“今人之性”，饥饿时就想吃饱，寒冷时就想温暖，疲劳时就想休息，这是“人之性情”。现在这里有一个人，饿了，不敢请求先吃饭，这是由于他要让尊长先吃；疲劳了，不敢请求休息，这是由于他要代替尊长劳动。这种辞让，都是违反“人之性情”的，但是，这种辞让正是“孝子之道”与“礼义之文理”。因此，顺从人的性情便不会辞让，辞让便是违背人的性情。所以，荀子说人之性恶，其善者伪。

论证五：从“凡人之欲为善者，为性恶也”到“苟有之中者，必不及于外”。荀子认为，人之所以想为善，是因为其性恶。如果人认为自己没有某些东西，就必定想要到外面寻求：薄则想要厚，恶则想要美，狭则想要广，贫则想要富，贱则想要贵。如果人认为某些东西自己已经有了，就必定不会想要到外面寻求：富则不会想要财，贵则不会想要势。因此，人之所以想要为善，是因为心中没有善，即人性本恶。

论证六：从“今人之性，固无礼义”到“则悖乱在己”。荀子认为，“今人之性”，本来就没有礼义，所以勉强学习而追求有礼义；也不知礼义，所以对此进行思考并追求知礼义。因此，“今人之性”，任其自然发展，则人没有礼义，也不知礼义。人没有礼义则悖乱，不知礼义则悖乱。如果人能学习礼义并知礼义，则不会做出悖乱之事。所以，荀子说人之性恶，其善者伪。

论证七：从“孟子曰：‘人之性善’”到“天下之悖乱而相亡不待顷矣”。孟子说人之性善。荀子不同意孟子的说法，认为“古今天下之所谓善者，正理平治也；所谓恶者，偏险悖乱也”，这是善恶之区别。如果认为现今“人之性”本来正理平治了，又要圣王和礼义来干吗呢？即使有圣王和礼义，对于本来正理平治的人，又能有什么裨益呢？所以，荀子认为现今“人之性”没有正理平治，即人之性恶。荀子又认为，古者圣王认为人之性恶，偏险悖乱，所以“立君上之势以临之，明礼义以化之，起法正以治之，重刑罚以禁之”，使天下“皆出于治，合于善”，这是圣王之治与礼义之化的结果。现今尝试去掉“君上之势”“礼义之化”“法正之治”与“刑罚之禁”，静观天下人民相处，便会发现，强害弱，众暴寡，不用片刻，则天下大乱，国家灭亡。因此，“性善则去圣王，息礼义矣；性恶则与圣王，贵礼义矣”（《荀子·性恶》）。即性之善恶关涉圣王之去从与礼义之息贵。所以，荀子说人之性恶，其善者伪。

论证八：从“檃栝之生，为枸木也”到“明礼义，为性恶也”。荀子认为，檃栝的产生，是为了正曲木；绳墨的产生，是为了正不直；立君上，明礼义，是为了矫正人之性恶。也就是说，之所以立君上、明礼义，是因为人性本恶。所以，荀子说人之性恶，其善者伪。

论证九：从“直木不待檃栝而直者”到“然后皆出于治，合于善也”。荀子认为，直木不需要檃栝的矫正便直，是因为其性直；曲木必须使用檃栝并进行烝、矫的加工才能变直，是因为其性不直。“今人之性”恶，必须经过圣王的治理与礼义的教化，然后才“出于治，合于善”。也就是说，今人之性恶犹如枸木之性不直。所以，荀子说人之性恶，其善者伪。

论证十：从“问者曰：‘礼义积伪者，是人之性，故圣人能生之也’”到“以出乎贪利争夺”。荀子不同意“问者”礼义积伪是人之性的说法。荀子认为，陶人埏埴成瓦，并不是陶人天性就会制瓦；工人斫木成器，并不是工人天性就会制器；圣人之于礼义，也正如陶人之于瓦与工人之于器，并不是天性就有礼义。“凡人之性者，尧、舜之与桀、跖，其性一也；君子之与小人，其性一也。”[①]（《荀子·性恶》）人之性，尧、舜与桀、

① “舜”或当为“禹”。《荀子·性恶》将“尧、禹、君子”与“桀、跖、小人”对称使用。《荀子·荣辱》有“可以为尧、禹，可以为桀、跖”与“则尧、禹则常安荣，为桀、跖则常危辱”，可以为证。杨柳桥《荀子诂译》中也将“舜”改作“禹”。（详见杨柳桥著《荀子诂译》，齐鲁书社1985年版，第661页）另外，“则尧、禹则常安荣”，梁启雄《荀子简释》作“为尧禹则常安荣”，“则”或当作“为”？（详见梁启雄著《荀子简释》，中华书局1983年版，第41页）

跖，君子与小人，都是相同的。如果以礼义积伪作为人之性，那么，尧、舜与君子又有何尊贵呢？世人之所以认为尧、舜与君子尊贵，是因为他们能化性起伪而制定礼义。也就是说，礼义积伪之于圣人，也犹如陶器之于陶人一样，是生于圣人之伪，而不是生于圣人之性。因此，礼义积伪不是人之性。世人之所以认为桀、跖与小人卑贱，是因为他们顺从性情，安于放任，以至于做出贪利争夺之事。所以，荀子说人之性恶，其善者伪。“善言古者必有节于今，善言天者必有征于人。凡论者，贵其有辨合，有符验。”（《荀子·性恶》）笔者以为，荀子性恶论在战国“今人之性”中有征验。

（三）礼义生于圣人之伪

“凡礼义者，是生于圣人之伪，非故生于人之性也。”（《荀子·性恶》）礼义出于圣人的后天行为，而不是人之性。荀子说，陶人制造出的陶器是出于陶人之伪（即积伪而会埏埴），而不是出于陶人之性（即天性就会制陶）；工人制造出来的木器是出于工人之伪（即积伪而会斫木），而不是出于工人之性（即天性就会斫木）。同样，礼义法度也是出于圣人之伪（即积思虑与习伪故）。人之性伪之分，荀子以为，“目好色，耳好声，口好味，心好利，骨体肤理好愉佚”，这些都是人之性情，都是受到感应便会自然生发出来的，不是经过人事加工之后才生发出来的。至于那些受到感应而不能如此反应（如目好色与耳好声），并且必须经过人事加工之后才能如此反应的，便是伪。荀子又说，好利而欲得，是人之性情。假如有兄弟两人要分家产，如果顺从人好利欲得之性情，那么这两兄弟都想多得财产，必定有争夺之恶名闻于国人；如果这两兄弟都受到礼义的教化，那么这两兄弟必定有辞让之美名闻于国人。所以说，顺从性情则兄弟相争夺，服从礼义则兄弟相辞让。圣人与众人之性情本无不同，其过于众人之处在于伪。圣人之所以能制定礼义法度，是因为他能化性起伪。

（四）涂之人可以为禹

荀子认为，禹之所以为禹，是因为他遵行仁义与礼法制度；仁义与礼法制度，是可以知晓与遵行的，而路人皆有知晓仁义与礼法制度的资质，皆有遵行仁义与礼法制度的材具，因此，路人都可以成为禹。然而，现实生活中，路人又并不全部都能成为禹，其原因是："可以而不可使。"这就犹如"小人可以为君子而不肯为君子，君子可以为小人而不肯为小人"(《荀子·性恶》)，路人本来可以通过学习与积善成为禹，但是他自己不肯努力去做，因此别人也没法使他成为禹。所以说，路人皆可以成为禹，这是可以如此的；但是，要现实生活中每个路人都成为禹，未必能够如此。然而，这种情况并不妨碍路人皆可以成为禹的理论的正确性。就好比说，人有足便能走遍天下，但实际上并没有走遍天下，这是同样的道理。

（五）劝学

研究荀子性恶论的学人，大多忽视《荀子·性恶》篇自"尧问于舜曰"到篇末"靡而已矣"的文字。笔者以为，这部分文字非常重要。自"尧问于舜曰"到"靡而已矣"，大致可以分为以下四章。

第一章从"尧问于舜曰"到"唯贤者为不然"，荀子借用尧、舜之问答，道出"人情甚不美"的实情——"妻子具而孝衰于亲，嗜欲得而信衰于友，爵禄盈而忠衰于君"，父子、朋友与君臣之伦常遭到破坏；而荀子认为只有贤人不会这样。尧、舜，是古代圣人，他们的话，岂能有假？读到此，我们不禁想到《孟子·滕文公上》的话——"文王我师也，周公岂欺我哉？"第二章从"有圣人之知者"[①] 到"是役夫之知也"，荀子谈论了圣人之知、士君子之知、小人之知与役夫之知，荀子从圣人之知依次谈到役夫之知，其取舍可知。第三章从"有上勇者"到"是下勇也"，荀子谈论了上勇、中勇与下勇，他从上勇依次谈到下勇，尤其是将上勇、中勇、仁并谈，其心意可知。第四章从"繁弱、钜黍"到"靡而已矣"，荀子认为，良弓"不得排檠则不能自正"，良剑"不加砥厉则不能利，不得人力则不能断"，良马"前必有衔辔之制，后有鞭策之威，加之以造父之

---

① "有圣人之知者"，中华书局1988年版《荀子集解》作"有圣人知之者"，误，今于原文改正。

驭，然后一日而致千里”，因此，人“虽有性质美而心辩知”（即使先天资质美善），也应该访求贤师向他学习，选择良人与他交友，如此，每天所听到的都是尧、舜、禹、汤之道，所见到的都是忠信、敬让之行，则仁义道德不知不觉地天天都有长进，这是“靡使然也”[①]。

看到这里，我们不禁想到《论语·泰伯》孔子所说的话——“如有周公之才之美，使骄且吝，其余不足观也已。”荀子又说，如果与不善之人相处，每天所听到的都是欺诬、诈伪之言，所见到的都是污漫、淫邪、贪利之行，则不知不觉地向刑戮靠近，这也是“靡使然也”。于是，荀子慨叹“靡而已矣！靡而已矣”！《荀子·性恶》从“人之性恶，其善者伪也”开篇到以“靡而已矣”结束，荀子之心意与情态跃然纸上。孔子说：“知者不惑，仁者不忧，勇者不惧。”[②] 孔子所谈的知、仁、勇三达德，在《荀子·性恶》篇也有提及，其第二章便是谈知，第三章便是谈勇（仁勇并谈）。由此，我们可以看出荀子与孔子之间的学术联系。总之，荀子谈人情甚不美，谈圣人之知，谈上勇，谈求贤师与择良友，莫不是劝人勇猛精进，积伪而成圣、成贤。《荀子·解蔽》说：“故学也者，固学止之也。恶乎止之？曰：止诸至足。曷谓至足？曰：圣也。圣也者，尽伦者也；王也者，尽制者也。两尽者，足以为天下极矣。”[③] 学止于成圣而至足。

《荀子·性恶》篇主旨大体如上。通过《荀子·性恶》篇，我们知道，荀子区分了性与伪、善与恶，并根据战国“今人之性”的实际情况，秉持论辩当于古今与天人有符验的原则，从十个方面论证了“人之性恶，其善者伪也”之命题，认为礼义（即道义）生于圣人之积伪，圣人之性

---

① 杨倞注：“靡，谓相顺从也。或曰：靡，磨切也。”（详见〔清〕王先谦撰，沈啸寰、王星贤点校《荀子集解》，中华书局1988年版，第449页）笔者以为，靡，是《荀子·劝学》“其质非不美也，所渐者然也”之“渐”的意思，也是《墨子·所染》“染于苍则苍，染于黄则黄”之“染”的意思。渐，“渍也，染也”。（详见〔清〕王先谦撰，沈啸寰、王星贤点校《荀子集解》，中华书局1988年版，第6页）

② 出自《论语·子罕》。又，《论语·宪问》记载：“子曰：‘君子道者三，我无能焉：仁者不忧，知者不惑，勇者不惧。’”

③ 由“圣也者，尽伦者也；王也者，尽制者也”来看，“曰：圣也”当为“曰：圣王”或“曰：圣王也”。

与众人之性相同，路人皆可以成为禹，最后，劝告人们求贤师、择良友，积伪而成圣、成贤。

尧、舜、禹，是孔子所称赞的三位圣人[①]。孟子之时，有人说："人皆可以为尧舜。"于是，孟子说："尧舜之道，孝弟而已矣。"（《孟子·告子下》）并且，孟子认为，人之所以没有成为尧、舜，是因为"不为"而不是"不能"。到了荀子之时，有人说："涂之人可以为禹。"于是，荀子说："凡禹之所以为禹者，以其为仁义法正也。"（《荀子·性恶》）并且，荀子认为，人之所以没有成为禹，是因为"不肯为"而不是"不可以为"。荀子的观点与孟子的观点如出一辙，荀子与孟子同道。

孟子道性善，称尧、舜，又说"圣人与我同类"（《孟子·告子上》），时时劝勉世人不废操存之功夫，养浩然之气，存心养性；荀子道性恶，贵尧、禹，又说"圣人之所以同于众，其不异于众者，性也"（《荀子·性恶》），也时时劝勉世人不废化性起伪之功夫，治气养心。说性善，并不是说人必然是圣人；说性恶，也并不妨碍人可以成为圣人。在语言之背后——心，孟子引孔子的话说："操则存，舍则亡。"荀子说："操之则得之，舍之则失之。"（《荀子·不苟》）荀子与孟子以及孔子的话如出一辙。《易传·系辞传下》说："天下同归而殊涂，一致而百虑。"孟子说："教亦多术矣。"（《孟子·告子下》）知此，便"不以文害辞，不以辞害志。以意逆志，是为得之"（《孟子·万章上》）。所谓志，向外而言，则是"心之所之"[②]，向内而言，则是"在心为志"[③]。孟子与荀子之心莫不都是想劝勉世人以成为圣人为目标。世人执泥于言语，对荀子之心不加详察，不知荀子与孟子之心本无不同，故多喜性善论而恶性恶论。孔子称赞尧、舜、禹，孟子迎合契机阐发"人皆可以为尧舜"，似未及禹，三位圣人似乎少了一位，以至于孟子之时便"人有言：'至于禹而德衰'"（《孟子·万章上》）。荀子承其后，抓住契机接着说"涂之人可以为禹"，然后

---

① 详见《论语·泰伯》末四章。

② 〔宋〕朱熹：《四书章句集注》，中华书局1983年版，第70页。

③ 杨倞注："在心为志"。见〔清〕王先谦撰，沈啸寰、王星贤点校《荀子集解》，中华书局1988年版，第395页。

复归全于孔子。因此，论性善而不论性恶则不备，有孟子而无荀子则不全。其实，荀子何尝真道“天之就”（《荀子·正名》）之性为恶来着？君不见《荀子·礼论》说：“性者，本始材朴也；伪者，文理隆盛也。无性则伪之无所加，无伪则性不能自美。性伪合，然后圣人之名一，天下之功于是就也。”本始材朴之性岂恶？君不见《荀子·解蔽》说：“凡以知，人之性也。”凡以知之性岂恶？君不见《荀子·正名》说：“生之所以然者谓之性。”生之所以然之性岂恶？君不见《荀子·劝学》说：“其善者少，不善者多，桀、纣、盗跖也。”谈及桀、纣、盗跖也只是说其善少恶多而已，荀子何尝说性恶？通观《荀子·性恶》篇的十个论证，所论多为“今人之性”，而其时之“今人”，又多“纵性情，安恣睢，而违礼义”，此其所以为恶。世人拘泥于“人之性恶，其善者伪也”这一句话，便认为荀子主张人性恶。

又有人说，孟子是圣贤，荀子不当非孟子。荀子说：“非我而当者，吾师也；是我而当者，吾友也；谄谀我者，吾贼也。”（《荀子·修身》）又说：“君子崇人之德，扬人之美，非谄谀也；正义直指，举人之过，非毁疵也。”（《荀子·不苟》）王阳明先生曾说：“凡今天下之论议我者，苟能取以为善，皆是砥砺切磋我也，则在我无非警惕修省进德之地矣。昔人谓‘攻吾之短者是吾师’，师又可恶乎？”[①] 孟子如果听到荀子对他的议论，亦必定如王阳明所说。后世如果还有为孟、荀枉费心力争较是非的，且论自己之是非，莫论孟、荀之是非，也是为学进德之方吧。

知荀子之性恶论，则知礼义（道义）出于圣人；知人皆可以成为圣人，则知礼义（道义）出于自己。不知荀子之性恶论，则不知荀子之道义论，故不惜笔墨，为荀子性恶论龈龈而辩。孟子说：“予岂好辩哉？予不得已也。”（《孟子·滕文公下》）

---

① 〔明〕王守仁撰，吴光等编校：《王阳明全集》（上），上海古籍出版社1992年版，第60页。

三、义利之辨

对于义利，《论语·里仁》中孔子说：“君子喻于义，小人喻于利。”孔子以义利作为标准，将君子与小人分开。孔子又说：“君子之于天下也，无适也，无莫也，义之与比。”《论语·子罕》说孔子“罕言利”。这是孔子基本的义利观。到了孟子之时，孟子犹说“何必曰利？亦有仁义而已矣”。孟子又说：“鸡鸣而起，孳孳为善者，舜之徒也。鸡鸣而起，孳孳为利者，跖之徒也。欲知舜与跖之分，无他，利与善之间也。”（《孟子·尽心上》）孟子以善利作为标准，将舜（圣人）与跖（盗贼）分开。未有不义而能为善的，所以为善即为义。这是孟子基本的义利观。而到了荀子之时，荀子在孔子与孟子的基础上，有继承，也有阐发。

（一）义利与修身荣辱

在荀子那里，仍以义利作为划分君子与小人的标准，这是孔子以来的传统。《荀子·修身》说：“君子之求利也略，其远害也早，其避辱也惧，其行道理也勇。”作为一名君子，他是疏于求取私利而勇于遵行道理的。《荀子·不苟》说：“言无常信，行无常贞，唯利所在，无所不倾，若是，则可谓小人矣。”如果一个人，言不信，行不正，唯利是图，这样的人是小人。《荀子·儒效》说：“不学问，无正义，以富利为隆，是俗人者也。”不致力于学问，无正义，追求富贵利禄，这样的人是俗人。“保利弃义谓之至贼。”（《荀子·修身》）顾利不顾义叫作大害。又，《荀子·荣辱》记载：

> 有狗彘之勇者，有贾盗之勇者，有小人之勇者，有士君子之勇者：争饮食，无廉耻，不知是非，不辟死伤，不畏众强，恈恈然唯利饮食之见，是狗彘之勇也。为事利，争货财，无辞让，果敢而振，猛贪而戾，恈恈然唯利之见，是贾盗之勇也。轻死而暴，是小人之勇也。义之所在，不倾于权，不顾其利，举国而与之不为改视，重死持义而不桡，是士君子之勇也。

荀子认为有四种勇敢：狗彘之勇、贾盗之勇、小人之勇、士君子之勇。不难看出，除了小人之勇外，其他三种勇敢都跟义利有关，都是以义利为标准：狗彘之勇唯利饮食；贾盗之勇唯利是图；而士君子之勇，但凡义之所在，则不屈服于权贵，不顾自己利益之得失。身修则荣，不修则辱。《荀子·法行》记载：

> 曾子病，曾元持足。曾子曰："元，志之！吾语汝。夫鱼鳖鼋鼍犹以渊为浅而堀其中，鹰鸢犹以山为卑而增巢其上，及其得也，必以饵。故君子苟能无以利害义，则耻辱亦无由至矣。"[①]

曾子通过讲鱼鳖鼋鼍和鹰鸢受诱饵所惑而被捕的事例，告诉其子曾元：君子如果能够不以利害义，耻辱就不会降临到自己身上了。荀子引用曾子的话，作为"法行"[②]，含有借鉴之意，可以视同荀子之意。最后，《荀子·荣辱》总结：

> 先义而后利者荣，先利而后义者辱；荣者常通，辱者常穷；通者常制人，穷者常制于人，是荣辱之大分也。

重义轻利则获得荣誉，重利轻义则遭受侮辱；获得荣誉的人往往通达，遭受侮辱的人则往往困穷；通达的人往往制约人，困穷的人则往往受制于人。

（二）义利与国家治乱

《荀子·君道》记载：

---

① 俞樾曰："堀"下当有"穴"字。"堀穴其中"与"增巢其上"，相对为文。详见〔清〕王先谦撰，沈啸寰、王星贤点校《荀子集解》，中华书局1988年版，第534页。

② 杨倞注："礼义谓之法，所以行之谓之行。"详见〔清〕王先谦撰，沈啸寰、王星贤点校《荀子集解》，中华书局1988年版，第533页。

故上好礼义，尚贤使能，无贪利之心，则下亦将綦辞让，致忠信，而谨于臣子矣。如是，则虽在小民，不待合符节、别契券而信，不待探筹、投钩而公，不待衡石、称县而平，不待斗、斛、敦、概而啧。故赏不用而民劝，罚不用而民服，有司不劳而事治，政令不烦而俗美，百姓莫敢不顺上之法，象上之志，而劝上之事，而安乐之矣。故藉敛忘费，事业忘劳，寇难忘死，城郭不待饰而固，兵刃不待陵而劲，敌国不待服而诎，四海之民不待令而一。夫是之谓至平。

荀子认为，如果国君喜好礼义，尊崇并任用贤能，没有贪利之心，那么，群臣就会兴起辞让与忠信之心。由此，上行下效，在老百姓那里，人与人之间，不需要使用符节与契券就能做到守信，不需要使用探筹与投钩就能做到公正，不需要使用衡石与称县就能做到公平，不需要使用斗、斛、敦、概就能做到标准统一。所以，国家不用奖赏便能使人民勤勉，不用惩罚便能使人民归服，官吏不用辛劳便能治理好政事，政令不用繁杂便能使风俗美善，老百姓莫不顺从国君的法令，依照国君的意志而致力于国君关心的国事，然后获得安乐。所以，国民上缴赋税时不觉得破费，从事劳动时忘记疲劳，抵抗敌寇时忘记死亡，如此，城墙不需要修整便已经坚固，兵刃不需要磨砺便已经变得锋利，敌国不需要征服便已经屈从，四海之民不需要命令便已经归心。这叫作太平。这是国君好礼义而不贪利所取得的政绩。《荀子·大略》记载：

上好义，则民暗饰矣；上好富，则民死利矣。二者，［治］乱之衢也。民语曰：“欲富乎？忍耻矣，倾绝矣，绝故旧矣，与义分背矣。”上好富，则人民之行如此，安得不乱？①

① 引文“义”字原作“羞”字，据王念孙说改正。王念孙曰：“羞”，当为“義”。義，今简化为义。又，引文原无“治”字，据刘台拱说增补。刘台拱曰：“二者”二字，承上两句而言，则“乱”上当有“治”字。以上皆见于〔清〕王先谦撰，沈啸寰、王星贤点校《荀子集解》，中华书局1988年版，第503页。

国君好义，则人民暗自端正自己的言行，国家将会走向长治久安；而国君好富，则人民拼死逐利，国家将会走向混乱。《荀子·富国》记载：

> 不利而利之，不如利而后利之之利也；不爱而用之，不如爱而后用之之功也。利而后利之，不如利而不利者之利也；爱而后用之，不如爱而不用者之功也。利而不利也，爱而不用也者，取天下矣。利而后利之，爱而后用之者，保社稷也。不利而利之，不爱而用之者，危国家也。

荀子认为，国君治理人民的三种方法（不利而利之与不爱而用之、利而后利之与爱而后用之、利而不利与爱而不用）不同，则所取得的三种结果（危国家、保社稷、取天下）也不同。首先，国君不先使人民获利，就想让人民为国君获利，这样，国君获得的利益，不如国君先使人民获利，然后让人民为国君获利所获得的利益大；同样地，国君未能先爱护人民，就想使用人民，这样获得的功利，不如先爱护人民，然后使用人民所获得的功利大。其次，国君先使人民获利，然后才让人民为国君获利，这样获得的利益，不如国君只使人民获利而不想让人民为国君获利所获得的利益大；同样地，国君先爱护人民，然后再使用人民，这样，国君获得的功利，不如国君只爱护人民而不想使用人民所获得的功利大。最后，如果国君能够做到只使人民获利而不想让人民为国君获利，并只爱护人民而不想使用人民，则必定能够取得天下；如果国君能够做到先使人民获利，然后才让人民为国君获利，并先爱护人民，然后再使用人民，则必定能够保存社稷；而如果国君不先使人民获利，就想让人民为国君获利，并未能先爱护人民，就想使用人民，则必定会危害国家。笔者以为，荀子所谓的“利而不利”，便是《礼记·大学》的“国不以利为利，以义为利”“利而后利之”，便是《荀子·荣辱》的“先义而后利”；“不利而利之”，便是《荀子·王霸》的“不隆礼义而好贪利”。另外，《荀子·大略》记载：

> 义与利者，人之所两有也。虽尧、舜不能去民之欲利，然而能使

其欲利不克其好义也。虽桀、纣亦不能去民之好义，然而能使其好义不胜其欲利也。故义胜利者为治世，利克义者为乱世。上重义则义克利，上重利则利克义。

首先，义与利，两者是人所共有的。即使是尧、舜来治理国家，也不能完全去除人民欲利之心，但是，尧、舜却能使人民欲利之心不能克胜其好义之心。即使是桀、纣来治理国家，也不能完全去除人民好义之心，但是，桀、纣却能使人民好义之心不能克胜其欲利之心。其次，如果国民好义之心克胜其欲利之心，则为治世；如果国民欲利之心克胜其好义之心，则为乱世。最后，国君如果重义，则国民好义之心克胜其欲利之心；国君如果重利，则国民欲利之心克胜其好义之心。《论语·颜渊》记载孔子说："君子之德风，小人之德草。草上之风，必偃。"《孟子·离娄上》记载孟子说："君仁莫不仁，君义莫不义，君正莫不正。一正君而国定矣。"可见，孔子、孟子与荀子都强调国君身体力行的示范作用，这是儒家纯正的血脉。荀子在此处明确提出"义与利者，人之所两有也"的观点，并且强调国君要好义、重义以使人民好义之心克胜其欲利之心，在理论上进一步完善了孔子"罕言利"与孟子"何必曰利"的观点，后世多说儒家重义轻利，而少提及荀子"义与利者，人之所两有也"的观点，可谓只知其一，不知其二。

综上所述，荀子认为，道义是修身荣辱的评判标准，是国家治乱的评判标准，是人性善恶的评判标准，是行政用人的标准，是使人群居而能够和睦统一的法宝，因此，片刻不可舍弃。又，道义出于圣人之积伪，而人皆可以成为圣人，即道义出于人自己，这就是孔子所说"为仁由己"与"人能弘道"之意。人知自己有此能力与责任，方能使道义大行于天下。

第三章　先秦儒家的政治理念

导　论

由第二章可知，先秦儒家的道义论，并非西方哲学语境中的极端形式的为尽义务而不计后果的狭义道义论，而是一种广义的、完整形式的全面道义论。从政治统治或国家治理的角度，这一全面的道义论除了要求统治者必须担负其名分所要求的职责和义务之外，还要求统治者必须以开放和包容的心态，对士人精英（仁人君子或圣贤人物）的参政要求和人民的利益福祉与道德教养提升方面的需求做出积极的响应，反之，士人精英亦有责任和义务积极参与到公共政治领域的国家治理活动当中去，而人民的好恶或意愿亦必须纳入政治道义和政治正当性的全面考虑之中。我们可将此称为参与式政治理念。据此，我们也可以说，儒家的参与式政治理念蕴含在其道义论之中，或者是由其道义论直接衍生出来的一种独具特色的政治理念。

作为新兴士人阶层的杰出代表，孔子开风气之先，率先开创并引领了一种士人参政议政的传统，但士人君子的参政议政并非以追求一己的功名利禄为目标，而是以坚守道义为职志，以"士志于道"（《论语·里仁》）、"义以为上"（《论语·阳货》）或"仁以为己任"（《论语·泰伯》）为理想，以实现天下国家的平治和人民的利益福祉为目标。正因为如此，所以孔子主张并强调有志于参与公共治理的士人君子必须以修己正身为先、为本，然后才可致力于安人、安百姓的政治事业，而实际掌握政治权力的统治者亦必须先正己而后正人。因此，当子路问何为君子时，孔子首先答以

“修己以敬”，而在回答子路的进一步追问时，才答以“修己以安人”和“修己以安百姓”（《论语・宪问》）。而在答季康子问政时，孔子对曰：“政者，正也。子帅以正，孰敢不正?”（《论语・颜渊》）并说：“苟正其身矣，于从政乎何有？不能正其身，如正人何?”“其身正，不令而行；其身不正，虽令不从。”（《论语・子路》）可见，无论是志在参与政治的士人，还是实际掌握政治权力的统治者，孔子对他们提出的要求都是一样的，即先修己然后治人，先正己然后正人，这体现了孔子政治理念的本质特征。

基于上述理念，我们可以更好地来理解孔子何以讲为政必须以正名为先的问题，即当子路问“卫君待子而为政，子将奚先?”时，孔子回答说：“必也正名乎!”（《论语・子路》）所谓的正名，具体而言，即要求“君君，臣臣，父父，子子”（《论语・颜渊》），每个人必须按照其名分的理想含义来尽其政治和伦理方面的职责和义务，单纯从君与臣的政治名分的角度讲，正名实有规范其职责、明确其义务和限制其权力滥用的重要含义，故而孔子强调：“名不正，则言不顺；言不顺，则事不成；事不成，则礼乐不兴；礼乐不兴，则刑罚不中；刑罚不中，则民无所措手足。”（《论语・子路》）不仅如此，为了实现国家治理的目标，孔子还主张仕途必须向有德有能的贤才开放，即为政必须“举贤才”（《论语・子路》），让贤能的人参与其中，而且在孔子的政治理想与参与式政治理念中，有才德之士甚至是可以居于一国南面听政之君位的，故曰：“雍也，可使南面。”（《论语・雍也》）

孔子的社会政治理想是实现“有道之世”的均平治安的治理目标，在孔子看来，这一理想的治理目标必须依靠仁德之君子来实现，如子张问仁于孔子，而孔子答曰：“能行五者于天下，为仁矣。”具体来说，即：“恭、宽、信、敏、惠。恭则不侮，宽则得众，信则人任焉，敏则有功，惠则足以使人。”（《论语・阳货》）可见，在孔子的政治理念中，有德之士人君子的参政与道德政治的善治目标的实现是一体相关而密不可分的。

士人君子的参政同时还涉及两个方面的政治关系的处理问题，一是对上如何事君的问题，二是对下如何待民的问题。关于事君的问题，孔子一方面强调臣下应"事君以忠"，当然，这是以"君使臣以礼"为前提条件的（《论语·八佾》），也就是说，孔子对君和臣同时提出了一种双向的道义要求，希望在此基础上建立君臣之间政治上合作共治的关系。另一方面，他认为最理想的是大臣"以道事君"（《论语·先进》），即臣下事君的行为最好以道义为准，而不是片面地尽愚忠，或一味地迎合君主的权力意志或欲望嗜好，故而应"不可则止"（《论语·先进》），或者是"勿欺也，而犯之"（《论语·宪问》），意即不应言过其实地欺诓君主，而应对君主犯言谏诤。关于待民的问题，孔子的核心理念是"君子学道则爱人"（《论语·阳货》）。孔子曾如是评价子产，认为他"有君子之道四焉：其行己也恭，其事上也敬，其养民也惠，其使民也义"（《论语·公冶长》），其中后两条也就是爱人或爱民的具体体现。另如，子曰："道千乘之国：敬事而信，节用而爱人，使民以时。"（《论语·学而》）这表达的也是同样的意思。具体而言，士人君子参与治国理政，应该节用惠民，使民以时，或者"因民之所利而利之""择可劳而劳之"（《论语·尧曰》），乃至在富民的基础上进而施以道德教化[1]，或者以恰当的道德行为引领和范导人民，如子曰："道之以政，齐之以刑，民免而无耻；道之以德，齐之以礼，有耻且格。"（《论语·为政》）"上好礼，则民莫敢不敬；上好义，则民莫敢不服；上好信，则民莫敢不用情。"（《论语·子路》）另如，季康子问政于孔子曰："如杀无道以就有道，何如？"孔子对曰："子为政，焉用杀？子欲善，而民善矣。君子之德风，小人之德草，草上之风，必偃。"（《论语·颜渊》）

由上可见，孔子在思考天下国家的治理问题时，首先将道义确立为公共政治领域的价值规范和行为指南，并以此来构筑其政治信仰的基石或支柱，这为士人君子修己以从政，即积极参与到治国理政的公共政治活动中去提供了坚实而正当的理论基础。继孔子之后，孔子弟子及战国之世的儒者进一步将孔子的上述参与式政治理念做了系统性的阐述，并赋予了它更

---

① 据《论语·子路》篇记载：子适卫，冉有仆。子曰："庶矣哉！"冉有曰："既庶矣。又何加焉？"曰："富之。"曰："既富矣，又何加焉？"曰："教之。"

为丰富的思想内涵。

孔子弟子子夏尝论学与仕的关系曰："仕而优则学，学而优则仕。"（《论语·子张》）仕则治国理政，学则修身以道，两者密不可分，理当相互促进。《礼记·大学》更进一步提出"自天子以至于庶人，一是皆以修身为本"的观念，并条贯性地揭橥了一套正心、诚意、修身、齐家、治国、平天下的政治理念或内圣外王之道。战国之世，孟子、荀子在思想上对孔子士人君子修己以治人的参与式政治理念和儒家的内圣外王之道做了更为深入而系统的阐发和论述，他们向内深入探究人类心性的本源问题，向外则充分彰显了一种平治天下的豪迈情怀与政治信念。①

孟子深入人类的心性根源来反思和探求人类合乎仁义道德的恰当的治国平天下之道，从而大大扩展了儒家政治理念的内在意蕴，亦极大地提升和凸显了士人君子修身以从政的更为充分的主体自觉意识。《孟子》一书开篇便极为鲜明地提出了一个重要的思想命题，其文如下：

> 孟子见梁惠王。王曰："叟不远千里而来，亦将有以利吾国乎?"孟子对曰："王何必曰利？亦有仁义而已矣。王曰'何以利吾国'?大夫曰'何以利吾家'？士庶人曰'何以利吾身'？上下交征利而国危矣。万乘之国弑其君者，必千乘之家；千乘之国弑其君者，必百乘之家。万取千焉，千取百焉，不为不多矣。苟为后义而先利，不夺不餍。未有仁而遗其亲者也，未有义而后其君者也。王亦曰仁义而已矣，何必曰利?"（《孟子·梁惠王上》）

仅仅从上述引文的字面含义来理解的话，很显然，孟子似乎是将仁义与利益置于完全相反对立的地位。然而，深入思考孟子思想的真实意旨，并结合"未有仁而遗其亲者也，未有义而后其君者也"一语，我们不难发

① 如孟子曰："夫天未欲平治天下也，如欲平治天下，当今之世，舍我其谁也?"（《孟子·公孙丑下》）而荀子后学则如是评价其师荀子及其学术："今之学者，得孙卿之遗言余教，足以为天下法式表仪。……天下不治，孙卿不遇时也。德若尧禹，世少知之；方术不用，为人所疑；其知至明，循道正行，足以为纪纲。呜呼！贤哉！宜为帝王。"（《荀子·尧问》）

现，孟子的仁义思想并非一种极端形式的不计后果的狭义道义论，而是一种将人的行为后果纳入考虑之中的广义的全面道义论，而他所反对的恰恰是那种只追求一己之私利而不顾其余的狭义的功利主义目的论，只有在此基础上我们才能更好地理解孟子以仁义为价值根基的政治理念的实质含义。

依孟子之见，仁义道德的根源在于人生而固有的良心善性，然而这并不意味着每个人都必然会成为一个有道德的人，因为人类的良心善性是脆弱而易失的，需要后天的努力来精心地加以存养和扩充。依孟子之见，正是在心性存养功夫上的差别造成了人与人之间的现实分化，如孟子曰："人之所以异于禽兽者几希，庶民去之，君子存之。舜明于庶物，察于人伦，由仁义行，非行仁义也。""君子所以异于人者，以其存心也。君子以仁存心，以礼存心。"（《孟子・离娄下》）因此，大人君子之所以是大人君子，或者圣贤人物之所以能够成为圣贤人物，就在于他能够存养和扩充人生而固有的本心善性（人之"大体"），而一般人受感官欲望（人之"小体"）或外物的诱引，放失了自己本来固有的本心善性，故而只能成为小人，正所谓"从其大体为大人，从其小体为小人"（《孟子・告子上》）。据此，孟子进一步提出了他著名的社会分工论，即："有大人之事，有小人之事。……故曰：或劳心，或劳力；劳心者治人，劳力者治于人；治于人者食人，治人者食于人，天下之通义也。"（《孟子・滕文公上》）

在孟子那里，正是上述观念和社会分工论，为士人君子的入仕参政确立了正当性的理论基础。因此，孟子主要从两个方面为士人君子进行角色定位，一是士人君子当以志尚仁义或居仁由义为事，故王子垫问曰："士何事？"孟子答曰："尚志。"又问："何谓尚志？"孟子曰："仁义而已矣。杀一无罪，非仁也；非其有而取之，非义也。居恶在？仁是也。路恶在？义是也。居仁由义，大人之事备矣。"（《孟子・尽心上》）二是士人君子当以入仕参政为职志，正所谓"士之仕也，犹农夫之耕也""士之失位也，犹诸侯之失国家也"（《孟子・滕文公下》）。而当士人君子依据上述角色定位积极地参与公共治理时，势必需要恰当地来处理仁义忠信与官爵权位之间主从先后的关系问题，就此，孟子提出的基本原则就是后者应依从于前者，故曰：“有天爵者，有人爵者。仁义忠信，乐善不倦，此天爵也；公卿大夫，此人爵也。古之人修其天爵，而人爵从之。今之人修其天爵，以要人爵；既得人爵，而弃其天爵，则惑之甚者也，终亦必亡而已矣。”（《孟子·告子上》）以今人的眼光来看，孟子将士人君子的人生价值仅仅限定在入仕参政上，未免使之过于“窄化”了，但在孟子的时代，士人阶层刚刚作为一个少数精英群体而崛起，他们的参政诉求对仕途或国家政权的开放无疑具有切实的推动作用，尤其是在孔孟的修身以从政的参与式政治理念中，士人君子作为道义的化身和代表，以道自任的人生理想和居仁由义的政治信念将一种对君臣、君民关系以及关于天下国家平治之道的崭新理解带进了公共政治领域，实具有不容轻视的深远意义。

相对于其同时代的其他学派的思想家而言，孟子可以说赋予了士人君子一种更为独立的品格与志节和更为能动的政治主体性[①]，因此，他希望士人君子能够以德抗位，或者做到“君子之事君也，务引其君以当道，志于仁而已”，而不是“君不乡道，不志于仁，而求富之”“君不乡道，不志于仁，而求为之强战”（《孟子·告子下》）；反之，依照仁义的道义标准，孟子认为那些背离、贼害仁义的君主和臣下已丧失了其作为君和臣的正当性资格，而只配称为独夫民贼。[②] 对孟子而言，君臣之间应是一种以道义相合的相互对待的关系，故曰：“君之视臣如手足，则臣视君如腹心；君之视臣如犬马，则臣视君如国人；君之视臣如土芥，则臣视君如寇仇。”（《孟子·离娄下》）而且，在孟子看来，统治者只有“贵德而尊士”，使

---

① 墨子的尚贤主张虽然较之儒家更为激进，但其“上之所是，必亦是之；上之所非，必亦非之”的尚同一义的政治理念却大大弱化了士人参政的独立品格与道德主体性，法家的法术之士在专制君主严密的法术控制之下就更是如此了。至于像纵横家公孙衍、张仪之流的行事作风，则尤其为孟子所鄙视，并斥之为“以顺为正”的“妾妇之道”（《孟子·滕文公下》）。

② 孟子曰：“今之事君者皆曰：‘我能为君辟土地，充府库。’今之所谓良臣，古之所谓民贼也。君不乡道，不志于仁，而求富之，是富桀也。‘我能为君约与国，战必克。’今之所谓良臣，古之所谓民贼也。君不乡道，不志于仁，而求为之强战，是辅桀也。由今之道，无变今之俗，虽与之天下，不能一朝居也。”（《孟子·告子下》）又曰：“贼仁者谓之贼，贼义者谓之残，残贼之人谓之一夫。闻诛一夫纣矣，未闻弑君也。”（《孟子·梁惠王下》）

“贤者在位，能者在职”，或者“尊贤使能，俊杰在位”，才能赢得士人普遍的合法性认同（《孟子·公孙丑上》）；反之，“无罪而杀士，则大夫可以去；无罪而戮民，则士可以徙”（《孟子·离娄下》）。与此同时，孟子还特别强调国君在任人选贤时，必须广泛地听取国人的意见，其言曰：

> 国君进贤，如不得已，将使卑逾尊、疏逾戚，可不慎与？左右皆曰贤，未可也；诸大夫皆曰贤，未可也；国人皆曰贤，然后察之；见贤焉，然后用之。左右皆曰不可，勿听；诸大夫皆曰不可，勿听；国人皆曰不可，然后察之；见不可焉，然后去之。左右皆曰可杀，勿听；诸大夫皆曰可杀，勿听；国人皆曰可杀，然后察之；见可杀焉，然后杀之。故曰，国人杀之也。如此，然后可以为民父母。（《孟子·梁惠王下》）

孟子不仅在君臣关系方面提出了一系列激烈的主张，而且在理政治民方面更是倡言诸多的贵民之新论，发孔子之所未发，如谓：“民为贵，社稷次之，君为轻。”（《孟子·尽心下》）如论贤者为政当与民同乐：“乐民之乐者，民亦乐其乐；忧民之忧者，民亦忧其忧。乐以天下，忧以天下，然而不王者，未之有也。”（《孟子·梁惠王下》）如论制民之产：“明君制民之产，必使仰足以事父母，俯足以畜妻子，乐岁终身饱，凶年免于死亡。然后驱而之善，故民之从之也轻。今也制民之产，仰不足以事父母，俯不足以畜妻子，乐岁终身苦，凶年不免于死亡。此惟救死而恐不赡，奚暇治礼义哉?”（《孟子·梁惠王上》）相对于孔子的富而教之的抽象原则，孟子提出了更为具体而明确的制民恒产的措施，即，使每一家有五亩之宅、百亩之田，以保障黎民百姓不饥不寒，养生丧死而无憾，然后再“谨庠序之教，申之以孝悌之义”（《孟子·梁惠王上》）。对孟子而言，这种以保障民生为核心的王道仁政，可以说正是政治上最大的道义。

最后，孟子不仅极力推崇士人君子的大丈夫品格，而且在穷达之际为参与公共政治的士人君子的进退行止确立了一种具有永恒意义的、值得后人效法的理想标准。其言曰：“居天下之广居，立天下之正位，行天下之大道。得志与民由之，不得志独行其道。富贵不能淫，贫贱不能移，威武不能屈。此之谓大丈夫。”（《孟子·滕文公下》）“尊德乐义，则可以嚣嚣矣。故士穷不失义，达不离道。穷不失义，故士得己焉；达不离道，故民不失望焉。古之人，得志，泽加于民；不得志，修身见于世。穷则独善其身，达则兼善天下。”（《孟子·尽心上》）如是之孟子，实不愧为中国人的良心！

荀子继孔孟而后起，在人性论上力主性恶的观点，一反孟子的性善论，亦不同于孔子的性相近说，但在士人修身以参政的政治理念上却是与孔孟一脉相承的。荀子著有《荀子·劝学》《荀子·修身》诸篇，极论博学修身对于士人君子的根本重要性，认为一个人唯有通过“博学而日参省乎己”，通过以礼正身或治气养心的方式和途径，才能矫治、修正和转化人生而具有的易于趋向于恶的各种自然本性和情欲。故荀子曰：“君子之学也，以美其身。”（《荀子·劝学》）“凡用血气、志意、知虑，由礼则治通，不由礼则勃乱提僈；食饮、衣服、居处、动静，由礼则和节，不由礼则触陷生疾；容貌、态度、进退、趋行，由礼则雅，不由礼则夷固僻违，庸众而野。”（《荀子·修身》）像孔孟一样，荀子也认为，修身最为重要的就是培养士人君子的独立意志与品格，以便为士人君子的入仕参政奠定一种恰当的道德人格基础。

荀子曾论士君子之德操与上勇曰：

> 是故权利不能倾也，群众不能移也，天下不能荡也。生乎由是，死乎由是，夫是之谓德操。（《荀子·劝学》）

> 先王有道，敢行其意；上不循于乱世之君，下不俗于乱世之民；仁之所在无贫穷，仁之所亡无富贵；天下知之，则欲与天下同苦乐之，天下不知之，则傀然独立天地之间而不畏，是上勇也。（《荀子·性恶》）

荀子所言实可与孔子论“匹夫不可夺志”（《论语·子罕》）和孟子论

大丈夫气概等观，而且，像孔孟一样，荀子也坚持以道义的标准为士人君子的进退出处设定一种理想的行为模式，故荀子曰："志意修则骄富贵，道义重则轻王公，内省而外物轻矣。……士君子不为贫穷怠乎道。""君子之求利也略，其远害也早，其避辱也惧，其行道理也勇。君子贫穷而志广，富贵而体恭，安燕而血气不惰，劳倦而容貌不枯，怒不过夺，喜不过予。……此言君子之能以公义胜私欲也。"（《荀子·修身》）可见，在荀子看来，士人君子必须在道义与势位、公义与私欲、利害与道理、志意修养与贫穷富贵之间做出正确而恰当的选择，才不失为士人君子之所为。而且，荀子认为，"学者非必为仕，而仕者必如学"（《荀子·大略》），进而言之，士人君子博学修身和入仕参政都是为了践行道义，而不是为了猎取权势利禄，正所谓"君子耻不修，不耻见污；耻不信，不耻不见信；耻不能，不耻不见用。是以不诱于誉，不恐于诽，率道而行，端然正己，不为物倾侧，夫是之谓诚君子"，反之，"今之所谓士仕者，污漫者也，贼乱者也，恣睢者也，贪利者也，触抵者也，无礼义而唯权势之嗜者也"（《荀子·非十二子》）。

相对于孔孟，荀子对君和臣做了更为系统而详尽的分类和品评，兹不详述，但须指出的是，荀子同样强调臣之事君应遵循"从道不从君"的基本原则（《荀子·臣道》，又见《荀子·子道》篇）。另外，像孔孟一样，荀子也怀抱着强烈的士人参政的政治诉求和鲜明的民本主义情结来论政，将爱民、敬士、尚贤使能视为为政的根本，如荀子曰：

> 请问为政？曰：贤能不待次而举，罢不能不待须而废，元恶不待教而诛，中庸民不待政而化。……虽王公士大夫之子孙［也］，不能属于礼义，则归之庶人。虽庶人之子孙也，积文学，正身行，能属于礼义，则归之卿相士大夫。（《荀子·王制》）

> 选贤良，举笃敬，兴孝弟，收孤寡，补贫穷，如是，则庶人安政矣。庶人安政，然后君子安位。……故君人者欲安则莫若平政爱民矣，欲荣则莫若隆礼敬士矣，欲立功名则莫若尚贤使能矣，是君人者

之大节也。……故修礼者王，为政者强，取民者安，聚敛者亡。故王者富民，霸者富士，仅存之国富大夫，亡国富筐箧，实府库。筐箧已富，府库已实，而百姓贫，夫是之谓上溢而下漏。(《荀子·王制》)

天之生民，非为君也。天之立君，以为民也。(《荀子·大略》)

君者，舟也；庶人者，水也。水则载舟，水则覆舟。(《荀子·王制》，又见《荀子·哀公》篇)

与上述观点密切相关的是，荀子不像孟子那样将“以德服人”或“以德行仁”的王道与“以力服人”或“以力假仁”的霸道截然对立起来(《孟子·公孙丑上》)，而是从道义、信用和权谋，或者从隆礼尊贤、重法爱民、好利多诈和权谋倾覆之间层次差别的角度，对王、霸、危、亡的人君用国之道进行一种层级的品分，故曰：“用国者，义立而王，信立而霸，权谋立而亡。”(《荀子·王霸》)“人君者，隆礼尊贤而王，重法爱民而霸，好利多诈而危，权谋倾覆幽险而亡。”①

尽管有上述不同，但如同孔孟，荀子本着民本主义的宗旨，也同样主张统治者应实行王道政治，而王道政治的两个基本方面就是富民和教民，正所谓“不富无以养民情，不教无以理民性”(《荀子·大略》)，也就是说，富民和教民的目的在于养民情和理民性而使之能够弃恶而向善。具体而言，所谓“王者富民”，就是应保障每家有五亩的宅院和一百亩的耕田，使人民能够安心务其本业，应“轻田野之税”(《荀子·富国》)，不要侵夺或违背农时而擅兴力役，统治者自身还应节制用度，等等，这就是富民之道。在富民的基础上，再从中央到地方兴办各级学校，修明礼教，引导和教育人民知书达礼，这就是教民之道。而且，荀子还引《诗》来说明：“《诗》曰：‘饮之食之，教之诲之。’王事具矣。”(《荀子·大略》)可见，如同孔孟所主张的，荀子所谓的富民、教民之道要解决的也是饮食民

① 出自《荀子·强国》，又见《荀子·天论》《荀子·大略》篇，而文字稍异。

生和人民的道德教养问题。

综上所述，先秦儒家的参与式政治理念，涉及三个政治维度的问题：一是实际掌握政治权力的统治者（或君主）的责任和义务；二是士人君子或贤能之士的入仕参政；三是民生的需求和民意的诉求。依儒家之见，统治者（或君主）必须依其名分公正而无私地尽自己理应尽的“立君为民”的职责和义务；同时，为了治国理政的需要和实现治安均平的社会治理目标，必须既充分地将德才兼备之士吸纳入政权体系当中，又对人民的利益需要和意愿诉求给予全面而积极的响应。如《礼记·大学》谓“民之所好好之，民之所恶恶之”；孟子言与民同忧共乐，并论得民心之道曰：“所欲与之聚之，所恶勿施尔也”（《孟子·离娄上》）；《易传·系辞传上》亦有言：“吉凶与民同患”。而士人君子入仕参政，必须以修身立基，以道义为行为准则，通过修身养性来形成自身独立自主的道德品格与意志，从而能够不为威势所屈服，不为利禄所诱引，不为权力所异化，上可以道引君，下可以德化民。相对来讲，民则处于较被动的地位，但是否认真考虑和对待人民的利益需求或意愿诉求，并对之做出积极的响应，而不是“上下交征利”（《孟子·梁惠王上》），这在儒家的参与式政治理念中对于君主和士人君子治国理政的正当性却是具有决定性意义的因素，而且，先秦儒家也明确承认人民拥有反抗暴政的事实上的正当权利。在上述三大结构性的政治因素中，士人君子的依乎道义的参政主体性无疑被置于中轴核心的地位，我们认为这正是儒家参与式政治理念的本质特征所在，亦是我们将之称为参与式政治理念的主要理由。

第一节　先秦儒家政治理念的演证

政治概念（或范畴、术语）与政治命题的明确化、逻辑化与体系化，初步形成政治理念，政治理念进一步的逻辑化、体系化与理论化，便构成政治思想。一般来说，政治思想主导政治主体之政治行为，政治主体之政治行为通过政治实践活动，在政治团体、政治国家、政治社会与政治秩序中产生纷繁复杂、日新月异、特色鲜明的政治现象、政治惯例、政治制度、政治文化、政治态势、政治得失与政治治乱。《礼记·大学》云："物有本末，事有终始，知所先后，则近道矣。……其本乱而末治者否矣，其所厚者薄，而其所薄者厚，未之有也！"政治理念为本，为始，为先，政治思想以至于政治治乱为末，为终，为后。因此，研究政治思想以至于政治治乱，应当首先研究政治理念。

春秋战国之际，"四民"（士、农、工、商）社会开始形成，士人逐渐成为社会的一个阶层，他们投身于政坛，以参与政治为职业，其中，以儒、墨、法、阴阳、纵横、杂、农等各家士人为代表。他们研究天文、地理、历史和政治，研究天人关系、君臣关系、君民关系、诸侯国之间的外交关系，研究治国的方略、兴亡治乱的原因，研究人性，等等，由于他们各自的"性气不同，环境不同，智慧的深浅广狭不同，学问从入的门径不同，启悟感发的机会不同"①，因此形成不同的政治理念和思想派别。

儒家学说滥觞于孔子，扬波于七十子，泛滥于三千弟子。孔子祖述宪章，七十子继志述作，三千弟子宗师仲尼，天下多士齐聚孔门，儒学蔚为大观，儒家于是乎成为传统中国思想学派与文化构成之主流。其中，先秦儒家又以孔子、孟子和荀子为代表。孔子思想遍散于《论语》，大多是一句句的，如玉盘珍珠，浑圆剔透；孟子思想现存于《孟子》，大多是一段段的，如湖光山石，错落有致；荀子思想保存于《荀子》，大多是一篇篇的，如绫罗绸缎，光彩细密。特别地，孔子有教无类，随人点拨，非仁智浑全者，不足以契合孔子；孟子有挟不答，心至斯受（《孟子·尽心上》《孟子·尽心下》），非胸襟磊落者，不足以知晓孟子；荀子好人隆礼，挈领察辩（《荀子·劝学》），非思维缜密者，不足以了解荀子。

先秦儒家自孔子开始，便注重研究历史政治和现实政治。孔子不单从典籍文本（如六经）中研究历史政治的经验和教训，还亲自到实地（如适周问礼，到杞、宋国考察夏礼和殷礼，自卫反鲁而正乐等）去考察政治

① 钱穆：《阳明学述要》，见《钱宾四先生全集》（第10册），台北联经出版事业股份有限公司1998年版，第24页。

制度之得失与现实政治之成败；不单品评历史人物（如尧、舜、伊尹、管仲等），还臧否现实人物（如齐景公、季氏、门下弟子等）；不单讲文事，也讲武备；不单讲尧、舜禅让，也讲伊周摄政与汤武革命；不单讲居陋室和饭疏食，也讲庶富教和利用厚生；不单讲修身，也讲治国、平天下；不单讲天命，也讲心性；不单讲敬鬼神而远之，也讲祭神如神在；等等。孟子和荀子继之于后，更是有所创发。如人性论方面，孔子谈性相近，孟子道性善，荀子言性恶；如功夫论方面，孔子谈克己复礼，孟子谈养浩然之气，荀子谈治气养心；如论治学，孔子讲攻异端有害，孟子则谈辟杨墨和罪兵法，荀子更是非十二子。"学而优则仕"（《论语·子张》），"生于其心，害于其政；发于其政，害于其事"（《孟子·公孙丑上》），先秦儒家未尝脱离自身的修养来谈政治。由孔子到孟子，再到荀子，先秦儒家形成了一套体系完善的政治理念。

所谓政治理念，即关于政治的一整套体系完善的理念。近世学者受西方私有观念的影响，在界定政治的时候，总是将政治与利益、权力、权利、影响力、阶级、政党、国家、经济等挂钩，虽然他们界定政治的定义各式各样，侧重点互不相同，但观其政治内涵，大都是想最大限度地去维护与拓宽本人、本集团、本阶级或本国家的既得利益，其假设前提或出发点都建立在私有观念的基础之上，所以其政治理念必然是以人我（含集团与集团、阶级与阶级、国家与国家）冲突甚至是不可调和的对立为着眼点或归宿，即其假设前提是性恶论与利益零和博弈观。然而，在先秦儒家看来，天地设位，万物并育而不相害；物以类聚，人以群分，于是乎内有夫妇、父子、兄弟，外有君臣、朋友；选贤举能，立官授爵，于是乎六府（水火金木土谷）修，三事（正德、利用、厚生）和；善政养民，礼乐刑政以治之，而后夫妇和，父子笃，君臣正，兄弟睦，政事治，邦国宁，天下平。因此，从象法天地到正德修身，再到治国平天下，莫不是政治。而且，政治不仅仅关乎人的事情，还关乎天地鬼神，唯有象天法地，进德修业，与天地合其德，与日月合其明，与四时合其序，与鬼神合其吉凶，敬奉弗违，与时偕行，然后万物才能各正性命，保合大和，天下和宁（《易传·彖传上·乾》）。政治也不仅仅关乎生前的事情，还关乎丧祭，唯有养生送死，居则致其敬，养则致其乐，病则致其忧，丧则致其哀，祭则致其严，如此才能德本立，人行成，孝治天下。[①] 更为重要的是，在先秦儒家看来，政治，本质上并不是争权夺利的事情，而是天下为公，立君为民，所以主张政治上应当选贤举能，努力做到生民、养民、教民，使民、保民、惠民、富民，并且致力于正确处理好君、臣、民三者的关系，使国家政权稳固，天下太平。因此，他们既讲天地高卑与君臣上下，又讲手足腹心、犬马国人与土芥寇仇。而其最后的结论是：邦畿千里，维民所止；民惟邦本，本固邦宁；君舟民水，载覆在民；君心民体，以存以亡。由此可知，先秦儒家政治理念的假设前提或出发点是建立在公有观念的基础之上，所以其政治理念也就必然以和为着眼点或归宿。因此，围绕天地人与君臣民之中三者之间的关系，如何利用礼乐刑政等治具来使政治社会达到和的境界与效果，这样一整套体系完善的政治理念，我们称之为先秦儒家的政治理念。

《尚书·吕刑》说“刑罚世轻世重”，同样地，先秦儒家的政治理念也讲世轻世重。统观春秋战国时期的社会政治形势，周平王东迁以后，周王室衰微，诸侯专政，征伐予夺大权出自诸侯霸主，各诸侯国君极力破坏周王室制度中不利于自己的典章制度（《孟子·万章下》），在外则以大欺小，以众暴寡，烧杀抢夺，战争频仍，使各诸侯国之间关系恶化，社会动荡不安；在内则一国之中常有君杀臣、臣弑君、父杀子、子弑父、妻害妾、妾谋妻等事情发生，纲常陵替，朝不保夕，人心惶惶不可终日。先秦儒家的政治理念，正是来源于对历史政治和现实政治的研究和总结，高明而中庸，广大而精微，虽非一时一人之智识所能研究通透，道尽蕴奥，但如不得已而言之，笔者以为可以用四个字来粗略概括：公、生、分、和。

一、公

人生于天地之间，赤裸裸地来，也赤裸裸地走，来也不由自主，走也不由自主，在这一来一走之间，人们是如何认识这个宇宙天地的呢？这个

---

① 参见《孝经·纪孝行》《孝经·开宗明义》《孝经·孝治》。

问题一直为古今中外数千年来之哲学家和思想家所思考，先秦儒家的政治理念也正是从这个问题生发出来的。荀子认为："善言古者必有节于今，善言天者必有征于人。凡论者，贵其有辨合，有符验，故坐而言之，起而可设，张而可施行。"（《荀子·性恶》）

（一）天下为公

孔子说："天无私覆，地无私载，日月无私照。"（《礼记·孔子闲居》）既然天地都是无私的，那么，生于其间的人，又当如何？《尚书·泰誓》中武王说："惟天地万物父母，惟人万物之灵。亶聪明，作元后，元后作民父母。"众所周知，父母对子女是无私的；因此，君王对天下庶民，也应当是无私的。所以，我们知道，《论语·泰伯》中的三则材料[①]，孔子对尧、舜、禹的赞叹都是从天下为公的角度来讲的。舜和禹有天下，不以得天下之位为乐，好像天下跟自己毫不相关，这是因为，他们知道天下非其一人之天下，所以孔子赞叹舜、禹高大；尧则天理政，功绩斐然，天高大无私，所以孔子赞叹尧高大；禹薄于自奉而勤于国家大事，所以孔子赞叹禹。因此，立于天地之中的王，因为他的高大无私，所以能与天地参。老子也有见于此。[②] 尧、舜、禹不以天下为私，所以能与天地同大，因此孔子祖述。

继孔子之后，孟子也体认到"天下不可私有，天子不能以天下与人"这个境界，所以，孟子认为，即使做一件不义的事情、杀一个无辜的人能取得天下，圣人也是不会做的。如此，我们就能理解为什么孟子会说"五霸者，三王之罪人也；今之诸侯，五霸之罪人也；今之大夫，今之诸侯之罪人也"，也能理解他为什么会认为"我能为君辟土地，充府库"之人和

---

① 三则材料如下：子曰："巍巍乎！舜禹之有天下也，而不与焉。"子曰："大哉尧之为君也！巍巍乎！唯天为大，唯尧则之。荡荡乎！民无能名焉。巍巍乎！其有成功也；焕乎，其有文章！"子曰："禹，吾无间然矣。菲饮食，而致孝乎鬼神；恶衣服，而致美乎黻冕；卑宫室，而尽力乎沟洫。禹，吾无间然矣。"

② 参见《老子·二十五章》："有物混成，先天地生……可以为天下母。吾不知其名，字之曰道，强为之名曰大…… 故道大，天大，地大，王亦大。域中有四大，而王居其一焉。"

“我能为君约与国，战必克”之人都是民贼（《孟子·告子下》），以及“春秋无义战”（《孟子·尽心下》）了。继孟子提出“天与之，天受之；人与之，民受之”（《孟子·万章上》）的思想之后，荀子更是将其阐发为“天下归之之谓王，天下去之之谓亡”（《荀子·王霸》。又见《荀子·正论》）的千古正论，在《荀子·正论》中，有人认为“桀、纣有天下，汤、武篡而夺之”，荀子驳斥此说，他说：“以桀、纣为常有天下之籍则然，亲有天下之籍则不然，天下谓在桀、纣则不然。……汤、武非取天下也，修其道，行其义，兴天下之同利，除天下之同害，而天下归之也。桀、纣非去天下也，反禹、汤之德，乱礼义之分，禽兽之行，积其凶，全其恶，而天下去之也。天下归之之谓王，天下去之之谓亡。故桀、纣无天下而汤、武不弑君，由此效之也。汤、武者，民之父母也；桀、纣者，民之怨贼也。”接着，荀子更是认为，天下不可以夺，天下也不可以窃，天下至大，非圣人不能王。

先秦儒家立说如此，圣贤道大德弘，于此见之。为何春秋战国之际，各诸侯国武力干戈，纷争不止，汲汲于窃夺天下？

（二）建用皇极[①]

既然天下不可私有，那么，君王做民父母，一切政事实施都应该用大中之道。尧、舜、禹相传的中道，详在《尚书·大禹谟》——“人心惟危，道心惟微，惟精惟一，允执厥中”，略在《论语·尧曰》——“允执其中”。

《尚书·洪范》之中，箕子向武王献陈中道，他说：“皇建其有极。敛时五福，用敷锡厥庶民。惟时厥庶民于汝极，锡汝保极。凡厥庶民，无有淫朋，人无有比德，惟皇作极。凡厥庶民，有猷有为有守，汝则念之。不协于极，不罹于咎，皇则受之。而康而色，曰：‘予攸好德。’汝则锡之福。时人斯其惟皇之极。无虐茕独而畏高明，人之有能有为，使羞其行，

① “建用皇极”语出《尚书·洪范》，先儒多训“皇”为大，训“极”为中，“建用皇极”是说君王行政当用大中之道。

而邦其昌。凡厥正人，既富方谷，汝弗能使有好于而家，时人斯其辜。于其无好德，汝虽锡之福，其作汝用咎。无偏无陂，遵王之义。无有作好，遵王之道。无有作恶，遵王之路。无偏无党，王道荡荡。无党无偏，王道平平。无反无侧，王道正直。会其有极，归其有极。曰皇极之敷言，是彝是训，于帝其训。凡厥庶民，极之敷言，是训是行，以近天子之光。曰天子作民父母，以为天下王。”于是，“自西自东，自南自北，无思不服。”(《诗经・文王有声》) 皇极建用，君王将大中之道悬布天下，施行于政事之中，则天下庶民归附，就犹如水之就下，兽之走圹。

然而，周成、康之后，不见有王者；平王东迁之后，春秋战国之际，更是霸道盛行，皇极不得建用，所以，孔子叹道穷，孟子辨王霸，荀子谈王制。孟子说：“口之于味也，有同耆焉；耳之于声也，有同听焉；目之于色也，有同美焉。至于心，独无所同然乎？心之所同然者何也？谓理也，义也。圣人先得我心之所同然耳。”(《孟子・告子上》) 荀子说：“天下之人，唯各特意哉，然而有所共予也。言味者予易牙，言音者予师旷，言治者予三王。三王既已定法度，制礼乐而传之，有不用而改自作，何以异于变易牙之和，更师旷之律？无三王之法，天下不待亡，国不待死。”(《荀子・大略》) 因此，我们知道，天下人心相同的是理义，赞许的是三王之法。

孟子说：“三代之得天下也以仁，其失天下也以不仁。国之所以废兴存亡者亦然。天子不仁，不保四海；诸侯不仁，不保社稷；卿大夫不仁，不保宗庙；士庶人不仁，不保四体。”(《孟子・离娄上》) 荀子也说：“天不为人之恶寒也辍冬，地不为人之恶辽远也辍广，君子不为小人匈匈也辍行。天有常道矣，地有常数矣，君子有常体矣。”(《荀子・天论》) 孟子所言之仁、荀子所言之常道，即是皇极，即是大中之道。所以，孔子说：“君子而时中。”(《礼记・中庸》)

(三) 选贤举能

行大中之道则王天下，不行大中之道则亡天下。桀、纣之所以亡和汤、武之所以王，都系于大中之道。商汤放桀，周武伐纣，“天命靡常”

的观念逐渐深入人心，《尚书·伊训》说“上帝不常”，《尚书·太甲》说“民罔常怀”，《尚书·咸有一德》说“天难谌，命靡常”，《尚书·康诰》说“惟命不于常”，《尚书·蔡仲之命》说“皇天无亲，惟德是辅。民心无常，惟惠之怀”，也就是说：天子爵位无常。天下既然是天下人的天下，君王不能靠自己一人治理天下，所以，为固保君位不失，使天命常在，则君王需要选举贤能来辅佐其处理政事。

《礼记·王制》记载：“命乡论秀士，升之司徒，曰选士。司徒论选士之秀者而升之学，曰俊士。升于司徒者不征于乡，升于学者不征于司徒，曰造士。乐正崇四术，立四教，顺先王《诗》《书》《礼》《乐》以造士。春秋教以《礼》《乐》，冬夏教以《诗》《书》。王大子、王子、群后之大子，卿大夫、元士之适子，国之俊选，皆造焉。凡入学以齿。将出学，小胥、大胥、小乐正简不帅教者，以告于大乐正，大乐正以告于王。王命三公、九卿、大夫、元士皆入学。不变，王亲视学。不变，王三日不举。屏之远方，西方曰棘，东方曰寄，终身不齿。大乐正论造士之秀者，以告于王，而升诸司马，曰进士。司马辨论官材，论进士之贤者，以告于王，而定其论。论定，然后官之。任官，然后爵之。位定，然后禄之。”由《礼记·王制》，我们知道，作为一项选举贤能的制度，天子选举贤能的范围是非常广泛的，不单有王太子、王庶子、诸侯的太子、卿大夫与元士的嫡子，还有国家的俊士与选士。

然而，在鲁庄公十年（前684年），还有人说“肉食者鄙，未能远谋”[①]，虽然我们不能据此便推论说这意味着选举贤能的范围需要进一步扩大，但是这起码说明贤能的“缺位”。而在战国之时，荀子更是认为：荀子更是认为:“虽王公士大夫之子孙，不能属于礼义，则归之庶人。虽庶人之子孙也，积文学，正身行，能属于礼义，则归之卿相士大夫。”（《荀子·王制》）至此，贤能选举范围要求扩至庶民。

［樊迟］问知。子曰：“知人。”樊迟未达。子曰：“举直错诸枉，能使枉者直。”樊迟退，见子夏。曰：“乡也吾见于夫子而问知，子曰‘举

① 出自《左传·庄公十年》。笔者注：“肉食者”，先儒多训为“在位者”，位为大夫以上。

直错诸枉，能使枉者直'，何谓也？"子夏曰："富哉言乎！舜有天下，选于众，举皋陶，不仁者远矣。汤有天下，选于众，举伊尹，不仁者远矣。"（《论语·颜渊》）由此可见贤能治政和教化的作用是如此之大！

孟子见齐宣王曰："所谓故国者，非谓有乔木之谓也，有世臣之谓也。王无亲臣矣，昔者所进，今日不知其亡也。"王曰："吾何以识其不才而舍之？"曰："国君进贤，如不得已，将使卑逾尊，疏逾戚，可不慎与？左右皆曰贤，未可也；诸大夫皆曰贤，未可也；国人皆曰贤，然后察之；见贤焉，然后用之。左右皆曰不可，勿听；诸大夫皆曰不可，勿听；国人皆曰不可，然后察之；见不可焉，然后去之。左右皆曰可杀，勿听；诸大夫皆曰可杀，勿听；国人皆曰可杀，然后察之；见可杀焉，然后杀之。故曰，国人杀之也。如此，然后可以为民父母。"（《孟子·梁惠王下》）选举和罢免贤能是如此的谨慎！孟子还说："虞不用百里奚而亡，秦穆公用之而霸。不用贤则亡。"（《孟子·告子下》）荀子曰："昔虞不用宫之奇而晋并之，莱不用子马而齐并之，纣刳王子比干而武王得之。不亲贤用知，故身死国亡也。"（《荀子·尧问》）国君不选贤举能的危害是如此之大！

天子巡狩，诸侯述职，选贤举能，各尽其职，且赏罚得当，则天命永保，天下和宁。

二、生

人处天地之间，与万物同为天地所生。阴阳之道，转易相生，于是乎万物生生不息，无有不备，所以富有，所以功业广大；于是乎万物生生不止，无有不变，所以日新，所以功德盛大。[①] 所以，"天地之大德曰生"（《易传·系辞传下》）。天地为万物的父母，人为万物之灵，圣王做庶民的父母，父母岂有不生而能为父母者？既为民之父母，岂有生而不养，养而不教，不教而杀？人既然为万物之灵，又岂能不明白生死之大义，而追求善始善终？

---

① 《易传·系辞传上》："富有之谓大业，日新之谓盛德，生生之谓易。"

（一）圣贤保生

尧命羲和“钦若昊天，历象日月星辰，敬授民时”（《尚书·尧典》），不是惠民之生吗？尧忧汤汤洪水之患，不是忧民之生吗？舜举禹治水而洪水终治，举弃播时百谷而庶民不饥，举皋陶做士而“好生之德，洽于民心”（《尚书·大禹谟》），不是保民之生吗？大禹治水，“疏九河，瀹济漯，而注诸海；决汝汉，排淮泗，而注之江，然后中国可得而食也”（《孟子·滕文公上》），不是便民之生吗？桀、纣害生，汤、武革命，所为何事？盘庚迁民，苦口婆心地申戒群臣[①]，所为何事？狄人屡屡侵犯，周大王舍弃土地而迁居岐山之下[②]，所为何事？天下滔滔，鸟兽不可与同群（《论语·微子》），孔子周游列国将近十四年，所为何事？生于其心，害于其政；发于其政，害于其事。孟子欲格君心之非，所为何事？荀子言“王者有诛而无战，城守不攻，兵格不击，上下相喜则庆之，不屠城，不潜军，不留众，师不越时”（《荀子·议兵》），所为何事？洪水泛滥，庶民不得生；无有百谷，庶民不得生；刑罚繁重，庶民不得生；君王暴虐，庶民不得生；无有土地，庶民不得生；天下滔滔，庶民不得生；君心为非，庶民不得生；无有王者，庶民不得生。所以，人君保生，则庶民归往而王天下；人君害生，则庶民离去而亡天下。

《礼记·王制》中说道：《礼记·王制》说：“少而无父者谓之孤，老而无子者谓之独，老而无妻者谓之矜，老而无夫者之谓寡。此四者，天民之穷而无告者也，皆有常饩。瘖、聋、跛躄、断者、侏儒，百工各以其器食之。”圣贤知道，所以保生。

---

① 《尚书·盘庚中》：“今予将试以汝迁，安定厥邦。汝不忧朕心之攸困，乃咸大不宣乃心，钦念以忱，动予一人。尔惟自鞠自苦，若乘舟，汝弗济，臭厥载。尔忱不属，惟胥以沈。不其或稽，自怒曷瘳？汝不谋长，以思乃灾，汝诞劝忧。今其有今罔后，汝何生在上？”

② 《孟子·梁惠王下》：“昔者大王居邠，狄人侵之。事之以皮币，不得免焉；事之以犬马，不得免焉；事之以珠玉，不得免焉。乃属其耆老而告之曰：‘狄人之所欲者，吾土地也。吾闻之也：君子不以其所以养人者害人。二三子何患乎无君？我将去之。’去邠，逾梁山，邑于岐山之下居焉。”

（二）不嗜杀人

周平王东迁之后，周天子虽然名义上还是天下的共主，但是周王室已经无力控制天下诸侯。于是，原来“天子讨而不伐，诸侯伐而不讨”（《孟子·告子下》）的制度到了春秋之时，五霸和较大的诸侯国国君已经不再遵守，他们牵引诸侯来讨伐诸侯，“争地以战，杀人盈野；争城以战，杀人盈城”（《孟子·离娄上》）。争城、争地，都是通过杀人来完成的。频仍的战争，使一些国君和将领简单地认为：杀人越多就能夺得越多城地，要争夺越多的城地就要杀越多的人。于是，战争使所谓的“兵法”成为一门杀人的学问，杀人也成为政治上经常讨论的话题。

季康子问政于孔子曰：“如杀无道，以就有道，何如？”孔子对曰：“子为政，焉用杀？子欲善，而民善矣。君子之德风，小人之德草。草上之风，必偃。”（《论语·颜渊》）有苗乱逆，帝舜命大禹率兵征讨，双方对峙了一个月，苗民仍然不降服。益以舜感化瞽瞍的事迹劝大禹效仿帝舜的方法，修文德来感化有苗。大禹认为益说得对，就班师回朝，修阐文德，于宾主两阶之间舞文舞，以表示不用武事征服。七十天后，有苗心服来朝。此事详载于《尚书·大禹谟》。孔子熟知此典，所以，季氏将伐颛臾，孔子说“远人不服，则修文德以来之。既来之，则安之”（《论语·季氏》）。

继孔子之后，于春秋战国之嗜杀乱世，孟子独倡“不嗜杀人者能王”的政治理念。孟子见梁襄王。出，语人曰：“望之不似人君，就之而不见所畏焉。卒然问曰：‘天下恶乎定？’吾对曰：‘定于一。’‘孰能一之？’对曰：‘不嗜杀人者能一之。’‘孰能与之？’对曰：‘天下莫不与也。王知夫苗乎？七八月之间旱，则苗槁矣。天油然作云，沛然下雨，则苗浡然兴之矣。其如是，孰能御之？今夫天下之人牧，未有不嗜杀人者也，如有不嗜杀人者，则天下之民皆引领而望之矣。诚如是也，民归之，由水之就下，沛然谁能御之？’”（《孟子·梁惠王上》）

孔子之时，卫灵公问阵，孔子言未学；子贡问政，如足兵、足食和民信，三者不得已而去其一，以何者为先，孔子言先去兵。孟子之时，梁惠王东败于齐，西丧地于秦，南辱于楚，欲挥师雪耻，孟子言施仁政于民，修孝悌忠信可使制梃以挞秦楚之坚甲利兵。到了荀子之时，战争已关乎人我之生死存亡，所以不得不议兵。然而，与临武君议兵于赵孝成王之前，临武君主兵贵行势利变诈，而荀子言仁人之兵和王者之志在于善附士民。战争，又岂仅是孔子之所慎?[①] 孟子和荀子对此十分谨慎。

由此可知，“不嗜杀人”的政治理念，是先秦儒家的共同主张。

（三）生杀有义

孔子为鲁摄相，朝七日而诛少正卯。门人进问曰：“夫少正卯，鲁之闻人也，夫子为政而始诛之，得无失乎?”孔子曰：“居！吾语女其故。人有恶者五，而盗窃不与焉：一曰心达而险，二曰行辟而坚，三曰言伪而辩，四曰记丑而博，五曰顺非而泽。此五者有一于人，则不得免于君子之诛，而少正卯兼有之。故居处足以聚徒成群，言谈足饰邪营众，强足以反是独立，此小人之桀雄也，不可不诛也。是以汤诛尹谐，文王诛潘止，周公诛管叔，太公诛华仕，管仲诛付里乙，子产诛邓析、史付，此七子者，皆异世同心，不可不诛也。《诗》曰：‘忧心悄悄，愠于群小。’小人成群，斯足忧矣。”[②]

孔子为鲁司寇，有父子讼者，孔子拘之，三月不别。其父请止，孔子舍之。季孙闻之不说，曰：“是老也欺予，语予曰：‘为国家必以孝。’今杀一人以戮不孝，又舍之。”冉子以告。孔子慨然叹曰：“呜呼！上失之，下杀之，其可乎！不教其民而听其狱，杀不辜也。三军大败，不可斩也；狱犴不治，不可刑也，罪不在民故也。嫚令谨诛，贼也；今生也有时，敛也无时，暴也；不教而责成功，虐也。已此三者，然后刑可即也。《书》

---

① 《论语·述而》：“子之所慎：齐，战，疾。”

② 出自《荀子·宥坐》。注：现今人们因讲民主与人权，认为孔子诛杀少正卯违反人权，于是反对儒家学说的人多以此事责难儒家学说，而拥护儒家学说的人则多为此事回护掩饰。笔者以为，古人修辞立其诚，《荀子》所记，当为不假。七十子无记，孟子不辩，而荀子又将孔子诛杀少正卯事与汤和文王等人之事相提并论，并无回护掩饰之意，可见，古代儒家至荀子之时，犹识孔子之行事与仁心，认为此事不待辩而自明。

曰：‘义刑义杀，勿庸以即，予维曰未有顺事。’言先教也。”故先王既陈之以道，上先服之；若不可，尚贤以綦之；若不可，废不能以单之；綦三年而百姓往矣。邪民不从，然后俟之以刑，则民知罪矣。《诗》曰：‘尹氏大师，维周之氐，秉国之均，四方是维，天子是庳，卑民不迷。’是以威厉而不试，刑错而不用，此之谓也。今之世则不然：乱其教，繁其刑，其民迷惑而堕焉，则从而制之，是以刑弥繁而邪不胜。三尺之岸而虚车不能登也，百仞之山任负车登焉，何则？陵迟故也。数仞之墙而民不逾也，百仞之山而竖子冯而游焉，陵迟故也。今夫世之陵迟亦久矣，而能使民勿逾乎！《诗》曰：‘周道如砥，其直如矢。君子所履，小人所视。眷焉顾之，潸焉出涕！’岂不哀哉！（《荀子·宥坐》）

孔子忧，杀少正卯，是因为少正卯甘为小人而扰乱君王的教化；孔子哀，不杀不孝者，是因为君王失教和世道陵迟才导致庶民迷惑进而触犯刑法的缘故。此一杀一生，其中有真义。战国之世，孟子和荀子犹能体识。孟子说：“君子所以异于人者，以其存心也。君子以仁存心，以礼存心。仁者爱人，有礼者敬人。”（《孟子·离娄下》）孔子说：“我未见好仁者，恶不仁者。”（《论语·里仁》）孟子说：“待文王而后兴者，凡民也。若夫豪杰之士，虽无文王犹兴。”（《孟子·尽心上》）孟子大概说的就是孔子吧。孔子以仁存心，杀少正卯，正是恶不仁；不杀（即生）不孝者，正是好仁。在《荀子·宥坐》里，把孔子杀少正卯和孔子不杀不孝者这两则材料放在一前一后，也正是要彰显孔子一生一杀之间的真义。

陈嚣问孙卿子曰：“先生议兵，常以仁义为本。仁者爱人，义者循理，然则又何以兵为？凡所为有兵者，为争夺也。”孙卿子曰：“非女所知也。彼仁者爱人，爱人，故恶人之害之也；义者循理，循理，故恶人之乱之也。彼兵者，所以禁暴除害也，非争夺也。故仁者之兵，所存者神，所过者化，若时雨之降，莫不说喜。是以尧伐驩兜，舜伐有苗，禹伐共工，汤伐有夏，文王伐崇，武王伐纣，此四帝两王，皆以仁义之兵行于天下也。故近者亲其善，远方慕其德，兵不血刃，远迩来服，德盛于此，施及四极。”（《荀子·议兵》）荀子言爱人所以恶人，有兵所以仁义，着实见得孔子生杀之真义，真可谓是“可与共学、适道、与立、与权”（《论语·

子罕》）的人了。

老子说：“兵者，不祥之器，非君子之器。”（《老子·三十一章》）孙子说：“兵者，诡道也。”（《孙子·始计》）对比先秦儒、道与兵三家对“兵”（即战争）的看法，我们不难看出其中的差别。先秦儒家主张仁义之兵，所以不将兵看作不祥之器，也不认为用兵是靠诡道，更不将兵视为争夺工具而因此弃置。《史记·孔子世家》记载，孔子说：“有文事者必有武备，有武事者必有文备。”呜呼！倘使先秦儒家学说真能施行于世，外族岂能入侵？晚清以后百年屈辱岂会发生?！阳明先生尚且说他的良知学说是“从百死千难中得来”[①]，那么，先秦儒家立说，岂有例外？所以不可轻易看过。兵不可去，春秋时期宋国的司城子罕犹能明晓其中的缘由[②]，他超过老子和孙子也多。

然而，圣贤所说的生杀有义，不独对别人的生死有义，对自己的生死尤其有义。孔子说：“志士仁人，无求生以害仁，有杀身以成仁。”（《论语·卫灵公》）孟子说：“生，亦我所欲也；义，亦我所欲也，二者不可得兼，舍生而取义者也。生亦我所欲，所欲有甚于生者，故不为苟得也；死亦我所恶，所恶有甚于死者，故患有所不辟也。”（《孟子·告子上》）荀子说：“[君子] 畏患而不避义死，欲利而不为所非。”（《荀子·不苟》）先秦儒家都是主张先自治而后治人，有诸己而后求诸人，其于生死也是如此。

孔子说：“逝者如斯夫！不舍昼夜。”（《论语·子罕》）又说：“天何言哉？四时行焉，百物生焉，天何言哉？”（《论语·阳货》）夫子体察到天地万物的死生终始之道。所以，夫子说：“众生必死。”（《礼记·祭

---

① 〔明〕王守仁撰，吴光等编校：《王阳明全集》（下），上海古籍出版社 1992 年版，第 1279 页。

② 《左传·襄公二十七年》：“宋左师请赏，曰：‘请免死之邑。’公与之邑六十，以示子罕，子罕曰：‘凡诸侯小国，晋、楚所以兵威之。畏而后上下慈和，慈和而后能安靖其国家，以事大国，所以存也。无威则骄，骄则乱生，乱生必灭，所以亡也。天生五材，民并用之，废一不可，谁能去兵？兵之设久矣，所以威不轨而昭文德也。圣人以兴，乱人以废，废兴、存亡、昏明之术，皆兵之由也。而子求去之，不亦诬乎？以诬道蔽诸侯，罪莫大焉。纵无大讨，而又求赏，无厌之甚也！’削而投之。左师辞邑。”

义》）荀子说："生，人之始也；死，人之终也。终始俱善，人道毕矣。故君子敬始而慎终，终始如一，是君子之道，礼义之文也。"（《荀子·礼论》）至此，方知先秦儒家所论生死之义至矣，所论生死之道大矣。天地无生则乾坤毁，所以圣贤保生；众生必死则终始成，所以圣贤宁没。[①]

三、分

首先，天地大公无私，生生不息，是万物的父母，其中，人是万物之灵。以天地为父母，以人为子女，父母既生孩子，父母与孩子自然相分，相分则各有其分，所以述天人之分。其次，万物繁衍，庶民成群，群而无分则乱，乱则人道穷困，所以述人群之分。最后，礼义不生则人禽之别不明，人禽之别不明则人群之分不当，人群之分不当则天下不平，所以述礼义之分。天人之分、人群之分和礼义之分三者偏立则乱，俱立则治。

（一）天人之分

日月星辰，在天成象；万物生长，在地成形。人类早期，生命受制于天地。风吹、日晒、雨淋与饥饿、寒冷、疾病在所难免。然人不愧为万物之灵，依靠顽强的生命力和生存智慧，虽历经种种自然灾害与疾病，终究还是繁衍下来了。虽然年代久远，文献难征，但是，如果我们仔细揣摩五经所记，还是可以见个梗概。

比如，《易传·系辞传下》记载，包牺氏仰观于天，俯察于地，结绳渔猎；神农氏斫木为耜，揉木为耒，教民农耕；然后黄帝、尧和舜相继而作，渐通地利之宜，然后人民衣食、居住和水陆交通有所保障，于是文教渐兴。《尚书》"二典"记载，尧之时，命羲氏与和氏掌管天地四时之官，制定历法，然后颁布天下，让人民依照节气种植，以尽地利；舜之时，举用二十二人任职治政，使得洪水平治，百谷时播，五教敬敷，刑法明信，百工供职，礼乐文明，于是文教宣达于天下。

---

① 《正蒙·乾称》："存，吾顺事；没，吾宁也。"见〔宋〕张载《张载集》，中华书局1978年版，第63页。

从五经所记载，我们大体得知，大抵洪水、地震和蝗灾等天灾与日食、月食和流星等天象，也只是使人敬畏，不至于使人去思考天与人的各自职分；唯有人祸，才开始使人去思考天与人各自的职分所在。

比如，《尚书·吕刑》记载，说有苗不修德行，制作重刑，伤害无辜，无辜告罪于天，皇帝哀矜无辜，征讨有苗，并且“命重、黎，绝地天通，罔有降格”①，使民神异业，不相侵渎，各司其职。《国语·楚语下》对“重、黎实使天地不通”之事有讨论，认为在古代，民神异业，敬而不渎，所以“神降之嘉生，民以物享，祸灾不至，求用不匮”，但是，到了少昊氏衰微时期，九黎乱德，民神同位，使得“嘉生不降，无物以享。祸灾荐臻，莫尽其气”，颛顼不堪其害，于是才决定要绝地天通——“命南正重司天以属神，命火正黎司地以属民，使复旧常，无相侵渎”。由此，我们认为《尚书》或许是明确记载天人相分（绝地天通）的最早典籍。夏启之后，家天下。有夏一朝，夏启之外，史无称善之王，及至夏桀，尤为暴虐，百姓发出“时日曷丧？予及汝皆亡”（《尚书·汤誓》）的怒言，此怒言说明百姓已经开始对天的责问与责难。商汤放桀于鸣条之后，有殷代夏，于是“天命靡常”和“天佑有德”的观念开始为百姓所接受。太甲继位，暴虐乱德，伊尹将他放到桐宫悔过三年；后来太甲修德反善，认为“天作孽，犹可违。自作孽，不可逭”（《尚书·太甲中》）。伊尹将要告老致仕之时，作《咸有一德》告诫太甲，说：“天难谌，命靡常。常厥德，保厥位。……非天私我有商，惟天佑于一德。非商求于下民，惟民归于一德。”（《尚书·咸有一德》）由此可见，圣王贤相已经开始思考天命与君德的关系，并且将重心开始向人德偏移。所以，在商纣暴虐百姓，百姓已

① 《尚书正义》认为绝地天通之事是帝尧所命，理由是“重黎是帝尧之事”，《尚书·尧典》也有尧命羲和“历象日月星辰，敬授民时”的记载，因此《尚书正义》认为“重即羲，黎即和”。而《国语·楚语下》认为绝地天通之事是颛顼所命：“命南正重司天以属神，命火正黎司地以属民，使复旧常，无相侵渎，是谓绝地天通。”笔者以为当以《国语》为是。另外，《尚书正义》认为绝地天通是“天神无有降地，地民不至于天，明不相干”的意思，《国语·楚语下》也认为绝地天通是“使天地不通”“民神异业”“无相侵渎”的意思，由此可知，近世学者认为是统治者将祭天大权揽为己有的意思不符合原意。参见李学勤主编《尚书正义》，见《十三经注疏》（二），北京大学出版社 1999 年版。

经呼喊“天曷不降威？大命不挚”，商纣还说“我生不有命在天”的时候，祖伊说：“乃罪多参在上，乃能责命于天？”（《尚书·西伯戡黎》）武王伐纣，有周代商，周公在总结和借鉴商代夏和周代商的历史经验教训的时候，已经明确说出“［周朝］欲至于万年，惟王子子孙孙永保民。”（《尚书·梓材》）。这已经说明，在政治理念和指导思想上，统治者已经完全将国家政治的得失与存亡寄托于统治者的德行之上。

孔子思慕周公，赞叹周朝文德郁盛，继周公之后，阐发“为政在人”和“为政以德”的政治理念[①]。孟子私淑孔子，《孟子》开篇便示人以仁义治国，这是先秦儒家的血脉。但孟子讲天人关系，也有不同于孔子之处。比如，孟子以仁义忠信、乐善不倦讲天爵，以公卿大夫讲人爵；讲尽心知性知天，讲存心养性事天，讲修身立命；讲天与天废；讲天未欲平治天下。[②] 总的来说，孟子在政治理念上，虽然继承了周、孔重人而不重天，重仁义而不重天命的理念，但是他说的天在某些地方是有意识和能予夺的，所以他讲人应该修身立命以知天和事天，与人为善。

荀子尊崇孔子而非议子思和孟子，认为他们“案往旧造说，谓之五行，甚僻违而无类，幽隐而无说，闭约而无解”（《荀子·非十二子》）。虽然现今子思书散佚，现存《孟子》中也不见有五行之说，可说是文献无征，但是，先贤修辞立其诚，当不会空穴来风或张冠李戴。观《孟子》书中说天与天废和知天事天，或许思孟后学有未达其师立说之本意而妄申己意者？然而文献终无可考，阙如可矣。孟子说大舜善与人同，大禹闻善言

① 子曰：“甚矣吾衰也！久矣吾不复梦见周公。”（《论语·述而》）“子不语怪，力，乱，神。”（《论语·述而》）子曰：“周监于二代，郁郁乎文哉！吾从周。”（《论语·八佾》）子曰：“为政以德，譬如北辰，居其所而众星共之。”（《论语·为政》）“子罕言利与命与仁。”（《论语·子罕》）“文武之政，布在方策。其人存，则其政举；其人亡，则其政息。……故为政在人，取人以身，修身以道，修道以仁。”（《礼记·中庸》）

② 孟子曰：“有天爵者，有人爵者。仁义忠信，乐善不倦，此天爵也；公卿大夫，此人爵也。”（《孟子·告子上》）孟子曰：“尽其心者，知其性也。知其性，则知天矣。存其心，养其性，所以事天也。殀寿不贰，修身以俟之，所以立命也。”（《孟子·尽心上》）“天与贤，则与贤；天与子，则与子。……继世以有天下，天之所废，必若桀纣者也，故益、伊尹、周公不有天下。”（《孟子·万章上》）“夫天未欲平治天下也；如欲平治天下，当今之世，舍我其谁也？”（《孟子·公孙丑下》）。

则拜，子路闻过则喜；荀子说涂之人可以为禹，假使孟子听到荀子的批评，他必然学大禹闻善言则拜，必然学孔子而说：“轲也幸，苟有过，人必知之。”①

天人之分的学说到了荀子而后论述完备。孔孟谈天和知天，荀子便界定什么是天和知天，更接着说圣人不求知天。②《荀子·天论》中，不单阐释了天职、天功、天情、天官、天君、天养和天政等概念，还明确了天地之变与人祅（即妖）之别；不单欲人明于天人之分，还劝人敬己而不慕天。略举其言：

> 天行有常，不为尧存，不为桀亡。应之以治则吉，应之以乱则凶。强本而节用，则天不能贫，养备而动时，则天不能贫；修道而不贰，则天不能祸。故水旱不能使之饥渴，寒暑不能使之疾，祅怪不能使之凶。本荒而用侈，则天不能使之富；养略而动罕，则天不能使之全；倍道而妄行，则天不能使之吉。故水旱未至而饥，寒暑未薄而疾，祅怪未至而凶。受时与治世同，而殃祸与治世异，不可以怨天，其道然也。故明于天人之分，则可谓至人矣。（《荀子·天论》）

至此，天还其大公无私的本来面目，天行有道，所以人只要则道而行，尽其在己，敬己而不慕天，则福祸在己而不在天。如此，天则是大天，人则是大人。天人之分论备于此。

（二）人群之分

天人之分明确之后，君主的目光便直接关注到人群的职分上来，而一

---

① 《孟子·公孙丑上》：“孟子曰：‘子路，人告之以有过则喜。禹闻善言则拜。大舜有大焉，善与人同。舍己从人，乐取于人以为善。’”《荀子·性恶》：“涂之人可以为禹。”《论语·述而》：“子曰：‘丘也幸，苟有过，人必知之。’”

② 《荀子·天论》说：“皆知其所以成，莫知其无形，夫是之谓天。唯圣人为不求知天。”“圣人清其天君，正其天官，备其天养，顺其天政，养其天情，以全其天功。如是，则知其所为，知其所不为矣；则天地官而万物役矣。其行曲治，其养曲适，其生不伤，夫是之谓知天。”

切政事制度，莫不是与此人群有关，莫不是为了协和各方面人群的关系。

《易传·系辞传上》说："方以类聚，物以群分。"孔子说："鸟兽不可与同群。"（《论语·微子》）人作为一个类，岂能不与人同群？所以，"乐以天下，忧以天下"（《孟子·梁惠王下》），莫不与人同，而不可以辟人；所以，天下有道，天下无道，也莫不与人同，而不可以辟世。因此，人群不可以不面对，不可以不分析。

由个人，则有人我、男女之分；由家庭，则有夫妇、父子、昆弟、妯娌之分；由乡党，则有朋友、长幼、宗庙之分；由社会，则有士农工商之分；由国家，则有君臣、爵禄之分；由天下，则有天子与诸侯、中国与戎夷之分。由时间，则有先人、今人与后人之分；由地域，则有五方（中国、东夷、南蛮、西戎与北狄）之民之分；由性格，则有刚强与柔弱、中行与狂狷之分；由道德，则有君子与小人之分；由材质，则有生知安行、学知利行与困知勉行之分；由年龄，则有老者、朋友和少者之分；由职业分工，则有劳心与劳力、治人与治于人之分；由官职，则有三公六卿之分；由礼乐，则有先进与后进、野人与君子之分；由学说、学派，则有儒、道、法、墨等之分；等等。人群之分纵横交错，关系错综复杂，人群与关系都处于随时变易之中，加上人群禀赋各有所长（如论耕田贩货，士不如农贾；论安上附民，农贾不如士），如稍有不慎与不敬，关系便不能维系正常，人群便不能安分与和睦。

所以，荀子说："人之生不能无群，群而无分则争，争则乱，乱则穷矣。故无分者，人之大害也；有分者，天下之本利也；而人君者，所以管分之枢要也。"（《荀子·富国》）而人君之所以是管分的枢要，是因为"君者，善群也。群道当则万物皆得其宜，六畜皆得其长，群生皆得其命。故养长时，则六畜育；杀生时，则草木殖；政令时，则百姓一，贤良服"（《荀子·王制》）。《尚书·尧典》说尧帝"以亲九族，九族既睦。平章百姓，百姓昭明。协和万邦，黎民于变时雍"，便是说帝尧善群；《尚书·大禹谟》记帝舜"嘉言罔攸伏，野无遗贤，万邦咸宁。稽于众，舍己从人，不虐无告，不废困穷，惟帝时克"，便是说帝舜善群；《尚书·汤诰》说夏桀"灭德作威，以敷虐于尔万方百姓。尔万方百姓，罹其凶害，弗忍荼毒，并告无辜于上下神祇”，便是说夏桀不能善群；《尚书·泰誓》说商纣“弗敬上天，降灾下民。沈湎冒色，敢行暴虐，罪人以族，官人以世，惟宫室、台榭、陂池、侈服，以残害于尔万姓”，便是说商纣不能善群。善群所以王天下，不善群所以亡天下。因此，正是从人君与人群的关系出发，我们才能理解古圣先贤为什么总是把人君看得如此重要。

但是，圣贤立说，看似偏颇，实则圆融。如孟子说：“君仁莫不仁，君义莫不义，君正莫不正。一正君而国定矣。”（《孟子·离娄上》）这是从人君的角度立说，现今人们认为是“君本说”。孟子又说：“民为贵，社稷次之，君为轻。”（《孟子·尽心下》）这是从人群（即人民）的角度立说，现今人们认为是“民本说”。然而，现今人们都赞扬民本说而反对君本说，认为君本说推崇君权至上，即君主独裁，人民遭殃；认为民本说推崇民权至上，即人民当家做主，人民幸福。尧之时，洪水滔天，念兹在兹，唯思克明俊德，以亲九族，平章百姓，协和万邦，以使黎民时雍，尧何曾有作威作福之心思？舜之时，唯思野无遗贤，万邦咸宁，舜何曾有作威作福之心思？禹之时，唯思平治洪水，善政养民，其训有言——“民可近，不可下。民惟邦本，本固邦宁”（《尚书·五子之歌》），禹何曾有作威作福之心思？呜呼！读书不善，不独厚诬古人，而且多误今人。

人君与人群的关系，不但古圣先贤有论述，荀子也有论述，他说：“君者，民之原也；原清则流清，原浊则流浊。故有社稷者而不能爱民，不能利民，而求民之亲爱己，不可得也。民不亲不爱，而求为己用、为己死，不可得也。民不为己用，不为己死，而求兵之劲、城之固，不可得也。兵不劲，城不固，而求敌之不至，不可得也。敌至而求无危削、不灭亡，不可得也。”（《荀子·君道》）人君与人群是一种相互关系，又岂能重此而轻彼、是彼而非此？而人君与人群的关系，或许当折中于孔子的“君民心体说”——“民以君为心，君以民为体。心庄则体舒，心肃则容敬。心好之，身必安之。君好之，民必欲之。心以体全，亦以体伤；君以民存，亦以民亡”（《礼记·缁衣》，又见郭店楚简《缁衣》，文字稍异）。此说贴切圆融，不说君本而说君以民为体，不说民本而说民以君为心，而人们通过自己的心体关系自然可以体悟君民关系。心体未尝可以独存，君民又岂可独存？心体未尝可以独贵，君民又岂可独贵？之所以要折中于孔子的“君民心体说”，是因为夫子用了一个“以”字——民以君为心，君以民为体，“以”字可以说明两层意思：一是君民双方都是有能力的，二是君民双方都是自愿的。这也就是所谓的“天下归之之谓王，天下去之之谓亡”。至此，人君与人群的关系粲然明了。

由上，我们知道人群之分纵横交错，关系错综复杂，人群与关系都处于随时变易之中，这就要求人君必须善群，必须大公无私，必须允执其中，否则，稍有不慎与不敬，关系便不能维系正常，人群便不能安分与和睦。人君以大中之道，施行天下。君尽其职，民尽其事，各守其分，然后天下咸宁。因此，人群之分便要做到“农分田而耕，贾分货而贩，百工分事而劝，士大夫分职而听，建国诸侯之君分土而守，三公揔方而议，则天子共己而已矣”[①]。这也就是孔子所说的“君君，臣臣，父父，子子”（《论语·颜渊》），亦即荀子所说的“君臣、父子、兄弟、夫妇，始则终，终则始，与天地同理，与万世同久，夫是之谓大本。……君君、臣臣、父父、子子、兄兄、弟弟一也，农农、士士、工工、商商一也”（《荀子·王制》）。一言以蔽之，就是一个“正”字，各正其职，各正其分。心不正，则正心；名不正，则正名。因此，先秦儒家有“正心”与“正名”之说。

然而，周成、康以后，不见有王者复出，春秋以降，世道日衰，风俗日薄，人心日偷，人君与人群都已不正，虽有孔、孟、荀三圣贤倡导王道于其间，但终究回天乏力，怎不叫人痛心疾首、可叹奈何?！但是，孔子说不怨天，不尤人，孟子说天未欲平治天下。“落落千百载，人生几知音?”[②] 圣贤心中的那份仁厚与宽容，古今有几人识得？王阳明说：

当是之时（笔者注：唐、虞、三代之世），天下之人熙熙皞皞，

---

① 出自《荀子·王霸》。注：揔同总；共同恭。

② 〔明〕王守仁撰，吴光等编校：《王阳明全集》（上），上海古籍出版社1992年版，第799页。

皆相视如一家之亲。其才质之下者，则安其农、工、商、贾之分，各勤其业以相生相养，而无有乎希高慕外之心。其才能之异若皋、夔、稷、契者，则出而各效其能，若一家之务，或营其衣食，或通其有无，或备其器用，集谋并力，以求遂其仰事俯育之愿，唯恐当其事者之或怠而重己之累也。故稷勤其稼，而不耻其不知教，视契之善教，即己之善教也；夔司其乐，而不耻于不明礼，视夷之通礼，即己之通礼也。……三代之衰，王道熄而霸术昌；孔、孟既没，圣学晦而邪说横。……盖至于今，功利之毒沦浃于人之心髓，而习以成性也几千年矣。相矜以知，相轧以势，相争以利，相高以技能，相取以声誉。其出而仕也，理钱谷者则欲兼夫兵刑，典礼乐者又欲与于铨轴，处郡县则思藩臬之高，居台谏则望宰执之要。故不能其事，则不得以兼其官；不通其说，则不可以要其誉；记诵之广，适以长其傲也；知识之多，适以行其恶也；闻见之博，适以肆其辨也；辞章之富，适以饰其伪也。是以皋、夔、稷、契所不能兼之事，而今之初学小生皆欲通其说，究其术。其称名僭号，未尝不曰吾欲以共成天下之务；而其诚心实意之所在，以为不如是则无以济其私而满其欲也。①

阳明先生此拔本塞源之论，真可谓正眼法藏、千古正论。人群欲得其安分与和睦，莫不从此简易之道以反其正。如今世道，圣学不明于天下，人群未能安分和睦，孟子说："是不为也，非不能也。"（《孟子·梁惠王上》）

（三）礼义之分

天人之分既然已经明了，人群之分既然已经晓然，为何人群依然不安分，不和睦？原因何在？曰：礼义之分不明之故也。礼义之分不明，所以人虽然有群，却如同禽兽，肆其所欲，争夺无止；更有甚者，远不如禽

① 〔明〕王守仁撰，吴光等编校：《王阳明全集》（上），上海古籍出版社 1992 年版，第 54－56 页。

兽，因为此种人利用其得天独厚的优势，干出禽兽所不能干的事情，危害人类，其造成的灾害无法估计，所以人们视之为洪水猛兽。然而，作为万物之灵，人也认识到人应该区别于禽兽，特别是古来圣贤，他们始终都倡导人禽之辨。

帝舜任契做司徒，敬敷五教，教人“父义、母慈、兄友、弟恭、子孝”[①]。人禽之别立基于千古之前，后世圣贤莫不遵从。孟子说：“人之所以异于禽兽者几希，庶民去之，君子存之。”（《孟子·离娄下》）所去所存，不单是庶民与君子之分，也是禽兽与人类之别。由此可知，庶民与君子之分不在外而在内，不在人而在己；禽兽与人类之别不在天而在人，不在现成而在去存。所以，孔子说：“操则存，舍则亡。”（《孟子·告子上》）也就是说，为禽兽由己，为人也由己；为庶民由己，为君子也由己。此即孔子“为仁由己，而由人乎哉”（《论语·颜渊》）与“仁远乎哉？我欲仁，斯仁至矣”（《论语·述而》）之意。

然而，人世终究还是有禽兽之人，这是私欲战胜仁义，私心不顾礼义的缘故。荀子说：“夫贵为天子，富有天下，是人情之所同欲也。然则从人之欲则势不能容，物不能赡也。故先王案为之制礼义以分之，使有贵贱之等，长幼之差，知愚、能不能之分，皆使人载其事而各得其宜。”（《荀子·荣辱》）这是说礼义之所以产生的缘故。孔子说：“鹦鹉能言，不离飞鸟。猩猩能言，不离禽兽。今人而无礼，虽能言，不亦禽兽之心乎？夫唯禽兽无礼，故父子聚麀。是故圣人作，为礼以教人，使人以有礼，知自别于禽兽。”（《礼记·曲礼上》）这是说圣人作礼，使人知道，作为一个人，应该自别于禽兽。《礼记·经解》说：

> 礼之于正国也，犹衡之于轻重也，绳墨之于曲直也，规矩之于方圆也。故衡诚县，不可欺以轻重；绳墨诚陈，不可欺以曲直；规矩诚设，不可欺以方圆；君子审礼，不可诬以奸诈。是故隆礼由礼，谓之

---

① 《左传·文公十八年》：“舜臣尧，举八恺，使主后土，以揆百事，莫不时序，地平天成。举八元，使布五教于四方，父义、母慈、兄友、弟恭、子孝，内平外成。”

有方之士；不隆礼不由礼，谓之无方之民。敬让之道也，故以奉宗庙则敬，以入朝廷则贵贱有位，以处室家则父子亲、兄弟和，以处乡里则长幼有序。孔子曰："安上治民，莫善于礼。"此之谓也。故朝觐之礼，所以明君臣之义也；聘问之礼，所以使诸侯相尊敬也；丧祭之礼，所以明臣子之恩也；乡饮酒之礼，所以明长幼之序也；昏姻之礼，所以明男女之别也。夫礼，禁乱之所由生，犹坊止水之所自来也。故以旧坊为无所用而坏之者，必有水败；以旧礼为无所用而去之者，必有乱患。故昏姻之礼废，则夫妇之道苦，而淫辟之罪多矣；乡饮酒之礼废，则长幼之序失，而争斗之狱繁矣；丧祭之礼废，则臣子之恩薄，而倍死忘生者众矣；聘觐之礼废，则君臣之位失，诸侯之行恶，而倍畔侵陵之败起矣。故礼之教化也微，其止邪也于未形，使人日徙善远罪而不自知也，是以先王隆之也。

这是说礼的重要性和先王作礼与隆礼的意图。由此看来，所谓"夫礼者，忠信之薄，而乱之首"（《老子·三十八章》）的"礼"，并不是先秦儒家所称道的先王之"礼"。

礼者，履也；义者，宜也。先王之礼虽然已经制作，但是如果不实际践行，则人群依然不能安分和睦；或者虽然践行，但不符合先王作礼的本义，人群也依然不能安分和睦。孔子说："夫礼者，所以章疑别微，以为民坊者也。"（《礼记·坊记》）《礼记·坊记》还特地列举了民众逾礼犯义的十七种情况。[①] 由此可见，先王和圣贤并不是不知道，即使礼仪制作得再完善，现实中还是会有违礼之事发生。虽然如此，先王不可不作礼，而礼也不可以不这么作。这是因为君子能为可用而不能使人必用。因此，"毋轻议礼"（《礼记·礼器》）。礼尚且不可轻议，圣贤岂可轻议?！荀子说："诰誓不及五帝，盟诅不及三王，交质子不及五伯。"（《荀子·大略》）春秋战国之世，各诸侯会盟，由盟诅到交换质子，虽然要约转深，

① 笔者注：文长不录，详见李学勤主编《礼记正义》，北京大学出版社 1999 年版，第1400－1421 页。

但是相互之间的信任未尝得到巩固。孔子说："礼云礼云，玉帛云乎哉？乐云乐云，钟鼓云乎哉？"（《论语·阳货》）"忠信之人可以学礼。苟无忠信之人，则礼不虚道。是以得其人之为贵也。"（《礼记·礼器》）非忠信之人，如何能行礼？春秋五霸和战国七雄，志在逞能称霸，又岂是能行礼之人？所以，春秋战国之世，礼坏乐崩之程度，也就可以想象有多严重了。所以，荀子说：

> 天地者，生之始也；礼义者，治之始也；君子者，礼义之始也；为之，贯之，积重之，致好之者，君子之始也。故天地生君子，君子理天地。君子者，天地之参也，万物之总也，民之父母也。无君子，则天地不理，礼义无统，上无君师，下无父子，夫是之谓至乱。（《荀子·王制》）

> 故仁人在上，则农以力尽田，贾以察尽财，百工以巧尽械器，士大夫以上至于公侯，莫不以仁厚知能尽官职，夫是之谓至平。（《荀子·荣辱》）

无君子、无礼义则世道至乱，有君子、有礼义则世道至平。知此，则知礼义之分不可不明，不可不行。呜呼！圣贤礼教果真能够实行于世，又岂会杀人？反之，所谓杀人的礼教，肯定不是圣贤礼教，这不也是很明白的吗？

四、和

前面已经论述先秦儒家政治理念的三个主要特征：公、生与分。天地大公无私，人君效法天地，建用皇极，选贤举能，用大中之道施行于天下，如此则政治清明，天下必当和宁；天地以生生为大德，圣贤体察天地之道，明晓生死之义，保护百姓的生命，百姓仰之如父母，归之如流水，圣贤做百姓的父母，王于天下，如此则君民相亲，天下也必当和宁；人苟能明于天人之分，敬己而不慕天，各尽其职，各守其分，以礼义持身，自别于禽兽，如此则人群和睦，天下也必当和宁。所以，公即和，生即和，分即和，未有能不公、不生与不分而能和的，也未有和而不公、不生与不分的。如此，知公，知生，知分，果能按此如实去做，天下国家也就自然和平、和谐了。如果我们把公视为先秦儒家政治理念的出发点的话，在朝不保夕与礼坏乐崩的春秋战国之世，我们有理由认为先秦儒家会把生与分视为鸟之双翼与车之两轮，来达到和天下的目的。因此，我们认为，和是先秦儒家政治理念之归宿，在人世间实现大同社会、在天地间实现“致中和，天地位焉，万物育焉”（《礼记·中庸》）之太和宇宙，这是先秦儒家的最高政治目标。

（一）大本达道

《易传·彖传上·乾》说：“乾道变化，各正性命。保合大和，乃利贞。首出庶物，万国咸宁。”由此可知，天地本有大（即太）和之气，万物本是禀受大和之气以生，人是万物之中的灵秀，因此，人本身便具备此大和之气。人只要保养得此大和之气，便可以顺受正命。圣人治理天下，也只是效法天地，辅助百姓保养大和之气，顺受性命之正而已。所以，“自天子以至于庶人，一是皆以修身为本”（《礼记·大学》），以保合自己所得自于天地的大和之气，则天下人自然就能明白天命之性（即明德）本是至善，自然就会去时时保合此大和之气以自新其德，自然也就能安止于至善之地。此即《礼记·中庸》所说——“喜、怒、哀、乐之未发，谓之中；发而皆中节，谓之和。中也者，天下之大本也；和也者，天下之达道也。致中和，天地位焉，万物育焉”。因为人的喜、怒、哀、乐未曾显发在外，所以人所禀受的大和之气，自然是大和于中，这叫作中，是和于中。“人生而静，天之性也；感于物而动，性之欲也。”（《礼记·乐记》）此性即天所赋予的大和之气、“天命之谓性”（《礼记·中庸》）。人在感触到外物并做出反应的时候，他的喜、怒、哀、乐自然要显发于外。如果他的喜怒哀乐未尝违反天所赋予的大和之气，无有乖戾，则仍然保有自己的大和之气，便不会与一切外物（含人）发生冲突，所以也就能与人和睦相处，这叫作和，是和于外。所以说，中是天下的大本（言大和之气是天下的根本，万物都禀受此大和之气），和是天下的达道（言人能保全此大和之气而无有乖戾，不与外界发生冲突，所以说和是天下的通达之道）。所以，只要大和之气能够保合到极致，则天地自然正位，万物自然遂生。天地万物都已经位育，则天下国家自然是咸宁的。

因此，我们知道，《礼记·大学》所说的“三纲领和八条目”，无不是“保合大和”之事；《礼记·中庸》所说的“致中和”，也无不是“保合大和”之事；而孟子所说的“我善养吾浩然之气”（《孟子·公孙丑上》）与荀子所说的“治气养心”（《荀子·修身》），也无不是“保合大和”之事。因此，从《周易》到《礼记·大学》与《礼记·中庸》，再到《孟子》与《荀子》，先秦儒家所强调的都是“保合大和”之事。只不过，自治的人是保合自己的大和之气，治人的人是帮助被治的人保合大和之气，除此之外，效法天道的圣王不做与此无关的事情。因此，既然知道大和之气本是人人具足，那就不用外求，换言之，保合之事在己而不在人，天下和宁的主体在自治的人而不在治人的人。所以，古来圣贤唯求修身明德，自治而后治人。

尧“克明俊德”而后才能和睦九族，平章百姓，协和万邦而黎民时雍；舜“濬哲文明，温恭允塞”而后尧才征用。所以，我们就能理解为什么漆雕开不出仕而孔子还满心欢喜（《论语·公冶长》）；就能理解为什么孟子会说“舜视弃天下，犹弃敝蹝也。……终身欣然，乐而忘天下”（《孟子·尽心上》）；就能理解为什么荀子会说“闻修身，未尝闻为国”（《荀子·君道》）和“天之生民，非为君也；天之立君，以为民也。故古者，列地建国，非以贵诸侯而已；列官职，差爵禄，非以尊大夫而已”（《荀子·大略》）。由于有的人不能保合自己的大和之气，因此便成为被治的人；而能保合大和之气的人是自治的人，当他去帮助不能保合大和之气的人时便成为治人的人。因此，所谓政治，就是关乎人保合自己大和之气的事情。

可见，自己保合大和之气与帮助别人保合大和之气，也就并不一定要出任官职之后才能进行，而是随时随地都可以进行。所以，当有人问孔子为什么不从政的时候，孔子说：“《书》云：‘孝乎惟孝，友于兄弟，施于有政。’是亦为政，奚其为为政?”（《论语·为政》）所以，孟子说：“人皆可以为尧舜。尧舜之道，孝弟而已矣。”（《孟子·告子下》）然而世人为世俗闻见遮蔽太久，不懂得向自身下功夫，也不信圣贤所指示的易简久大功夫，所以终无日新富有的盛德大业。孟子说：“学问之道无他，求其放心而已矣。”（《孟子·告子上》）世人迷失本心太久了。王阳明先生深识此心，他用诗的语言说道：“个个人心有仲尼，自将闻见苦遮迷。……人人自有定盘针，万化根源总在心。……无声无臭独知时，此是乾坤万有基。”[①] 然而，大和之气，人人具足，只要反求诸己就能保合大和，这是通向天下和宁的大本达道。

（二）利者义之和

《易传·文言传》说：“元者，善之长也；亨者，嘉之会也；利者，义之和也；贞者，事之干也。君子体仁足以长人，嘉会足以合礼，利物足以和义，贞固足以干事。”宋儒伊川先生程颐注：“元亨利贞，乾之四德，在人则元者众善之首也，亨者嘉美之会也，利者和合于义也，贞者干事之用也。体法于乾之仁，乃为君长之道，足以长人也。体仁，体元也。比而效之谓之体。得会通之嘉，乃合于礼也。不合礼则非理，岂得为嘉？非理安有亨乎？和于义乃能利物。岂有不得其宜，而能利物者乎？贞固所以能干事也。”[②] 由此可见，伊川先生是将“利者，义之和也”解为“利者和合于义也”。《朱子语类》说：

> “利者义之和。”义，疑于不和矣，然处之而各得其所则和，义之和处便是利。
>
> 问：“程子曰：‘义安处便为利。’只是当然便安否？”曰：“是。只万物各得其分，便是利。……义初似不和，却和。截然而不可犯，似不和；分别后，万物各止其所，却是和。不和生于不义。义则无不

① 〔明〕王守仁撰，吴光等编校：《王阳明全集》（上），上海古籍出版社 1992 年版，第790 页。

② 〔宋〕程颢、程颐著，王孝鱼点校：《二程集》，中华书局 2004 年第 2 版，第 699 页。

和，和则无不利矣。”[①]

程朱义利之辨，直承先秦儒家“义利之辨”而下，是先秦儒家真血脉。尧命羲和“历象日月星辰，敬授民时”，便是欲兴天下之利；举鲧治理滔天洪水，便是欲除天下之害（笔者注：虽然鲧治水失败，但不妨害尧的本意是想洪水得到治理），兴利除害本是帝尧的职分所在，帝尧按照他的职分治理政事，这是合宜的，所以是义。舜举用大禹治水，分别九州，交通便利，然后任土作贡，这是兴天下之利；而“流共工于幽州，放驩兜于崇山，窜三苗于三危，殛鲧于羽山，四罪而天下咸服”（《尚书·舜典》），这是除天下之害，终于使文教宣达于天下，这也只是舜尽了自己的职分，也只是义与利的和合。到了大禹，更是进一步阐释了义与利的和合，他说：“德惟善政，政在养民。水、火、金、木、土、谷，惟修；正德、利用、厚生，惟和。”（《尚书·大禹谟》）善政是“义之和”，善政则必然养民，养民则民必然得利，所以说“义之和处便是利”。

桀、纣暴虐百姓，民不聊生，汤、武革命，修道行义，便是兴天下之同利，除天下之同害，所以天下归附。孔子所说“庶富教”[②]，岂非兴实在之利、除潜在之害之意？至于孟子所论义利之辨，后世多有诟病，认为孟子讲义不讲利，特别是孟子说的“何必曰利”（《孟子·梁惠王上》，又见《孟子·告子下》），更是遭到千古非议，并且认为中国之所以积贫积弱，都是孟子的错，都是儒家的错，所以，后世多有提倡所谓的“实学”和功利之学，致使“功利之毒沦浃于人之心髓，而习以成性也几千年矣”。[③] 这是脱离《孟子》文本、撇开孟子生活时代而误解孟子本意的缘故。孟子之时，“秦用商君，富国强兵；楚、魏用吴起，战胜弱敌；齐威王、宣王用孙子、田忌之徒，而诸侯东面朝齐。天下方务于合从连衡，以

① 〔宋〕黎靖德编，王星贤点校：《朱子语类》，中华书局1986年版，第1704－1705页。

② 《论语·子路》：“子适卫，冉有仆。子曰：‘庶矣哉！’冉有曰：‘既庶矣。又何加焉？’曰：‘富之。’曰：‘既富矣，又何加焉？’曰：‘教之。’”

③ 〔明〕王守仁撰，吴光等编校：《王阳明全集》（上），上海古籍出版社1992年版，第56页。

攻伐为贤”，因此，将孟子“何必曰利”之言，视为“迂远而阔于事情”（《史记·孟子荀卿列传》）；而不知，“孟子所以劝时君者，实行王政也”。[①] 所谓王政，亦称仁政，《孟子》书中，屡屡称道文王之政。文王治理政事，发政施仁，采取“耕者九一，仕者世禄，关市讥而不征，泽梁无禁，罪人不孥”的政治制度、政策和措施，优先照顾鳏寡孤独之无依无靠的弱势群体（《孟子·梁惠王下》），又“善养老者”，使国家“无冻馁之老者”（《孟子·尽心上》），注重养民和保民，深得民心，所以，文王以百里之国“行仁政而王”（《孟子·公孙丑上》），为武王伐纣得天下，奠定翦商大业之基础。此正是《大学》所说——“国不以利为利，以义为利也”。可见，孟子未尝不言利也，只是所言之利与功利之徒不同罢了。孟子所言，正是“利者，义之和也”。

荀子继孟子之后，进一步阐释“义利之辨”，他说：

> 义与利者，人之所两有也。虽尧、舜不能去民之欲利，然而能使其欲利不克其好义也。虽桀、纣亦不能去民之好义，然而能使其好义不胜其欲利也。故义胜利者为治世，利克义者为乱世。上重义则义克利，上重利则利克义。故天子不言多少，诸侯不言利害，大夫不言得丧，士不言通货财。有国之君不息牛羊，错质之臣不息鸡豚，冢卿不修币，大夫不为场园，从士以上皆羞利而不与民争业，乐分施而耻积藏，然，故民不困财，贫窭者有所窜其手。（《荀子·大略》）

又说：

> 兼并易能也，唯坚凝之难焉。齐能并宋而不能凝也，故魏夺之。燕能并齐而不能凝也，故田单夺之。韩之上地，方数百里，完全富足而趋赵，赵不能凝也，故秦夺之。故能并之而不能凝则必夺，不能并之又不能凝其有则必亡。能凝之则必能并之矣。得之则凝，兼并无

① 胡宏：《胡宏集》，中华书局1987年版，第326页。

强。古者汤以薄，武王以滈，皆百里之地也，天下为一，诸侯为臣，无它故焉，能凝之也。故凝士以礼，凝民以政；礼修而士服，政平而民安；士服民安，夫是之谓大凝[①]。以守则固，以征则强，令行禁止，王者之事毕矣。(《荀子·议兵》)

至此，荀子义利合谈，将义利和合之意发挥得淋漓尽致。为何后世不明，屡屡诟病先秦儒家的义利之辨？

(三) 大同社会

《礼记·礼运》记载，孔子曰："大道之行也，与三代之英，丘未之逮也，而有志焉。大道之行也，天下为公，选贤与能，讲信修睦。故人不独亲其亲，不独子其子；使老有所终，壮有所用，幼有所长，矜寡孤独废疾者，皆有所养；男有分，女有归。货恶其弃于地也，不必藏于己。力恶其不出于身也，不必为己。是故谋闭而不兴，盗窃乱贼而不作。故外户而不闭，是谓大同。"《礼记正义》注："同，犹和也，平也。"[②] 这是关于大同社会的最早的明文记载，为世所传诵和称道，也是儒家人世间最高的政治目标。然而，近人大多将大同社会视同柏拉图所说的"理想国"和莫尔所说的"乌托邦"，并没有真正理解孔子的本意。孔子所说的大同社会不但有历史的事实根据，而且有他个人的实际经验，所以，孔夫子认为大同社会是可以实现的，并且曾经实现过，所以未来也一定能够实现。

从《尚书》记载来看，帝尧"克明俊德，以亲九族，九族既睦。平章百姓，百姓昭明。协和万邦，黎民于变时雍"(《尚书·尧典》)，这不是大同社会？帝舜"流共工于幽州，放驩兜于崇山，窜三苗于三危，殛鲧于羽山，四罪而天下咸服"(《尚书·舜典》)，又布敷文德，舞干羽于两阶，七旬而有苗来格，而且六府修、三事和，善政养民，文教宣达于天下，天下和宁，这不是大同社会？周武王伐纣成功，"偃武修文，归马于

---

① 笔者注：凝即和，大凝即大和。

② 李学勤主编：《礼记正义》，北京大学出版社1999年版，第659页。

华山之阳，放牛于桃林之野，示天下弗服”（《尚书·武成》），之后周公摄政，辅佐成王，到了成、康之际，“天下安宁，刑错四十余年不用”（《史记·周本纪》），这不是大同社会？

孔子祖述尧、舜，宪章文、武，皓首穷经，深信大同社会在历史上确实曾经出现过。他五十六岁时，以大司寇摄行鲁国相事，“与闻国政三月，粥羔豚者弗饰贾，男女行者别于途，途不拾遗，四方之客至乎邑者不求有司，皆予之以归”（《史记·孔子世家》）。所以，孔子认为，“齐一变，至于鲁；鲁一变，至于道”（《论语·雍也》），“如有用我者，吾其为东周乎?”（《论语·阳货》）孔子根据他的治政经验，认为如果他能够得到国君的任用，则必然能在东方的鲁国兴复起周朝的王道，那么，大同社会就能重新实现。这是孔子根据他的治政经验和相信《尚书》史实所得出的结论。

当然，这也不仅仅是孔子一个人这么认为的。《史记·孔子世家》记载，当孔子治理鲁国成绩显著的时候，齐国人开始害怕，说：“孔子为政必霸，霸则吾地近焉，我之为先并矣。”由此可见，齐国人至少认为孔子有可能会使鲁国称霸。另外，《史记·孔子世家》还记载：

> 楚昭王将以书社地七百里封孔子。楚令尹子西曰：“王之使使诸侯有如子贡者乎?”曰：“无有。”“王之辅相有如颜回者乎?”曰：“无有。”“王之将率有如子路者乎?”曰：“无有。”“王之官尹有如宰予者乎?”曰：“无有。”“且楚之祖封于周，号为子男五十里。今孔丘述三五之法，明周召之业，王若用之，则楚安得世世堂堂方数千里乎？夫文王在丰，武王在镐，百里之君卒王天下。今孔丘得据土壤，贤弟子为佐，非楚之福也。”昭王乃止。

由此可见，楚国人也认为孔子是有能力在政治上大展身手乃至王天下的。楚昭王不幸而为一己私欲所遮蔽，终究不能任用孔子。人君（或统治者）将天下国家视为私产，这是春秋之世乃至后世终究不能实现大同社会的病根所在。而先秦儒家政治理念之所以以公为出发点，也正是为了对治此病根。子贡问孔子："今之从政者何如？"孔子回答说："噫！斗筲之人，何足算也。"（《论语·子路》）人心不公，天下必然不和，如此则大同社会也必定不能实现。

想在人世间实现大同社会已是如此之难，而要在天地间实现太和宇宙，则又可想而知。然而，理念（理论）的价值，不因其实现之难易与可否，而有所损益。如果说在先秦时期人们对地球之外的宇宙太空仅仅是怀抱着一种幻想的话，那么，在当今社会，科技之发达已经足以使人漫步太空，而地球空间之日见狭小、能源之日见紧张与环境污染之日见严重，已经促使政治、经济、科技综合实力之强国展开了宇宙空间之争夺；换言之，宇宙之"争"已经开始，而宇宙之"和"，岂可不赶早提上日程？《孟子·尽心上》记载：

> 公孙丑曰："道则高矣，美矣，宜若登天然，似不可及也。何不使彼为可几及而日孳孳也？"孟子曰："大匠不为拙工改废绳墨，羿不为拙射变其彀率。君子引而不发，跃如也。中道而立，能者从之。"

治理国家社会有治理国家社会之道，治理宇宙也有治理宇宙之道。因此，圣贤不因其实现之难，便"枉道而从彼"（《孟子·滕文公下》），屈理以从欲。笔者相信，未来要实现大同社会，实现太和宇宙，必然会来取法先秦儒家，"圣人复起，不易吾言矣"（《孟子·滕文公下》）。

五、结论

《荀子·王霸》说：

> 无国而不有治法，无国而不有乱法；无国而不有贤士，无国而不有罢士；无国而不有愿民，无国而不有悍民；无国而不有美俗，无国而不有恶俗。两者并行而国在，上偏而国安，在下偏而国危；上一而王，下一而亡。故其治法，其佐贤，其民愿，其俗美，而四者齐，夫是之谓上一。如是则不战而胜，不攻而得，用兵不劳而天下服。故汤

以亳，文王以鄗，皆百里之地也，天下为一，诸侯为臣，通达之属莫不服从，无它故焉，四者齐也。桀、纣即序于有天下之势，索为匹夫而不可得也，是无它故焉，四者并亡也。故百王之法不同，若是所归者一也。

《孟子·告子上》说：

牛山之木尝美矣，以其郊于大国也，斧斤伐之，可以为美乎？是其日夜之所息，雨露之所润，非无萌蘖之生焉，牛羊又从而牧之，是以若彼濯濯也。人见其濯濯也，以为未尝有材焉，此岂山之性也哉？虽存乎人者，岂无仁义之心哉？其所以放其良心者，亦犹斧斤之于木也，旦旦而伐之，可以为美乎？其日夜之所息，平旦之气，其好恶与人相近也者几希，则其旦昼之所为，有梏亡之矣。梏之反覆，则其夜气不足以存；夜气不足以存，则其违禽兽不远矣。人见其禽兽也，而以为未尝有才焉者，是岂人之情也哉？故苟得其养，无物不长；苟失其养，无物不消。

如果我们明白，荀子所说的千古国家如是，孟子所说的千古人心也如是，那么，自然就会反求诸己，敬己而不慕外，保合大和则天下和宁，而大本达道，亦不过是从此而悟入。

圣贤所谋不独在一时一世，犹在悠久万世；圣贤所忧也不只在一家一国，更在宇宙天下。至于能否用事，那是遇不遇的问题，圣人于此不计，归之于命。然而，程子也说："道不行，百世无善治；学不传，千载无真儒。无善治，士犹得以明夫善治之道，以淑诸人，以传诸后；无真儒，则天下贸贸焉莫知所之，人欲肆而天理灭矣。"① 道学不得不传，天理不得不明。

① 〔宋〕程颢、程颐著，王孝鱼点校：《二程集》，中华书局2004年第2版，第640页。

“凡学不考其源流，莫能通古今之变；不别其得失，无以获从入之途。”[①] 欲了解传统中国之政治思想与政治文化，应当追根溯源，从根源上探讨先秦儒家的政治理念。而在当代中国，深化政治改革，促进社会治理创新，如欲在中国传统政治思想资源里寻找合法性依据，实现其创造性转化和创新性发展，也必然离不开思想会通与文本诠释相结合的研究路径与研究方法。

第二节　先秦儒家政治哲学之政治本体论研究

哲学如不研究本体论，哲学将不成其为哲学；政治哲学如不研究政治本体论，政治哲学也不成其为政治哲学。所以，儒家政治哲学当研究儒家政治本体论，先秦儒家政治哲学亦理应如此。

方克立先生主编的《中国哲学大辞典》关于“本体”的阐释如下：

> 【本体】①本然的状况或性质。首见于西晋司马彪《庄子注·骈拇》：“性，人之本体也。”（唐陆德明《释文》引）北宋张载认为“气之本体”即无形的“太虚”，“太虚无形，气之本体”。（《正蒙·太和》）南宋朱熹认为“理”是“天理自然之本体”或“性之本体”，“天道者，天理自然之本体，其实一理也”。（《论语集注·公冶长》）“才说是性，便已涉乎有生而兼乎气质，不得为性之本体也，然性之本体，亦未尝杂”。（《语类》卷九十五）他又以为虚灵无象即是“心之本体”，“虚灵自是心之本体，……岂有形象”。（《语类》卷五）明王守仁则认为“良知”或“天理”为“心之本体”，“知是心之本体”。（《传习录》）“是非之心，不待虑而知，不待学而能，是故谓之良知，是乃天命之性，吾心之本体，自然灵昭明觉者也。”（《大学问》）“夫心之本体，即天理也。”（《答周道通》）②指宇宙万物的

① 〔清〕皮锡瑞著，周予同注释：《经学历史》，中华书局2004年版，第1页。

最终本原或存在根据。熊十力《新唯识论·明宗》:“唯吾人的本心,才是吾身与天地万物所同具的本体。”认为“本心”是天地人物的本原和存在根据。西方哲学传入中国后,人们多借用西方哲学概念来称探讨万物本原和根据的哲学学说为“本体论”,以区别于探讨天地起源和宇宙演化过程问题的“生成论”。①

将政治与本体结合,即所谓政治本体,是指政治的本质或“本来面目”。透过治政主体的政治行为来审视和反思整个政治生活中变动不居的政治现象,以探求政治的本质或本来面目的思维过程和思想理论,我们称之为“政治本体论”。对于先秦儒家政治哲学之政治本体论,我们认为,从政治产生的必然性和治政的有效性来看,有必要探讨治政主体君本论;从政治服务的对象和治政的目的来看,有必要探讨享政主体民本论;从政治归宿的圆满性和治政的和谐性来看,有必要探讨成政修身为本论。

一、治政主体君本论

政治与君主的产生具有自然性,先秦儒家已经在《易传·序卦传下》“有天地,然后有万物。有万物,然后有男女。有男女,然后有夫妇。有夫妇,然后有父子。有父子,然后有君臣。有君臣,然后有上下”的宇宙生成论中清晰地表述出来,学者亦多能体会和理解。然而,对于《易传·序卦传下》中政治与君主(与天地万物统称“有”)的产生具有本然性的宇宙本体论之表述,唯有理学家阐释得精辟而独到。《易传·系辞传上》曰:

《易》有太极,是生两仪,两仪生四象,四象生八卦,八卦定吉凶,吉凶生大业。

① 方克立主编:《中国哲学大辞典》,中国社会科学出版社1994年版,第186页。另外,关于“本体”的中文辞源与“本体论”的定义,可参阅谢维营《本体论的“本义”与“转义”》,载《烟台大学学报》(哲学社会科学版)2008年第21卷第4期。关于中西本体论的差异,可参阅邓晓芒《论中西本体论的差异》,载《世界哲学》2004年第1期。

王船山先生阐释道：

> “《易》有太极”，固有之也，同有之也。太极生两仪，两仪生四象，四象生八卦，固有之则生，同有之则俱生矣。故曰“是生”。“是生”者，立于此而生，非待推于彼而生之，则明魄同轮，而源流一水也。是故干纯阳而非无阴，干有太极也；坤纯阴而非无阳，坤有太极也。剥不阳孤，夬不阴虚；姤不阴弱，复不阳寡，无所变而无太极也。卦成于八，往来于六十四，动于三百八十四，之于四千九十六，而皆有太极。策备于五十，用于四十九，揲于七八九六，变于十有八，各尽于百九十六，而皆有太极。[①]

此即《朱子语类》所说，“自太极至万物化生，只是一个道理包括，非是先有此而后有彼。但统是一个大源，由体而达用，从微而至着耳”“盖体统是一太极，然又一物各具一太极”。[②] 近世冯友兰先生于其《新理学》中说，“凡可称为有者皆属真际”，“所谓真际，可以从类之观点看，亦可从全之观点看。……若从类之观点，以看真际，则真际是一大共名，其类是一大共类，亦即是一分子最多之类”，“所谓从全之观点看者，即我们将真际作一整个而思之。此整个即所谓全或大全。我们将一切凡可称为有者，作为一整个而思之，则即得西洋哲学中所谓宇宙之观点。在中国哲学中有时亦以天地指此观点”，“如用一名以谓大全，使人见之可起一种情感者，则可用天之名。……我们亦可说：天者，万有之总名也。万有者，若将有作一大共类看，则曰有。若将有作一大全看，则其中包罗一切，名曰万有。天有本然自然之义。真际是本然而有；实际是自然而有。真际是本然；实际是自然。天兼本然自然，即是大全，即是宇宙”，“严格地说，

---

① 〔清〕王夫之：《周易外传》，九州出版社2004年版，第245页。

② 详见〔宋〕黎靖德编，王星贤点校《朱子语类》（第六册），中华书局1986年版，第2372、2409页。

大全，宇宙，或大一，是不可言说底”，“亦是不可思议底”。① 宇宙本体论之表述，至冯友兰先生，已能融摄康德之“本体”概念。② 理学家还认为，“太极非是别为一物，即阴阳而在阴阳，即五行而在五行，即万物而在万物，只是一个理而已。因其极至，故名曰太极”，“才说太极，便带着阴阳；才说性，便带着气。不带着阴阳与气，太极与性那里收附？然要得分明，又不可不拆开说”。③ 政治本体与宇宙本体“统是一个大源”“统是一太极”，谈政治本体（及政治本体论）离不开谈宇宙本体（及宇宙本体论）。正如《易传·序卦传下》和《易传·系辞传上》中先秦儒家谈宇宙本体（及宇宙本体论）皆从统摄“有”之太极与天地来探讨，先秦儒家

---

① 详见冯友兰《新理学》，见《三松堂全集》（第4卷），河南人民出版社2000年第2版，第24－27页。另外，关于“真际”“实际”与“实际底事物”三者之间的定义、区别与联系，冯先生认为，“真际是指凡可称为有者，亦可名为本然；实际是指有事实底存在者，亦可名为自然。真者，言其无妄；实者，言其不虚；本然者，本来即然；自然者，自己而然。实际又与实际底事物不同。实际底事物是指有事实底存在底事事物物，例如这个桌子，那个椅子等。实际是指所有底有事实底存在者”，“实际底事物涵蕴实际；实际涵蕴真际。此所谓涵蕴，即‘如果—则’之关系。有实际底事物必有实际；有实际必有真际。但有实际不必有某一实际底事物；有真际不必有实际。……哲学由此开始，由知实际底事物而知实际，由知实际而知真际。……及知真际，我们即可离开实际而对于真际作形式底肯定。所谓形式底肯定者，即其所肯定，仅是对于真际，而不是对于实际。换言之，即其肯定是逻辑底，而不是经验底”。详见冯友兰《新理学》，见《三松堂全集》（第4卷），第9、10、21页。

② 冯契与徐孝通两位先生主编的《外国哲学大辞典》认为：“本体与现象：德国康德用语。指超现象界与现象界。本体指知性范畴超于感性材料运用时所产生的幻相，即不是感性对象的对象，如灵魂、宇宙、上帝等思维存在体。现象即现象界，指知性范畴运用于感性材料而形成的人所认识的对象。康德认为本体对近似于函数的知性范畴来说是一种错误的幻相，它不能在正面意义上使用，即不能由此认为灵魂、宇宙、上帝是一个感性对象。主体只能在反面意义上使用，即防止把经验的对象作为物自体。但本体却表明可通过知性范畴之外的其他方法达到物自体，如通过知性直观或伦理学上的设定等去达到知性范畴所不可以运用的对象。本体实际上起到了界限概念的作用，即指出知性范畴的运用界限，防止感性和知性的僭妄。现象不是自在之物，它是自在之物刺激人的感官所产生的印象与观念，经感性形式与知性范畴加工而形成的认识，是主观的产物。康德强调不能把世界区分为现象世界和本体世界、感性世界和理性世界，认为这种分法把‘本体世界’看成现实世界，与本体一词的本意相矛盾，而‘理性世界’则因理性根本不能认识世界，人所见的世界只是感性与知性的产物，与其理性理论相矛盾。”详见冯契、徐孝通主编《外国哲学大辞典》，上海辞书出版社2000年版，第146页。

③ 〔宋〕黎靖德编，王星贤点校：《朱子语类》（第六册），中华书局1986年版，第2371页。

谈政治本体（及政治本体论）则从统摄政治生活之“君”[1] 来探讨，因其理论思维的根源皆在“一”的缘故。

从“一”的观念出发，孔子说：“天无二日，民无二王。”（《孟子·万章上》）孟子说：“君仁莫不仁，君义莫不义，君正莫不正。一正君而国定矣。”（《孟子·离娄上》）荀子说：“君者，国之隆也；父者，家之隆也。隆一而治，二而乱，自古及今，未有二隆争重而能长久者。”（《荀子·致士》）所以君王独尊。而君王之所以尊贵，是因为“天生烝民”，“人生而有欲”，尤其是“贵为天子，富有天下，是人情之所同欲”，而且“两贵之不能相事，两贱之不能相使”，如果“无君以制臣，无上以制下”，那么人民“欲而不得则不能无求，求而无度量分界则不能不争，争则乱，乱则穷”，“故无分者，人之大害也；有分者，天下之本利也；而人君者，所以管分之枢要也。故美之者，是美天下之本也；安之者，是安天下之本也；贵之者，是贵天下之本也”。而君主之尊贵，虽然有“制约”臣下与“制定”礼义之权势，但其尊贵不仅仅限于此，而更在于君王能够“使有贵贱之等，长幼之差，知愚、能不能之分，皆使人载其事而各得其宜，然后使悫禄多少厚薄之称”，“以养人之欲，给人之求，使欲必不穷乎物，物必不屈于欲，两者相持而长”。也就是说，君主能够“上取象于天，下取象于地，中取则于人”，懂得“群居和一之理”和“群居和一之道”，能够“善生养人”“善班治人”“善显设人”“善藩饰人”，如此，则“人亲之”“人安之”“人乐之”“人荣之”，由此而“天下归之”，因为“群道当则万物皆得其宜，六畜皆得其长，群生皆得其命”。[2]

当然，“天生烝民，有所以取之”：“天子之所以取天下”，是因为“志意致修，德行致厚，智虑致明”；“诸侯之所以取国家”，是因为“政令法，举措时，听断公，上则能顺天子之命，下则能保百姓”；“士大夫之所以取田邑”，是因为“志行修，临官治，上则能顺上，下则能保其职”；

---

① 此“君”乃本体意义上之君，即柏拉图之“理念”之君，孔子之“君君”之第二个君，即圣王。

② 详见《荀子》之《荣辱》《礼论》《王制》《富国》《君道》等篇。

“官人百吏之所以取禄秩”，是因为“循法则、度量、刑辟、图籍，不知其义，谨守其数，慎不敢损益也，父子相传，以持王公，是故三代虽亡，治法犹存”；“庶人之所以取暖衣饱食，长生久视，以免于刑戮”，是因为“孝弟原悫，軥录疾力，以敦比其事业而不敢怠傲”；“奸人之所以取危辱死刑”，是因为“饰邪说，文奸言，为倚事，陶诞、突盗，惕、悍、骄、暴，以偷生反侧于乱世之间”。（《荀子·荣辱》）尤其地，对于冢宰、辟公与天子来说，“本政教，正法则，兼听而时稽之，度其功劳，论其庆赏，以时慎修，使百吏免尽而众庶不偷，冢宰之事也。论礼乐，正身行，广教化，美风俗，兼覆而调一之，辟公之事也。全道德，致隆高，綦文理，一天下，振毫末，使天下莫不顺比从服，天王之事也。故政事乱，则冢宰之罪也；国家失俗，则辟公之过也；天下不一，诸侯俗反，则天王非其人也。”（《荀子·王制》）“无旷庶官，天工人其代之”（《尚书·皋陶谟》），这是说“非其人居其官，是谓乱天事”（《史记·夏本纪》）。天王非其人，该当如何？按照孟子的说法，当“已之”①。也就是说，天生众民，而其君臣上下之所以能够取得其职业（及其职权），是因为自觉地躬行其位分所要求之德行并完成其职业所规定之职责。从这个角度来讲，“万族蒸蒸，各保其命，各正其性，所以为之者，岂非天哉！”②

君主的产生和治政以君为本，古人多从“天”③ 立论。《尚书》记载：

(1) 惟天生民有欲，无主乃乱，惟天生聪明时乂。（《尚书·仲虺之诰》）

(2) 惟皇上帝，降衷于下民。若有恒性，克绥厥猷惟后。（《尚书·汤诰》）

---

① 《孟子·梁惠王下》记载：“孟子谓齐宣王曰：‘王之臣有托其妻子于其友，而之楚游者。比其反也，则冻馁其妻子，则如之何？’王曰：‘弃之。’曰：‘士师不能治士，则如之何？’王曰：‘已之。’曰：‘四境之内不治，则如之何？’王顾左右而言他。”

② 〔清〕王夫之：《黄书》，见《思问录　俟解　黄书　噩梦》，中华书局2009年版，第117页。

③ 此“天”即冯友兰先生所说之天，是万有之总名，兼有本然自然之义。

(3) 惟天地万物父母，惟人万物之灵。亶聪明，作元后，元后作民父母。(《尚书·泰誓上》)[1]

由以上所引《尚书》三则材料可知，天（或天地）化生万物与人民，为了平息人民之间的争乱并保全上天（即皇上帝）赋予人民的“恒性”[2]，人民之中聪明的人成为人民群体之氏族（或国家）之后（即君，相对于天子则称为诸侯），群后之中又产生一名元后（即天子），元后效仿天地作为养育万物的父母的角色来充当养育人民的父母的角色。也就是说，君主（包含君与天子）从人民之中产生，担当维持群体秩序、保全人民恒性与养育子民的角色。“君”与“天”一样，也兼有本然与自然之义。《尚书》，先秦儒家所雅言（《论语·述而》），治政君本论，为先秦儒家（乃至先秦诸子）之共识。天地所生之人民，从政治爵位上来划分，不过君、臣、民三者而已。治理政事，先秦儒家认为这是君臣之职责，而臣之用事，得由君任命[3]，即任贤使能，是君之职责，所以说治政以君为本。这不须多论，只要稍微翻阅先秦儒家的著述，观其文字，大率皆言君、天子与先王如何如何，并且着重探讨君臣之道与君民关系，等等，便可得知先秦儒家治政思维的着眼点皆在“君”上。

从真际（即政治本体）的角度来讲，君王来源于天地化生之人民，由君王任命其他人民为臣僚而共同组建起来的政治权力运行机构（即政府）

---

① 此处所引三则材料皆属古文《尚书》，因其所表述思想与今文《尚书》其他篇章不相违背，文字表述又清楚简练，故不避忌讳，援引于此。另外，梁任公说，凡国家皆起源于氏族，此在世界各国皆然。在《尚书》与《国语》中，“百姓”常与“黎民”或“兆民”对举，是古代“百姓”，实为贵族专名。百姓即群部落之义，言百者举大数耳，各姓之长，皆名曰“后”，其位相等夷，故曰“群后”，后世谓之诸侯。“群后”中有功德优越者，共戴为“元后”，后世谓之天子。详见梁启超《先秦政治思想史》，东方出版社 1996 年版，第 44－46 页。

② 此恒性即《礼记·中庸》“天命之谓性”之“性”，亦即《左传·襄公十四年》“天生民而立之君，使司牧之，勿使失性。……天之爱民甚矣，岂其使一人肆于民上，以从其淫，而弃天地之性”之“天地之性”。

③ 历史地看，虽然不是全部臣僚都由君主任命，但是大臣皆由君主承认或任命。因此，由大臣举荐或任命之小臣，则亦可以视为由君主任命。

担当或担负着维持群体秩序，保全人民“性命”[1]，养育人民，治国平天下的角色和功能，同时，由于人的位分又取决于自己之修为，因此，可以说，这样的君王是至尊与至善的，这样的政府从根源上来说亦是“of the people，by the people，for the people”的，所以，治政以君为本，在先秦儒家（甚至其他先秦诸子，乃至清代学者）那里，都是他们的政治理念和政治制度安排的逻辑起点。但是过渡到实际和实际的事物（即政治现象），我们知道，对于古代君王，先秦儒家同尊尧、舜、禹、汤、文、武、周公[2]而共贬桀、纣幽、厉[3]。

在先秦儒家那里，所谓治政以君为本，虽然强调君王拥有最高政治权力，但是亦将君王的最高政治权力的获得寄托于德性和天命；并且强调君王对于政事要委任责成，无为而治，而不能事无巨细，事必躬亲。先秦儒家“祖述尧舜”（《礼记·中庸》），因此，我们权且从《尚书》之《尧典》与《舜典》以及《史记·五帝本纪》所记载尧、舜之政治来探讨。

从继位而获得最高政治权力来看，“帝喾娶陈锋氏女，生放勋。娶娵訾氏女，生挚。帝喾崩，而挚代立。帝挚立，不善（崩），而弟放勋立，是为帝尧”，帝尧属于“家内世袭—禅让制”[4]；而尧亦以“授舜，则天下得其利而丹朱病；授丹朱，则天下病而丹朱得其利”之故，“终不以天下

① 此“性命”不仅指生命，更指《周易·干彖》“乾道变化，各正性命”之“性命”。

② 如孔子说，“大哉尧之为君也！巍巍乎！唯天为大，唯尧则之。荡荡乎！民无能名焉。巍巍乎！其有成功也；焕乎，其有文章”，“巍巍乎！舜禹之有天下也，而不与焉”，“禹，吾无间然矣。菲饮食，而致孝乎鬼神；恶衣服，而致美乎黻冕；卑宫室，而尽力乎沟洫”。（《论语·泰伯》）孟子说：“禹恶旨酒而好善言。汤执中，立贤无方。文王视民如伤，望道而未之见。武王不泄迩，不忘远。周公思兼三王，以施四事；其有不合者，仰而思之，夜以继日；幸而得之，坐以待旦。”（《孟子·离娄下》）

③ 如孟子说：“暴其民甚，则身弑国亡；不甚，则身危国削。名之曰‘幽厉’，虽孝子慈孙，百世不能改也。”（《孟子·离娄上》）《荀子·非相》曰：“古者桀纣长巨姣美，天下之杰也；筋力越劲，百人之敌也。然而身死国亡，为天下大僇；后世言恶，则必稽焉。”

④ 《史记正义》引《帝王纪》曰：“帝挚之母于四人中班最在下，而挚于兄弟最长，得登帝位。封异母弟放勋为唐侯。挚在位九年，政微弱，而唐侯德盛，诸侯归之，挚服其义，乃率群臣造唐而致禅。唐侯自知有天命，乃受帝禅。”详见〔汉〕司马迁《史记》，中华书局1959年版，第15页。

之病而利一人”，卒以天下授予由四岳[①]所推荐并且通过政治试用和考核之“微为庶人”的舜，也就是说，帝舜属于“家外禅让制”。帝尧接受帝挚禅让的原因是因为“诸侯归之”而“自知有天命”，而帝舜于“尧崩，三年之丧毕”，“让辟丹朱于南河之南”，但是，“诸侯朝觐者不之丹朱而之舜，狱讼者不之丹朱而之舜，讴歌者不讴歌丹朱而讴歌舜”，于是“舜曰‘天也’”，然后“之中国践天子位”；其后，大禹亦如是效法帝舜，“诸侯归之，然后禹践天子位”。（《史记・五帝本纪》）所以，孔子因为尧、舜从政治实践上创立最高政治权力交接的政治惯例和政治制度（即禅让制），并从政治价值上形成政治权力来源于位分，位分来源于德性与天命，即政治权力来源于德性与天命的政治认同和政治文化传统，[②]而称赞尧之为君“大哉”，称赞“舜禹之有天下也，而不与焉”，即称赞他们的德性与天一样高大。

从处理政事与行使权力来看，《尚书・尧典》主要记载帝尧所做的三件政事：“乃命羲和，钦若昊天，历象日月星辰，敬授人时”；因四岳举荐而任用鲧治理洪水；因四岳举荐而对舜进行政治试用。第一件事，治历明时，是为敬天与人，不仅关乎农业之收成，而且关乎“允厘百工，庶绩咸熙”（即和治百官，广成众功），所以，帝尧慎重其事。第二件事，洪水滔天，“下民其忧”，“尧求能治水者，群臣四岳皆曰鲧可”，虽然帝尧知道“鲧为人负命毁族”，不可胜任，但是亦如四岳所言，治水“未有贤于鲧者”，“于是尧听四岳，用鲧治水”，但是，“九年而水不息，功用不成”。（《史记・夏本纪》）第三件事，帝尧在位七十年，向众臣咨询接班

---

① 《尚书正义》认为，四岳是指羲仲、羲叔、和仲与和叔四人，他们因分掌四岳之诸侯，故称焉。（参见李学勤主编《尚书正义》，见《十三经注疏》（二），北京大学出版社1999年版，第40页）蔡沈先生认为，“四岳，官名，一人而总四岳诸侯之事也”。（〔宋〕蔡沈：《书经集传》，上海古籍出版社1987年版，第3页）萨孟武先生认为，四岳“当系强有力的部落酋长”。（参见萨孟武《儒家政论衍义——先秦儒家政治思想的体系及其演变》，东大图书有限公司1982年版，第171页）以文势论，或以《尚书正义》为是。

② 读者还可以参阅《论语・尧曰》“天之历数在尔躬。允执其中。四海困穷，天禄永终”章与《孟子・万章上》“天与之，人与之”章来加深理解。

人，不用嗣子丹朱而试用庶人舜。[1]《尚书·舜典》主要记载帝舜所做的三件大事：巡守；“流共工于幽州，放驩兜于崇山，窜三苗于三危，殛鲧于羽山，四罪而天下咸服”；对“二十有二人”[2] 委任责成，无为而治。第一件事，是讲帝舜尽天子巡守之礼，协同天下历法、律、度、量、衡等礼制，并对群后政绩进行考核和奖赏。第二件事，是讲帝舜根据刑法对共工、驩兜、三苗、鲧等进行刑罚，量刑适当，天下信服。第三件事，是讲帝舜委任大禹、益、十二牧等二十二人分职理政，自己不事必躬亲，终使“此二十二人咸成厥功”，“四海之内咸戴帝舜之功”，而“天下明德皆自虞帝始”。（《史记·五帝本纪》）所以孔子说：“无为而治者，其舜也与？夫何为哉，恭己正南面而已矣。”（《论语·卫灵公》）所谓无为而治[3]，不是什么事情都不干的意思，而是效法天之大公至正，为天下得人，使之居

---

① 萨孟武先生认为，帝尧“因四岳之荐而用鲧，百姓多受九年之灾，因四岳之荐而用舜，天下为之大治，功过相抵”（萨孟武：《儒家政论衍义——先秦儒家政治思想的体系及其演变》，东大图书有限公司 1982 年版，第 171 页）。但是，根据《史记·夏本纪》，鲧治水，“九年而水不息，功用不成”，“舜登用，摄行天子之政”，“行视鲧之治水无状，乃殛鲧于羽山以死。天下皆以舜之诛为是。于是舜举鲧子禹，而使续鲧之业”，“禹伤先人父鲧功之不成受诛，乃劳身焦思，居外十三年”，而后“声教讫于四海”，“天下于是太平治”。又综合考虑远古时期的人力、物力、财力、智力、交通、技术、地理、治水经验等各方面主客观因素，以及大禹治水成功还需十三年和人类至今尚无能力确保能够完全对付洪水等因素，我们认为帝尧无过，不可因鲧治水九年无功便说尧“功过相抵”，更不可说尧使“百姓多受九年之灾”。此处，笔者与萨先生的看法不同。读者可参阅程伊川先生《书解·尧典》所记载：“或曰：尧知鲧不可大任，何为使之？曰：舜、禹未显。舜登庸时，始三十矣，禹幼可知。当时之人，才智无出其右者，是以四岳举之也。虽九年而功不成，然其所治，固非他人所及也。……当其大臣举之，天下贤之，又其才力实过于人，尧安得不任也？若其时朝廷大臣才智有过鲧者，则尧亦不任之矣。”（〔宋〕程颢、程颐著，王孝鱼点校：《二程集》，中华书局 2004 年第 2 版，第 1039 页）

② 《尚书正义》认为二十二人是禹、垂、益、伯夷、夔、龙与四岳十二牧。[详见李学勤主编《尚书正义》，见《十三经注疏》（二），北京大学出版社 1999 年版，第 82 页]《史记集解》亦引马融曰：“稷、契、皋陶皆居官久，有成功，但述而美之，无所复敕。禹及垂已下皆初命，凡六人，与上十二牧四岳，凡二十二人。”（〔汉〕司马迁：《史记》，中华书局 1959 年版，第 42 页）但从《史记·五帝本纪》“禹、皋陶、契、后稷、伯夷、夔、龙、垂、益、彭祖自尧时而皆举用，未有分职”与“此二十二咸成厥功”两段文字来看，或当为禹、皋陶、契、后稷、伯夷、夔、龙、垂、益、彭祖与十二牧，而不包括四岳。因为文意主要是谈论分职委任，而四岳在尧时已有分职，即《尚书·尧典》之“分命羲仲”“申命羲叔”“分命和仲”“申命和叔”。

③ 参见萨孟武《儒家政论衍义——先秦儒家政治思想的体系及其演变》，东大图书公司 1982 年版。

官理政，然后“考绩”而行“黜陟”之礼而已（《尚书·舜典》）。此即“王中心无为也，以守至正”（《礼记·礼运》），但求委任责成[①]之意。也就是说，从尧、舜处理政事与行使职权来看，只见尧、舜之大公至正之道德意识，而不见他们有丝毫权力意识。

然而，从实际和实际的事物（即政治现象）的角度看，尧、舜、禹之后，桀、纣、幽、厉等君王，“不明乎为君之职分”，“以为天下利害之权皆出于我”，“使天下之人不敢自私，不敢自利，以我之大私为天下之公”，“视天下为莫大之产业”，“以君为主，天下为客”，“屠毒天下之肝脑，离散天下之子女”，使“君”成为“天下之大害”，[②] 黄宗羲先生如是说。而唐甄先生也说：“治天下者惟君，乱天下者惟君。治乱非他人所能为也，君也。小人乱天下，用小人者谁也？女子寺人乱天下，宠女子寺人者谁也？奸雄盗贼乱天下，致奸雄盗贼之乱者谁也？”“自秦以来，凡为帝王者皆贼也。”[③] 由现实政治非为仁政，而君主又暴虐无道，学者自然转从制度上去谋求权力之制衡机制。果然，清末民初，严几道先生说：

> 呜呼！国之所以常处于安，民之所以常免于暴者，亦恃制而已，非恃其人之仁也。恃其欲为不仁而不可得也，权在我者也。使彼而能吾仁，即亦可以吾不仁，权在彼者也。……必在我，无在彼，此之谓民权。[④]

---

① 陆宣公说：“所谓委任责成者，将立其事，先择其人。既得其人，慎谋其始。既得其始，详虑其终。终始之间，事必前定。有疑则勿果于用，既用则不复有疑。待终其谋，乃考其事。事愆于素者，革其弊而黜其人；事协于初者，赏其人而成其美。使受赏者无所与让，见黜者莫得为辞。夫如是，则苟无其才，孰敢当任；苟当其任，必得竭才。此古之圣王，委任责成，无为而理之道也。”理者，治也，因避唐高宗李治之名讳而改。[参见〔唐〕陆贽：《陆贽集》（下），中华书局2006年版，第542页。]

② 黄宗羲：《明夷待访录》，见《黄宗羲全集》（第一册），浙江古籍出版社1985年版，第2–3页。

③〔清〕唐甄：《潜书：附诗文录》，中华书局1963年版第2版，第66、196页。

④［法］孟德斯鸠：《孟德斯鸠法意》（上册），严复译，商务印书馆1981年版，第258页。

其后，梁任公先生说：

> 中国先哲言仁政，……仁政必言保民，必言牧民。牧之保之云者，其权无限也。故言仁政者，只能论其当如是，而无术以使之必如是。虽以孔孟之至圣大贤，哓音瘏口以道之，而不能禁二千年来暴君贼臣之继出踵起，鱼肉我民，何也？治人者有权，而治于人者无权。其施仁也，常有鞭长莫及有名无实之忧，且不移时而熄焉。其行暴也，则穷凶极恶，无从限制，流恶及全国，亘百年而未有艾也。圣君贤相，既已千载不一遇，故治日常少而乱日常多。①

而且，唐甄先生说：

> 天之生贤也实难。博征郡邑，世族贵家，其子孙鲜有贤者，何况帝室富贵，生习骄恣，岂能成贤！是故一代之中，十数世有二三贤君，不为不多矣。其余非暴即暗，非暗即辟，非辟即懦。此亦生人之常，不足为异。惟是懦君蓄乱，辟君生乱，闇君召乱，暴君激乱，君罔救矣，其如斯民何哉！呜呼！君之多辟，非人之所能为也，天也。天无所为者也，非天之所为也，人也。②

这是因为，在现实政治中，权力意志随处都在发生作用，即使柏拉图之哲学王与儒家之圣王能出现一个，也不能保证第二个必然出现，更不能保证君王左右皆是圣贤。而一般人民的善良的道德意志，遇到此种情况，常常不能对此有真实的制裁力量，甚至反而成为野心家保存其政治权力的客观凭仗。因此，唐君毅先生说：

---

① 梁启超：《饮冰室文集之十·论政府与人民之权限》，见《饮冰室合集》（第2册），中华书局1989年版，第5页。

② 〔清〕唐甄：《潜书：附诗文录》，中华书局1963年版第2版，第66页。

> 政治不能只是人直接的道德意识的延展。人之直接的道德意识，可以实现政治上之善，而不能根绝政治上之恶。可以逐渐根绝政治上之恶的政治，不能只是圣王之治与哲学家之治，而只能是民主政治。因民主政治可以立各种人权保障之法律，来限制权力之使用。同时以普遍的选举权，来决定政治上人物之进退。而此种立法与选举之所以可能，除依于人各欲实现其人生文化价值之动机外，亦兼依于用人民的权力意志，来限制政治上人物的权力意志。[①]

由此，君主政治，由于处于实际君位的君主失去“君”的真际本然之义，即对于君主的“位分”，实际君主只占有“君位”（君权）而没有尽其“君分”，不具备“君德”，此即“君不君”，从而导致了人民或学者从职权的角度来思考如何规避君主权力滥用的现象，最后找到了权力制衡之民主政治，这是理所当然与势所必至之事。

然而，归根结底，“天之生民，非为君也；天之立君，以为民也”[②]。即君主政治本身是一种为民政治，只不过在真际政治过渡到实际政治，即政治理想现实化过程中，君主政治的本然意义被实际的君主所利用，“由此而产生一种价值之改变或高下之颠倒”[③] 而已。然而，正如孔子所说：“文武之政，布在方策。其人存，则其政举；其人亡，则其政息。”（《礼记·中庸》）如果有圣君贤相主政，则君主政治自然会再次呈现出其本然意义。而且，正如冯友兰先生所说，“实际底事物涵蕴实际；实际涵蕴真际”，实际政治也蕴涵真际政治，如果君主能够修博文约礼之实功，克己复礼，为政以德，则君主政治亦如王船山先生所说，“以礼治非礼，犹谋

---

① 唐君毅：《人文精神之重建》（二），广西师范大学出版社 2005 年版，第 323 页。

② 出自《荀子·大略》。另外，《左传·文公十三年》记载：“邾文公卜迁于绎。史曰：‘利于民而不利于君。’邾子曰：‘苟利于民，孤之利也。天生民而树之君，以利之也。民既利矣，孤必与焉。’”《左传·襄公十四年》亦记载，师旷说：“天生民而立之君，使司牧之，勿使失性。……天之爱民甚矣，岂其使一人肆于民上，以从其淫，而弃天地之性？必不然矣！”可见，“天之立君以为民也”的思想源远流长，为先秦时期之贤能所接受。

③ 唐君毅：《道德自我之建立》，广西师范大学出版社 2005 年版，“重版自序”第 7 页。

国者固本自强而外患自辑，治病者调养元气而客邪自散”①，自然生命旺盛，天禄永享。所以，先秦儒家强调，“惟仁者宜在高位。不仁而在高位，是播其恶于众也”（《孟子·离娄上》），“仁人在上，则农以力尽田，贾以察尽财，百工以巧尽械器，士大夫以上至于公侯，莫不以仁厚知能尽官职，夫是之谓至平”（《荀子·荣辱》）。

身处君主政治已经一去不复返而民主政治正广施于世界各国政治之今世，我们清醒地知道，正如唐君毅先生所说：“至于今后之哲学家道德学家，是否能兼为圣王，以明体达用，则我意此时代已过去，今后亦不必须。”② 而且，孔子也曾说：“生乎今之世，反古之道。如此者，烖（即灾）及其身者也。”③ 如果我们现在还要谈论君主政治和治政君本论，其结果必如当年韩非子所说，“今有美尧、舜、汤、武、禹之道于当今之世者，必为新圣笑矣”（《韩非子·五蠹》），亦必然非常不合时宜。但是，考虑到实施民主政治之世界各国，其治政主体（即公务员），亦如过去真际意义上的君主政治的治政主体（即君臣，相对于民，则称为官）一样，是人民中的少数或极少数，而且，民主政治与君主政治在本来意愿上，两者“其精神迥异而正鹄仍同”④，都是为了人民之公益。同时，对于中国过去“二千年来暴君贼臣之继出踵起，鱼肉我民”之实际君主政治之黑暗，虽然一方面可以从正面证明民主政治之理所当然与势所必至，但是另一方面，我们也可以做出这样的新的历史解释：它恰恰用这二千年来的真实历史从反面证明了真际君主政治（即圣王政治）之自性清净与历久

---

① 〔清〕王夫之：《俟解》，见《思问录　俟解　黄书　噩梦》，中华书局2009年版，第79页。《荀子·不苟》亦曰：“君子治治，非治乱也。曷谓邪？曰：礼义之谓治，非礼义之谓乱也。故君子者，治礼义者也，非治非礼义者也。然则国乱将弗治与？曰：国乱而治之者，非案乱而治之之谓也。去乱而被之以治。人污而修之者，非案污而修之之谓也，去污而易之以修。故去乱而非治乱也，去污而非修污也。治之为名，犹曰君子为治而不为乱，为修而不为污也。”

② 唐君毅：《道德自我之建立》，广西师范大学出版社2005年，“重版自序”第16页。

③ 出自《礼记·中庸》。朱子《中庸章句》：“烖，古‘灾’字。反，复也。”（参见〔宋〕朱熹《四书章句集注》，中华书局1983年版，第36页）

④ 梁启超：《饮冰室文集之十·论政府与人民之权限》，见《饮冰室合集》（第2册），中华书局1989年版，第5页。梁先生还说：“且无政府则已，有政府，则其政府无论以何种分子何种形式组织，未有不宜以仁政保民为职志者也。”（梁启超：《先秦政治思想史》，东方出版社1996年版，第113页）

弥新。

尤其地，我们认为，大凡政治愿景之设计，其理论思维之出发点当是理想政治而不是现实政治，其首先考虑的不是从制度与法律的角度来设计权力制衡机制以治理政事，而是依据自己的仁善之心，优先考虑如何选贤举能，推举仁智之人（即圣君贤相）来治理政事，这是一种最原始、最直接、最简单的“易简”[①] 思维，是一种自上往下、推己及人、由内向外、由本及末、由体达用、由近及远、由中心向四周思考问题的思维，是人之仁心、本心与良知之不容已，亦是君主政治为何先于民主政治产生之事实与理由之所在。而且，真际君主政治从性善论基础上来要求治政主体克己复礼以造福人民，而民主政治从性恶论基础上对治政主体进行权力制衡以使不得为非。也就是说，一为主动的道德意志，一为被动的权力意志；一为理论上最优善而现实却不容易实现，一为现实可行而理论上却不是最优善。尤其地，真际君主政治强调“礼让”[②]，而民主政治更突出“竞争”。论及此，方明了君主政治之本来面目与第一义，亦唯有区分君主政治之真际意义与实际意义，才能为“治政君本论”正名。

二、享政主体民本论

享政主体民为本（或享政治主体民本论），是相对于治政主体君为本（或治政主体君本论）来说的，二者同在“一个政治”（即君主政治，确切地说是圣王政治或真际政治）框架内。享政与治政两者是基于政治上之分工——“有大人之事，有小人之事”与“劳心者治人，劳力者治于人”之“天下之通义”（《孟子·滕文公上》）。君与民、治政主体与享政主体，一有俱有，共荣共存。而且，由《易传·序卦传》和《易传·系辞传上》

---

① 《易传·系辞传上》：“易则易知，简则易从。易知则有亲，易从则有功。有亲则可久，有功则可大。可久则贤人之德，可大则贤人之业。易简而天下之理得矣，天下之理得而成位乎其中矣。”

② 如《论语·里仁》中孔子说：“能以礼让为国乎？何有？”尤其地，正如《礼记·祭义》所说：“天子有善，让德于天。诸侯有善，归诸天子。卿、大夫有善，荐于诸侯。士、庶人有善，本诸父母，存诸长老。”礼让不单是国家政治上的，还是社会风俗上的。

的宇宙生成论和本体论还可以得知，天地化生万物，君民同源而一本，即，原其初，只有人而没有君，君主产生于人民之中，故称“人君”；而“圣人定尊卑之分，将使顺而率之，非使亢而远之”，且“天子之尊，非天帝大神也，皆人也”，“人君唯能下，故天下之善归之；是乃所以为尊也”。①

为何享政主体要以民为本？先秦兵家文献《六韬·文韬》曰：

> 天下非一人之天下，乃天下之天下也。同天下之利者，则得天下；擅天下之利者，则失天下。天有时，地有财，能与人共之者，仁也；仁之所在，天下归之。②

这里，兵家虽然认为天下并非君主一人之天下，乃是天下人之天下，但是，他是从得天下与失天下的角度，来劝谏君主施行与天下人共享财利之仁政以得天下的，其中不免夹带算计的功利主义色彩，未为尽善。应当说，天下是天下人之天下，而不单是君主一人之天下，因此，天下之财利本当为天下人所享用，而不应夹杂丝毫算计之心在其中，如此方为尽善。孟子曾说：“无政事，则财用不足。”（《孟子·尽心下》）然则，财用当为政事所谋，可知矣。然而，孟子亦批评道，“求也为季氏宰，无能改于其

① 〔清〕唐甄：《潜书：附诗文录》，中华书局1963年版第2版，第67、69页。

② 《中国兵书集成》编委会编：《六韬》，见《中国兵书集成》，解放军出版社、辽沈书社1987年版，第419页。《管子》亦记载：“夫争天下者，必先争人。”（《霸言》）“凡大国之君尊，小国之君卑。大国之君所以尊者何也？曰：为之用者众也。小国之君所以卑者何也？曰：为之用者寡也。然则为之用者众则尊，为之用者寡则卑，则人主安能不欲民之众为己用也！”（《法法》）“政之所兴，在顺民心；政之所废，在逆民心。民恶忧劳，我佚乐之；民恶贫贱，我富贵之；民恶危坠，我存安之；民恶灭绝，我生育之。能佚乐之则民为之忧劳，能富贵之则民为之贫贱，能存安之则民为之危坠，能生育之则民为之灭绝。……故知予之为取者，政之宝也。”（《牧民》）（参见黎翔凤《管子校注》，中华书局2004年版，第465、302、13页）《管子》此处表述之思想与《六韬》基本相同，《六韬》旧题为周吕望撰。周武王平商而王天下之后，封姜太公于齐。管子，齐产也。《管子》与《六韬》此处思想之所以相近，盖亦渊源于此乎？另外，关于《六韬》之成书年代，可参阅杨朝明《关于〈六韬〉成书的文献学考察》，载《中国文化研究》2002年第1期。

德，而赋粟倍他日。孔子曰：‘求非我徒也，小子鸣鼓而攻之可也。’由此观之，君不行仁政而富之，皆弃于孔子者也”（《孟子·离娄上》），“今之事君者曰：‘我能为君辟土地，充府库。’今之所谓良臣，古之所谓民贼也。君不乡道，不志于仁，而求富之，是富桀也”（《孟子·告子下》）。也就是说，先秦儒家主张君臣应当向道慎德而不是充实国君府库。可见，政事所谋之财用既然不是为了充实君主个人之府库，则自然是将财用与人民共同享用或财用为人民所享，此即孟子所说：“所欲与之聚之，所恶勿施尔也。”（《孟子·离娄上》）亦即《礼记·大学》所说：

> 得众则得国，失众则失国。是故君子先慎乎德。有德此有人，有人此有土，有土此有财，有财此有用。德者本也，财者末也，外本内末，争民施夺。是故财聚则民散，财散则民聚。

而《礼记·大学》陈述治国平天下之道之作者，以“长国家而务财用者，必自小人矣。……小人之使为国家，菑（即灾）害并至。虽有善者，亦无如之何矣！此谓国不以利为利，以义为利也”之叮咛警诫之意结尾，可谓用心良苦。

所谓享政主体民为本，更是基于君民关系来说的，而君民关系，常常又缺少不了“天”与“德”这两个重要的因素。古文《尚书》记载：

> （1）德惟善政，政在养民。……可爱非君？可畏非民？众非元后何戴？后非众罔与守邦？……四海困穷，天禄永终。[1]
>
> （2）皇祖有训，民可近，不可下，民惟邦本，本固邦宁。（《五子之歌》）
>
> （3）民非后，罔克胥匡以生；后非民，罔以辟四方。皇天眷佑有商，俾嗣王克终厥德，实万世无疆之休。（《太甲中》）

---

① 出自《尚书·大禹谟》。《论语》亦记载：子曰：“为政以德。”（《为政》）“天之历数在尔躬。允执其中。四海困穷，天禄永终。”（《尧曰》）

(4) 惟天无亲，克敬惟亲。民罔常怀，怀于有仁。……天位艰哉！德惟治，否德乱。与治同道，罔不兴；与乱同事，罔不亡。(《太甲下》)

(5) 天佑下民，作之君，作之师。……天矜于民，民之所欲，天必从之。①

(6) 惟天惠民，惟辟奉天。……天视自我民视，天听自我民听。②

(7) 已，若兹监，惟曰：欲至于万年，惟王子子孙孙永保民。③

以上七则材料，总其意，是说：天的本意是佑惠人民的，人民的心思就是天的心思，作为人民的君师，要想万世保有其天位，则圣王及其子孙应该始终坚持修养其德行，体察上天之本意，保养人民。因为人民是国家的根本，根本坚固则国家安宁，根本动摇则天禄永终。因此，“保民”思想是“圣王政治”题中之义，即“圣王政治”是一种“保民政治”，这即是孟子所说的“保民而王”(《孟子·梁惠王上》)。保养人民，是享政主体民本论的前提。而承继唐、虞与三代“圣王政治”之传统智慧以论君民关系，要以孔子和孟子为代表。

《孟子·尽心下》记载，孟子曰：

民为贵，社稷次之，君为轻。是故得乎丘民而为天子，得乎天子为诸侯，得乎诸侯为大夫。诸侯危社稷，则变置。牺牲既成，粢盛既

① 出自《尚书·泰誓上》。《孟子·梁惠王下》亦记载：《书》曰：“天降下民，作之君，作之师。惟曰其助上帝，宠之四方。”

② 出自《尚书·泰誓中》。《孟子·万章上》亦记载：《太誓》曰：“天视自我民视，天听自我民听。”

③ 出自《尚书·梓材》。今文《尚书》和古文《尚书》同有。此处标点是根据上海古籍出版社蔡沈《书经集传》本，蔡沈注：“已，语辞。”详见蔡沈《书经集传》，上海古籍出版社1987年版，第94页。李学勤主编《尚书正义》本标点则为：“已若兹监，惟曰欲至于万年惟王，子子孙孙永保民。”［详见李学勤主编《尚书正义》，《十三经注疏》(二)，北京大学出版社1999年版，第388页］以文势和语意论，标点以蔡先生《书经集传》本为佳，故从蔡先生。

洁，祭祀以时，然而旱干水溢，则变置社稷。

朱子《孟子集注》记载：

社，土神。稷，谷神。建国则立坛壝以祀之。盖国以民为本，社稷亦为民而立，而君之尊，又系于二者之存亡，故其轻重如此。丘民，田野之民，至微贱也。然得其心，则天下归之。天子至尊贵也，而得其心者，不过为诸侯耳，是民为重也。诸侯无道，将使社稷为人所灭，则当更立贤君，是君轻于社稷也。祭祀不失礼，而土谷之神不能为民御灾捍患，则毁其坛壝而更置之，……是社稷虽重于君而轻于民也。①

战国之世，人君无道，“争地以战，杀人盈野；争城以战，杀人盈城”，“率土地而食人肉”（《孟子·离娄上》），不知“得乎丘民而为天子”之义，是以孟子特地揭示“民贵君轻”说。孟子这段话，对后世影响很大。《礼记·缁衣》记载，孔子曰：

民以君为心，君以民为体。心庄则体舒，心肃则容敬。心好之，身必安之；君好之，民必欲之。心以体全，亦以体伤；君以民存，亦以民亡。②

孔子不说“君本”而说“民以君为心”，也不说“民本”而说“君以民为体”，将君民关系通过心体关系贴切地表述出来。人们通过心体关系自然可以体悟到君民一体之关系；既然心与体不可以分离而独存，君与民又岂能分离而独存？孔子尤其用了一个“以”字，而“以”字可以说明

① ［宋］朱熹：《四书章句集注》，中华书局1983年版，第367页。

② 郭店楚简《缁衣》亦记载：“子曰：‘民以君为心，君以民为体。心好则体安之，君好则民欲之。故心以体废，君以民亡。’”［参见李零《郭店楚简校读记》（增订本），中国人民大学出版社2007年版，第78页］

两层意思：一是君民双方是互动的关系，二是君民双方是自愿的关系。一言以蔽之，“天下归之之谓王，天下去之之谓亡”（《荀子·王霸》《荀子·正论》）。可以说，孟子所论，是基于实际君主政治，而孔子所论，是基于真际君主政治。至此，君民关系粲然明了。

由此，要保养人民，则自然要“节用而爱人，使民以时”（《论语·学而》），“取于民有制”[1]，“以政裕民”[2]，“谨权量，审法度，修废官”，重“民、食、丧、祭”，“兴灭国，继绝世，举逸民”（《论语·尧曰》），使“矜寡孤独废疾者，皆有所养”（《礼记·礼运》）；自然要“尚贤使能”，“制礼义以分之，使有贫富贵贱之等，足以相兼临”[3]；自然要始也“使民养生丧死无憾”（《孟子·梁惠王上》），而终也“使有菽粟如水火”（《孟子·尽心上》）；等等。也就是说，要在物质、财富、制度、能力等各方面来保养人民。然而，如果仅仅停留于此，似乎先秦诸子中的法家和墨家也有与此相似的主张和理想，这样还不能完全凸显先秦儒家圣王政治理念中的保民思想的特性，因为先秦儒家还要求进一步从教化、德行、人格等层面来保养人民。我们认为，先秦儒家圣王政治理念中的这种保民思想特性，主要集中于两点：一是谦逊，一是教化。由子贡问“如有博施于民而能济众，何如？可谓仁乎”，而孔子答以“何事于仁，必也圣乎！尧舜其犹病诸”（《论语·雍也》）与“修己以安百姓，尧舜其犹病诸”（《论语·宪问》），即可看出先秦儒家心目中之圣王之谦逊，因为，尧、舜常感政事和德行不能济众安民，常存不足之心，不自满，“临事而惧”（《论语·述而》），时时敬慎。而由孔子“既富教之”（《论语·子路》）、

---

① 《孟子·滕文公上》记载：“孟子曰：‘是故贤君必恭俭礼下，取于民有制。……夏后氏五十而贡，殷人七十而助，周人百亩而彻，其实皆什一也。’”《论语·颜渊》记载：“哀公问于有若曰：‘年饥，用不足，如之何？’有若对曰：‘盍彻乎？’曰：‘二，吾犹不足，如之何其彻也？’对曰：‘百姓足，君孰与不足？百姓不足，君孰与足？’”

② 《荀子·富国》：“轻田野之赋，平关市之征，省商贾之数，罕兴力役，无夺农时，如是，则国富矣。夫是之谓以政裕民。”

③ 《荀子·王制》记载：“夫两贵之不能相事，两贱之不能相使，是天数也。势位齐而欲恶同，物不能澹则必争，争则必乱，乱则穷矣。先王恶其乱也，故制礼义以分之，使有贫富贵贱之等，足以相兼临者，是养天下之本也。”

曾子“哀矜勿喜”[1]、孟子“教以人伦”（《孟子·滕文公上》）与荀子“养民情、理民性”[2] 等言论，可以看出圣王重视教化之心。而圣王政治这种保民思想，尤其凸显于《孟子·滕文公上》中孟子所说：

当尧之时，天下犹未平，洪水横流，泛滥于天下。草木畅茂，禽兽繁殖，五谷不登，禽兽逼人。兽蹄鸟迹之道交于中国。尧独忧之，举舜而敷治焉。舜使益掌火，益烈山泽而焚之，禽兽逃匿。禹疏九河，瀹济漯而注诸海；决汝汉，排淮泗而注之江，然后中国可得而食也。……后稷教民稼穑。树艺五谷，五谷熟而民人育。人之有道也，饱食、暖衣、逸居而无教，则近于禽兽。圣人有忧之，使契为司徒，教以人伦：父子有亲，君臣有义，夫妇有别，长幼有序，朋友有信。放勋曰：“劳之来之，匡之直之，辅之翼之，使自得之，又从而振德之。”圣人之忧民如此。

继此，梁启超先生说：

儒家固希望圣君贤相，然所希望者，非在其治民莅事也，而在其“化民成俗”（《学记》），所谓：“劳之，来之，匡之，直之，辅之，翼之，使自得之。”（《孟子》）政治家惟立于扶翼匡助的地位，而最终之目的乃在使民“自得”。以“自得”之民组织社会，则何施而不可者。如此则政治家性质，恰与教育家性质同。故曰：“天相下民，作之君，作之师。”（《孟子》引《逸书》）吾得名之曰：“君师合一主义。”……明乎此义，则知儒家所谓人治主义者，绝非仅恃一二圣

---

① 《论语·子张》记载：“孟氏使阳肤为士师，问于曾子。曾子曰：‘上失其道，民散久矣。如得其情，则哀矜而勿喜。’”此即《尚书·康诰》“惟曰未有逊事”之意。《荀子·致士》解释说：《书》曰：“义刑义杀，勿庸以即，女惟曰‘未有顺事’。”言先教也。

② 《荀子·大略》记载：“不富无以养民情，不教无以理民性。故家五亩宅，百亩田，务其业而勿夺其时，所以富之也。立大学，设庠序，修六礼，明十教，所以道之也。《诗》曰：‘饮之食之，教之诲之。’王事具矣。”

贤在位以为治，而实欲将政治植基于“全民”之上。[①]

可以说，梁先生点出了先秦儒家圣王政治（即“君师合一主义”）保民思想的特性，即通过教化，“将国民人格提高”[②]，而最终使人民自得而自保。而这种由君保民到民自保之圣王政治，比起“君师合一主义”之称谓，不如“若保赤子”[③] 之“父母主义”的譬喻来得贴切。而“元后作民父母”（《尚书·泰誓上》）、“天子作民父母，以为天下王”（《尚书·洪范》）这种“父母主义”，同圣王政治之保民思想一样古老，亦是一种保民政治。而君子（国君或天子）“为民父母”之说，《孟子》与《荀子》文本中亦多谈及。[④] 这也是为何中国把官称为“父母官”的历史文化渊源所在。把政治之君民关系或官民关系比喻为父母与赤子的关系，确实能够贴切地体现出圣王政治之至善，因为，为人父母，对于赤子，苟非遭遇重大变故或丧心病狂，没有不尽心尽力，呵护备至的。而且，父母对赤子的保养，纯然出于一片至诚仁爱之心，不带丝毫算计之心与功利主义色彩。[⑤] 换言之，在真际政治层面来说，“彼君子者，固有为民父母之说焉”[⑥]；而实际政治中，或许为民父母者，“官益大者罪益重，位益高者罪益深”[⑦]，

---

① 梁启超：《先秦政治思想史》，东方出版社 1996 年版，第 99－101 页。经查，“天相下民”，《孟子·梁惠王下》作“天降下民”。

② 梁启超：《先秦政治思想史》，东方出版社 1996 年版，第 101 页。

③ 《尚书·康诰》记载：“若保赤子，惟民其康乂。”这种“若保赤子”之政治理念，在荀子那里尤其根深蒂固，这可以从《荀子》多次使用“如保赤子”这个词组得到证明。经查，《荀子》之《富国》《王霸》《议兵》使用了“如保赤子”4 次，《荀子·臣道》使用了“若养赤子”1 次。

④ 详见《孟子》之《梁惠王上》《梁惠王下》《滕文公上》，与《荀子》之《王制》《礼论》。

⑤ 此意程明道先生尤能知之与行之。因为，“明道每进见，必陈君道以至诚仁爱为本，未尝一言及功利”。（参见〔宋〕程颢、程颐著，王孝鱼点校《二程集》，中华书局 1981 年版，第 1252 页）

⑥ 出自《荀子·礼论》。“俞樾曰：‘子’字衍文。”（参见〔清〕王先谦著，沈啸寰、王星贤点校《荀子集解》，中华书局 1988 年版，第 374 页）笔者认为，“君子”古代亦指“君”，此处用“君子”比单用“君”字在行文上更顺畅，而且在语意上更能突出君的德行。

⑦ 〔汉〕王符著，〔清〕汪继培笺，彭铎校正：《潜夫论笺校正》，中华书局 1985 年版，第 92 页。

然而，“行政不免于率兽而食人。恶在其为民父母？”[1] 这又岂是正常的人伦关系？正常的人伦关系，当是上面《孟子·滕文公上》所说——“父子有亲，君臣有义，夫妇有别，长幼有序，朋友有信”，或如下面《礼记·大学》所说：

> 为人君，止于仁；为人臣，止于敬；为人子，止于孝；为人父，止于慈；与国人交，止于信。

即圣王政治之父母之心，应是仁慈之心。然则，“君子道其常而小人计其功”（《荀子·礼论》）而已矣。

君本、民本之论，学者多已言之。然而，以治政与享政来统筹与划分君本与民本之论，创发治政主体君本论与享政主体民本论，则学者鲜有之。“后非民罔使，民非后罔事。无自广以狭人，匹夫匹妇，不获自尽，民主罔与成厥功。”（《尚书·咸有一德》）君治民享，政治告成，其实成于“一德”（《尚书·咸有一德》）。因此，最后不得不谈成政修身为本论。

三、成政修身为本论

《尚书·尧典》开篇即说帝尧：

> 钦明文思安安，允恭克让，光被四表，格于上下。克明俊德，以亲九族。九族既睦，平章百姓。百姓昭明，协和万邦。黎民于变时雍。

承此帝尧修身治国平天下之道，孔子创立“为天下国家有九经”之政

---

[1] 出自《孟子·梁惠王上》。正如以下三则材料所说：《庄子·在宥》：“贱而不可不任者，物也；卑而不可不因者，民也。”《尸子》卷下：“天子忘民则灭，诸侯忘民则亡。”《新书·大政上》：“故夫民者，至贱而不可简也，至愚而不可欺也。故自古至于今，与民为仇者，有迟有速，而民必胜之。”君民关系或官民关系不和谐，走向对立，其结果必然如《新书·大政上》所说，“与民为仇者”，“民必胜之”。所以，荀子说：“将以求富而丧其国，将以求利而危其身。古有万国，今有十数焉。是无它故焉，其所以失之一也。君人者亦可以觉矣。”（《荀子·富国》）此虽是从利害上来说，但理亦不外于此。

治思想，曰：

> 凡为天下国家有九经，曰：修身也，尊贤也，亲亲也，敬大臣也，体群臣也，子庶民也，来百工也，柔远人也，怀诸侯也。[①]

可见，《尚书》和《礼记·中庸》所载帝尧和孔子之治道，皆从君王之德行开始，皆以修身为本。因此，王船山先生曾论之曰：

> 治道之极致，上稽《尚书》，折以孔子之言，而蔑以尚矣。其枢，则君心之敬肆也；其戒，则怠荒刻核，不及者倦，过者欲速也；其大用，用贤而兴教也；其施及于民，仁爱而锡以极也。以治唐、虞，以治三代，以治秦、汉而下，迄至于今，无不可以此理推而行也；以理铨选，以均赋役，以诘戎兵，以饬刑罚，以定典式，无不待此以得其宜也。至于设为规画，措之科条，《尚书》不言，孔子不言，岂遗其实而弗求详哉？以古之制，治古之天下，而未可概之今日者，君子不以立事；以今之宜，治今之天下，而非可必之后日者，君子不以垂法。故封建、井田、朝会、征伐、建官、颁禄之制，《尚书》不言，孔子不言。[②]

治道之极致，根本（即体）在君心，大用（即用）在“用贤而兴教”，铨选、赋役、戎兵、刑罚、典式，皆待此体用而后得其宜，这是常道。至于规画、科条之制度，关乎时宜，“不可为典要，唯变所适”（《易传·系辞传下》）。当然，这里虽然说制度不可为典要，却不是不要制度或没有制度的意思。因为，正如程伊川先生所说：

> 治身齐家以至平天下者，治之道也；建立治纲，分正百职，顺天时以制事，至于创制立度，尽天下之事者，治之法也。作《典》（笔

① 出自《礼记·中庸》。《孔子家语·哀公问政》同载。

② 〔清〕王夫之：《读通鉴论》（二），岳麓书社 2011 年版，第 1181－1182 页。

者按：《尧典》）者述尧之治，尽于此矣。

圣人治天下之道，惟此二端而已。[1]

即治天下之道——治道与治法，原是本末一体，体用一源，不可相离，更不可相无；只不过依先秦儒家“君子务本”（《论语·学而》）之义，在二者之间，又要强调“物有本末，事有终始，知所先后”（《礼记·大学》）而已。而相对于治道来说，治法（包含制度）是末，是用，而治道是本，是体罢了。所以，对于夏、商、周三代之礼（含制度），孔子无不用心，甚至还到宋与杞实地考察[2]；孟子为滕文公陈井田制（《孟子·滕文公上》）与为北宫锜谈周室班爵禄（《孟子·万章下》）；荀子亦论王者之制（《荀子·王制》）；然皆是大略谈之，而《论语》《孟子》与《荀子》亦记载简略。其主观原因在务本，而其客观原因，或许如孟子所说：“诸侯恶其害己也，而皆去其籍。”（《孟子·万章下》）

为什么说修身为本？因为，“知所以修身，则知所以治人；知所以治人，则知所以治天下国家矣”（《礼记·中庸》）。所以，孟子说，“人有恒言，皆曰‘天下国家’。天下之本在国，国之本在家，家之本在身”（《孟子·离娄上》），“君子之守，修其身而天下平”（《孟子·尽心下》）。《荀子·君道》曰：“请问为国？曰闻修身，未尝闻为国也。”而《礼记·大学》更是铺展开来说：“自天子以至于庶人，壹是皆以修身为本。”

如何修身？孔子说：

修身以道，修道以仁。仁者人也，亲亲为大；义者宜也，尊贤为大；亲亲之杀，尊贤之等，礼所生也。……思修身，不可以不事亲；思事亲，不可以不知人；思知人，不可以不知天。（《礼记·中庸》）

---

① 〔宋〕程颢、程颐著，王孝鱼点校：《二程集》，中华书局1981年版，第1036页。

② 参阅《论语·为政》“殷因于夏礼”章与《论语·八佾》“夏礼吾能言之”章。

即修身要事亲，事亲要知人，知人要知天[①]。何谓事亲？事亲者，悦亲、顺亲也。

> 顺乎亲有道：反诸身不诚，不顺乎亲矣；诚身有道：不明乎善，不诚乎身矣。诚者，天之道也；诚之者，人之道也。[②]

即修身归根结底是要人体认到诚是天道，诚之是人道，且“天人无两个道理”[③]，使人自修以“明善而复其初也”[④]；所谓明善而复其初，即要人明晓天命之性至善，而做功夫以使自身之心性“止于至善”（《礼记·大学》），恰如受命于天之时之善性一样，使人同于天，天人合一，而后知己与人、与天皆至善无恶，浑然一体。此即周濂溪先生从本体上所说的：

> 诚者，圣人之本。“大哉乾元，万物资始”，诚之源也。“乾道变化，各正性命”，诚斯立焉。纯粹至善者也。[⑤]

其具体之次第功夫，对于圣人来说，因为能够“不勉而中，不思而得，从容中道”（《礼记·中庸》），“与天地合其德”（《易传·文言传》），

---

① 朱子《中庸章句》对于“事亲”“知人”和“知天”的注释是：“为政在人，取人以身，故不可以不修身。修身以道，修道以仁，故思修身不可以不事亲。欲尽亲亲之仁，必由尊贤之义，故又当知人。亲亲之杀，尊贤之等，皆天理也，故又当知天。”（参见〔宋〕朱熹《四书章句集注》，中华书局1983年版，第28页）本文根据《中庸》“思事亲，不可以不知人；思知人，不可以不知天”与“诚者，天之道也；诚之者，人之道也”，对“事亲”“知人”“知天”的理解和解释是：“孝弟也者，其为仁之本”（《论语·学而》），因此，修身当事亲；而事亲，当知晓人道；而知晓人道，又当知晓天道。唯有知晓天道与人道，方能事亲与尊贤。因为知晓人道而尊敬并任用贤能，比起知人贤能而后尊敬之并任用之，含义更丰富，并且前者可以涵括后者，故不从朱注。然朱子注释自有凡例，他说：“某解注书，不引后面说来证前说，却引前说去证后说。”（〔宋〕黎靖德编，王星贤点校：《朱子语类》（第一册），中华书局1986年版，第258页）

② 出自《礼记·中庸》。《孟子·离娄上》作：“悦亲有道：反身不诚，不悦于亲矣；不明乎善，不诚其身矣。是故诚者，天之道也；思诚者，人之道也。”

③ 〔明〕黄宗羲原著，全祖望补修：《宋元学案》（贰），中华书局1986年版，第828页。

④ 〔宋〕朱熹：《四书章句集注》，中华书局1983年版，第47页。

⑤ 〔宋〕周敦颐：《周敦颐集》，中华书局2009年版第2版，第13－14页。

已经与天合一，已经是“诚者”境界；而对于圣人以下的人来说，要想达到“诚者”境界，则需要加以“择善而固执之”与“博学之，审问之，慎思之，明辨之，笃行之”之次第功夫（《礼记·中庸》），这是“诚之者”所必须下的功夫。及其至也，则“诚之者”与“诚者”不二亦不异，即天人合一，亦即佛教所说之“一如”。① 如何知天？按孟子所说，“尽其心者，知其性也。知其性，则知天矣”（《孟子·尽心上》），尽心知性以知天，即关键在尽心知性。如何尽心知性？孟子说：

> 恻隐之心，人皆有之；羞恶之心，人皆有之；恭敬之心，人皆有之；是非之心，人皆有之。恻隐之心，仁也；羞恶之心，义也；恭敬之心，礼也；是非之心，智也。仁义礼智，非由外铄我也，我固有之也，弗思耳矣。（《孟子·告子上》）

即尽心知性是要人通过“思诚”之功夫，反求诸己，明白恻隐、羞恶、恭敬、是非之心人皆有之，与仁义礼智为人所固有。合诸周濂溪先生所说可知，诚心即尽心也：

> 治天下有本，身之谓也；……本必端。端本，诚心而已矣。②

孔子说：“凡为天下国家有九经，所以行之者一也。”朱注：“一者，诚也。”③ 孟子说：“生于其心，害于其政；发于其政，害于其事。”（《孟

---

① 《宋元学案·元城学案》记载，刘安世从司马温公学，凡五年，“一旦避席问尽心行己之要，可以终身行之者。温公曰：‘其诚乎！吾生平力行之，未尝须臾离也。’先生问其目，温公曰：‘自不妄语始。’自此力行七年，而后言行一致，表里相应。”（参见〔明〕黄宗羲著，全祖望补修《宋元学案》（贰），中华书局1986年版，第821页）可见，修诚功夫着实不易，需要长时间的不懈努力。于修诚功夫，笔者未曾如宋明儒般实下功夫去做，考虑到儒学学术道统性强调古今一脉相承与修身实践性强调前后不可躐等这两方面特质，本文此处功夫论部分仅援引先秦儒家原典以及宋明大儒言论，稍做关联与解释而已。

② 〔宋〕周敦颐：《周敦颐集》，中华书局2009年版第2版，第38－39页。

③ 〔宋〕朱熹：《四书章句集注》，中华书局1983年版，第30页。

子·公孙丑上》）荀子说：

> 君子养心莫善于诚，致诚则无他事矣，唯仁之为守，唯义之为行。诚心守仁则形，形则神，神则能化矣；诚心行义则理，理则明，明则能变矣。变化代兴，谓之天德。……天地为大矣，不诚则不能化万物；圣人为知矣，不诚则不能化万民；父子为亲矣，不诚则疏；君上为尊矣，不诚则卑。夫诚者，君子之所守也，而政事之本也。（《荀子·不苟》）

心不诚，则政事不理，“民不可得而治也”（《孟子·离娄上》）。可见，“诚者自成也，而道自道也。诚者，物之终始，不诚无物。是故君子诚之为贵”（《礼记·中庸》）。这是《礼记·中庸》的修身功夫论，认为治国平天下之本在明善诚身。而《礼记·大学》的修身功夫论，则认为治国平天下之本在格物致知。《礼记·大学》曰：

> 古之欲明明德于天下者，先治其国；欲治其国者，先齐其家；欲齐其家者，先修其身；欲修其身者，先正其心；欲正其心者，先诚其意；欲诚其意者，先致其知；致知在格物。物格而后知至，知至而后意诚，意诚而后心正，心正而后身修，身修而后家齐，家齐而后国治，国治而后天下平。

《朱子语类》记载，朱子说，“自明明德至于治国、平天下，如九层宝塔，自下至上，只是一个塔心。四面虽有许多层，其实只是一个心。明德、正心、诚意、修身，以至治国、平天下，虽有许多节次，其实只是一理”，“致知、格物，是穷此理；诚意、正心、修身，是体此理；齐家、治国、平天下，只是推此理”，“格物、致知，是求知其所止；诚意、正心、修身、齐家、治国、平天下，是求得其所止。物格、知至，是知所止；意诚、心正、身修、家齐、国治、天下平，是得其所止”，皆为人之“职分之所当为也”。[1] 何谓致知？朱子说，“致知乃本心之知”，“具于心者，本无不足也”，“如一面镜子，本全体通明，只被昏翳了，而今逐旋磨去，使四边皆照见，其明无所不到”，“致知功夫，亦只是且据所已知者，玩索推广将去”，“致知所以求为真知”。[2] 何谓格物？朱子说，“格物者，如言性，则当推其如何谓之性；如言心，则当推其如何谓之心，只此便是格物”，“须穷极事物之理到尽处，便有一个是，一个非，是底便行，非底便不行。凡自家身心上，皆须体验得一个是非”，“须是从切己处理会去。待自家者已定迭，然后渐渐推去，这便是能格物”，“格物，莫先于五品”，“如今说格物，只晨起开目时，便有四件在这里，不用外寻，仁义礼智是也”。[3] 朱子又说，“致知、格物，只是一个”，“格物者，欲究极其物之理，使无不尽，然后我之知无所不至。物理即道理，天下初无二理”，因此，“物才格，则知已至”，“知与物至切近，正相照在”，所以，“致知在格物”，“故云在，更无次第也”。[4] 又，朱子“尝窃取程子之意”，作《格物补传》，曰：

> 所谓致知在格物者，言欲致吾之知，在即物而穷其理也。盖人心之灵莫不有知，而天下之物莫不有理，惟于理有未穷，故其知有不尽也。是以《大学》始教，必使学者即凡天下之物，莫不因其已知之理而益穷之，以求至乎其极。至于用力之久，而一旦豁然贯通焉，则众物之表里精粗无不到，而吾心之全体大用无不明矣。此谓物格，此谓

---

① 详见〔宋〕黎靖德编，王星贤点校《朱子语类》（第一册），中华书局 1986 年版，第 313、312、309 页。

② 详见〔宋〕黎靖德编，王星贤点校《朱子语类》（第一册），中华书局 1986 年版，第 283 页。

③ 详见〔宋〕黎靖德编，王星贤点校《朱子语类》（第一册），中华书局 1986 年版，第 284、285 页。五品，出自《尚书·舜典》：“百姓不亲，五品不逊。”蔡沈《书经集传》注：“五品，父子君臣夫妇长幼朋友，五者之名位等级也。”（参见〔宋〕蔡沈《书经集传》，上海古籍出版社 1987 年版，第 8 页）

④ 详见〔宋〕黎靖德编，王星贤点校：《朱子语类》（第一册），中华书局 1986 年版，第 290、294、309 页。

知之至也。[①]

《格物补传》对“致知在格物”的训义，亦曾为朱子师弟所讨论，《朱子语类》载其关注点有三：一论理之表里精粗。朱子说：

理固自有表里精粗，人见得亦自有高低浅深。有人只理会得下面许多，都不见得上面一截，这唤做知得表，知得粗。又有人合下便看得大体，都不就中间细下功夫，这唤做知得里，知得精。二者都是偏。故《大学》必欲格物、致知。到物格、知至，则表里精粗无不尽。

表者，人物之所共由；里者，吾心之所独得。表者，如父慈子孝，虽九夷八蛮，也出这道理不得。里者，乃是至隐至微，至亲至切，切要处。[②]

二论心之全体大用。朱子说：

体用元不相离。如人行坐：坐则此身全坐，便是体；行则此体全行，便是用。[③]

且由《朱子语类》记载，更可以推知现行《格物补传》之“吾心之全体大用无不明”是由“吾心之分别取舍无不切”与“吾之所知无不切”修改而来。

三论用力之久与豁然贯通。《朱子语类》记载：

问：“知至若论极尽处，则圣贤亦未可谓之知至。如孔子不能证

① 〔宋〕朱熹：《四书章句集注》，中华书局1983年版，第6－7页。

② 〔宋〕黎靖德编，王星贤点校：《朱子语类》（第二册），中华书局1986年版，第324－325页。

③ 〔宋〕黎靖德编，王星贤点校：《朱子语类》（第二册），中华书局1986年版，第326页。

夏商之礼，孟子未学诸侯丧礼，与未详周室班爵之制之类否？”曰：“然。如何要一切知得！然知至只是到脱然贯通处，虽未能事事知得，然理会得已极多。万一有插生一件差异底事来，也都识得他破。只是贯通，便不知底亦通将去。某旧来亦如此疑，后来看程子说：‘格物非谓欲尽穷天下之物，又非谓只穷得一理便到，但积累多后自脱然有悟处。’方理会得。”①

总其意，“致知、格物，《礼记·大学》中所说，不过‘为人君，止于仁；为人臣，止于敬’之类”，并告诫学者，“人之一心，本自光明。常提撕他起，莫为物欲所蔽，便将这个做本领，然后去格物、致知”，至于“如何是致知、格物以至于治国、平天下，皆有节目，须要一一穷究着实”②，直待真积力久，自有脱然贯通处。这是《礼记·大学》的修身功夫论。

然而，无论是《礼记·中庸》之明善诚身的修身功夫论，还是《礼记·大学》之格物致知的修身功夫论，在先秦儒家（此处略举孔子、孟子和荀子为例）那里，心与理“元不相离”，而统一于诚、心或天。《孟子·告子上》记载：

《诗》曰：“天生烝民，有物有则。民之秉彝，好是懿德。”孔子曰：“为此诗者，其知道乎！故有物必有则，民之秉彝也，故好是懿德。”

则者，理也。宋代大儒程子结合《礼记·大学》与《周易》“知止”之意，继续发挥道：

夫子曰：“于止知其所止。”谓当止之所也。夫有物必有则，父止

---

① 〔宋〕黎靖德编，王星贤点校：《朱子语类》（第二册），中华书局1986年版，第396页。

② 详见〔宋〕黎靖德编，王星贤点校《朱子语类》（第一册），中华书局1986年版，第252、292、309页。

于慈，子止于孝，君止于仁，臣止于敬，万物庶事莫不各有其所，得其所则安，失其所则悖。圣人所以能使天下顺治，非能为物作则也，唯止之各于其所而已。①

烝民秉执天命之常性明德，故其心知有物必有则，而能喜好懿德，而圣人治理天下，亦唯无为而治，顺则而已矣。仁包四德（仁义礼智），懿德莫大于仁，故而孔子以“为仁”（“求仁”）为修身成德之宗旨。而孟子则认为，“万物皆备于我矣。反身而诚，乐莫大焉。强恕而行，求仁莫近焉”（《孟子·尽心上》），即万物之理本具足于吾心，“反身而诚则仁矣”②，所以，孟子说：“舜明于庶物，察于人伦，由仁义行，非行仁义也。”③ 言圣人明察于人伦物理，使仁义扎根于心，顺此人伦物理之则而行将去而已。因此，孟子说，如果人不识得“仁，人心也；义，人路也”，而“舍其路而弗由，放其心而不知求”，这是一件悲哀的事情。所以，孟子说：“学问之道无他，求其放心而已矣。”（《孟子·告子上》）恻隐、羞恶、辞让、是非之心，仁义礼智之四端，人皆有之，人诚能反诸己身，“知皆扩而充之矣”（《孟子·公孙丑上》），则“尽其心者，知其性也。知其性，则知天矣”④。而荀子认为，人心能够知道，因为心能够“虚一而静”，达到一种无蔽之“大清明”的境界，因而能够“疏观万物而知其情，参稽治乱而通其度，经纬天地而材官万物，制割大理而宇宙里矣”；同时，《荀子·解蔽》曰：

凡以知，人之性也；可以知，物之理也。以可以知人之性，求可

① 〔宋〕程颢、程颐著，王孝鱼点校：《二程集》，中华书局1981年版，第968页。

② 〔宋〕朱熹：《四书章句集注》，中华书局1983年版，第350页。

③ 出自《孟子·离娄下》。所谓人伦，《孟子·滕文公上》曰，“圣人有忧之，使契为司徒，教以人伦：父子有亲，君臣有义，夫妇有别，长幼有序，朋友有信”，“设为庠序学校以教之：庠者，养也；校者，教也；序者，射也。夏曰校，殷曰序，周曰庠，学则三代共之，皆所以明人伦也”。

④ 朱子《孟子集注·尽心章句上》曰：“以《大学》之序言之，知性则物格之谓，尽心则知至之谓也。”（〔宋〕朱熹：《四书章句集注》，中华书局1983年版，第349页。）

以知物之理而无所疑止之，则没世穷年不能遍也。其所以贯理焉，虽亿万已不足浃万物之变，与愚者若一。……故学也者，固学止之也。恶乎止之？曰：止诸至足。曷谓至足？曰：圣也。

《礼记·中庸》曰："诚者非自成己而已也，所以成物也。成己，仁也；成物，知也。""诚则明矣，明则诚矣。"《孟子·公孙丑上》曰，"仁且智"，"既圣矣"。《通书》曰："圣，诚而已矣。"① 可见，"大清明"即圣也，诚也。至此境界，人通过"人而天"之诚之功夫，便与诚之本体（即天）浑然一体，天人合一，即功夫即本体，此即至诚。此即王船山先生所说：

唯天下至诚，纯乎其具一诚于心，则纯乎与天为一理。②

故而，《礼记·中庸》曰：

唯天下至诚，为能经纶天下之大经，立天下之大本，知天地之化育。夫焉有所倚？肫肫其仁！渊渊其渊！浩浩其天！

王船山先生又曰：

其经纶者，唯其仁也，一因乎其爱，而无私意以阻隔之也。……其立本者，唯其渊也，极乎静深，而无私欲以浮动之也。……其知化者，唯其天也，一循乎天理，而无人为以拟议之也。乃其天则浩浩矣，天之所运，心即运焉。……一诚之所运，在明伦而为仁，在尽性而为渊，在知化而为天。唯其纯任乎天，则自然极乎深而诚之体立，

① 〔宋〕周敦颐：《周敦颐集》，中华书局 2009 年第 2 版，第 15 页。
② 〔清〕王夫之：《四书训义》（一），岳麓书社 2011 年版，第 230 页。

敦其爱而诚之用行。[①]

然则，莫非诚也，莫非心也，莫非天也。

毋庸置疑，自格物致知以至于治国平天下，“虽是有许多节次，然其进之迟速，则又随人资质敏钝”[②]。但是，依天下人人之修为，如其至尧、舜之圣而又得居王位者，能够“以天地万物为一体，其视天下之人，无外内远近，凡有血气，皆其昆弟赤子之亲，莫不欲安全而教养之，以遂其万物一体之念”；而其才能之异，若皋陶、夔、稷、契者，能够“各效其能，若一家之务，或营其衣食，或通其有无，或备其器用，集谋并力，以求遂其仰事俯育之愿”，且如“稷勤其稼，而不耻其不知教，视契之善教，即己之善教也；夔司其乐，而不耻于不明礼，视夷之通礼，即己之通礼也”；又或者“其才质之下者，则安其农、工、商、贾之分，各勤其业以相生相养，而无有乎希高慕外之心”；天下“无有乎人己之分，物我之间”，如此则天下大和，政治化成。[③]

唐君毅先生曾经说过一段很具哲学味道且又耐人寻味的话：

盖宇宙如果有生人之理，则人类绝灭净尽以后有宇宙仍将再生此人类，而一切可厌、可叹、可悲、可怜之事，仍将再现，罪恶、烦恼、悲剧之染污，仍将再来，反复轮回，终无了期。原吾人之所以望人生之清净，唯出自吾人内心要求此人生自身之清净。今不从事于致此清净，而以无人类之存在，为世间之清净，此明为求此清净之虚影，于外在之世间，此正依于吾人之心愿之颠倒。而此无人类之世间之清净，又实不能与吾人内心之初所要求之人生自身之清净，相应和也。夫然，故人类之斩尽杀绝，亦不足以解决吾人之问题。吾人之问题之解决，仍唯有自如何致人生自身之清净，以由邪生以成正生，由

① 〔清〕王夫之：《四书训义》（一），岳麓书社2011年版，第231－232页。

② 〔宋〕黎靖德编，王星贤点校：《朱子语类》（第一册），中华书局1986年版，第305页。

③ 〔明〕王守仁撰，吴光等编校：《王阳明全集》（上），上海古籍出版社1992年版，第53－55页。

枉生以成直生之本身上用功夫，而别无快捷方式之可寻也。[1]

综上，基于政治分工与政治合作之辩证思考，先秦儒家政治哲学之政治本体论，于治政主体君本论中，强调由仁智之政治主体来治理政事，论述了由谁统治和统治的最优方式等问题；于享政主体民本论中，强调政治成果当为全体人民所享用，回答了为谁而统治和统治合法性（或政治正当性）等问题；于成政修身为本论中，强调修身成德乃政治化成之根本，从功夫论的角度探讨了如何保障政治统治之长治久安和政治事业之富有日新等问题。治政是“分”，享政则归之于“全”，以修身为本作为保障，使人人皆有士君子之行，而后“大同”方至，政治乃“成”。这是我们研究先秦儒家政治哲学之政治本体论所初步形成的一个结论性意见。

第三节　孔子的政治理念

治国平天下，是最大的政治，也是最大的道义。国家之安危与天下之治乱，和每一个人的生命与生活都息息相关。国安天下平，人人的生命与生活都能有所保障，即使有人遭遇不幸，犹有可能获得他人的帮助与政府的救济；国危天下乱，人人都将自身难保，而犹欲希望获得他人的帮助与政府的救济，更加是难上加难。孔子是如何论述治国平天下之道的呢？

一、“凡为天下国家有九经”[2]

《礼记·中庸》记载，鲁哀公问政于孔子，孔子说：“文武之政，布在方策。”继而，孔子铺陈文武之政，说：“凡为天下国家有九经，曰：修身也，尊贤也，亲亲也，敬大臣也，体群臣也，子庶民也，来百工也，柔

① 唐君毅：《人生之体验续编》，广西师范大学出版社2005年版，第160页。
② 参见《礼记·中庸》。

远人也，怀诸侯也。”这是总论君王修身、治国、平天下的政治理念，以及实施政治理念的本末先后次序。孔子认为，本与先都在修身。

君王如果按照“九经”去修身、治国、平天下，会达到怎样的效果呢？孔子说：“修身则道立，尊贤则不惑，亲亲则诸父昆弟不怨，敬大臣则不眩，体群臣则士之报礼重，子庶民则百姓劝，来百工则财用足，柔远人则四方归之，怀诸侯则天下畏之。”（《礼记·中庸》）视此实效，君王如果能切实按照“九经”去践行，何患身不修、国不治与天下不平啊！

践行“九经”，具体又要怎么做呢？孔子说：“齐明盛服，非礼不动，所以修身也；去谗远色，贱货而贵德，所以劝贤也；尊其位，重其禄，同其好恶，所以劝亲亲也；官盛任使，所以劝大臣也；忠信重禄，所以劝士也；时使薄敛，所以劝百姓也；日省月试，既禀称事，所以劝百工也；送往迎来，嘉善而矜不能，所以柔远人也；继绝世，举废国，治乱持危，朝聘以时，厚往而薄来，所以怀诸侯也。”（《礼记·中庸》）

尽述治天下国家的“九经”之后，孔子说：“凡为天下国家有九经，所以行之者一也。”朱子注：“一者，诚也。一有不诚，则是九者皆为虚文矣，此九经之实也。”[①] 而吕大临先生注：“九经虽曰治天下之常道，无诚以行之，则道为虚矣。虽终日从事而功不立也，人不信也，此不诚所以无物也。故曰：‘凡为天下国家有九经，所以行之者一也。’一即诚也。”[②]《礼记·中庸》曰：“诚者，天之道也；诚之者，人之道也。”人修诚而同于天，同于道，至此，天人合一，无内外，无微显，一以贯之。“大哉圣人之道！”（《礼记·中庸》）孔子所述“九经”，大开大合，分于九而合于一，分殊而理一，孔子的政治理念之精蕴尽于此。

王肃先生于《孔子家语·哀公问政》中同辑此“九经”。通观《孔子家语》，王肃先生所辑孔子言论，多有增减修改，而对孔子所说“凡为天下国家有九经，曰：修身也，尊贤也，亲亲也，敬大臣也，体群臣也，子

---

① 〔宋〕朱熹：《四书章句集注》，中华书局1983年版，第30－31页。

② 陈俊民辑校：《蓝田吕氏遗著辑校》，中华书局1993年版，第294页。

庶民也，来百工也，柔远人也，怀诸侯也”，却是一字不改。或许不是王肃先生不想改，而是不能改的缘故吧。这是因为，于身不用“修”字，于贤不用“尊”字，于亲不用“亲”字，于大臣不用“敬”字，于群臣不用“体”字，于庶民不用“子”字，于百工不用“来”字，于远人不用“柔”字，于诸侯不用“怀”字，则不能尽其道义，也不能正此人伦。由此看来，所谓政治，也不过是尽其道义，正此人伦而已。不能增一字，不能减一字，也不能改一字，此“经”之所以为“经”。鲁哀公问政，孔子告诸“九经”；孟子说：“我非尧舜之道，不敢以陈于王前。”（《孟子·公孙丑下》）孔子告诉鲁哀公的“九经”是尧舜之道。

后世学者因疑《礼记·中庸》而不信“九经”是孔子所述，今征诸《论语》加以证明。所谓修身，即“正其身”（《论语·子路》）；所谓尊贤，即“举直错诸枉”（《论语·颜渊》）；所谓亲亲，即“君子笃于亲”（《论语·泰伯》）；所谓敬大臣，即“君使臣以礼”（《论语·八佾》）；所谓体群臣，即“为臣不易”（《论语·子路》）与“及其使人也，器之”（《论语·子路》）；所谓子庶民，即“节用而爱人，使民以时”；所谓来百工，即“富之”（《论语·子路》）；所谓柔远人，即“上好礼……则四方之民襁负其子而至”（《论语·子路》）；所谓怀诸侯，即“兴灭国，继绝世，举逸民”（《论语·尧曰》）。因此，“九经”不可怀疑。

以上，孔子已经将其政治理念进行了系统的表述。下面，我们就君、臣、民关系进一步阐发孔子的政治理念。

二、君臣关系论

自周幽王至齐简公，周王室因为失德而丧权，礼乐征伐自诸侯出；君臣之间的关系非常紧张，臣弑其君之事，时有发生。《史记·太史公自序》说：“《春秋》之中，弑君三十六。”经查，春秋时期，吴君余祭与王僚被弑，齐君襄公、舍、懿公、庄公、晏孺子、悼公与简公被弑，鲁君隐公与闵公被弑，蔡君景侯与昭侯被弑，曹君声公与隐公被弑，陈君灵公与哀公被弑，杞君隐公与滑公被弑，卫君桓公与殇公被弑，宋君殇公、滑公、游、御与昭公被弑，晋君昭侯、小子、缗、灵公与厉公被弑，楚君庄敖、成王、郏敖与灵王被弑，郑君昭公、郑子、灵公、君繻与釐公被弑，莒君纪公与犁比公被弑，等等，已经弑君四十二。君为一国之元首，臣弑其君则国家政局动荡。可见，如何维系君臣关系，是春秋时期政治的热点与难点问题。

孔子之时，“事君尽礼，人以为谄也”（《论语·八佾》）。按照当时的礼节去事君，都被人认为是谄媚。这说明孔子之时，臣事君已经不能尽礼，或者不想尽礼。齐有崔氏与田氏，晋有六卿，鲁有三家，说明君的地位在下降，而臣的地位在上升。以鲁为例，孔子说：“禄之去公室，五世矣；政逮于大夫，四世矣；故夫三桓之子孙，微矣。”孔子之时，鲁国政出三桓，国人只知有孟孙、叔孙与季孙而不知有鲁君。而季氏又为家臣阳虎所轻视。因此，无论是从天下大势来说，还是从鲁国政治形势来说，君臣关系都是孔子思考的现实政治问题。

首先，孔子明确反对臣弑君。《论语·宪问》记载：“陈成子弑简公。孔子沐浴而朝，告于哀公曰：‘陈恒弑其君，请讨之。’”可见，孔子反对臣弑君。又，《论语·先进》记载：“季子然问：‘仲由、冉求可谓大臣与?’子曰：‘吾以子为异之问，曾由与求之问。所谓大臣者：以道事君，不可则止。今由与求也，可谓具臣矣。’曰：‘然则从之者与?’子曰：‘弑父与君，亦不从也。’”从季子然与孔子的对话，也可以看出孔子是反对弑君的。所谓“以道事君，不可则止”，即《论语·季氏》“季氏将伐颛臾”章所说的“陈力就列，不能者止”。季氏将伐颛臾，仲由与冉求不能劝止，更加不能相季氏“修文德以来之”，此其所以为具臣而不能为大臣。《尚书·大禹谟》记载，舜之时，有苗不服，大禹受命率师征伐，益劝大禹修德感化有苗，大禹听从，班师回朝，虞廷“诞敷文德”，后来有苗归顺。益便是孔子所谓的大臣。

其次，孔子认为君臣当各正其名分，尽其职责。《论语·颜渊》记载：“齐景公问政于孔子。孔子对曰：‘君君，臣臣，父父，子子。’”这是说，君当守君之名分，尽君之职责；臣当守臣之名分，尽臣之职责。后来陈恒弑简公，果真证实了孔子所言。又，《论语·子路》记载：“子路曰：‘卫君待子而为政，子将奚先？’子曰：‘必也正名乎！’子路曰：‘有是哉，子之迂也！奚其正？’子曰：‘野哉由也！君子于其所不知，盖阙如也。名不正，则言不顺；言不顺，则事不成；事不成，则礼乐不兴；礼乐不兴，则刑罚不中；刑罚不中，则民无所措手足。故君子名之必可言也，言之必可行也。君子于其言，无所苟而已矣。’”后来，卫国经历了卫出公奔鲁，卫庄公返卫后又出奔，卫人立公子斑师为君，齐伐卫而立公子起为君，卫君起被逐而奔齐，卫出公自齐复归立等政变。[①] 这无疑与卫国的君臣名分不正有关。

最后，具体地讲，孔子认为君使臣当以礼，臣事君当以忠。《论语·八佾》记载：“定公问：‘君使臣，臣事君，如之何？’孔子对曰：‘君使臣以礼，臣事君以忠。’”朱子引侯仲良先生注：“君使臣以礼，尽君道也。臣事君以忠，尽臣道也。为人君止于仁，为人臣止于敬。知礼知忠，则诚敬之道立而仁矣。定公问君使臣、臣事君，孔子对曰以礼以忠，君臣之道尽矣。”[②] 如果君臣不各尽其道义，则君臣关系不能正常维系。可见，唯有切实知道“为君难，为臣不易”（《论语·子路》），方可以兴邦。

三、君民关系论

春秋时期，世乱原因固然不在民身上，然而，“民惟邦本”[③]，君为国主，因此，谈天下国家之政治理念不可不论君民关系。

1. 君正己以治民

《论语·颜渊》有三则材料记载：康子问政于孔子。孔子对曰：“政者，正也。子帅以正，孰敢不正？”季康子患盗，问于孔子。孔子对曰：“苟子之不欲，虽赏之不窃。”季康子问政于孔子曰：“如杀无道，以就有道，何如？”孔子对曰：“子为政，焉用杀？子欲善，而民善矣。君子之德风，小人之德草，草上之风，必偃。”《论语·子路》也有两则材料记载：

---

① 详见《史记·卫康叔世家》。

② 〔宋〕朱熹：《论孟精义》，见朱杰人等主编《朱子全书》（第7册），上海古籍出版社、安徽教育出版社2002年版，第123页。

③ 《尚书·五子之歌》：“民惟邦本，本固邦宁。”

子曰："其身正，不令而行；其身不正，虽令不从。"子曰："苟正其身矣，于从政乎何有？不能正其身，如正人何？"由以上《论语·颜渊》与《论语·子路》五则材料来看，孔子都主张治民者先正己身，民方可以治。也就是说，君正己身，以为民之表率，然后，民从君，尊君，服君。如此，则本固邦宁。

2. 庶富教

《论语·子路》记载："子适卫，冉有仆。子曰：'庶矣哉！'冉有曰：'既庶矣。又何加焉？'曰：'富之。'曰：'既富矣，又何加焉？'曰：'教之。'"民不多，有土而无人守，则国家必不大；民多而不富，日日为生计担忧，国家也必不强。但是，民"饱食、暖衣、逸居而无教，则近于禽兽"（《孟子·滕文公上》），因此，礼义教化不可少。可见，在孔子的政治理念里，他所设想的国家必然是人民富庶而又礼义盛行的国家，也必然是强大的国家。有人根据此处庶富教的顺序，便简单地理解为：民不庶富，国家就不要进行礼义教化。或者简单地理解为：只有等民都先庶富了，然后才进行礼义教化。笔者以为，礼义教化对于一个国家来说，时刻不可无。冉有此处所问与孔子此处所说，之所以是庶富教的顺序，其主要原因或许是，君未能使民庶富，民对君便不会信服，因此，君如果要对未信服之民进行礼义教化，其收效必然不大。因此，教民虽不可无，但不可急。子夏说："君子信而后劳其民，未信则以为厉己也。"（《论语·子张》）这话有一定的道理。然而，教民也有不可缓者。《论语·阳货》记载，孔子说："古者民有三疾，今也或是之亡也。古之狂也肆，今之狂也荡；古之矜也廉，今之矜也忿戾；古之愚也直，今之愚也诈而已矣。"曾子说："上失其道，民散久矣。"可见，教民非但不可无，也不可缓。另外，春秋时期，战乱频仍，君上掌握着对人民的生杀予夺之大权，然而，孔子说："善人教民七年，亦可以即戎矣。"（《论语·子路》）又说："以不教民战，是谓弃之。"（《论语·子路》）还说："不教而杀谓之虐。"（《论语·尧曰》）可见，教，关涉民之生命，非但要论其缓急，还要论其善恶。

3. 君心民体

《礼记·缁衣》记载："子曰：'民以君为心，君以民为体。心庄则体舒，心肃则容敬。心好之，身必安之；君好之，民必欲之。心以体全，亦以体伤；君以民存，亦以民亡。'"郭店楚简《缁衣》记载："子曰：'民以君为心，君以民为体。心好则体安之，君好则民欲之。故心以体废，君以民亡。'"[①] 很明显，此处郭店楚简《缁衣》所记是《礼记·缁衣》所记的简摘版。孔子不说"君本"而说"民以君为心"，也不说"民本"而说"君以民为体"，将君民关系通过心体关系贴切地表述出来。人们通过心体关系自然可以体悟君民关系，心与体未尝可以分离而独存，君与民又岂可以分离而独存？孔子尤其用了一个"以"字，而"以"字可以说明两层意思：一是君民双方是互动的关系，二是君民双方是自愿的关系。一言以蔽之，"天下归之之谓王，天下去之之谓亡"（《荀子·王霸》，《荀子·正论》）。至此，君民关系粲然明了。

孔子的政治理念粗述如上。今由"九经"看来，实与《尚书·尧典》所说"克明俊德，以亲九族，九族既睦。平章百姓，百姓昭明。协和万邦，黎民于变时雍"如出一辙，都是自修身而至于平天下。可见，孔子的政治理念祖述于唐尧。

程子说："治身齐家以至平天下者，治之道也；建立治纲，分正百职，顺天时以制事，至于创制立度，尽天下之事者，治之法也。"[②] 孔子所述"九经"，便是程子所说的"治之道"；而程子所说的"治之法"，便是孔子所说的"道之以德，齐之以礼"（《论语·为政》）、"先有司"（《论语·子路》）、"行夏之时，乘殷之辂，服周之冕，乐则《韶》舞"（《论语·卫灵公》）之类。孔子对三代礼乐制度了如指掌，本书所述孔子的政治理念，多谈治道而少论治法，这是"君子务本"（《论语·学而》）与"先立乎其大"（《孟子·告子上》）之意。器识所限，不免挂一漏万，所幸学界对孔子的政治理念多有研究成果流传于世而得以匡济。

---

① 李零：《郭店楚简校读记》（增订本），中国人民大学出版社2007年版，第78页。

② 〔宋〕程颢、程颐著，王孝鱼点校：《二程集》，中华书局1981年版，第1036页。

孔子作为一个历史人物，“举世誉之而不加劝，举世非之而不加沮”(《庄子·逍遥游》)。因此，既不需要为孔子唱赞歌，也不需要为孔子作辩护。孟子说：“君子引而不发，跃如也。中道而立，能者从之。”(《孟子·尽心上》）可谓识道之人。而现实中，正如王阳明先生所说：“个个人心有仲尼。”[①] 文武之政，布在方策；孔子之道，载诸典籍。如有欲兴复孔子之道于当世者，必然“知津矣”[②]。

第四节　孟子的政治理念

从治道的层面上来说，孟子认为：“天下之本在国，国之本在家，家之本在身。”(《孟子·离娄上》）因此主张“修其身而天下平”(《孟子·尽心下》)，这与尧、舜以至于孔子的政治理念相同，尧、舜、孔子与孟子都主张王道，也就是说，尧、舜、孔子、孟子同道，这是常道，不能变易。从治法的层面上来说，孟子认为：“尧、舜之道，不以仁政，不能平治天下。”(《孟子·离娄上》）朱子注：“范氏曰：‘此言治天下不可无法度，仁政者，治天下之法度也。’”[③] 孟子与尧、舜、孔子未尝不同，也就是说，尧、舜、孔子、孟子易地则皆然。然而，时世不同，孟子的政治理念又有其时代性，这是时势，不能尽同。[④] 孟子的政治理念，既有治道，

---

① 〔明〕王守仁撰，吴光等编校：《王阳明全集》（上），上海古籍出版社1992年版，第790页。

② 《论语·微子》：“长沮、桀溺耦而耕，孔子过之，使子路问津焉。长沮曰：‘夫执舆者为谁?’子路曰：‘为孔丘。’曰：‘是鲁孔丘与?’曰：‘是也。’曰：‘是知津矣。’”

③ 〔宋〕朱熹：《四书章句集注》，中华书局1983年版，第275页。

④ “同道”与“易地则皆然”出自《孟子·离娄下》“禹稷当平世”章、“曾子居武城”章。

也有治法；治道是经，治法是权；经以建皇极[①]，权以应时变；经为权主，权为经辅，相需而成。曾巩《重校战国策序》说："二帝三王之治，其变固殊，其法固异，而其为国家天下之意，本末先后未尝不同也。……盖法者所以适变也，不必尽同；道者所以立本也，不可不一。此理之不易者也。"[②] 说的就是这个道理。

总的来说，孟子的政治理念从治道的角度来说，就是王道；从治法的角度来说，就是仁政。"仁政"一词，在《孟子》里，重复出现不少于10次。王道实施于政治当中，即仁政。因此，王道即仁政，仁政即王道。也就是说，孟子的政治理念就是主张实行王道政治，简称王政。《孟子·梁惠王下》记载：

> ［齐宣］王曰："王政可得闻与?"［孟子］对曰："昔者文王之治岐也，耕者九一，仕者世禄，关市讥而不征，泽梁无禁，罪人不孥。老而无妻曰鳏。老而无夫曰寡。老而无子曰独。幼而无父曰孤。此四者，天下之穷民而无告者。文王发政施仁，必先斯四者。"

孟子所说的王政，就是文王治岐之仁政，即"文王之政"（《孟子·离娄上》），也就是尧舜之政，是天下国家政治的最好表现，大致相当于柏拉图在《理想国》里所说的城邦政治的"原型"[③]，所不同的是，柏拉图

---

① 建皇极，出自《尚书·洪范》："皇建其有极。"蔡沈《书经集传》注："皇，君。建，立也。极，犹北极之极，至极之义，标准之名，中立而四方之所取正焉者也，言人君当尽人伦之至。语父子，则极其亲，而天下之为父子者，于此取则焉；语夫妇，则极其别，而天下之为夫妇者，于此取则焉；语兄弟，则极其爱，而天下之为兄弟者，于此取则焉；以至一事一物之接，一言一动之发，无不极其义理之当然，而无一毫过不及之差，则极建矣。"（详见〔宋〕蔡沈著《书经集传·卷之四》，见〔元〕陈澔《五经——周易本义、书经集传》，巴蜀书社1989年版，第26页）孔颖达《尚书正义》注："'皇'，大也。'极'，中也。施政教，治下民，当使大得其中，无有邪僻。故演之云，大中者，人君为民之主，当大自立其有中之道，以施教于民。"［详见李学勤主编《十三经注疏》（二），北京大学出版社1999年版，第307页］蔡、孔两说有共通之处，此用蔡沈先生说。

② 何建章注释：《战国策注释》，中华书局1990年版，第1358页。

③ ［古希腊］柏拉图：《理想国》，郭斌和、张竹明译，商务印书馆1986年版，第386页。

以为这种“原型”是在天上，“在地球上是找不到的”，而孟子则以为王道政治就在人间，并且可以施行于天下。

一、王政与时势

欲了解孟子的政治理念，需要了解孟子对当时政治社会时势的看法。《孟子·告子下》记载，孟子说：

> 五霸者，三王之罪人也；今之诸侯，五霸之罪人也；今之大夫，今之诸侯之罪人也。天子适诸侯曰巡狩，诸侯朝于天子曰述职。……入其疆，土地辟，田野治，养老尊贤，俊杰在位，则有庆，庆以地。入其疆，土地荒芜，遗老失贤，掊克在位，则有让。……是故天子讨而不伐，诸侯伐而不讨。五霸者，搂诸侯以伐诸侯者也，故曰：五霸者，三王之罪人也。五霸，桓公为盛。葵丘之会诸侯，束牲、载书而不歃血。……今之诸侯，皆犯此五禁，故曰：今之诸侯，五霸之罪人也。长君之恶其罪小，逢君之恶其罪大。今之大夫，皆逢君之恶，故曰：今之大夫，今之诸侯之罪人也。

孟子认为，从三王以来，政治社会的时势每况愈下，并将责任加在五霸、诸侯与大夫身上。在三王之时，天子有巡狩，诸侯要述职；诸侯治理封地政绩卓越则天子奖赏，诸侯玩忽职守则天子责罚；天下诸侯都听命于天子，诸侯与诸侯之间不经天子允许则不得相互攻伐。到了五霸之时，五霸破坏了三王之时所立的法度，不再听命于天子，牵率此诸侯来攻击彼诸侯。五霸之中，以齐桓公最强盛。葵丘会盟，齐桓公率领诸侯制定了一些共同遵守的禁条。五霸之后，如今诸侯都违犯五霸之时所立的禁条。而如今辅佐诸侯的大夫，不仅不能以正道事君，使其君改过从善，还奉承其君且怂恿其君作恶。这是孟子对当时政治社会的时势的看法。在这种政治形势下，是否就不能实行王政了呢？《孟子·公孙丑上》记载：

> 公孙丑问曰：“夫子当路于齐，管仲、晏子之功，可复许乎？”孟

子曰："子诚齐人也，知管仲、晏子而已矣。"……曰："管仲以其君霸，晏子以其君显。管仲、晏子犹不足为与?"曰："以齐王，由反手也。"曰："若是，则弟子之惑滋甚。且以文王之德，百年而后崩，犹未洽于天下；武王、周公继之，然后大行。今言王若易然，则文王不足法与?"曰："文王何可当也？由汤至于武丁，贤圣之君六七作。天下归殷久矣，久则难变也。武丁朝诸侯有天下，犹运之掌也。纣之去武丁未久也，其故家遗俗，流风善政，犹有存者；又有微子、微仲、王子比干、箕子、胶鬲皆贤人也，相与辅相之，故久而后失之也。尺地莫非其有也，一民莫非其臣也，然而文王犹方百里起，是以难也。……今时则易然也。夏后、殷、周之盛，地未有过千里者也，而齐有其地矣；鸡鸣狗吠相闻，而达乎四境，而齐有其民矣。地不改辟矣，民不改聚矣，行仁政而王，莫之能御也。且王者之不作，未有疏于此时者也；民之憔悴于虐政，未有甚于此时者也。……当今之时，万乘之国行仁政，民之悦之，犹解倒悬也。故事半古之人，功必倍之，惟此时为然。"

孟子认为，当前时势，如果实行王政，必定能取得事半功倍的效果。商朝由汤到纣，圣王贤相继出，"天下归殷久矣，久则难变"，即使商纣无道，由于商朝"故家遗俗，流风善政"尚有留存，又有微子、微仲、比干、箕子与胶鬲等贤人辅佐，加上文王的土地与人民都极大地不如商朝，所以商朝"久而后失之"而周朝"久而后王之"，这是周文王之时之所以难的原因所在。而到了孟子之时，齐国土地超过千里，人民众多，如果行仁政，必然能王于天下。并且，由于民众长久饱受虐政，当此之时，如果齐国能行仁政，把天下之民从虐政中解救出来，必然事半功倍，能王于天下，这是孟子之时之所以易的原因所在。

通过以上两则材料，我们知道，孟子认为，在政治社会每况愈下的时势下，实行王政，"事半古之人，功必倍之，惟此时为然"，即正是大有所为之时。因此，孟子对于齐宣王、梁惠王、梁襄王、滕文公与邹穆公，都劝他们实行王政。

《论语·微子》记载，孔子之时，桀溺说："滔滔者天下皆是也，而谁以易之?”孔子说:“天下有道,丘不与易也。”《孟子·离娄上》记载,孟子之时,淳于髡说:“今天下溺矣,夫子之不援,何也?”孟子说:“天下溺,援之以道。”孔子欲以道易天下,孟子欲以道援天下,此处孔子之道与孟子之道都是王道。然而,孟子终如孔子一般,天下国君未能任用,王道不能实施于政治,所以王政不得实现于天下。孟子说:“夫天,未欲平治天下也。”看来也只得这么说!太史公说:“厉、幽之后,王室缺,侯伯强国兴焉,天子微,弗能正。非德不纯,形势弱也。”(《史记·汉兴以来诸侯王年表》)太史公可谓卓识!天下滔滔,人心陷溺,王政不行,这是时势,又岂是孟子德行不纯!

二、王政与君臣

在中国传统社会,君臣为人之大伦。① 君臣关系是中国传统政治不可回避的现实问题。

(一)君臣法尧舜,当各尽其道

《孟子·离娄上》记载:

> 规矩,方员之至也;圣人,人伦之至也。欲为君尽君道,欲为臣尽臣道,二者皆法尧、舜而已矣。不以舜之所以事尧事君,不敬其君者也;不以尧之所以治民治民,贼其民者也。孔子曰:“道二:仁与不仁而已矣。”

孟子认为,王政社会君臣的榜样是尧、舜;后世凡为君的,皆当效法尧;后世凡为臣的,皆当效法舜;否则就是不敬其君与贼害其民,就是不仁。《孟子·公孙丑上》记载:

① 《论语·微子》:“君臣之义,如之何其废之?欲洁其身,而乱大伦。”又,《孟子·公孙丑下》:“景子曰:‘内则父子,外则君臣,人之大伦也。’”

人皆有不忍人之心。先王有不忍人之心，斯有不忍人之政矣。以不忍人之心，行不忍人之政，治天下可运之掌上。所以谓人皆有不忍人之心者，今人乍见孺子将入于井，皆有怵惕恻隐之心。……恻隐之心，仁之端也；羞恶之心，义之端也；辞让之心，礼之端也；是非之心，智之端也。人之有是四端也，犹其有四体也。有是四端而自谓不能者，自贼者也；谓其君不能者，贼其君者也。

孟子认为，人皆有不忍人之心，先王将这不忍人之心运用到政治当中去，治理天下则易如反掌。孟子也认为，臣事君，如果认为自己不能效法舜，便是贼害自己的不忍人之心；如果认为君不能效法尧，不“务引其君以当道，志于仁”（《孟子·告子下》）中记载，便是贼害君的不忍人之心。如此，便是贼害不忍人之政，贼害王政。《孟子·告子下》中记载，“鲁欲使慎子为将军”，而孟子说“不教民而用之，谓之殃民。殃民者，不容于尧舜之世”。这是因为，孟子认为，“君子之事君也，务引其君以当道，志于仁而已”，而不是杀人而贼害不忍人之心与不忍人之政。孟子将“今之事君”为君“辟土地，充府库”者与“约与国，战必克”者皆视为民贼而不以其为良臣，这是因为“君不乡道，不志于仁”，而臣不能“引其君以当道，志于仁”，如此，其君则为桀。因此，臣为君“辟土地，充府库”并“约与国，战必克”便是“富桀”与“辅桀”，如此，君没有尽君道，所以不得为尧；臣没有尽臣道，所以不得为舜；如此，便是贼害不忍人之心与不忍人之政，即贼害王政。据此，“今之大夫，皆逢君之恶，故曰：今之大夫，今之诸侯之罪人也”。此处，孟子对于今之大夫，已经算是轻责了；严格说来，今之大夫，皆逢君之恶，便是自贼并贼其君，则当皆是尧、舜之罪人，皆是王政之罪人，皆是自己之罪人。

《孟子·尽心上》记载：

有事君人者，事是君则为容悦者也。有安社稷臣者，以安社稷为悦者也。有天民者，达可行于天下而后行之者也。有大人者，正己而物正者也。

《孟子·离娄上》记载：

> 人不足与适也，政不足间也。惟大人为能格君心之非。君仁莫不仁，君义莫不义，君正莫不正。一正君而国定矣。

由以上两则材料看来，在孟子的王政社会里，臣略有四等，唯有大人之臣能格正君心，使君尽君道。君有非心，“生于其心，害于其政；发于其政，害于其事”（《孟子·公孙丑上》），所以不得不格。《孟子·公孙丑上》记载：

> 尊贤使能，俊杰在位，则天下之士皆悦而愿立于其朝矣。市，廛而不征，法而不廛，则天下之商皆悦而愿藏于其市矣。关讥而不征，则天下之旅皆悦而愿出于其路矣。耕者助而不税，则天下之农皆悦而愿耕于其野矣。廛无夫里之布，则天下之民皆悦而愿为之氓矣。信能行此五者，则邻国之民仰之若父母矣。率其子弟，攻其父母，自生民以来，未有能济者也。如此，则无敌于天下。无敌于天下者，天吏也。然而不王者，未之有也。

孟子认为，君如果能做到“尊贤使能，俊杰在位”“市廛而不征，法而不廛”“关讥而不征”“耕者助而不税”与“廛无夫里之布”五件大事，那么，君正于上，仁义膏泽播于下，则天下之民仰赖国君必定如子弟仰赖父母，必定无敌于天下，王于天下，即将王政实行于天下。君臣各尽其道的自然结果必定如此。而《孟子·离娄上》记载：

> 不仁而在高位，是播其恶于众也。上无道揆也，下无法守也，朝不信道，工不信度，君子犯义，小人犯刑，国之所存者，幸也。

孟子认为，如果不仁之人居高位，握大权，仁政不能行，则是播恶于众，祸害于民，如此，国家还不灭亡，那不过是侥幸罢了。君臣不能各尽其道的自然结果必定如此。要想存国、强国，君臣当效法尧、舜，各尽其道，实行仁政。

（二）君臣以义合，君当敬臣

《孟子·离娄下》记载：

> 孟子告齐宣王曰："君之视臣如手足，则臣视君如腹心；君之视臣如犬马，则臣视君如国人；君之视臣如土芥，则臣视君如寇雠。"王曰："礼，为旧君有服，何如斯可为服矣？"曰："谏行言听，膏泽下于民；有故而去，则君使人导之出疆，又先于其所往；去三年不反，然后收其田里。此之谓三有礼焉。如此，则为之服矣。今也为臣，谏则不行，言则不听；膏泽不下于民；有故而去，则君搏执之，又极之于其所往；去之日，遂收其田里。此之谓寇雠。寇雠何服之有？"

孟子告诉齐宣王，君臣以义合，君当敬臣。君将臣以手足看待，臣定将君以腹心看待，如此，君臣一体，恩义并尽；君将臣以犬马看待，臣定将君以国人看待，如此，君对臣虽有豢养之恩，却不能赢得臣报君之义；君将臣以土芥看待，臣定将君以寇雠看待，如此，君臣相攻，恩义并丧。孟子还告诉齐宣王，君要想赢得臣的礼敬，要先按照"礼"敬臣；而如今君都没有按照"礼"去敬臣，简直将臣以土芥看待，臣只能将君以寇雠看待，所以君又怎能要求臣尽"礼"呢？

《孟子·公孙丑下》记载：

> 天下有达尊三：爵一，齿一，德一。朝廷莫如爵，乡党莫如齿，辅世长民莫如德。恶得有其一，以慢其二哉？故将大有为之君，必有所不召之臣。欲有谋焉，则就之。其尊德乐道，不如是不足与有为也。故汤之于伊尹，学焉而后臣之，故不劳而王；桓公之于管仲，学焉而后臣之，故不劳而霸。……汤之于伊尹，桓公之于管仲，则不

敢召。

孟子认为天下有三尊：爵位、年龄与道德。因此，君不得依恃爵位而慢待臣。孟子还认为，将要大有作为的国君，必定有他不肯也不敢召唤的大臣，有大事要谋划，必定亲自造访大臣，这是国君尊德乐道的体现。君敬臣，当有不召之臣。

《孟子·梁惠王下》记载：

> 孟子见齐宣王曰："为巨室，则必使工师求大木。工师得大木，则王喜，以为能胜其任也。匠人斫而小之，则王怒，以为不胜其任矣。夫人幼而学之，壮而欲行之。王曰'姑舍女所学而从我'，则何如？今有璞玉于此，虽万镒，必使玉人雕琢之。至于治国家，则曰'姑舍女所学而从我'，则何以异于教玉人雕琢玉哉？"

孟子通过譬喻，认为齐王对于璞玉，相信玉人所学的手艺能将璞玉雕琢好，而对于国家，却不能相信贤臣所学的本领能将国家治理好。孟子曰："不信仁贤，则国空虚。无礼义，则上下乱。无政事，则财用不足。"（《孟子·尽心下》）君不信贤臣，则贤臣无用武之地，只有离君而去，因此，国家空虚。"礼义由贤者出"（《孟子·梁惠王下》），贤臣离去，则国家无礼义；国家无礼义，则上无道揆，下无法守，国家混乱；朝廷无贤臣，国家又混乱，则政事不得治理；政事不得治理，则国库空虚，财用不足。无贤臣、无礼义、无政事而又空虚、混乱、贫穷的国家，在战国之世岂有不灭亡的道理？其中，贤臣是根本。不信贤臣之所学，则不得贤臣，不得大丈夫，所得则不过是以妾妇之道事君之臣。君敬臣，当信臣之所学。

《孟子》里，我们看到孟子多强调君要敬臣，而少强调臣要敬君，这并不是孟子主张臣不要敬君，"我非尧、舜之道，不敢以陈于王前，故齐人莫如我敬王也"与"不以舜之所以事尧事君，不敬其君者也"可以证明。这是因为，一方面，孟子认为，在战国乱世，不患贤臣不敬国君，而患国君不能敬贤臣；不患国君不被敬，而患国君不能修身。这关乎时势。另一方面，孟子认为："用下敬上，谓之贵贵；用上敬下，谓之尊贤。贵贵、尊贤，其义一也。"（《孟子·万章下》）君臣上下当相互礼敬。

（三）非常时期，君臣易位

《孟子·万章下》记载：

> 齐宣王问卿。孟子曰："王何卿之问也？"王曰："卿不同乎？"曰："不同。有贵戚之卿，有异姓之卿。"王曰："请问贵戚之卿。"曰："君有大过则谏，反覆之而不听，则易位。"王勃然变乎色。

孟子当着齐宣王之面，明确提出，在国君不听大臣劝谏而足以使国家灭亡之非常时期，贵戚之卿有责任废旧君而立新君。

三、王政与君民

孟子论君民关系，对后世影响很大，至今尚为人们所称道。

（一）君之天下得失寄于民心

君之得天下，《孟子·万章上》记载：

> 万章曰："尧以天下与舜，有诸？"孟子曰："否。天子不能以天下与人。""然则舜有天下也，孰与之？"曰："天与之。""天与之者，谆谆然命之乎？"曰："否。天不言，以行与事示之而已矣。"曰："以行与事示之者如之何？"曰："天子能荐人于天，不能使天与之天下；诸侯能荐人于天子，不能使天子与之诸侯；大夫能荐人于诸侯，不能使诸侯与之大夫。昔者尧荐舜于天而天受之，暴之于民而民受之，故曰，天不言，以行与事示之而已矣。"曰："敢问荐之于天而天受之，暴之于民而民受之，如何？"曰："使之主祭而百神享之，是天受之；使之主事而事治，百姓安之，是民受之也。天与之，人与之，

故曰：天子不能以天下与人。舜相尧二十有八载，非人之所能为也，天也。尧崩，三年之丧毕，舜避尧之子于南河之南。天下诸侯朝觐者，不之尧之子而之舜；讼狱者，不之尧之子而之舜；讴歌者，不讴歌尧之子而讴歌舜，故曰天也。夫然后之中国，践天子位焉。而居尧之宫，逼尧之子，是篡也，非天与也。《太誓》曰‘天视自我民视，天听自我民听’，此之谓也。”

孟子认为，舜之所以有天下，不是“尧以天下与舜”，而是“天与之”和“民受之”；天不言，人如何知道？孟子说，“天视自我民视，天听自我民听”，这道出个中真谛：天在民。得民即得天，民与即天与，民受即天受。舜之得天下，是得之于诸侯朝觐者、讼狱者与讴歌者，得之于百姓，得之于民心。《孟子·万章上》记载：

万章问曰：“人有言：‘至于禹而德衰，不传于贤而传于子。’有诸？”孟子曰：“否，不然也。天与贤，则与贤；天与子，则与子。昔者舜荐禹于天，十有七年，舜崩。三年之丧毕，禹避舜之子于阳城。天下之民从之，若尧崩之后，不从尧之子而从舜也。禹荐益于天，七年，禹崩。三年之丧毕，益避禹之子于箕山之阴。朝觐讼狱者不之益而之启，曰：‘吾君之子也。’讴歌者不讴歌益而讴歌启，曰：‘吾君之子也。’丹朱之不肖，舜之子亦不肖。舜之相尧，禹之相舜也，历年多，施泽于民久。启贤，能敬承继禹之道。益之相禹也，历年少，施泽于民未久。”

孟子认为，禹之得天下，是得民心，是“天下之民从之”；启之得天下，是“启贤，能敬承继禹之道”，得民心，所以天下之民从启。

而君之失天下，《孟子·离娄上》记载，孟子说：“桀纣之失天下也，失其民也；失其民者，失其心也。”夏桀与商纣之所以失天下，是因为失民心。

（二）君得民心之道

《孟子·梁惠王下》记载：

> 邹与鲁哄。穆公问曰："吾有司死者三十三人，而民莫之死也。诛之，则不可胜诛；不诛，则疾视其长上之死而不救，如之何则可也？"孟子对曰："凶年饥岁，君之民老弱转乎沟壑，壮者散而之四方者，几千人矣；而君之仓廪实，府库充，有司莫以告，是上慢而残下也。曾子曰：'戒之戒之！出乎尔者，反乎尔者也。'夫民今而后得反之也。君无尤焉。君行仁政，斯民亲其上、死其长矣。"

孟子分析民众之所以见死不救，是因为邹之君臣"上慢而残下"，大失民心之故；所以，孟子告诉邹君，如果想获得民心，只要行仁政就可以了。战国之世，不仅像邹国这样的小国想增加民众，希望民众能"亲其上、死其长"，就连魏国那样的大国也想增加民众，希望民众能"亲其上、死其长"。《孟子·梁惠王上》记载：

> 梁惠王曰："寡人之于国也，尽心焉耳矣。河内凶，则移其民于河东，移其粟于河内。河东凶亦然。察邻国之政，无如寡人之用心者。邻国之民不加少，寡人之民不加多，何也？"孟子对曰："王好战，请以战喻。填然鼓之，兵刃既接，弃甲曳兵而走。或百步而后止，或五十步而后止。以五十步笑百步，则何如？"曰："不可，直不百步耳，是亦走也。"曰："王如知此，则无望民之多于邻国也。"

梁惠王自以为治国尽心，体恤民众，胜过邻国，却发现魏国的民众没有增加，邻国的民众没有减少，不知何故，所以问孟子。孟子通过"五十步笑百步"的比喻，指出梁惠王跟邻国的君主并无差别，所以魏国民众没有增加而邻国民众也没有减少。

由以上两则材料看来，战国之世，时势所迫，不单小国想增加民众，大国也想增加民众。然而，国君不知得民心之道。如何才能得民心？《孟子·离娄上》记载：

> 得天下有道：得其民，斯得天下矣；得其民有道：得其心，斯得民矣；得其心有道：所欲与之聚之，所恶勿施尔也。民之归仁也，犹水之就下、兽之走圹也。故为渊驱鱼者，獭也；为丛驱爵者，鹯也；为汤武驱民者，桀与纣也。今天下之君有好仁者，则诸侯皆为之驱矣。虽欲无王，不可得已。

孟子认为，君王得天下之道，只不过是治理国政，凡是天下之民所希望的就努力实现，所厌恶的就不要实施罢了。如果当今天下有爱好仁义的国君，那么，害民的诸侯则会将天下之民驱赶到仁君那里。这样，想不王于天下，都不行。孟子说："三代之得天下也以仁，其失天下也以不仁。"（《孟子·离娄上》）国君好仁，发政施仁，民心归仁，天下无敌。孔子说："夫国君好仁，天下无敌。"（《孟子·离娄上》）孟子与孔子同道。

（三）民贵君轻

《孟子·尽心下》记载：

> 民为贵，社稷次之，君为轻。是故得乎丘民而为天子，得乎天子为诸侯，得乎诸侯为大夫。诸侯危社稷，则变置。牺牲既成，粢盛既洁，祭祀以时，然而旱干水溢，则变置社稷。

首先，孟子立论：民为贵，社稷次之，君为轻。给民、社稷与诸侯国君三者排了个顺序，认为最重要的是民，然后是社稷，最后是君。其次，孟子认为，得到丘民的归附能够成为天子，得到天子的赏识最多能够成为诸侯，得到诸侯的赏识最多能够成为大夫。而从爵位上来说，天子比诸侯国君尊贵，诸侯国君又比大夫尊贵，所以，从这个角度来讲，丘民比诸侯重要。再次，如果诸侯国君无道，危害社稷，则应当另立贤君。因此，从这个角度来讲，社稷比诸侯国君重要。最后，如果按礼并按时祭祀，却不能保佑国家与丘民不受水旱灾害的话，则应当变换社稷。因此，从这个角度来讲，丘民比社稷重要。在这里，孟子说“变置”诸侯国君，也说“变置”社稷，唯独没有说“变置”丘民，其意何在？所谓变置，是变此而置彼，废此而立彼。诸侯国君可以废此立彼，社稷也可以废此立彼，至于丘民，已是至微贱，谈何废立！从现实来说，丘民位卑，国君位尊，民岂贵于君？从理论来说，人皆有不忍人之心，皆可以为尧、舜，众生平等，民与君何来贵贱？战国之世，诸侯无道，草菅人命，不知“得乎丘民而为天子”，是以孟子特地提出“民贵君轻”说。孟子说的这段话，对后世影响很大。

（四）君民同乐

《孟子·梁惠王上》记载：

> 孟子见梁惠王，王立于沼上，顾鸿雁麋鹿，曰：“贤者亦乐此乎？”孟子对曰：“贤者而后乐此，不贤者虽有此，不乐也。《诗》云：‘经始灵台，经之营之，庶民攻之，不日成之。经始勿亟，庶民子来。王在灵囿，麀鹿攸伏，麀鹿濯濯，白鸟鹤鹤。王在灵沼，于牣鱼跃。’文王以民力为台为沼。而民欢乐之，谓其台曰灵台，谓其沼曰灵沼，乐其有麋鹿鱼鳖。古之人与民偕乐，故能乐也。《汤誓》曰：‘时日害丧？予及女偕亡。’民欲与之偕亡，虽有台池鸟兽，岂能独乐哉？”

孟子跟梁惠王说，只有像文王那样，为民父母，与民同乐，然后才能乐；而如果像夏桀那样，暴政虐民，则民愿与君同亡，虽有台池鸟兽之乐，也乐不起来。又，《孟子·梁惠王下》记载：

> 今王鼓乐于此，百姓闻王钟鼓之声，管籥之音，举疾首蹙頞而相告曰：“吾王之好鼓乐，夫何使我至于此极也？父子不相见，兄弟妻

子离散。”今王田猎于此，百姓闻王车马之音，见羽旄之美，举疾首蹙頞而相告曰：“吾王之好田猎，夫何使我至于此极也？父子不相见，兄弟妻子离散。”此无他，不与民同乐也。今王鼓乐于此，百姓闻王钟鼓之声，管籥之音，举欣欣然有喜色而相告曰：“吾王庶几无疾病与？何以能鼓乐也？”今王田猎于此，百姓闻王车马之音，见羽旄之美，举欣欣然有喜色而相告曰：“吾王庶几无疾病与？何以能田猎也？”此无他，与民同乐也。今王与百姓同乐，则王矣。

孟子认为，如果王不能与民同乐，治政又使民“父子不相见，兄弟妻子离散”，民便有怨恨之言；而如果王能与民同乐，为民父母，使民得其所欲，民便有欣喜之言。王与民同乐，必定王于天下。又，《孟子·梁惠王下》记载：

齐宣王见孟子于雪宫。王曰：“贤者亦有此乐乎？”孟子对曰：“有。人不得，则非其上矣。不得而非其上者，非也；为民上而不与民同乐者，亦非也。乐民之乐者，民亦乐其乐；忧民之忧者，民亦忧其忧。乐以天下，忧以天下，然而不王者，未之有也。”

孟子劝齐宣王与民同乐，君不与民同乐，君不对；民见君乐而自己不乐，便会非毁君，民也不对。只有君与民同忧乐，方能王于天下。北宋庆历六年（1046 年），范仲淹先生于《岳阳楼记》中写道：“先天下之忧而忧，后天下之乐而乐。”① 其流传千古。“居庙堂之高，则忧其民；处江湖之远，则忧其君”②，范先生所写犹是臣之忧乐；“乐民之乐者，民亦乐其乐；忧民之忧者，民亦忧其忧”，孟子所说则是君民之忧乐。然而，有孟子而无范仲淹，世人或不知有臣之忧乐；有范仲淹而无孟子，世人或不知

---

① 〔宋〕范仲淹著，李勇先、王蓉贵校点：《范仲淹全集》（上册），四川大学出版社 2002 年版，第 195 页。

② 〔宋〕范仲淹著，李勇先、王蓉贵校点：《范仲淹全集》（上册），四川大学出版社 2002 年版，第 195 页。

有君民之忧乐。必有孟子与范仲淹，方道尽君、臣、民之忧乐。

四、王政与国家

《左传·哀公七年》记载："禹合诸侯于涂山，执玉帛者万国。今其存者，无数十焉。"时为春秋时期鲁哀公七年（前488年）。到了战国时期，《荀子·富国》记载："古有万国，今有十数焉。"国家数量由万到十，稍有远见之国君闻之莫不色变，见之莫不惊心，莫不谋求国家富强之道。《孟子》中，孟子与梁惠王、梁襄王、齐宣王、邹穆公以及滕文公等国君所说，莫不是尧舜之道，莫不是富强之道，然而，除了滕文公之外，都不能信行。

《孟子·梁惠王下》记载：

> 滕文公问曰："滕，小国也。竭力以事大国，则不得免焉。如之何则可？"孟子对曰："昔者大王居邠，狄人侵之。事之以皮币，不得免焉；事之以犬马，不得免焉；事之以珠玉，不得免焉。乃属其耆老而告之曰：'狄人之所欲者，吾土地也。吾闻之也：君子不以其所以养人者害人。二三子何患乎无君？我将去之。'去邠，逾梁山，邑于岐山之下居焉。邠人曰：'仁人也，不可失也。'从之者如归市。或曰：'世守也，非身之所能为也。效死勿去。'君请择于斯二者。"

滕文公知道，滕国即使能够竭力事奉大国，在战国乱世，也不一定能够避免被兼并的命运。孟子为滕文公说了两条计策：第一，劝滕文公不要过分担心滕国的命运，只要能够做到像周大王那样，后世子孙必定也能够王于天下。第二，引用别人的话，说如果滕君认为滕国土地是世代相传而不能自行决定离弃的话，那就只能拼死守护。无论是守护还是离去，孟子都强调滕君应该做到像周大王那样，以仁义待民。

《孟子·滕文公上》记载：

> 滕文公问为国。孟子曰："民事不可缓也。……民之为道也，有

恒产者有恒心，无恒产者无恒心。苟无恒心，放辟邪侈，无不为已……是故贤君必恭俭礼下，取于民有制。……夏后氏五十而贡，殷人七十而助，周人百亩而彻，其实皆什一也。……夫世禄，滕固行之矣。……设为庠序学校以教之：庠者，养也；校者，教也；序者，射也。夏曰校，殷曰序，周曰庠，学则三代共之，皆所以明人伦也。人伦明于上，小民亲于下。有王者起，必来取法，是为王者师也。……子力行之，亦以新子之国。"使毕战问井地。孟子曰："……夫仁政，必自经界始。经界不正，井地不均，谷禄不平。是故暴君污吏必慢其经界。经界既正，分田制禄可坐而定也。夫滕壤地褊小，将为君子焉？将为野人焉？无君子莫治野人，无野人莫养君子。请野九一而助，国中什一使自赋。卿以下必有圭田，圭田五十亩。余夫二十五亩。死徙无出乡，乡田同井。出入相友，守望相助，疾病相扶持，则百姓亲睦。……此其大略也。若夫润泽之，则在君与子矣。"

本则材料可分前后两部分。前半部分至"子力行之，亦以新子之国"止，余下部分为后半部分。

前半部分，孟子勉励滕文公践行文王之政。滕文公向孟子请教治国之道，孟子开口便说："民事不可缓。"民为邦本，本固邦宁。所谓民事，即农事，国以农为基。滕文公问治国之道，孟子开口便提民事，一下子便抓住了治国之本，何其识大体！要想使民向善，当使民有恒产（即经常性的土地收成，大致相当于我们今天说的稳定收入），有了恒产，民就有恒心向善；民无恒产，便难有恒心向善，所以，国君要做到恭俭礼下与取民有制。这是得民心之道。所谓取民有制，孟子的意思是，建议滕国实行什一税制。又，滕国已经实行世禄，所以孟子在这里，只是说"夫世禄，滕固行之矣"。《孟子·梁惠王下》记载，孟子说："昔者文王之治岐也，耕者九一，仕者世禄。"可见，这里孟子为滕文公所说的治国之道，即"文王之政"，即王政。紧接下文，孟子为滕文公谈助法，其意思，朱子以为是："今世禄滕已行之，惟助法未行，故取于民者无制耳。盖世禄者，授之土田，使之食其公田之入，实与助法相为表里，所以使君子野人各有定业，而上下相安者也，故下文遂言助法。”① 助法实行，则民有恒产；民有恒产，便能富足。谈了富民之道，孟子接着谈教民之道。孟子劝滕文公设立庠序学校，讲明人伦以教民。这是得民心之道，是王道，后世有王者兴起，必定会来取法。孟子之“恒产”与“教之”思想，便是《孟子·滕文公上》“有为神农之言者许行”章后稷“教民稼穑”与契“教以人伦”的思想，便是《论语·子路》“子适卫”章孔子“既富教之”的思想，便是《尚书·舜典》的尧舜之道，便是《孟子·离娄上》“伯夷辟纣”章“文王善养老”的文王之政。可见，孟子道统之承接并非韩子溢美。

后半部分，孟子讲述井田制。孟子告诉毕战，实行仁政，首先要从经界开始。孟子建议滕文公实行分田制禄之法：“请野九一而助，国中什一使自赋。”朱子注：“此分田制禄之常法，所以治野人使养君子也。野，郊外都鄙之地也。”② 在分田制禄之常法以外，孟子又说：“卿以下必有圭田，圭田五十亩。余夫二十五亩。”朱子注：“此世禄常制之外，又有圭田，所以厚君子也。……又有余夫之田，以厚野人也。”③ 可见，孟子分田制禄之法，既有常制定法，又有时宜恩泽，其实行起来的效果，必然是“百姓亲睦”。最后，孟子说他为滕文公所陈述的井田制，只是“大略”，如果滕国要实施，还得靠滕国君臣因地制宜进行“润泽”。

滕国施行仁政之效果，由《孟子·滕文公上》的篇章安排便可知。因为紧接“滕文公问为国”章之后便是“有为神农之言者许行”章，其中记载许行与陈相等人听闻滕文公施行仁政而分别从楚与宋等国到滕国为“氓”。氓，即“滕文公问为国”章中对‘野人’之称呼。④ 真所谓是“民归之，由水之就下，沛然谁能御之”（《孟子·梁惠王上》）！然而，由《孟子·滕文公下》记载“宋，小国也。今将行王政，齐楚恶而伐之”的事实来看，滕国应该也在所难免。“乱世恶善。”（《荀子·乐论》）时势

① 〔宋〕朱熹：《四书章句集注》，中华书局1983年版，第255页。

② 〔宋〕朱熹：《四书章句集注》，中华书局1983年版，第256页。

③ 〔宋〕朱熹：《四书章句集注》，中华书局1983年版，第256页。

④ 朱子注：“氓，野人之称。”（详见〔宋〕朱熹《四书章句集注》，中华书局1983年版，第257页）

如此！

孟子的治国之道，即尧舜之道，即文王之政，即王政。颜渊问为邦，孔子告诉他："行夏之时，乘殷之辂，服周之冕，乐则《韶》舞。"滕文公问为国，孟子告诉他应践行文王之政，具体如前述材料所言。由《论语》看孔子答颜渊问为邦之道则人以为简，由《孟子》看孟子答滕文公问为国之道则人以为详。这并不是因为颜渊聪明，所以孔子回答简略；也不是滕文公愚钝，所以孟子回答详尽。孔子回答颜渊问为邦之道之所以简略，是因为记录之法，但记其大略则可以；而孟子回答滕文公问为国之道之所以详尽，是因为实践之方不详细则不能实施，所以孟子说"此其大略也"。孟子与孔子同道，易地则皆然。

五、王政与天下

春秋之时，周室衰微，五霸虽然"搂诸侯以伐诸侯"，但是，还能尊王；五霸之后，却是"周失其鹿，大国共逐之"[①]，大国诸侯以夺取天下为目标。孟子如何看？

（一）天下定于一

《孟子·梁惠王上》记载：

> 孟子见梁襄王。出，语人曰："望之不似人君，就之而不见所畏焉。卒然问曰：'天下恶乎定？'吾对曰：'定于一。''孰能一之？'对曰：'不嗜杀人者能一之。''孰能与之？'对曰：'天下莫不与也。王知夫苗乎？七八月之间旱，则苗槁矣。天油然作云，沛然下雨，则苗浡然兴之矣。其如是，孰能御之？今夫天下之人牧，未有不嗜杀人者也，如有不嗜杀人者，则天下之民皆引领而望之矣。诚如是也，民归之，由水之就下，沛然谁能御之？'"

① "周失其鹿，大国共逐之"，借用于《史记·淮阴侯列传》："秦失其鹿，天下共逐之。"

孟子以为，杀人是不能使天下统一与安定的，唯有不嗜好杀人，实施仁政，赢得民心，才能完成统一与安定天下的任务。孟子的这个意思，如果参看《孟子·梁惠王上》“齐桓、晋文之事可得闻乎”章，则更加清晰明白。《孟子·梁惠王上》记载：

> 齐宣王问曰：“齐桓、晋文之事可得闻乎?”孟子对曰：“仲尼之徒无道桓、文之事者，是以后世无传焉。臣未之闻也。无以，则王乎?”曰：“德何如，则可以王矣?”曰：“保民而王，莫之能御也。”……［孟子］曰：“抑王兴甲兵，危士臣，构怨于诸侯，然后快于心与?”王曰：“否。吾何快于是? 将以求吾所大欲也。”……曰：“然则王之所大欲可知已。欲辟土地，朝秦楚，莅中国而抚四夷也。以若所为求若所欲，犹缘木而求鱼也。”……［孟子］曰：“……盖亦反其本矣。今王发政施仁，使天下仕者皆欲立于王之朝，耕者皆欲耕于王之野，商贾皆欲藏于王之市，行旅皆欲出于王之途，天下之欲疾其君者皆欲赴诉于王。其若是，孰能御之?”

孟子认为齐宣王以“兴甲兵”的方式，来达到“辟土地，朝秦楚，莅中国而抚四夷”的目的，不过是缘木求鱼罢了，只有“保民”与“发政施仁”，才能王于天下。保民则必定不嗜杀人。由孟子不赞同齐宣王之“大欲”，进而可以更好地理解《孟子·尽心下》孟子所说：“养心莫善于寡欲。”“有诸内必形诸外”（《孟子·告子下》），理论探源，必至于心与欲而止。杨泽波先生说：“从本质上说，儒学特别是先秦儒学首先是政治之学，其次才是心性之学；心性之学是政治之学的基础，政治之学是心性之学的目的。”① 笔者以为，先秦儒学的政治之学由外向内探源，则是心性之学；先秦儒学的心性之学由内向外推广，则是政治之学；先秦儒学的心性之学与政治之学一以贯之。如果不得已而定要分个本末、先后与内外，笔者以为，先秦儒学之本、先与内当是心性之学，其末、后与外当是

① 杨泽波：《孟子评传》，南京大学出版社 1998 年版，第 180 页。

政治之学，这可以从先秦儒学都提倡“自修身以至于平天下”的主张得到证明。而且，笔者以为，并不会因为我们承认先秦儒学之心性之学在先的事实，因此就会降低先秦儒学之政治之学的地位与功用；相反地，心性之学是本，是源头活水，所以政治之学可以与时偕进。

对于《孟子·梁惠王上》“孟子见梁襄王”章，苏辙于《古史》卷三十四说：“当是时，诸侯皆将以多杀人一天下，诚有不嗜杀人之君，招而抚之，天下必将归之。孟子之言，非苟为大而已也。然不深原其意，而详究其实，未有不以为迂者矣。予观战国之后，更始皇、项籍，杀人愈多，而天下愈乱。及汉高帝，虽以兵取天下，而心不在杀人，然后乃定。……光武复以不嗜杀人收之。……及唐太宗，始复不嗜杀人，天下乃定。……及宋受命，艺祖皇帝虽以神武诛锄僭伪，而不嗜杀人之心，神民信之，未及十年，而削平之功比于汉、唐。……盖自孟子以来，能一天下者四君，皆以不嗜杀人致之。由此观之，孟子之言，岂偶然而已哉！”[①] 苏辙可谓深得孟子意思。

（二）舜乐而忘天下

战国之世，大国竞争天下，“争地以战，杀人盈野；争城以战，杀人盈城”。“梁惠王以土地之故，糜烂其民而战之”，孟子说：“不仁哉，梁惠王也！仁者以其所爱及其所不爱，不仁者以其所不爱及其所爱。”（《孟子·尽心下》）梁惠王不顾子民性命而发动战争，以夺取天下，孟子说他不仁。以天下为乐，孟子认为，舜不会如此。《孟子·离娄上》记载：

> 天下大悦而将归己。视天下悦而归己，犹草芥也，惟舜为然。不得乎亲，不可以为人；不顺乎亲，不可以为子。舜尽事亲之道而瞽瞍厎豫，瞽瞍厎豫而天下化，瞽瞍厎豫而天下之为父子者定，此之谓大孝。

---

① 曾枣庄、舒大刚主编：《古史》，见《三苏全书》（第四册），语文出版社2001年版，第234－235页。

孟子认为，如果拿使天下喜悦而归附自己因此而得天下与自己使父亲喜悦而喜爱自己因此而得父亲欢心这两者来作比较，能将天下视为草芥一样不重要的，只有舜能做到。以天下为重，以天下为乐，不得天下则不乐，因此，凡可以得天下的，必定无所不用其极，如此，战争杀伐不可避免。孟子视天下如草芥之说，对于挽救乱世之人心有所裨益。

又，《孟子·尽心上》记载：

> 桃应问曰："舜为天子，皋陶为士，瞽瞍杀人，则如之何？"孟子曰："执之而已矣。""然则舜不禁与？"曰："夫舜恶得而禁之？夫有所受之也。""然则舜如之何？"曰："舜视弃天下，犹弃敝蹝也。窃负而逃，遵海滨而处，终身欣然，乐而忘天下。"

朱子注："此章言为士者，但知有法，而不知天子父之为尊；为子者，但知有父，而不知天下之为大。盖其所以为心者，莫非天理之极，人伦之至。学者察此而有得焉，则不待较计论量，而天下无难处之事矣。"[①] 刘清平教授于2002年发表《美德还是腐败？——析〈孟子〉中有关舜的两个案例》，其中，刘教授把《孟子·尽心上》"桃应问曰"章作为案例一，认为孟子肯定并赞许的舜的举动，都是"典型的腐败行为"与"典型的徇情枉法"。[②] 刘教授此文发表后，引发学术界的一场热烈讨论。郭齐勇教授将学术界讨论的一些相关文章集结为书——《儒家伦理争鸣集——以"亲亲互隐"为中心》，并于2004年由湖北教育出版社出版。争鸣至今犹有余响。笔者以为，但凡论辩，本诸公心，即为可敬；能尽文本原意，则是"尽真矣"；能论辩而有条理，则是"尽美矣"；如又能"以仁心说"，则是"尽善矣"。[③] 笔者以为，朱子的注释符合这个标准。《论语·泰伯》记载，孔子说："巍巍乎！舜禹之有天下也，而不与焉。"孟子认为舜

---

① 〔宋〕朱熹：《四书章句集注》，中华书局1983年版，第360页。

② 刘清平：《美德还是腐败？——析〈孟子〉中有关舜的两个案例》，载《哲学研究》2002年第2期，第43页。

③ "尽美矣"与"尽善矣"，出自《论语·八佾》。

“视天下悦而归己，犹草芥也”与“视弃天下，犹弃敝蹝也”，即是孔子所说的舜有天下而不与。人皆可以为舜，如果人皆有天下而不与，“视天下悦而归己，犹草芥也”“视弃天下，犹弃敝蹝也”，试问，还会有人去发动战争夺取天下吗？

（三）君子之欲、乐、性

《孟子·尽心上》记载：

> 广土众民，君子欲之，所乐不存焉。中天下而立，定四海之民，君子乐之，所性不存焉。君子所性，虽大行不加焉，虽穷居不损焉，分定故也。君子所性，仁义礼智根于心。其生色也，睟然见于面，盎于背，施于四体，四体不言而喻。

孟子说，仁德君子治理国家，虽然“欲”地广人多，但是，君子之乐里并不存有此欲。君子治理国家，王道大行，使国家屹立于天下，四海之民安定，君子虽然感到快乐，但是，君子之性里并不存有此乐。君子之性，即使身居高位，也不会有所增加；即使穷居陋巷，也不会有所减损，这是本分注定的缘故。君子之性里，仁、义、礼、智已经在心里扎根，由仁、义、礼、智之心的本根上生发出来的气色，自然而然地会和润地凸显在人的脸面上，也自然而然地会厚厚地充盈到人的脊背上，散布到人的全身。由此，不需要说话，身体生发出来的气色，就能让别人了解自己。

《孟子·尽心上》“桃应问曰”章，舜逃离中国之外还能乐而忘天下，正是因为“君子所性，虽大行不加焉，虽穷居不损焉，分定故也。”夺取天下，所求在外，得与不得，本不由自己，列国诸侯不知，不安本分，终日桎梏本心，以至于未得天下而先“失其本心”；孟子特地揭示君子之性，欲使人反求诸己，安于本分而知足。孟子此举，虽似“诚有激而为是”①，但从理上讲，也不外如是。墨子说：“圣人以治天下为事者也，必知乱之

① 〔唐〕柳宗元：《柳河东集》，上海人民出版社1974年版，第286页。

所自起，焉能治之；不知乱之所自起，则不能治。”[①] 笔者认为，孟子以为，战国乱世，乱之所自起，在于人（特别是诸侯国君）“失其本心”，所以，孟子教人“求其放心”，教人反求诸己；所以，孟子要“格君心之非”，说“王何必曰利？亦有仁义而已矣”；所以，孟子“道性善”，说“人皆可以为尧、舜”。知道人皆可以为尧、舜，人人都去努力修其德行，皆以性分为贵，安分自足，王政岂不当下便是？

孟子的政治理念，从正视战国时势开始，到欲君臣效法尧、舜以各尽其道，到君民同乐，到正经界以行仁政，再到天下定于一，其中，既有治道，也有治法；既有制度，也有恩泽；无不可以一一实施。鲁迅先生曾说：“凡事总须研究，才会明白。”[②]

第五节　荀子的政治理念

所谓政治理念，在中国传统社会，从现实政治层面上来说，是指使个人、家庭、国家与天下达到身修、家齐、国治与天下平的思想与方法（也就是道），是指使夫妇、父子、君臣、兄弟与朋友等各种人伦关系各尽其分而群居和一的思想与方法，是使乱变成治的思想与方法。

先秦时期，是中国社会的动乱时期，王道衰微，诸侯力政，时君世主，好恶殊方；诸子蜂出，以其政治理念，驰说诸侯。诸子之政治理念，因其所学、所见与所务不同，所以呈现出百家争鸣的现象。其中，荀子之政治理念，有其独特与独到之处。比如，诸子之政治理念谈治乱，多说“治乱”，而《荀子·不苟》记载：

---

① 《墨子·兼爱上》。另注：王引之云：“焉，乃也。”［详见吴毓江撰，孙启治点校《墨子校注》（上），中华书局1993年版，第155页］另，“焉能治之”与“则不能治”为对言，所以，“焉”即“则”。如王引之《经传释词》卷二《焉》：“焉，犹‘于是’也，乃也，则也。”（详见〔清〕王引之著《经传释词》，岳麓书社1984年版，第38页）

② 鲁迅先生纪念委员会编纂：《狂人日记》，见《鲁迅全集》（第一卷），人民文学出版社1973年版，第281页。

君子治治，非治乱也。曷谓邪？曰：礼义之谓治，非礼义之谓乱也。故君子者，治礼义者也，非治非礼义者也。然则国乱将弗治与？曰：国乱而治之者，非案乱而治之之谓也，去乱而被之以治。人污而修之者，非案污而修之之谓也，去污而易之以修。故去乱而非治乱也，去污而非修污也。治之为名，犹曰君子为治而不为乱，为修而不为污也。

荀子认为，对于治乱，君子（此处可能是指圣王）是“治治”，而不是“治乱”；是治“礼义”，而不是治“非礼义”；是“去乱”，而不是“治乱”。其独特如此。《荀子·天论》记载：

治乱天邪？曰：日月、星辰、《瑞历》，是禹、桀之所同也，禹以治，桀以乱，治乱非天也。时邪？曰：繁启蕃长于春夏，畜积收藏于秋冬，是又禹、桀之所同也，禹以治，桀以乱，治乱非时也。地邪？曰：得地则生，失地则死，是又禹、桀之所同也，禹以治，桀以乱，治乱非地也。《诗》曰：“天作高山，大王荒之，彼作矣，文王康之。”此之谓也。

荀子认为，治乱在人，不在天、地与时，国君当“明于天人之分”（《荀子·天论》）。其独到如此。

《荀子》一书里，集中体现荀子政治理念的篇章有不少，如《王制》《富国》《王霸》《君道》《臣道》《强国》等，学者对荀子的王霸思想、君臣民关系、国家富强之道等，已多有研究与著述。所以，下面仅从礼治、乐治与心治三个方面来阐述荀子的政治理念。

一、礼治

荀子论礼，集中在《荀子·礼论》篇而散见于其他各篇之中，今撮其要，论述如下。

（一）何谓礼？

《荀子·劝学》记载：

学恶乎始？恶乎终？曰：其数则始乎诵经，终乎读礼；其义则始乎为士，终乎为圣人。……《礼》者，法之大分，类之纲纪也，故学至乎《礼》而止矣。夫是之谓道德之极。①

学习的方法始于诵《诗》《书》，终于读典礼；学习的意义，始于成为士人，终于成为圣人。《礼》是一切典法的根本，是一切事类的依据，学到《礼》就算是止境了。这叫作道德的最高准则。然则，“终乎读礼”“终乎为圣人”“至乎《礼》而止”与“道德之极”，四者之间可有内在的联系？《荀子·礼论》记载：

礼者，人道之极也。……礼之中焉能思索，谓之能虑；礼之中焉能勿易，谓之能固。能虑能固，加好［之］者焉，斯圣人矣。……圣人者，道之极也。……故君子上致其隆，下尽其杀，而中处其中。……于是其中焉，方皇周挟，曲得其次序，是圣人也。②

礼是“人道之极”（即人道的最高准则），圣人是“道之极”（即道的最高准则），只有圣人能践行“礼之中”，能够在礼之中“方皇周挟，曲得其次序”。那么，何谓“道”呢？《荀子·儒效》说：“道者，非天之

---

① 杨倞注：“数，术也；经，谓《诗》《书》；礼，谓典礼之属也；义，谓学之意，言在乎修身也。礼所以为典法之大分，统类之纲纪。类，礼法所无，触类而长者，犹律条之比附。”（详见〔清〕王先谦撰，沈啸寰、王星贤点校《荀子集解》，中华书局1988年版，第11－12页）

② “加好之者焉”原作“加好者焉”，此据王先谦说增补“之”字。（详见〔清〕王先谦撰，沈啸寰、王星贤点校《荀子集解》，中华书局1988年版，第357页）

道，非地之道，人之所以道也，君子之所道也。”[①] 《荀子·君道》说：“道者何也？曰：君道也。”[②] 《荀子·正名》说：“道者，古今之正权也。”这就是说，道是人道，是君道，是古今的最高准则。结合以上“礼者，人道之极也”与“圣人者，道之极也”来看，礼便是道，圣人便是君（圣人与君重合即是圣王），只有圣人能尽礼（道）；礼（道）与君（圣人）合二为一，君（圣人）是礼（道）的化身。此观点还可从《荀子·正论》中得到证明。《荀子·正论》记载：

> 天下者，至重也，非至强莫之能任；至大也，非至辨莫之能分；至众也，非至明莫之能和。此三至者，非圣人莫之能尽。故非圣人莫之能王。圣人备道全美者也，是县天下之权称也。

天下至重，至大，至众，“非圣人莫之能王”（即不是圣人则不能当王，即圣王）；圣人“备道全美”（即道之极），是“县天下之权称”（即天下之正权）。因此，我们便能理解《荀子·大略》为什么说“礼者，人之所履也，失所履，必颠蹶陷溺。所失微而其为乱大者，礼也”与“礼者，政之挽也。为政不以礼，政不行矣”了，这是因为，礼是道，人之行走必由道，不由道则必然颠蹶陷溺；为政必由道，不由道则政治之挽车不能行驶。因此，我们便能理解《荀子·儒效》为什么说“礼者，人主之所以为群臣寸尺寻丈检式也”了，这是因为，礼是道，《礼》（即礼的文

---

① 王念孙曰：人之所以道者，道，行也，谓人之所以行也。君子之所道者，道为人之所以行，而人皆莫能行之，唯君子为能行之也。（详见〔清〕王先谦撰，沈啸寰、王星贤点校《荀子集解》，中华书局1988年版，第122页）

② 王念孙曰：案此篇以《君道》为题，而又释之曰“道者何也，曰君道也”，则赘矣。《韩诗外传》作“道者何也，曰君之所道也”，于义为长。君之所道，谓君之所行也。（详见〔清〕王先谦撰，沈啸寰、王星贤点校《荀子集解》，中华书局1988年版，第237页）笔者以为，由下文紧接着问“君者何也”的文势来看，“曰君道也”比“曰君之所道也”更紧凑；又，“君之所道”即是“君道”的意思，因此，此处不从王念孙说而增补“之所”二字；然而，王念孙说亦可备一说。

本化）是法之大分与类之纲纪，“治人以礼，如寸尺寻丈之有法度”[①]。因此，我们便能理解《荀子·大略》为什么说“礼之于正国家也，如权衡之于轻重也，如绳墨之于曲直也。故人无礼不生，事无礼不成，国家无礼不宁”了，这是因为，人、事与国家无礼，即是无道、无法度，如此，则人不能生存，事不能成就，国家不能安宁。因此，我们便能理解《荀子·天论》为什么说“水行者表深，表不明则陷；治民者表道，表不明则乱。礼者，表也。非礼，昏世也。昏世，大乱也。故道无不明，外内异表，隐显有常，民陷乃去”了，便可理解《荀子·大略》为什么说“水行者表深，使人无陷；治民者表乱，使人无失。礼者，其表也，先王以礼义表天下之乱。今废礼者，是去表也。故民迷惑而陷祸患，此刑罚之所以繁也”了，这是因为，礼是道，“道，礼也”[②]，治民者（即君上）不以礼（道）治民，民无有不迷惑而陷溺于祸患之中的。《荀子·礼论》记载：

> 礼起于何也？曰：人生而有欲，欲而不得，则不能无求；求而无度量分界，则不能不争；争则乱，乱则穷。先王恶其乱也，故制礼义以分之，以养人之欲，给人之求，使欲必不穷乎物，物必不屈于欲，两者相持而长，是礼之所起也。

礼是先王（即圣王）为了防止人类社会争乱，使人的内在欲望与外在需求相平衡而制定出来的，即礼出于圣王。圣王为何能制礼？《荀子·儒效》说：“圣人也者，道之管也。天下之道管是矣，百王之道一是矣。”[③]圣人能制礼，是因为圣人是礼（道）的化身，是道（礼）的枢要；天下之道与百王之道都在圣人身上，所以圣人能制礼。《荀子·儒效》又说：

---

① 〔清〕王先谦撰，沈啸寰、王星贤点校：《荀子集解》，中华书局1988年版，第146页。

② 杨倞注：道，礼也。（详见〔清〕王先谦撰，沈啸寰、王星贤点校《荀子集解》，中华书局1988年版，第319页）

③ 杨倞注：管，枢要也；是，是儒学。（详见〔清〕王先谦撰，沈啸寰、王星贤点校《荀子集解》，中华书局1988年版，第133页）

涂之人百姓，积善而全尽，谓之圣人。彼求之而后得，为之而后成，积之而后高，尽之而后圣。故圣人也者，人之所积也。人积耨耕而为农夫，积斫削而为工匠，积反货而为商贾，积礼义而为君子。工匠之子莫不继事，而都国之民安习其服：居楚而楚，居越而越，居夏而夏，是非天性也，积靡使然也。

人因其所积（即积习）之不同，或成为农夫，或成为工匠，或成为商贾，或成为君子，或积善全尽则为圣人。虽然大家都有可能成为圣人，但因其所积与居处习惯不同，代代相传而相互影响，以至于最终成为一个有差异的人群社会；虽然不是天性使然，但也不是他人所迫。《荀子·富国》说："人伦并处，同求而异道，同欲而异知，生也。"人因其之积学与欲求不同而最终形成德行与职业不同的人伦社会。因此，圣王制礼，必然有"别"——使"贵贱有等，长幼有差，贫富轻重皆有称"（《荀子·礼论》），"称，谓各当其宜"[①]。这就是《荀子·富国》所说的"古者先王分割而等异之也，故使或美或恶，或厚或薄，或佚或乐，或劬或劳"[②]。圣王制礼会有私心吗?《荀子·王制》记载：

分未定也则有昭缪。虽王公士大夫之子孙［也］，不能属于礼义，则归之庶人。虽庶人之子孙也，积文学，正身行，能属于礼义，则归之卿相士大夫。

君王（笔者按：由篇名看来，此处君王当指圣王）行政用人，承认"分未定"，不论是庶人还是王公士大夫之子孙，只要能"属于礼义"，就有机会成为卿相士大夫。这说明国家政治权力是向社会开放的。《荀子·法行》记载：

① 〔清〕王先谦撰，沈啸寰、王星贤点校：《荀子集解》，中华书局1988年版，第347页。

② "或佚或乐，或劬或劳"，王念孙认为当作"或佚乐，或劬劳"。（详见〔清〕王先谦撰，沈啸寰、王星贤点校《荀子集解》，中华书局1988年版，第179页）

> 公输不能加于绳［墨］，圣人莫能加于礼。礼者，众人法而不知，圣人法而知之。①

荀子认为，就像公输班不能凌驾于绳墨之上一样，圣人也不能凌驾于礼之上。即使是圣人，也不能随意更改礼，而只能效法礼或制定礼。《荀子·大略》说："人主仁心设焉，知其役也，礼其尽也。故王者先仁而后礼，天施然也。"荀子此处所说的人主与王者，当是圣王。人主设礼，先存仁心，然后辅助以智慧，才能使礼尽善；即人主只有仁且智（即圣），才能尽礼。《荀子·大略》还说："礼以顺人心为本，故亡于《礼经》而顺于人心者，皆礼也。"只要顺于人心，即使圣王制定的《礼经》里没有记载，都是礼。这是"《礼》者，法之大分，类之纲纪"之意。由圣王开放国家政治权力、圣王不能凌驾于礼之上、圣王制礼先以仁心、礼要顺于人心四者来看，圣王制礼不会有私心。

（二）礼以分治

首先，《荀子·富国》记载：

> 离居不相待则穷，群而无分则争。穷者患也，争者祸也，救患除祸，则莫若明分使群矣。强胁弱也，知惧愚也，民下违上，少陵长，不以德为政，如是，则老弱有失养之忧，而壮者有分争之祸矣。事业所恶也，功利所好也，职业无分，如是，则人有树事之患，而有争功之祸矣。男女之合，夫妇之分，婚姻娉内送逆无礼，如是，则人有失合之忧，而有争色之祸矣。故知者为之分也。

如果人类离群索居而不通功易事，则人伦社会会困穷；如果群居而没

---

① 此据顾千里说增补一"墨"字。顾千里曰：案正文"绳"字下，据注，疑亦当有"墨"字，宋本同。（详见〔清〕王先谦撰，沈啸寰、王星贤点校《荀子集解》，中华书局1988年版，第533页）

有礼分则人伦社会会斗争。困穷与斗争对于人伦社会来说，都是祸患。要想解除祸患，没有比明分以使群的办法更好的了。圣王仁且知，所以必定会制礼以使人类有分别。礼分具体到君臣、父子、兄弟与夫妻身上，应该如何做呢?《荀子·君道》记载：

请问为人君？曰：以礼分施，均遍而不偏。请问为人臣？曰：以礼待君，忠顺而不懈。请问为人父？曰：宽惠而有礼。请问为人子？曰：敬爱而致文。请问为人兄？曰：慈爱而见友。请问为人弟？曰：敬诎而不苟。请问为人夫？曰：致功而不流，致临而有辨。请问为人妻？曰：夫有礼，则柔从听待；夫无礼，则恐惧而自竦也。此道也，偏立而乱，俱立而治，其足以稽矣。请问兼能之奈何？曰：审之礼也。[①]

荀子认为，作为君，要按照礼来将利益分予国人，做到均匀周遍而不偏私；作为臣，要以礼来事君，做到忠心顺从而不松懈；作为父，对子要宽厚慈惠而有礼；作为子，对父要敬爱而尽恭敬之心；作为兄，对弟要慈爱而友好；作为弟，对兄要恭敬顺从而不苟从；作为夫，尽力于事功而不流荡，尽力于亲近而又有别；作为妻，夫有礼则柔顺侍奉，夫无礼则恐惧竦敬。此五伦（朋友可从兄弟推出）之道，一伦不正则国家必乱，五伦都正则国家必治。最后，荀子提出，只有大家各自“审之礼”，以礼来审查自己的行为，才能做到五伦俱正，国家平治。这是荀子从五伦的角度用礼来治理国家的政治理念。

其次，《荀子·富国》记载：

礼者，贵贱有等，长幼有差，贫富轻重皆有称者也。故天子袾裷

① 郝懿行曰：“待”字误。《韩诗外传》四作“事”，是也。盖“事”讹为“侍”，又讹为“待”耳。“懈”，宜依《韩诗外传》作“解”，古书皆然，转写者依今书作“懈”耳。（详见〔清〕王先谦撰，沈啸寰、王星贤点校《荀子集解》，中华书局1988年版，第232页）笔者以为，郝氏看法可从。另，需要指出的是，“韩诗外传四”实为“韩诗外传卷四”的简写，所以，此处的标点符号或许应该点为“《韩诗外传·四》”？

衣冕，诸侯玄裷衣冕，大夫裨冕，士皮弁服。德必称位，位必称禄，禄必称用。由士以上则必以礼乐节之，众庶百姓则必以法数制之。量地而立国，计利而畜民，度人力而授事，使民必胜事，事必出利，利足以生民，皆使衣食百用出入相掩，必时藏余，谓之称数。故自天子通于庶人，事无大小多少，由是推之。故曰：朝无幸位，民无幸生。

荀子认为，礼使贵贱长幼有等级与差别，使贫富的人各自负担的赋税都相对等。从爵禄上，使道德与职位相称，使职位与俸禄相称，使俸禄与用度相称。从天子到庶民，事情无论大小多少，都是根据这个（即礼）来类推。在这里，荀子认为，立国治国必须根据礼，从士人以上用礼乐制度来节制，士人以下用法度术数来节制。这是荀子从爵位贵贱的角度用礼来治理国家的政治理念。

再次，《荀子·王制》记载：

序官：宰爵知宾客、祭祀、飨食、牺牲之牢数，司徒知百宗、城郭、立器之数，司马知师旅、甲兵、乘白之数。修宪命，……大师之事也。修堤梁，……司空之事也。相高下，……治田之事也。修火宪，……虞师之事也。顺州里，……乡师之事也。论百工，……工师之事也。相阴阳，……伛巫、跛击之事也。修采清，……治市之事也。抃急禁悍，……司寇之事也。本政教，……冢宰之事也。论礼乐，……辟公之事也。全道德，……天王之事也。故政事乱则冢宰之罪也，国家失俗则辟公之过也，天下不一，诸侯俗反，则天王非其人也。

从官职上来说，宰爵、司徒、司马、大师、司空、治田、虞师、乡师、工师、伛巫、跛击、治市、司寇、冢宰、辟公以及天王都各有职责与分工，尤其是冢宰、辟公与天王，其责任更加重大，所以，荀子特地说“政事乱则冢宰之罪也，国家失俗则辟公之过也，天下不一，诸侯俗反，则天王非其人也”，或“罪”，或“过”，或“非其人”，都有重责之意。这是荀子从官职的职责与分工的角度用礼来治理国家的政治理念。

最后，兼服天下。《荀子·富国》记载：

> 兼足天下之道在明分。掩地表亩，刺草殖谷，多粪肥田，是农夫众庶之事也。守时力民，进事长功，和齐百姓，使人不偷，是将率之事也。高者不旱，下者不水，寒暑和节，而五谷以时熟，是天之事也。若夫兼而覆之，兼而爱之，兼而制之，岁虽凶败水旱，使百姓无冻馁之患，则是圣君贤相之事也。①

荀子认为，同时满足天下需求的道术在于分明职分，也就是分别农夫众庶、将率、天与圣君贤相等各自的职分。这是荀子从天与人、民与官的职分的角度用礼来治理国家的政治理念。荀子又谈兼服天下之心。《荀子·非十二子》记载：

> 兼服天下之心：高上尊贵不以骄人，聪明圣知不以穷人，齐给速通不争先人，刚毅勇敢不以伤人；不知则问，不能则学，虽能必让，然后为德。遇君则修臣下之义，遇乡则修长幼之义，遇长则修子弟之义，遇友则修礼节辞让之义，遇贱而少者则修告导宽容之义。无不爱也，无不敬也，无与人争也，恢然如天地之苞万物，如是则贤者贵之，不肖者亲之。

荀子认为，要想全面收服天下人之心，就要做到：即使高上尊贵，也不以此骄人；即使聪明圣知，也不以此窘人；即使言行敏捷，也不以此先人；即使刚毅勇敢，也不以此伤人；不知道就问，不能干就学，即使能干也必须要辞让，然后才能成就圣贤之德。这样，遇到君上就能尽臣下之礼义，遇到同乡就能尽长幼之礼义，遇到长者就能尽子弟之礼义，遇到朋友就能尽辞让之礼义，遇到卑贱而年少的人就能尽告导宽容之礼义。如此，

---

① “天之事”本作“天下之事”，据王念孙说改。（详见〔清〕王先谦撰，沈啸寰、王星贤点校《荀子集解》，中华书局1988年版，第184页）

则贤者尊敬他，不肖者亲近他。这是荀子从个人随时修礼以中礼（道）（即上文“礼之中”与中道的意思）的角度用礼来兼服天下人之心的政治理念。

从人不可离群索居与人群不可无分这个前提出发，荀子从五伦、爵位贵贱、官职的职责与分工、天与人和民与官的职分、明分以兼足天下与修礼以收服天下人心的角度，阐述了他的政治理念——礼治。所谓礼治，便是圣王从人伦社会的差异现实出发，以礼对人伦社会进行分别，使各安其分，各尽其职，共同使国家与天下达到平治。其关键在“分”，此“分”字，作为动词，即分别；作为名词，即职分或礼分。圣王“明分使群”，最终群居和一，国治天下平。所以说，礼以分治。《论语·学而》说：“礼之用，和为贵。先王之道斯为美，小大由之。有所不行，知和而和，不以礼节之，亦不可行也。”此之谓也。礼治，即道治，即王治。

二、乐治

先王治世，礼乐并重，《荀子》之中，也是礼乐并提。除了《荀子·礼论》与《荀子·乐论》之外，《荀子·劝学》说：“《礼》《乐》法而不说。”《荀子·修身》说：“治气养心之术：……愚款端悫，则合之以礼乐，通之以思索。”《荀子·王制》说：“论礼乐，正身行，广教化，美风俗，兼覆而调一之，辟公之事也。”《荀子·富国》说：“由士以上则必以礼乐节之。”《荀子·臣道》说：“恭敬，礼也；调和，乐也。”《荀子·强国》说：“礼乐则修，……夫是之谓道德之威。礼乐则不修，……夫是之谓暴察之威。”《荀子·成相》说：“礼乐灭息，圣人隐伏墨术行。”《荀子·赋》说：“礼乐以成，贵贱以分。养老长幼，待之而后存。”《荀子·大略》说：“三王既已定法度，制礼乐而传之。”荀子之于礼乐，其重视程度于此可见。

《荀子·乐论》记载：

> 且乐也者，和之不可变者也；礼也者，理之不可易者也。乐合同，礼别异。礼乐之统，管乎人心矣。穷本极变，乐之情也；著诚去

伪，礼之经也。

乐是和的极致，不可变易；礼是理的极致，也不可变易。乐主和合相同，礼主分别差异。礼乐纲纪，统摄人心。穷究本原而又极尽变化，这是乐的性情；显现真诚而去除虚伪，这是礼的纲纪。礼乐不可偏废。荀子此处所论礼乐，可以视为其礼乐思想的纲领。荀子礼以分治的政治理念既已阐述在前，则其乐以和治的政治理念当继述在后；两者并陈，方尽荀子礼乐治世思想之精蕴。荀子乐以和治的政治理念之精华，荟萃在《荀子·乐论》之中。

（一）乐治之方（术）

《荀子·乐论》记载：

> 夫乐者，乐也，人情之所必不免也，故人不能无乐。乐则必发于声音，形于动静，而人之道，声音、动静、性术之变尽是矣。故人不能不乐，乐则不能无形，形而不为道，则不能无乱。先王恶其乱也，故制《雅》《颂》之声以道之，使其声足以乐而不流，使其文足以辨而不諰，使其曲直、繁省、廉肉、节奏足以感动人之善心，使夫邪污之气无由得接焉。是先王立乐之方也。

乐（yuè），是乐（古读 luò，今读 lè，从今读），是人情之所必不能免除的，所以人不能无乐。所谓“人情之所必不免”，即是《荀子·正名》所说：“性之好、恶、喜、怒、哀、乐谓之情。”人生而有性，性感于外物而生发好、恶、喜、怒、哀、乐之情，所以，乐是人情之所有，不能免除。人乐则显现于声音与动静之中，而人之所以为人的道理，通过声音、动静与性情心术的变化都表现出来了。人不能不乐，乐不能不表现出来，表现出来不符合道，就会导致惑乱。先王厌恶惑乱，所以制作《雅》《颂》的声乐来引导，使乐足以感动人的善心，使邪污之气不能得到接触。这便是先王“立乐之方”（即制乐的道理）。人能使情“为道”（即当道，中道，符合道），以《雅》《颂》引导与节制，使善心不与邪污之气接触，则人必然无乱，如此，则身修，家齐，国治，天下平。《荀子·乐论》记载：

> 故乐在宗庙之中，君臣上下同听之，则莫不和敬；闺门之内，父子兄弟同听之，则莫不和亲；乡里族长之中，长少同听之，则莫不和顺。故乐者，审一以定和者也，比物以饰节者也，合奏以成文者也，足以率一道，足以治万变。是先王立乐之术也。

乐在宗庙之中，君臣上下一起听，则莫不和敬；乐在闺门之内，父子兄弟一起听，则莫不和亲；乐在乡里族长之中，长少一起听，则莫不和顺。所以，乐精审于道以确保和谐，比类事物以修饰节制，共同演奏以汇成文采，足以统摄大道，足以治理万变。这是先王“立乐之术”（即制乐的道理）。古代“方”与“术”有并用的情况，“方术”有“道术”的意思；方即是术，术即是方，都指道。“立乐之方”与“立乐之术”都是指“立乐之道”。如果乐在宗庙之中、闺门之内、乡里族长之中能分别使君臣上下、父子兄弟、长少听了之后莫不和敬、和亲、和顺，如此，岂有身不修、家不齐、国不治、天下不平的道理？《荀子·乐论》记载：

> 故听其《雅》《颂》之声，而志意得广焉；执其干戚，习其俯仰屈伸，而容貌得庄焉；行其缀兆，要其节奏，而行列得正焉，进退得齐焉。故乐者，出所以征诛也，入所以揖让也。征诛揖让，其义一也。出所以征诛，则莫不听从；入所以揖让，则莫不从服。故乐者，天下之大齐也，中和之纪也，人情之所必不免也。是先王立乐之术也。

乐对外可以用来征诛，对内可以用来揖让。对外用来征诛，莫不听从；对内用来揖让，也莫不服从。所以，乐可以说是齐一天下的工具、

“中和”[1] 的纲纪，人情之所必不能免除。这是先王的“立乐之术”（即制乐的道理）。如果乐能使国家对外征诛而让敌国听从，对内揖让而让人民服从，如此，内外和一，国家与天下岂有不平治的道理？

乐如此重要，以至于荀子说：

> 且乐者，先王之所以饰喜也；军旅铁钺者，先王之所以饰怒也。先王喜怒皆得其齐焉。是故喜而天下和之，怒而暴乱畏之。先王之道，礼乐正其盛者也。

乐是先王用来表现喜悦的，军旅铁钺是用来表现愤怒的；因此先王喜怒皆得其中。所以，先王喜则天下之人和顺，先王怒则暴乱之人畏惧。先王之道，礼乐是其中最隆盛的。

（二）乐治之效

《乐论》记载：

> 夫声乐之入人也深，其化人也速，故先王谨为之文。乐中平则民和而不流，乐肃庄则民齐而不乱。民和齐则兵劲城固，敌国不敢婴也。如是，则百姓莫不安其处，乐其乡，以至足其上矣。然后名声于是白，光辉于是大，四海之民莫不愿得以为师。是王者之始也。乐姚冶以险，则民流僈鄙贱矣。流僈则乱，鄙贱则争。乱争则兵弱城犯，敌国危之。如是，则百姓不安其处，不乐其乡，不足其上矣。故礼乐废而邪音起者，危削侮辱之本也。故先王贵礼乐而贱邪音。

声乐能深入人心，能迅速地感化人心，所以先王非常重视声乐的文理。乐声中正平和则人民和齐而不放荡，乐声肃穆庄敬则人民和齐而不躁乱。人民和齐则兵强城固，敌国不敢来触犯。如此，百姓安居乐业，因此

---

[1] 中和，即《礼记·中庸》所说的：“喜怒哀乐之未发，谓之中；发而皆中节，谓之和。”

而重视其君上。君上的名声大白于天下，四海之民莫不愿意以君上为君师。这是王者基业的开端。相反地，乐声妖冶而阴险，则人民放荡、卑贱。人民放荡则乱，卑贱则争。国家争乱则敌国敢来侵犯。如此，百姓不能安居乐业，因此而不重视其君上。礼乐废弛则邪音兴起，这是国家衰微与受辱的根源。所以，先王以礼乐为尊贵而以邪音为卑贱。乐与国家强盛兴衰的关系如此，或王，或危，国君岂可不重视乐？岂可不以乐治理国家？《荀子·乐论》记载：

吾观于乡，而知王道之易易也。主人亲速宾及介，而众宾皆从之，至于门外，主人拜宾及介而众宾皆入，贵贱之义别矣。三揖至于阶，三让以宾升，拜至，献酬，辞让之节繁。及介省矣。至于众宾，升受，坐祭，立饮，不酢而降。隆杀之义辨矣。工入，升歌三终，主人献之；笙入三终，主人献之；间歌三终，合乐三终，工告乐备，遂出。二人扬觯，乃立司正。焉知其能和乐而不流也。宾酬主人，主人酬介，介酬众宾，少长以齿，终于沃洗者。焉知其能弟长而无遗也。降，说屦，升坐，修爵无数。饮酒之节，朝不废朝，莫不废夕。宾出，主人拜送，节文终遂。焉知其能安燕而不乱也。贵贱明，隆杀辨，和乐而不流，弟长而无遗，安燕而不乱：此五行者，是足以正身安国矣。彼国安而天下安。①

荀子说他观赏了乡饮酒礼，便知晓王道易知易行。从“主人亲速宾及介，而众宾皆从之，至于门外，主人拜宾及介而众宾皆入”这个礼节过程，便知道有贵贱之别；从“三揖至于阶，三让以宾升，拜至，献酬，辞让之节繁。及介省矣。至于众宾，升受，坐祭，立饮，不酢而降”这个礼节过程，便知道有隆杀之分；从“工入，升歌三终，主人献之；笙入三

---

① “终于沃洗者”本作“终于沃洗者焉”，今据其前后“焉”字皆下属为句例，将“焉”字下属为句。王念孙曰：“焉”字下属为句，说见刘氏《经传小记》。（详见〔清〕王先谦撰，沈啸寰、王星贤点校《荀子集解》，中华书局1988年版，第384页）

终，主人献之；间歌三终，合乐三终，工告乐备，遂出。二人扬觯，乃立司正”这个礼节过程，便知道他们能和乐而不放荡；从“宾酬主人，主人酬介，介酬众宾，少长以齿，终于沃洗者”这个礼节过程，便知道他们能尊敬长者而无遗漏；从“降，说屦，升坐，修爵无数。饮酒之节，朝不废朝，莫不废夕。宾出，主人拜送，节文终遂”这个礼节过程，便知道他们能安逸而不惑乱。能做到明贵贱、分隆杀、和乐而不放荡、尊敬长者而无遗漏、安逸而不惑乱这五种行礼，足以修正己身和安定国家；国家安定则天下安定。荀子此处讲述他观赏乡饮酒礼的体会，其意图明显——劝君行王道。而行王道，必当从礼乐入手，亦必可取得正身、安国与安天下的效果。

“夫乐者，乐也，人情之所必不免也，故人不能无乐。”人不乐（lè），不能使身修，家齐，国治，天下平；然而，乐（lè）而不合道，也不能使身修，家齐，国治，天下平；唯有中和，方才能够使身修，家齐，国治与天下平。乐（yuè）之义理，可谓深远、广大、高明。

（三）乐治之实

战国时艰，“民有三患：饥者不得食，寒者不得衣，劳者不得息，三者民之巨患也。然即当为之撞巨钟，击鸣鼓，弹琴瑟，吹笙竽，而扬干戚，民衣食之财将安可得乎？即我以为未必然也。意舍此，今有大国即攻小国，有大家即伐小家，强劫弱，众暴寡，诈欺愚，贵傲贱，寇乱盗贼并兴，不可禁止也。然即当为之撞巨钟，击鸣鼓，弹琴瑟，吹笙竽，而扬干戚，天下之乱也，将安可得而治与？即我以为未必然也。……是故子墨子曰：为乐非也”①。墨子以为，为乐（即撞巨钟，击鸣鼓，弹琴瑟，吹笙竽，扬干戚）对于民之获取衣食财物无补；为乐（即撞巨钟，击鸣鼓，弹琴瑟，吹笙竽，扬干戚）对于平治天下之乱也无补。所以“非乐”。而荀子认为，战国之世，衣食财物之不足，并不是天下的公患，自然界生长的万物能够满

---

① 《墨子·非乐上》。详见吴毓江撰，孙启治点校《墨子校注》（上），中华书局 1993 年版，第 380－381 页。

足人类的衣食需求；天下的公患是乱，不足是由乱造成的。并且，荀子认为，墨子非乐，恰恰会使天下乱；墨子节用，恰恰会使天下贫。“故儒术诚行，则天下大而富，使而功，撞钟击鼓而和。……故墨术诚行则天下尚俭而弥贫，非斗而日争，劳苦顿萃而愈无功，愀然忧戚非乐而日不和。”（《荀子·富国》）荀子之详细论证在《荀子·富国》，兹不赘述。墨子非乐，荀子作《荀子·乐论》反驳墨子；虽然《荀子·乐论》针对墨子而论，但是《荀子·乐论》又不单单是为了反驳墨子非乐而作。荀子之论，不单在“乐”，而且在“治”，是论“乐”又论“治”；而墨子之非，是非“乐”而不非“治”。因此，荀子反驳墨子忧虑天下之公患，在《荀子·富国》而不在《荀子·乐论》，这是因为荀子视乐为国君治理天下的纲纪，而不是视乐（yuè）为国君逐乐（lè）的工具。《荀子·王霸》记载：

> 国危则无乐君，国安则无忧君。乱则国危，治则国安。今君人者急逐乐而缓治国，岂不过甚矣哉！……万乘之国，可谓广大、富厚矣，加有治辨、强固之道焉，若是，则恬愉无患难矣，然后养五綦之具具也。故百乐者生于治国者也，忧患者生于乱国者也，急逐乐而缓治国者，非知乐者也。故明君者必将先治其国，然后百乐得其中；闇君［者］必将急逐乐而缓治国，故忧患不可胜校也，必至于身死国亡然后止也，岂不哀哉！……故治国有道，人主有职。若夫贯日而治详，一日而曲列之，是所使夫百吏官人为也，不足以是伤游玩安燕之乐。若夫论一相以兼率之，使臣下百吏莫不宿道乡方而务，是夫人主之职也。若是，则［功］一天下，名配尧、禹。之主者，守至约而详，事至佚而功，垂衣裳，不下簟席之上，而海内之人莫不愿得以为帝王。夫是之谓至约，乐莫大焉。①

① “忧君”本作“忧民”，此据顾千里说改。又，俞樾曰：“恬”当作“姡”。此处不改。又，根据王先谦说，于“闇君”后增补一“者”字。又，根据王引之说，于“一天下”前增补一“功”字。（详见〔清〕王先谦撰，沈啸寰、王星贤点校《荀子集解》，中华书局1988年版，第210－212页）

荀子认为，国家治乱关系国家安危，国家安危关系国君乐忧；国君千百种欢乐建立在国家得到治理的基础之上，千百种忧患产生于国家混乱的基础之上；急于追逐欢乐而缓于治理国家的国君，是不知“乐（lè）”的国君。圣明的君主必定是先使国家得到治理，然后从中获得许多快乐；昏乱的君主必定是先急于追逐欢乐而缓于治理国家，致使忧患不可胜计，最终身死而国灭。因此，国君应当分清自己的职责。如此，国君则必定能够成就统一天下的功绩，其名声也必定能够配得上圣王尧、禹——再也没有比这个更大的“乐（lè）”了。国家得到治理，国君安乐，天下统一，名配尧、禹，这才是荀子所谓的乐治之实。乐治，即是道治，即是王治。

墨子不知先王之乐，作《墨子·非乐》以非儒，荀子反驳墨子。孟子说：“能言距杨墨者，圣人之徒也。”荀子，圣人（指孔子）之徒也。孔子之后有孟子距墨子，后世以孔孟并称；孟子之后有荀子距墨子，未见有人将孟荀并称。岂可厚彼而薄此！

三、心治

治理天下国家，归根结底，最终需要落实到治理个人身上；治理个人，即是治理人心（治心）；治心，进一步而言，最终落实到治理人的性、情、欲。治心有道，则心正，身修，家齐，国治，天下平；治心无道，则心不正，身不修，家不齐，国不治，天下亦不平。孟子说：“生于其心，害于其政；发于其政，害于其事。圣人复起，必从吾言矣。”（《孟子·公孙丑上》）尤其对于君主，孟子说：“人不足与适也，政不足间也。惟大人为能格君心之非。君仁莫不仁，君义莫不义，君正莫不正。一正君而国定矣。”孟子论心与国家政治的关系如此。对于治民，孔子曾说：“道之以政，齐之以刑，民免而无耻；道之以德，齐之以礼，有耻且格。”（《论语·为政》）孔子认为利用政与刑来治理人民，人民只能够做到苟免于刑罚而心中却不能做到以作恶为耻；只有以德与礼来治理人民，人民方才能够做到以作恶为耻并心归于正。孔子论心与国家政治的关系如此。

坦率地说，心治难言，难在言心。《论语》开篇便说：“学而时习之，不亦说乎？有朋自远方来，不亦乐乎？人不知而不愠，不亦君子乎？”识心者，当下便知道孔子是在言心。因为，“说”是心悦，“乐”是心乐，“不愠”是心不愠。《论语》末章则说：“不知命，无以为君子也。不知礼，无以立也。不知言，无以知人也。”识心者，当下便知道孔子也是在言心。因为，“知命”是心知命，“知礼”是心知礼，“知言”是心知言。孔子自述其为学进德之顺序：“吾十有五而志于学，三十而立，四十而不惑，五十而知天命，六十而耳顺，七十而从心所欲，不逾矩。”识心者，当下便知道孔子是在言心。因为，“志于学”是心志于学，“立”是心有所立，“不惑”是心不惑，“知天命”是心知天命，“耳顺”是“心通”，[①]而孔子的人生最高境界——“从心所欲，不逾矩”——还是归结于心。《孟子》中，孟子开篇便说：“王何必曰利？亦有仁义而已矣。”识心者，当下便知道孟子是在言心。因为，“王何必曰利？亦有仁义而已矣”是劝梁惠王“躬行仁义而无求利之心”，而且，“孟子言仁义而不言利，所以拔本塞源而救其弊，此圣贤之心也”。[②] 在《孟子》篇尾，孟子说：“由尧舜至于汤，五百有余岁，……由孔子而来至于今，百有余岁，……然而无有乎尔，则亦无有乎尔。”识心者，当下便知道孟子是在言心。因为，孟子历序尧舜以至于孔子群圣之统，其意亦不过是表明自己任道之心罢了。《荀子》中，《劝学》开篇便说：“学不可以已。”识心者，当下便知道这是在言心。因为，“学不可以已”便是要“积善成德，而神明自得，圣心备焉”（《荀子·劝学》），这是在谈“圣心”。《荀子·尧问》结尾则说：“孙卿怀将圣之心，蒙佯狂之色，视天下以愚。”这是在谈“将圣之心”。以上这些，无不是在言心。《荀子》之中，《劝学》说“圣心”，说君子之学“箸乎心”，《修身》说“养心”，《不苟》说“大心”“小心”与“诚心”，《荣辱》说“陋心”，《非相》说“论心”，《非十二子》说“兼服天下之心”，等等，莫不是在言心。荀子心以道治的政治理念之精华，荟萃在《荀子·解蔽》与《荀子·正名》之中。

---

① “六十而耳顺”，朱子注：声入心通，无所违逆，知之之至，不思而得也。（详见〔宋〕朱熹《四书章句集注》，中华书局 1983 年版，第 54 页）

② 详见〔宋〕朱熹《四书章句集注》，中华书局 1983 年版，第 202 页。

《荀子·乐论》说："乐合同，礼别异。礼乐之统，管乎人心矣。"前面已经阐述荀子礼治（礼以分治）与乐治（乐以和治）的政治理念，下面，勉为其难，仅据《荀子·解蔽》与《荀子·正名》阐述荀子心治（心以道治）的政治理念。

（一）治乱在于心之所可

《荀子·正名》记载：

> 凡语治而待去欲者，无以道欲而困于有欲者也。凡语治而待寡欲者，无以节欲而困于多欲者也。……欲不待可得，而求者从所可。欲不待可得，所受乎天也；求者从所可，所受乎心也。所受乎天之一欲，制于所受乎心之多，固难类所受乎天也。人之所欲，生甚矣，人之欲恶，死甚矣，然而人有从生成死者，非不欲生而欲死也，不可以生而可以死也。故欲过之而动不及，心止之也。心之所可中理，则欲虽多，奚伤于治！欲不及而动过之，心使之也。心之所可失理，则欲虽寡，奚止于乱！故治乱在于心之所可，亡于情之所欲。

荀子认为，欲生恶死，是人之大欲，然而有人舍生就死，并不是他不欲生而欲死，是因为他认为当死而不当生。人所要追求的欲望过多而人的行动却没跟上，这是受心阻止的缘故。心所想要的欲望如果"中理"（符合道理），欲望再多，也不能伤害心治。人所要追求的欲望不多而人的行动却超过，这是受心指使的缘故。心所想要的欲望如果不符合道理，欲望再少，也不能制止心乱。所以，心之治乱，在于心之所"可"（想要、合意）[是否符合道理]，而不在于欲[之有无与多寡]。

《荀子·正名》接着讲：

> 故虽为守门，欲不可去，性之具也。虽为天子，欲不可尽。欲虽不可尽，可以近尽也；欲虽不可去，求可节也。所欲虽不可尽，求者犹近尽；欲虽不可去，所求不得，虑者欲节求也。道者，进则近尽，

退则节求，天下莫之若也。凡人莫不从其所可，而去其所不可。……今人所欲无多，所恶无寡，岂为夫所欲之不可尽也，离得欲之道而取所恶也哉？故可道而从之，奚以损之而乱！不可道而离之，奚以益之而治！故知者论道而已矣，小家珍说之所愿皆衰矣。

荀子认为，虽贱为守门人，欲是不可以完全去除的，因为这是性中本来具备的；虽贵为天子，欲也是不可以完全满足的。欲虽然不可以完全满足，但可以近至于完全满足；欲虽然不可以完全去除，但可以做到节制。所谓道，进则能使欲可以近至于完全满足，退则能使欲得到节制，天下没有与之（指道）相若的［其他道］了。合道的欲便顺从满足它，何尝因为减损它就能乱呢！不合道的欲便远离、舍弃它，何尝因为增益它就能治呢！[①] 荀子的言下之意，便是上文所说的“心之所可中理，则欲虽多，奚伤于治”与“心之所可失理，则欲虽寡，奚止于乱”，即治乱在于合道不合道，而不在于欲之减损增益。所以，“知治乱者，论合道与不合道而已矣，不在于有欲无欲也”。[②] 《荀子·大略》说：“舜曰：‘维予从欲而治。’”可见，治乱在道不在欲。

（二）治之要在于知道

首先，关于心术之公患，《荀子·解蔽》记载：

---

① “故可道而从之，奚以损之而乱！不可道而离之，奚以益之而治！”杨倞注：可道，合道也。损，减也。言若合道则从之，奚以损乱而过此也。不合道则离之，奚以益治而过此。此明上合道，虽为有欲之说，亦可从之；不合道，虽为去欲之说，亦可离之也。（详见〔清〕王先谦撰，沈啸寰、王星贤点校《荀子集解》，中华书局1988年版，第429页）梁启雄《荀子简释》注：刘念亲曰：“损”“益”字疑互误。当作：“奚以益之而乱，奚以损之而治。”启雄按：《释词》七：“而、犹则也。”这二句说：合于道的欲，就尽量地纵它，何尝由于增益它就乱呢！不合于道的欲就要离开它，何尝由于减损它就治呢！（详见梁启雄著《荀子简释》，中华书局1983年版，第324页）笔者认为，从荀子认为治乱在于合道不合道而不在于欲之减损增益的观点来看，不需要将“损”“益”两字互换位置。而且，从“从”与“离”相对为文来看，笔者也不主张将“从”解释为“纵”。所以，本文此处不采纳梁氏的注解。但是，因其注解有一定的代表性，所以亦备存于此，以供参考。

② 〔清〕王先谦撰，沈啸寰、王星贤点校：《荀子集解》，中华书局1988年版，第429页。

凡人之患，蔽于一曲而暗于大理。治则复经，两疑则惑矣。天下无二道，圣人无两心。今诸侯异政，百家异说，则必或是或非，或治或乱。乱国之君，乱家之人，此其诚心莫不求正而以自为也，妒缪于道而人诱其所迨也。私其所积，唯恐闻其恶也；倚其所私，以观异术，唯恐闻其美也。是以与治离走而是己不辍也。岂不蔽于一曲而失正求也哉！①

荀子认为，一般人的祸患（或毛病），是蔽塞于一隅之见而不能闻见大道。如今诸侯政令不同，百家学说也各异，其结果必然是是非与治乱并存。乱国之君与乱家之人始终偏离正道而犹自以为是，不知停止，这是蔽塞于一隅之见而失求正道。《荀子·解蔽》接着讲：

故为蔽：欲为蔽，恶为蔽，始为蔽，终为蔽，远为蔽，近为蔽，博为蔽，浅为蔽，古为蔽，今为蔽。凡万物异则莫不相为蔽，此心术之公患也。

荀子此处列出“十蔽”（欲与恶、始与终、远与近、博与浅、古与今），认为万物相异则相蔽，这是天下心术的“公患”（共病或公共祸患）。

其次，关于蔽塞之祸与不蔽之福，《荀子·解蔽》记载：

昔人君之蔽者，夏桀、殷纣是也。桀蔽于末喜、斯观，而不知关龙逢，以惑其心而乱其行；纣蔽于妲己、飞廉，而不知微子启，以惑其心而乱其行。……桀死于鬲山，纣县于赤旆，身不先知，人又莫之谏，此蔽塞之祸也。成汤监于夏桀，故主其心而慎治之，是以能长用伊尹而身不失道，此其所以代夏王而受九有也。文王监于殷纣，故主

① “离”原作“虽”，此据郝懿行与王念孙说改。（详见〔清〕王先谦撰，沈啸寰、王星贤点校《荀子集解》，中华书局1988年版，第387页）

其心而慎治之，是以能长用吕望而身不失道，此其所以代殷王而受九牧也。……此不蔽之福也。昔人臣之蔽者，唐鞅、奚齐是也。唐鞅蔽于欲权而逐载子，奚齐蔽于欲国而罪申生，唐鞅戮于宋，奚齐戮于晋。……此蔽塞之祸也。……鲍叔、宁戚、隰朋仁知且不蔽，故能持管仲而名利福禄与管仲齐；召公、吕望仁知且不蔽，故能持周公而名利福禄与周公齐。……此不蔽之福也。昔宾孟之蔽者，乱家是也。墨子蔽于用而不知文，宋子蔽于欲而不知得，慎子蔽于法而不知贤，申子蔽于势而不知知，惠子蔽于辞而不知实，庄子蔽于天而不知人。……曲知之人，观于道之一隅而未之能识也，……此蔽塞之祸也。孔子仁知且不蔽，故学乱术，足以为先王者也。一家得周道，举而用之，不蔽于成积也。故德与周公齐，名与三王并，此不蔽之福也。①

荀子从历史的角度，举例说明人君蔽塞之祸（夏桀与殷纣）与不蔽之福（成汤与文王）、人臣蔽塞之祸（唐鞅与奚齐）与不蔽之福（鲍叔、宁戚、隰朋、召公、吕望）、宾孟蔽塞之祸（墨子、宋子、慎子、申子、惠子、庄子）与不蔽之福（孔子）。君臣之蔽塞与不蔽，可以归结为政治之蔽塞与不蔽；宾孟之蔽塞与不蔽，可以归结为学术之蔽塞与不蔽。政治与学术之蔽塞与不蔽，在于失道与得道，即道术之蔽塞与不蔽。也就是说，政治与学术统摄于道术，政统与学统统摄于道统。荀子指陈墨子、宋子、慎子、申子、惠子、庄子等诸子之闭塞并赞颂孔子之不蔽，其功不在孟子距杨墨之下。

最后，关于治之要在于知道，《荀子·解蔽》记载：

圣人知心术之患，见蔽塞之祸，故无欲无恶，无始无终，无近无远，无博无浅，无古无今，兼陈万物而中县衡焉。是故众异不得相蔽以乱其伦也。何谓衡？曰：道。故心不可以不知道。心不知道，则不

① “鬲”原作“亭”，此据王念孙说改。（详见〔清〕王先谦撰，沈啸寰、王星贤点校《荀子集解》，中华书局1988年版，第389页）

可道而可非道。人孰欲得恣而守其所不可，以禁其所可？以其不可道之心取人，则必合于不道人，而不知合于道人。以其不可道之心，与不道人论道人，乱之本也。夫何以知？曰：心知道，然后可道；可道，然后能守道以禁非道。以其可道之心取人，则合于道人，而不合于不道之人矣。以其可道之心，与道人论非道，治之要也。何患不知？故治之要在于知道。①

圣人见到心术蔽塞的祸患，所以能从欲恶、始终、近远、博浅与古今五对蔽塞之中悬衡，使众异不得相互蔽塞以扰乱其理。所谓衡，就是“道”。人心不可以不知“道”，心不知“道”，则不“可”（可即欲，合意）“道”而欲“非道”。人，以其不欲“道”的心，去与不“得道”的人议论“得道”的人，这是乱的本源。人，以其欲“道”的心，去与“得道”的人衡量“非道”，这是治要（施政要领）。所以，荀子说，治要在于知“道”。

（三）心能知道

治要在于知道，人如何能知道呢？《荀子·解蔽》记载：

人何以知道？曰：心。心何以知？曰：虚壹而静。心未尝不臧也，然而有所谓虚；心未尝不满也，然而有所谓一；心未尝不动也，然而有所谓静。人生而有知，知而有志。志也者，臧也，然而有所谓虚，不以所已臧害所将受谓之虚。心生而有知，知而有异，异也者，同时兼知之。同时兼知之，两也，然而有所谓一，不以夫一害此一谓之壹。心，卧则梦，偷则自行，使之则谋。故心未尝不动也，然而有所谓静，不以梦剧乱知谓之静。未得道而求道者，谓之虚壹而静。作之，则将须道者之虚则人，将事道者之壹则尽，尽将思道者静则察。

① “而不知合于道人”，俞樾曰：“知”字衍。（详见〔清〕王先谦撰，沈啸寰、王星贤点校《荀子集解》，中华书局1988年版，第394页）本文此处采纳俞樾先生的说法。

知道察，知道行，体道者也。虚壹而静，谓之大清明。万物莫形而不见，莫见而不论，莫论而失位。坐于室而见四海，处于今而论久远，疏观万物而知其情，参稽治乱而通其度，经纬天地而材官万物，制割大理，而宇宙里矣。……夫恶有蔽矣哉！①

荀子认为，人之所以能知道，是因为人有心；心之所以能知道，是因为心能“虚壹而静”。所谓虚壹而静，分开来说，虚是心能够做到不以已经储藏于记忆中的知识妨害接受将要储藏于记忆中的知识，壹是心能够做到不以心中兼收并存知识中的一说去妨害另一说，静是心能够做到不以繁忙梦想扰乱正常心志；合起来说，虚壹而静就是心未得道而去求得道。做到“虚壹而静”，则心既清且明，无有蔽塞，这叫作“大清明”。因此，人便能安坐于室内而广见于四海，居处于今而论说至古，通观万物而审知其情理，考察古今治乱而通晓其制度，经纬天地而裁管万物，制割大道，宇宙治理。至此境界，人哪还有蔽塞啊！此处《荀子·解蔽》说心能知道，即是《荀子·正名》说的“心有征知”；《荀子·解蔽》说虚壹而静而制割大理，即是《荀子·正名》说的“心也者，道之工宰也。道也者，治之经理也”。到此境界，则心与道合，心即是道，道即是心，“圣心备焉”。

（四）治心之道

《荀子·解蔽》记载：

① 杨倞注：“满”，当为“两”。两，谓同时兼知。又，对于“作之则将须道者之虚则人将事道者之壹则尽，尽将思道者静则察”，杨倞认为：此义未详，或恐脱误耳。王引之认为，此当以“作之”二字绝句。下文当作“则将须道者之虚，虚则入；将事道者之壹，壹则尽；将思道者之静，静则察”。此承上文“虚一而静”言之。将，语词也。道者，即上所谓“道人”也。言心有动作，则将须道者之虚，虚则能入；将事道者之壹（事，如“请事斯语”之事），壹则能尽；将思道者之静，静则能察也。虚则入者，入，纳也，犹言虚则能受也。故上文云“不以所已臧害所将受谓之虚”也。壹则尽者，言壹心于道，则道无不尽也。静则察者，言静则事无不察也。今本“入”误作“人”，其余又有脱文衍文耳。杨氏与王氏两说可以互补。（详见〔清〕王先谦撰，沈啸寰、王星贤点校《荀子集解》，中华书局1988年版，第396–397页）

> 心者，形之君也，而神明之主也，出令而无所受令。……昔者舜之治天下也，不以事诏而万物成。处一危之，其荣满侧；养一之微，荣矣而未知。故《道经》曰："人心之危，道心之微。"危微之几，惟明君子而后能知之。故人心譬如盘水，正错而勿动，则湛浊在下而清明在上，则足以见须眉而察理矣。微风过之，湛浊动乎下，清明乱于上，则不可以得大形之正也。心亦如是矣。故导之以理，养之以清，物莫之倾，则足以定是非，决嫌疑矣。小物引之则其正外易，其心内倾，则不足以决庶理矣。……自古及今，未尝有两而能精者也。空石之中有人焉，其名曰觙，其为人也，善射以好思。耳目之欲接则败其思，蚊虻之声闻则挫其精，是以辟耳目之欲，而远蚊虻之声，闲居静思则通。思仁若是，可谓微乎？孟子恶败而出妻，可谓能自强矣；有子恶卧而焠掌，可谓能自忍矣，未及好也。辟耳目之欲，可谓能自强矣，未及思也。蚊虻之声闻则挫其精，可谓危矣，未可谓微也。夫微者，至人也。至人也，何强，何忍，何危？故浊明外景，清明内景，圣人纵其欲，兼其情，而制焉者理矣。夫何强，何忍，何危？故仁者之行道也，无为也；圣人之行道也，无强也。仁者之思也恭，圣人之思也乐。此治心之道也。①

首先，心是自我主宰。其次，荀子举舜治理天下的例子，来说明治心之道。舜由于能做到"处一危之"与"养一之微"，归一于道，所以能任贤使能，不用事必躬亲，便使天下得到治理，安荣满侧。再次，心之戒惧

① 郝懿行认为"察理"之"理"字前脱"肤"字。笔者以为，郝氏说可从。又，从"孟子恶败而出妻"到"未可谓微也"，郭嵩焘曰：下两言"何强，何忍，何危"，则此七句正作三项言之。疑此"可谓能自强矣"六字衍，"未及思也"句当在前"可谓能自强"下。忍坚于强，好甚于思。出妻，犹身外也，焠掌则及身矣。蚊虻之声，即系之耳目者，二句究属一义，不应分言，故知此段文句有误倒，亦有衍文。王先谦按：郭说是也。此承上觙之好思言之，不分二事。上言"可谓微乎"，故此答以"未可谓微也"。（详见〔清〕王先谦撰，沈啸寰、王星贤点校《荀子集解》，中华书局1988年版，第401－403页）笔者以为，从"孟子恶败而出妻"到"未可谓微也"，或当为："孟子恶败而出妻，可谓能自强矣，未及思也；有子恶卧而焠掌，可谓能自忍矣，未及好也。辟耳目之欲，远蚊虻之声，可谓危矣，未可谓微也。"未知然否？

精微的征兆，只有内心清明的君子能够知道。至此危微境界，已是“上天之载，无声无臭”（《诗经·大雅·文王》），再难以深入析理，所以，荀子只能打比喻说，人心如同盛在盘里的水，平正放置不动，静久则自然污浊在下而清明在上，用来镜鉴，足以察见须眉肤理；如果被微风吹拂，污浊便扰动清明，此时镜鉴，则不能见到正容。心也是这样，如果以道理来引导，以清明来养护，则外物不能使心倾乱，如此，心便足以决定是非嫌疑；如果被小物引诱，则其正心便因改易于外而致倾乱于内，如此，心便不足以决定众理之是非嫌疑。最后，荀子分清治心之强、忍、危、微之等，欲人治心以至于恭危而仁乃至乐微而圣之化境。荀子设问，觙通过屏除耳目的欲望并远离蚊虻（也比喻坏人）的声音，闲居静思，防止其精神思虑挫败以保证其心思明通而不闭塞，如果心思考仁义也像觙那样，能否称得上“微”（精微）呢？荀子自答，孟子害怕败坏德行而休妻，可以说得上是心能自强（自己图强）了，但是未说得上是思仁；有子害怕困睡误德而烧掌，可以说得上是心能自忍（自己忍受）了，但是未说得上是喜好思仁；至于屏除耳目的欲望，远离蚊虻的声音，可以说得上是“危”（戒惧为仁）了，但是未说得上是“微”（精微于道）。到了“微”，便是“至人”（即圣人）。荀子分别此四等治心境界，从自强到自忍，再到危，最后到微，乃是一个由外逐渐深入于内的修炼过程。因为，靠“出妻”来自强，是治外，认为原因出在妻身上；靠“焠掌”来自忍，是治己，认为原因出在自己身上，但只是治体未及治心；到了靠“辟耳目之欲，而远蚊虻之声”来思仁，这是治心了，但只是“危”（戒惧为仁而心恭）而未及“微”（精微于道而心乐）。因此，荀子认为，到了精微于道的圣人境界，便能从心所欲，尽其性情，而不违背道理。因此，也就不需要强、忍、危了。又，对于仁者与圣人的区别，荀子认为仁者行道，心无所图，所作所为皆是按照道理施行；圣人行道，心无所强，所作所为皆是自然而然地便符合道理。用孟子的话来说，仁者是“行仁义”，圣人是“由仁义行”。所以，仁者是思虑恭敬，圣人是思虑和乐。也就是说，仁者是“危”，圣人是“微”。这便是荀子的治心之道。

墨子曾经说过，圣人要想使乱世得到平治，必须知道乱因何在，否则不能平治天下。荀子认为“乱之本”在于“心不知道”，所以，荀子谈治心之道，教人“虚壹而静”与“心合于道”（《荀子·正名》）。

以上从礼治、乐治与心治三个方面阐述了荀子的政治理念。荀子说：“非圣人莫之能王。”又说：“天下者，至大也，非圣人莫之能有也。”（《荀子·正论》）又说：“先王之道，礼乐正其盛者也。”还说：“天下无二道，圣人无两心。”可见，非圣王不能得天下，非圣王不能兴礼乐，非圣王也不能平治天下。礼乐由圣王体道而作，则知圣王制作之礼乐是道；圣王体道，是心合于道，心壹于道，则知心便是道。由此，我们说，荀子的政治理念其实就是道治，就是王治。

通观《荀子》全书，政治上，荀子贵王；学术上，荀子尊孔。荀子学问渊博，论王制，论礼乐，论富国与强国之道，论兼服天下之道，论君臣之道，论修身解蔽治心之道，无不一一可以施行。可惜荀子“独不遇时当乱世”（《荀子·成相》），“不得为政，功安能成?”

谭嗣同说：“荀乃乘间冒孔之名，以败孔之道。曰：‘法后王，尊君统。’以倾孔学也。曰：‘有治人，无治法。’阴防后人之变其法也。又喜言礼乐政刑之属，唯恐箝制束缚之具之不繁也。”① 又说：“二千年来之学，荀学也，皆乡愿也。”② 谭嗣同，“我自横刀向天笑，去留肝胆两昆仑”③，壮烈之士也。笔者没有对谭嗣同的学说进行过研究，不知道他立论之依据何在，不敢轻议谭嗣同。然而，谭嗣同说二千年来之学是荀学，是乡愿，说荀子冒充孔子之名，败坏孔子之道，说荀子喜言礼乐政刑以箝制束缚人民，笔者以心镜照看并研读《荀子》，发现：说荀子尊崇孔子是成立的，而说荀子“冒孔之名，以败孔之道”是不成立的；说荀子说过“法后王，尊君统”是成立的，而说荀子“倾孔学”是不成立的；说荀子说过“有治人，无治法”是成立的，而说荀子“阴防后人之变其法”是不成立的；说荀子“喜言礼乐政刑之属”是成立的，而说荀子“唯恐箝

---

① 〔清〕谭嗣同著：《谭嗣同全集》，生活·读书·新知三联书店1954年版，第53页。

② 〔清〕谭嗣同著：《谭嗣同全集》，生活·读书·新知三联书店1954年版，第54页。

③ 〔清〕谭嗣同著：《谭嗣同全集》，生活·读书·新知三联书店1954年版，第496页。

制束缚之具之不繁”是不成立的。至于说到二千年来之学，姑且不论是否全是“荀学”，光看谭嗣同断之以“皆乡愿也”四个字，已知不需要驳斥。笔者研读《荀子》，没有得到谭嗣同那样的体会。

第四章　传统典故的伦理想象

以暗示性的名言隽语和比喻例证而非明晰性的精密推理和详细论证，传达重要的道德观念和道德信息，是中国古代哲学家表达思想的特殊方式。[①] 这些名言隽语和比喻例证历经知识性考据、义理性阐发和观念史考察，积淀成中国传统道德文化中的重要典故，是发挥伦理想象的重要空间。

围绕孟子“孺子将入于井”的伦理想象，可以揭示恻隐的情感本质、恻隐的意向所指、恻隐的道德价值以及恻隐的道德风险。“恻隐”是一种与良心有别的关于伤痛的情感体验，是对他人痛苦的原始反应，不仅具有某种直接且未经思考的特色，而且是人类生活的一个基本特征。孟子将恻隐视作具有道德价值的自足性，但不具有成就道德事功的完备性。批判性能力和操纵性风险并存，是现代社会恻隐运作潜在的重大隐忧。

齐宣王的“以羊易牛”成为孟子人性论的重要道德经验。孟子与齐宣王之间围绕“以羊易牛”的对话，揭示出同情、不忍和行善是仁慈的结构和发展阶段；仁慈的本质是自爱。齐宣王“以羊易牛”的过程包含仁慈与公正的冲突，以及特殊仁慈与普遍仁慈的矛盾。

“贼拒脱裤”是王阳明心学用作点明人皆固有良知本心的典故。它直接的指向是良知，但这不表明与羞耻无关。人若不能羞其所应羞，耻其所宜耻，是良知缺乏的明证。在这一点上，孟子和王阳明是相通的。裤子是羞耻的隐喻。羞耻看似源于秘密的泄露，但实质是违犯社会边界而触发的消极的自我否定性情感。羞耻同视觉有关。作为一种道德情感，德行只是羞耻的一种行动策略。

---

① 参见冯友兰《中国哲学简史》，北京大学出版社 1996 年版，第 10－11 页。

"直躬证父"与"窃负而逃"看似都是"亲亲相隐"原则的两个具体例证。但它们之间隐含着重大的区别。它们不仅表现为事件相关人所涉事件轻重之分，而且体现为事件相关人社会地位高低之异。这种区分为道德法律化的限度和法律道德化的便捷提供了有价值的思想资源。

第一节 "孺子将入于井"的伦理想象

《孟子·公孙丑上》载：

> 人皆有不忍人之心。先王有不忍人之心，斯有不忍人之政矣。以不忍人之心，行不忍人之政，治天下可运之掌上。所以谓人皆有不忍人之心者，今人乍见孺子将入于井，皆有怵惕恻隐之心——非所以内交于孺子之父母也，非所以要誉于乡党朋友也，非恶其声而然也。由是观之，无恻隐之心，非人也；无羞恶之心，非人也；无辞让之心，非人也；无是非之心，非人也。恻隐之心，仁之端也；羞恶之心，义之端也；辞让之心，礼之端也；是非之心，智之端也。人之有是四端也，犹其有四体也。有是四端而自谓不能者，自贼者也；谓其君不能者，贼其君者也。凡有四端于我者，知皆扩而充之矣，若火之始然，泉之始达。苟能充之，足以保四海；苟不充之，不足以事父母。

儒学的"恻隐"与现象学的"同情"是否有精微的区别[①]，"同情"是否有着强烈的个体主义的信念背景，恻隐能否作为一种普通的道德情感[②]，本书不讨论这些问题，不将恻隐、同情和怜悯视为可以且应该迥然对待的概念，而是将它们用作互释相通的情感体验，指的是"当我们看到

① 黄玉顺：《论"恻隐"与"同情"——儒学与情感现象学比较研究》，载《中国社会科学院研究生院学报》2007年第3期。

② 陈立胜：《恻隐之心："同感""同情"与"在世基调"》，载《哲学研究》2011年第12期。

或逼真地想象到他人的不幸遭遇时所产生的感情"[①]。在西方伦理思想中，尽管同情包含着同喜和同悲，但是，"就其最恰当和最初的意义来说，是指我们同情别人的痛苦而不是别人的快乐"[②]。"对同伴的高兴显得无动于衷只是失礼而已，而当他们诉说困苦时我们摆出一副不感兴趣的神态，则是真正的、粗野的残忍行为。"[③]这种在相同而非相异的意义上使用恻隐、同情与怜悯，不仅是日常情感生活中普遍的经历，也是恻隐讨论中一个业已被采用了的手法。[④]

一、何为恻隐

"恻隐"是一种带着伤痛的怜悯或者同情。"怵惕，惊动貌。恻，伤之切也。隐，痛之深也。"[⑤] 怵惕，惊惧之意；恻隐，哀痛之意。[⑥] "怵惕恻隐"揭示的是"今人乍见孺子将入于井"的突发情景时的外在表现和内在心理。"怵惕"是"在场者"外化的惊恐神情和直观的身体应对。它不是刻意的伪装，而是内在的"恻隐"心理的自然流露。外在的"怵惕"和内在的"恻隐"之间的关系不应被理解为逻辑上或事实上或价值上的孰先孰后，而是同时发生且相互印证，共同指向"不忍"。孟子并没有详细刻画出"不忍"的道德情感状态，这不仅是源于语言苍白和情感丰富之间的强烈反差，而且是因为它是行动者的常识性情感体验，无须刻画而只需反观。当行动者遭遇（尤其是在毫无预见的情况下）"不忍"的道德情感时，他往往会出现尖叫惊讶、脸部抽搐、眼酸流泪或者掩面避视等身体反应；他有时候也会明显地感觉到心脏出现瞬间的紧缩或者被抓的痛感（这或许正是中国伦理思想传统将"心"作为道德的隐喻的重要原因）。这些外在或内在的消极而负面的应激性反应，传达的正是行动者对他者痛苦的

① ［英］亚当·斯密：《道德情操论》，蒋自强等译，商务印书馆2004年版，第5页。
② ［英］亚当·斯密：《道德情操论》，蒋自强等译，商务印书馆2004年版，第52页。
③ ［英］亚当·斯密：《道德情操论》，蒋自强等译，商务印书馆2004年版，第13页。
④ 参见何怀宏《良心论》"恻隐"章，北京大学出版社2009年版。
⑤ 〔宋〕朱熹：《四书章句集注》，中华书局1983年版，第221页。
⑥ 参见杨伯峻译注《孟子译注》，中华书局1960年版，第81页。

拒斥。如果行动者无睹于他者的痛苦而体泰心安，就是麻木不仁。这不仅是生理病，而且是伦理病。

“怵惕”是“恻隐”的外化，“恻隐”是“怵惕”的内里。无“恻隐”的“怵惕”或无“怵惕”的“恻隐”，都极易滑入虚伪。在日常生活中，怜悯或者同情存在着程度不同的、相应的身体反应。尽管任何怜悯或者同情都会伴随着内心的波动，但是，只有极其严重的怜悯或者同情才会产生出伤痛的感觉。这时候怜悯者或者同情方的内心会有一种被揪紧的感觉。这种感觉瞬时发生，未经理性的深思或者造作。“在场者”的伤痛来自“孺子”的危险处境。耿宁明确指出：“我们这样担惊受怕，不是因为这个处境被体验为对我们是危险的，而是因为它是对另外一个人而言是危险的，我们是为他者担惊受怕，我们倾向于做某事不是针对自己，而是针对那另外一个人而言的危险处境。”① 但是，这种处境的危险性是“在场者”的裁定，而“孺子”未必尽知。“同情与其说是因为看到对方的激情而产生的，不如说是因为看到激发这种激情的境况而产生的。我们有时会同情别人，这种激情对方自己似乎全然不会感到，这是因为，当我们设身处地地设想时，它就会因这种设想而从我们自己的心中产生，然而它并不因现实而从他的心中产生。”②

“恻隐”总是易于指向社会幼弱者的伤痛想象。“孺子将入于井”作为“人皆有不忍人之心”的例证的震撼力，不是来自逻辑严密的论证，而是出自人们与“在场者”的情感共鸣。如果孟子设计的落井者不是孺子，而是心智健康的壮年，那么，他势必无法收获类似的理论效果。因此，作为一项思想实验，“孺子”作为落井者，是孟子一个论证策略的精心编排。否则，它的说服力就容易受到限制。在任何一个社会中，“孺子”都是社会弱者的代称，且这种弱者兼具幼的特征。人们对弱者的恻隐往往先于和强于对强者的恻隐，对幼者的恻隐往往先于和强于对长者的恻隐。而当幼

---

① ［瑞士］耿宁：《孟子、斯密与胡塞尔论同情与良知》，陈立胜译，载《世界哲学》2011年第1期。

② ［英］亚当·斯密：《道德情操论》，蒋自强等译，商务印书馆2004年版，第9页。

和弱集中于一身时，所引发的恻隐总是极为强烈。“幼”表明了他无须为遭遇担责，“弱”意味着他无力为遭遇担责。“孺子”作为幼弱者，对“将入于井”的遭遇不需要或者不能够自负其责，有着天然、当然和固然的责任豁免。如果“孺子”不是面临着“将入于井”的生命风险而是在平地上摔跤，那么，这非但不会激起“在场者”的恻隐，反而可能是嬉笑。因为这种摔跤不仅无风险或者风险低，而且“孺子”应该可以为这种遭遇担责。因此，“孺子”身份背后折射的是恻隐产生时的责任归属认定以及风险程度衡量。如果当事人对其不幸有着责任，那么，这激起的可能不是恻隐，而是谴责或者幸灾乐祸——“自做孽，不可活”。幼者或者弱者之所以容易激发出人们的恻隐，就在于人们总是先入为主地断定他们对不幸无须或者无力担责。当然，如果将“孺子”理解成一个道德上的概念，意指道德纯洁之人，那么，这种语义上的转换不会严重损伤“在场者”的伤痛想象。人们对道德之人所激发的同情在强度上总是超过为非作歹者。“死有余辜”的咒骂不会针对有德者，而多指向为恶者。坏人的悲惨处境被人们认为是合理的应得报应，如果对这种人产生恻隐之情，就是不辨是非，没有了孟子的“是非之心”。

“孺子将入于井”的典故是“人皆有不忍人之心”的论证。“不忍人”是“仁”的消极表达，“爱人”是“仁”的积极表达。孟子所论证的不是人皆有仁慈的美德，而是人皆有仁慈美德的可能（“心”）。仁慈不仅仅意味着关心别人。一个人可以被称为有同情心，只需要他关心别人并为其不幸感到难受。但是，除非他尝试缓解他人的痛苦，否则，就不能被称为仁慈的人。因此，为了被看作仁慈的人，一个人至少要做出真诚和理性的尝试，使其意愿化作减缓受益人痛苦或提升其福祉的实践。如果看到大街上一个无家可归的人，并真诚地因他感到难受，但是，抑制自己从口袋里拿钱给他的冲动，那么，这不能被认为是仁慈的行动。行动者不仅需要具有关心他人和减缓其痛苦的动机，且这种动机需要外化为实践，如为无家可归者提供钱、食物或者避难所，这才可以被正确地认为是仁慈的行动。即使“在场者”动了恻隐之情，也不一定会发展出减缓其痛苦的尝试，而可能会有其他的替代之法，如逃避。从情感而言，行动者对他者痛苦的拒斥，隐含着渴望减缓他者痛苦的愿望和行动；但是，从态度而言，如果糅合进风险或者成本的考虑，乃至对更大善或者他者善的服从，行动者会默许或者促成他者痛苦的延续，不会采取减缓他者痛苦的善举。[①]

哈特曼从道德意识现象学的视角分析了同情之情未能外化出同情之行的根本原因在于，与同情并发的其他情绪以及同情内在的苦乐构成，会阻滞行动者去减缓异己的痛苦。他指出，嫉妒与幸灾乐祸、懒惰与恶意、舒适与有冲突的自利，都可能会与同情同时被激起，而后不仅有可能违背同情的实践后果，还可能反对它作为情感的存在。但是，“比这些使同情变得麻痹的情绪更为重要的是同情本身的属性”[②]。这就是同情是由快乐与不快混合而成的，“不快在同情中被代表得越是纯粹，亦即怜悯越是贴近它的观念特征描述：对在异己心灵本身中的痛苦的貌似感受，它就越是决然地急于作出帮助的行动；但在这个情感中的快乐因素所具有的相对重要性越多，从本性上看，这个情感的持守于自身的倾向也就增长得越多，而在以快乐为主的怜悯中，作出参与并帮助的要求就会被克服”[③]。因此，以快乐为主的怜悯在激发同情的行为时，弱于为不快所主导的怜悯；完全为不快和同苦所主导和决定的怜悯，似乎更可能外化出同情的实践，成为道德的本欲动力。但是，哈特曼指出，即使在这种看似合乎常识的理解中，也存在着不确定性。“但即使在这里也存在着这样的可能性：那些无力的、被动的，同时也是敏感的本性，宁可不惜一切代价地逃离这个不快的原因，也不愿在试图救援的过程中让自己去忍受延续着和增长着的怜悯之不快。”[④]

孟子没有详尽地指出恻隐之情扩充的障碍，乃是因为在他看来，成为人是道德上一个极低的要求，他只需要通过恻隐来点明。在中国道德文化

---

① 参见童建军、马丽《“以羊易牛”与仁慈美德》，载《道德与文明》2013 年第 4 期。

② ［德］爱德华·封·哈特曼：《道德意识现象学——情感道德篇》，倪梁康译，商务印书馆 2012 年版，第 73 页。

③ ［德］爱德华·封·哈特曼：《道德意识现象学——情感道德篇》，倪梁康译，商务印书馆 2012 年版，第 73 页。

④ ［德］爱德华·封·哈特曼：《道德意识现象学——情感道德篇》，倪梁康译，商务印书馆 2012 年版，第 76 页。

中，成为一个人只是道德要求的底线。“你还算一个人”不是崇高的赞美，但“你真不是一个人”却是严厉的批评。面对“孺子将入于井”，“在场者”只需扪心自问是否产生了恻隐，就证明了他是否属人的难题；可是，“在场者”如果要立志成为好人，那么，就必须由恻隐之情外推出恻隐之行。在中国文化中，经常使用的概念是“做人”。但具体到“孺子将入于井”的典故中，人是无须“做”的，因为，面对“孺子将入于井”，人皆有恻隐之心，就已经表明了做人的属性。这是无须做出道德努力、天生天成的产物。可是，如果要做好人，那么，就需要做出道德努力。从这种意义上说，做人不难，可是，做好人难。孟子存在的问题在于，如果“孺子将入于井”是一个具体的案例，而恻隐是一种普遍的感情，那么，它们之间是有冲突的。这就是，由于对具体事件的感受性不同，“在场者”可能不会对某个具体的案例产生恻隐，但不能由此否认人有恻隐之情，故此，也就不能由“在场者”不在具体的案例上心生恻隐而认定其“非人”。

“孺子将入于井”是孟子设计的独特思想实验，其故事情节不是任意编排的，而是为结论做铺垫，结论就隐含在故事情节之中。“今人乍见孺子将入于井，皆有怵惕恻隐之心”，其关键字在“皆”。如果只有一个人或者少数人产生恻隐，那么，这不足以论证出孟子主张的普遍人性论。但是，面对“孺子将入于井”的突发情形，即使孟子产生了恻隐，他如何确断其他人也必有恻隐？因此，“我心”如何推出“他心”成为孟子论证中的逻辑困难。他似乎首先对人性持有本善的价值预设，然后由此主观推导出在“孺子将入于井”的遭遇中人人都有恻隐之心的事实判断，最后基于这种主观的事实判断反证其既定的价值预设。或者孟子在确信人性之共通性的基础上，由一己之恻隐，并结合对“人同此心，心同此理”的乐观期待，推导出人皆有恻隐之心，并将之作为人性普遍本善的例证。但无论是哪种致思路径，他都没有解决由“我心”推出“他心”的逻辑可能性，因而，“皆”的使用似乎就显得具有武断和独断的色彩。“心”与“心”的道德距离以及“心”的哲学分析，是现代哲学特别是分析哲学中一个有趣的学理难题，但对于孟子而言，这似乎不成为一个问题。

即使人皆有恻隐之心，但这并未构成人皆有良心的例证。良心的一个非常重要的特征是，它的前提是道德义务。如果一个人履行了道德义务，那么，他就可以被恰当地称之为具有良心。因此，未尽赡养父母的义务是没有良心，而尽了义务尤其是在极其艰难的情形下尽了义务，才可以被恰当地称为有良心。而且这种义务还有一个特点就是，它是一种回馈性的义务。父母抚育我们在先，因此，我们就具有了反哺的道德义务，这种道德义务是报答性的或者报偿性的。尽管在具体的道德事件中，什么才可以被叫作有良心，需要具体问题具体分析，但是，一个不可忽视的问题是，良心总是以道德义务作为前提的。没有道德义务而做了，叫作高尚，而不是有良心。在中国的道德文化语境中，有无良心是对一个人的道德评判，称一个人有良心只是对这个人基本道德义务履行的认可。但是，在“孺子将入于井”的典故中，“在场者”并没有这种报答性或者报偿性的道德义务。因此，即使“在场者”未能施以援手，可以批评他缺乏道德，没有恻隐之心，麻木不仁，但是，不能由此认定他没有良心。还有一种现象可以明证良心与恻隐之间的区别。当人们做了坏事或者恶事时，会产生一种不安的感觉；恻隐也是一种源于伤痛的不安。但这两种不安的区别在于，对于良心不安而言，人们是要担责的，在产生的不良后果中扮演了角色。因此，只有通过努力消除这种不良后果或者证明并没有责任，不安才会平息，但这时候，当事人的不幸依然。对于恻隐而言，人们对不幸是不用担责的，因此，其平息取决于不幸事件的消除。因此，如果“孺子”是被“在场者”推入井，在场者被激发的是良心不安，而不是恻隐。良心是自我导向，以自我为中心，是关注自我；而恻隐是他人导向，以他人为中心，是关注他人。[①]

二、为何恻隐

恻隐、同情或者怜悯是日常生活中常见的情感现象。我们经常受这种熟悉而独特的情感动机驱使而行动、关心他人。即使是不经意认识的人或

① Jiwei Ci. Conscience, “Sympathy and the Foundation of Morality”, *American Philosophical Quarterly*, Vol. 28, No. 1, 1991, pp. 49 – 59.

者陌生人甚至想象中的人物的痛苦、悲伤和不幸，都会触动我们的恻隐、同情或者怜悯，使我们内心不安，甚至努力地主动帮助或者安慰他们。孟子在“孺子将入于井”的典故中，没有提供任何有关“孺子”的信息，只是标明他的“孺子”身份，由“在场者”直面“孺子”“将入于井”的突发事件，凸显“在场者”所呈现出的恻隐之心的本真性。孟子时代的“在场者”面对“孺子将入于井”的遭遇会油然产生出恻隐之情，当今时代的“在场者”看到或者逼真地想象到“孺子将入于井”的遭遇也会萌发出伤痛的感情。因此，“孺子”不是具体化的某个“孺子”，而是可以代称任何“孺子”；“在场者”也不是特指某个“在场者”，而是可以代称任何听到、看到或者想象到此典故的“在场者”。这则典故由此具有了超越性的普遍主义的色彩，不是特指某个“在场者”对某个“孺子”的反应，而是泛指任何“在场者”对任何“孺子”经受相同境遇的反应。我们能否对“在场者”的恻隐、同情或者怜悯意向进行刻画呢？休谟、叔本华、斯密和泰勒提出了关于同情或者怜悯意向的不同解释模式。

休谟提出，人类行动的动机是人们的欲求、需要而不是理性或者推理。理性的作用是选择能达到目的的适当手段，判断真伪，而不是直接激发行为，与发生在现实世界中的意志行为没有直接关系。理性不能单独成为任何意志活动的动机，永远无力激起或阻止任何一种行为，只有当下的、直接的情感才能发动意志，产生行为。同情是一种独特的机制。由于人具有共同的感官和心理构造，人与人之间就会产生相同的感觉。当我们与他人交往和接触时，他人的感情就会借助许多外在的、较活泼的印象而注入我们的心中，使我们产生了与他人情感一样的情绪。因此，通过同情的机制，他人的情感被传导给我们，或者我们实现了对他人体验的再体验。这就意味着，作为一种传导机制，同情意味着将他人的感受注入我们自己之中，是“我”而非“他”的不幸触动了“我”。同情成为一种自我导向的情感机制。

但这不能有效地解释“在场者”乍见“孺子将入于井”时的恻隐。“在场者”会产生出主观的伤痛感觉，但是，他可以清醒地意识到，是“孺子”而非他本人处在不幸的“伤痛”中，是“孺子”客观的“伤痛”

事件触发了“在场者”主观的伤痛感觉。“在场者”的主观伤痛是切己的亲身体认，是真实的情感遭遇，但是，“孺子”的客观“伤痛”只是“在场者”的主观化想象。既然是主观化想象，那么，它就既可能合于真实，也可能有悖于真实。“在场者”从“孺子将入于井”的突发事件中，预感到的是“孺子”的不幸。“孺子”从相同的情景中获得的或许是伤痛，但也可能是好奇。因此，“在场者”产生的主观伤痛，并不必然就是“孺子”客观“伤痛”传导的结果。即便“孺子”有了伤痛感，但这也并不表明他的伤痛感与“在场者”的伤痛感具有质和量的必然勾连。这正如叔本华在区分同情双方的痛苦或者不幸感时提出的：“他是受苦者，不是我们，这一信念一会儿也没有动摇过；确切地说，是他亲身，而不是我们亲身感受到这种使我们痛苦的不幸或危难。我们同他一起受苦，所以我们是和他一致的；我们感知他的困难是他的，并不误以为那是我们的。”[①]

叔本华认为，同情的本质是他人的祸福成为“我”的直接动机，“我”直接地为他想要福祉而不要祸害。“当一旦另一人的痛苦不幸激动我内心的同情时，于是他的福与祸立刻牵动我心，虽然不总是达到同一程度，但我感觉就像我自己的祸福一样。因此我自己和他之间的差距便不再是绝对的了。”[②] 为了使他人的祸福成为“我”的直接动机，“我必须以种种方法同他融为一体；就是说，我自己和他之间的差距，那正是我的利己主义存在的理由，必须取消，至少达到一定的程度。现在，因为我不能进入他的内心，只有我对他的认识，即对他的心理印象，以之作为可能使我同他融合的方法，达到我的行动宣布实际上这种差距已被取消了”[③]。“我们的同情建立在我们自己和他们融为一体上。”[④] 叔本华对同情现象的形

---

① ［德］叔本华：《伦理学的两个基本问题》，任立、孟庆时译，商务印书馆2010年版，第237页。

② ［德］叔本华：《伦理学的两个基本问题》，任立、孟庆时译，商务印书馆2010年版，第234页。

③ ［德］叔本华：《伦理学的两个基本问题》，任立、孟庆时译，商务印书馆2010年版，第234页。

④ ［德］叔本华：《伦理学的两个基本问题》，任立、孟庆时译，商务印书馆2010年版，第237页。

而上学的解释是，自我与非自我具有生命之形而上学的人格统一性，同情"是一种认为自我和非我一样的感觉能力，这样，这个人便直接在另一个人内认出他本人，他的真实的真正存在就在那里"[①]。

人格同一性首要的不是指自我人格的同一性，而是每位个体相互之间的人格同一性或者交互主体性。根据叔本华关于人格统一性的同情解释路径，我们不仅是相互区别的感知觉中心，我们也本质上与他人关联，"是处在联系中的人"。我们的同一性是交互主体性的。我们是他者的部分，他者是我们的部分。因此，如果你是我，并且我是你——我们的同一性是有关系的——那么，在我对你的善（good）的渴望和对自己善的渴望间就不存在需要缝合的缺口。我理解、不喜欢并渴望缓解你的痛苦，这在你和我之间没有任何区别。因为我们是一个联合的（共同的或者共享的）同一性，并由此分享一个共同的善，我们的善是一个整体（one）。但是，人格同一性即使在形而上学的意义上是真实的，那么，这也不意味着我应该当如重视我的价值般重视你的价值；我们的善事实上是一个整体，并不意味着彼此之间的善是无法区分的。[②]

斯密认为，同情是对受苦者设身处地地想象。当我们看到对准一个人的腿或者手臂的一击将要落下来的时候，我们会本能地缩回自己的腿或者手臂；当这一击真的落下来的时候，我们会像受难者那样感觉受到伤害。我们看到街上的乞丐暴露在外的疮肿时，身上相应的部位因自己对可能受苦的想象而会产生一种瘙痒或不适之感。"由于我们对别人的感受没有直接经验，所以除了设身处地的想象外，我们无法知道别人的感受。"[③] "通过想象，我们设身处地地想到自己忍受着所有同样的痛苦，我们似乎进入了他的躯体，在一定程度上同他像是一个人，因而形成关于他的感觉的某

---

① ［德］叔本华：《伦理学的两个基本问题》，任立、孟庆时译，商务印书馆2010年版，第209页。

② 参见 John P and Reeder Jr.，"Extensive Benevolence"，*The Journal of Religious Ethics*，Vol. 26，No. 1，1998，pp. 47 – 70.

③ ［英］亚当·斯密：《道德情操论》，蒋自强等译，商务印书馆2004年版，第5页。

些想法，甚至体会到一些虽然程度较轻，但不是完全不同的感受。"[1]"旁观者的同情心必定完全产生于这样一种想象，即如果自己处于上述悲惨境地而又能用健全理智和判断力去思考（这是不可能的），自己会是什么感觉。"[2] 但是，设身处地导致的结果也可能是，同情方的感受与受苦者的感受截然相反。斯密的例证是，在疾病的折磨中呻吟而不能表达其感受的婴孩只是感到不适，病情并不严重；但是，母亲在想到孩子受苦时，在她自己的忧愁中，产生了有关不幸和痛苦的极为完整的想象。

设身处地不能有效地解释"在场者"的恻隐。"落井"是相对于"孺子"而非"在场者"的危险处境。如果"在场者"将自己想象为处于"将入于井"的处境，那么，他可能不会产生恻隐。或者换成任何理智健全的成年人"将入于井"，"在场者"都不会激起与"孺子将入于井"相当的恻隐，反而可能是嘲弄。这就产生一个难题，同一个"在场者"，直面不同的人"将入于井"，为何会产生不同的情感反应？如果设身处地成立，那么，在相同的处境中，同一个"在场者"产生的情感反应本该相同。设身处地之后隐匿的假设是，"在场者"之所以产生恻隐，是因为"将入于井"不仅对"孺子"，而且对其自身，都是危险处境。但这明显不符合事实。我们的日常生活经验也清晰地揭示出，同情的产生并不依赖于同情方设身处地地想象。我们目睹婴孩即将坠入井里时生发的恻隐，不需要我们设身处地将自己想象成即将坠井的人。

泰勒认为，同情是对他人痛苦的原始（primitive）反应，它不仅具有某种直接且未经思考的特色，而且是人类生活的一个基本特征。[3] 这就意味着，人们之所以对他人的痛苦产生同情，不是源于仁慈或者其他的动机或者心理，恰恰相反，同情本身就是人性的重要组成部分，无论是在事实上、逻辑上还是价值上，都具有同人类其他动机或者心理同等的地位。这表明，同情不能以更基本的动机或者倾向加以分解。真正直接和自动的是

---

① ［英］亚当·斯密：《道德情操论》，蒋自强等译，商务印书馆2004年版，第6页。

② ［英］亚当·斯密：《道德情操论》，蒋自强等译，商务印书馆2004年版，第9页。

③ 参见 Craig Taylor, "Sympathy", *The Journal of Ethics*, No. 3, 1999, pp. 73 - 87.

反应本身。我们对他人不幸的反应，同我们对自身不幸的反应的相似在于，它们都是直接的、未经思考的反应。足踝受伤的直接反应是用手护着它，这并非为了减缓痛苦，而是未经思考的疼痛反应。这就意味着，并非任何对痛苦或不幸的反应，都必然出于某种动机或一种欲望。换言之，并非因我所拥有的任何欲望或倾向而对自身的疼痛或不幸做出反应，相反，我就是如此行动的，是原始的、未经思考的；不能被分解成或根据我所拥有的其他更基本的动机或倾向解释。尽管在同情中，我们在同样的直接方式上受他人的不幸触动，但是，怜悯是对他人不幸的一种原始反应。某种人类反应，包括同情，在人类本性的构想中，具有本质的地位，为何同情，不是因为仁慈，而是因为人性。①

“乍见”是理解“孺子将入于井”的重要词汇，它凸显的是“孺子将入于井”时不可算计的严峻性，从而排除了行动者“不忍人之心”的触动是基于外在功利得失的考量。它并非为了结交“孺子”的父母，并非为了在乡里朋友间博得名声，也并非因为厌恶“孺子”的哭声。它将一场危险情景未加任何征兆地降临到“在场者”面前，考验“在场者”在这场突发事故中的本心流露。这就如同行人走路时猛然踢中了路面突兀而起的锋利的小障碍，本能的反应是疼痛得缩脚甚至厉声尖叫。在这突如其来的疼痛中，行人不会考虑这块小障碍是谁故意设置的，也不会想到自己的脚尖是否受伤严重，更不会顾及尖叫是否会减损其风度。他做出的只是一种本能的反应。“在场者”“乍见孺子将入于井”时的恻隐，就是这种本能。它就是一种人性的呈现，“人之有是四端也，犹其有四体也”。休谟宣称，作为对他人福祉的关心，仁慈是一种内植于我们本性的一种动机；我们所有人都或多或少拥有某些仁慈。因此，在休谟看来，人性中既存在利己的情感，也存在利他的情感，使人们跳出“自我”的小圈子，去关心他人和社会，做出有益于他人或社会的行为。由此，作为仁慈的扩展，同情是对他人福祉的关心。如果“我”做出休谟式的仁慈行动，那么，这正是对他人福祉的普遍愿望触动了“我”而不是他人的不幸。但是，很显然，“在

① 参见 Craig Taylor，“Sympathy”，*The Journal of Ethics*，No. 3，1999，pp. 73 – 87.

场者”恻隐的生发既没有功利得失的考虑，也不是出于对“孺子”普遍福祉的关心，纯粹是人类对不幸事件的自然情感流露。它不是衍生的现象，而是人性的构成甚至人性本身。

三、恻隐风险

恻隐或者同情的道德价值在伦理思想史上一直存在争议。叔本华赋予它们极高的道德地位。“只有这种同情才是一切自发的公正和一切真诚的仁爱之真正基础。只有发自于同情的行为才有其道德价值；而源自任何其他动机的所有行为则没有什么价值。”[①] “同情是唯一的非利己主义的刺激，因而是唯一真正的道德动机。”[②] “对一切有生命物的无限同情，乃是纯粹道德行为最确实、最可靠的保证，这不需要任何诡辩。”[③] 康德对按照道德法则或者道德义务行动有着坚定的信念，认为“善良意志”可以成为人们行动的足够的驱动力；同情的行为出自行动者的爱好而非道德法则或者道德义务，因此，即使合乎道德法则或者道德义务，它也不具有真正的道德价值。“许多人很富于同情之心，他们全无虚荣和利己的动机，对在周围播撒快乐感到愉快，对别人因他们的工作而满足感到欣慰。我认为在这种情况下，这样的行为不论怎样合乎责任，不论多么值得称赞，都不具有真正的道德价值。它和另一些爱好很相像，特别是和对荣誉的爱好，如果这种爱好幸而是有益于公众从而是合乎责任的事情，实际上是对荣誉的爱好，那么这种爱好应受到称赞、鼓励，却不值得高度推崇。因为这种准则不具有道德内容，道德行为不能出于爱好，而只能出于责任。”[④]

出于“间接爱好”的行为没有道德价值，是一个普遍接受的观点。它

---

① ［德］叔本华：《伦理学的两个基本问题》，任立、孟庆时译，商务印书馆2010年版，第234页。

② ［德］叔本华：《伦理学的两个基本问题》，任立、孟庆时译，商务印书馆2010年版，第260页。

③ ［德］叔本华：《伦理学的两个基本问题》，任立、孟庆时译，商务印书馆2010年版，第264－265页。

④ ［德］伊曼努尔·康德：《道德形而上学原理》，苗力田译，上海世纪出版集团2005年版，第14页。

不仅为康德所代表的道义论所认同，也为亚里士多德为代表的德性伦理学所肯定。亚里士多德指出，一个看似道德的行为如果出于达到其他偶发的相关目的，不能被认为具有道德价值。“有的人做了公正的事却不是公正的人（例如，那些违反意愿、出于无知或为着某种目的，而不是因为行为本身而做了法律所要求的事情的人就是这样，尽管他们也做了一个好人会做的事）。所以，必定存在着某种品质，一个人出于这种品质而作出的行为都是好的，就是说，好像是出于选择的和因为那个行为自身之故的。”① 但是，一个人出于对道德的直接爱好而行动却没有道德价值的观点，违反了日常的道德直觉。康德关于出于爱好而助人却没有真正的道德价值的主张，不同于亚里士多德对道德行为的特征描述。在亚里士多德看来，快乐与痛苦是品质的表征，只有一个人出于愉悦或者对道德的直接爱好去履行道德行为才表明他真正拥有了德性品质。

为了更好地理解出于直接爱好而行动的道德价值，就有必要区分道德行动的动机本质与动机来源。一个行动是道德的，当且仅当它是出于因行为自身的原因而行动的意志。因此，我们应该遵守诺言是道德的，当且仅当它是出于遵守诺言的自身原因，而不是出于对其他利益的考量。这就是道德行动的动机本质。但是，动机来源不同于动机本质。我们出于遵守诺言的自身原因而履行守诺义务的来源是什么？它为什么不能是除了理性之外的直接爱好？特别是在超道德问题上，爱好是履行超道德的重要动机来源。助人为乐是助人行为不竭的重要根源。尽管并非所有人都具有道德爱好，但是，这并不必然意味着，在普遍化道德之下，道德爱好不能作为道德动机的来源。②

孟子肯定恻隐的道德价值。这在齐宣王“以羊易牛”的典故中得到了充分的体现。齐宣王亲见牛在被牵往“衅钟”的途中“觳觫”，马上想到了牛“若无罪而就死地”的痛苦，心生“不忍”，遂以羊代替牛完成“衅

---

① ［古希腊］亚里士多德：《尼各马可伦理学》，廖申白译，商务印书馆2003年版，第187页。

② 参见 Yuval Livnat, “On the Nature of Benevolence”, *Journal of Social Philosophy*, Vol. 35, No. 2, 2004, pp. 304 - 317.

钟”的仪式。臣民皆误以为齐宣王吝啬，故此以低廉的羊取代昂贵的牛。但是，孟子深刻地指出，齐宣王的选择不是源于财产之间大小轻重的衡量，而是仁术的呈现。从最终的效果而言，无论是宰牛还是杀羊，都不可避免地存在生命的消逝，且齐宣王都必须为此担责，但是，如果齐宣王目睹了牛“过堂下”和“觳觫”之后，依旧决然地宰牛“衅钟”，那么，他因缺乏恻隐之心而展现的是一个不仁的道德角色。孟子正是因此肯定齐宣王的选择。人类需要以其他有感知的生命的死亡获取自身生存的基础，因此，杀生就成为不可避免的“罪过”。孟子描绘的仁政前景中，“七十者可以食肉”（《孟子·梁惠王上》）是重要的目标。但是，其他有感知的生命的消逝会引发人类内心的不安。于是，作为一种化解的办法，就是“远庖厨”。因为庖厨是重要的杀生之所，且于此被宰杀的生命不久就会成为人类餐桌上的美食。如果目睹了其他生命被宰杀时的痛苦，那么，人类就难以心安理得地食其肉。“君子之于禽兽也，见其生，不忍见其死；闻其声，不忍食其肉。是以‘君子远庖厨’也。”（《孟子·梁惠王上》）这就表明，关键不在于是否吃肉，而在于亲见杀生的恻隐心理。

但是，孟子在“孺子将入于井”中清楚地表明，恻隐虽具有道德价值，却不足以单独成就道德事功；只有恻隐、羞恶、是非和辞让四心共同发作扩充，才能达成“保四海”的伟业。“凡有四端于我者，知皆扩而充之矣，若火之始然，泉之始达。苟能充之，足以保四海；苟不充之，不足以事父母。”在恻隐之心与其他三心的地位上，孟子并没有特别地赋予恻隐之心优先地位。这同后世以朱熹为例的儒家对“孺子将入于井”的诠释形成反差。朱熹认为恻隐具有优先性。“恻隐是个脑子，羞恶、辞逊、是非须从这里发来。若非恻隐，三者俱是死物了。恻隐之心，通贯此三者。”[①]“惟是有恻隐之心，方会动。若无恻隐之心，却不会动。惟是先动了，方始有羞恶，方始有恭敬，方始有是非，动处便是恻隐。若不会动，却不成人。若不从动处发出，所谓羞恶者非羞恶，所谓恭敬者非恭敬，所

① 〔宋〕黎靖德编，王星贤点校：《朱子语类》（第四册），中华书局1986年版，第1289页。

谓是非者非是非。”[1] 恻隐是否必然先于优于羞恶、是非和辞让，即使在当代神经伦理学研究中，也是一个有争议的话题。但是，孟子以四心并重而非偏倚一心似乎揭示了恻隐的脆弱性。恻隐可以自证其道德价值，却无法保证道德事功，反而可能是充满了风险的情感运作。[2]

恻隐的风险固然存在多种维度。最为常见的风险，是恻隐者为由自身的恻隐之心生发的行为所牵累，陷入“为善者不得善报”的不合理处境。美国洛杉矶加州大学人类学系教授阎云翔在其论文《善良的撒玛利亚人的新麻烦：当代中国变迁中的道德图景的一项研究》中，对当前中国社会“做好事被讹”的道德现象做出了富有启发的分析。在阎云翔研究的 26 例个案中，讹人者多数是老年妇女——有 20 位女性，其中 17 名老年妇女，3 名中年妇女。老年妇女讹人的策略除了她们不顾及面子之外，更重要的是利用了助人者的恻隐之心。其中牵涉到警察或法院的 12 起案件中，讹人者利用了司法人员的恻隐之心而胜诉或者免于法律不利。[3] 这种恻隐风险存在于任何社会的任何时段。

本章所要聚焦的恻隐风险，与这种日常风险有差异。它不是关于恻隐者本人的风险，而是恻隐对他人形成的恻隐暴力、对社会造成的恻隐批判以及恻隐被操纵利用的风险。这种风险尤其出现在社会转型时期，通过对苦难者痛苦的同情和对施害者暴行的谴责，表达更广泛的社会义愤。这种通过情感表达参与政治的方式，既是对社会的一种批判性力量，但也自始至终存在着被操纵的风险。

---

① 〔宋〕黎靖德编，王星贤点校：《朱子语类》（第四册），中华书局 1986 年版，第 1297 页。

② 更详尽的讨论可参见［美］刘纪璐：《论恻隐之心在都市文化中的落实》，载《深圳大学学报》（人文社会科学版）2013 年第 2 期。

③ 参见 YunXiang Yan，“The Good Samaritan's New Trouble：A study of the Changing Moral Landscape in Contemporary China”，*Social Anthropology*，Vol. 17，Issue 1，2009，pp. 1 – 24.

第二节　“以羊易牛”与仁慈美德

（齐宣王）曰：“若寡人者，可以保民乎哉？”曰：“可。”曰：“何由知吾可也？”曰：“臣闻之胡龁曰，王坐于堂上，有牵牛而过堂下者。王见之，曰：‘牛何之？’对曰：‘将以衅钟。’王曰：‘舍之！吾不忍其觳觫，若无罪而就死地。’对曰：‘然则废衅钟与？’曰：‘何可废也？以羊易之。’不识有诸？”曰：“有之。”曰：“是心足以王矣。百姓皆以王为爱也；臣固知王之不忍也。”王曰：“然。诚有百姓者，齐国虽褊小，吾何爱一牛？即不忍其觳觫，若无罪而就死地，故以羊易之也。”曰：“王无异于百姓之以王为爱也。以小易大，彼恶知之？王若隐其无罪而就死地，则牛羊何择焉？”王笑曰：“是诚何心哉？我非爱其财，而易之以羊也。宜乎百姓之谓我爱也。”曰：“无伤也，是乃仁术也。见牛未见羊也。君子之于禽兽也，见其生，不忍见其死；闻其声，不忍食其肉。是以‘君子远庖厨’也。”（《孟子·梁惠王上》）

“以羊易牛”同“孺子将入于井”的思想主旨都在于经验地论证仁慈的先验性。齐宣王舍“将以衅钟”之牛，“以羊易之”。百姓视之为“以小易大”的吝啬；齐宣王也深感“是诚何心哉”。但孟子点出了其本质是“无伤”的“仁术”。齐宣王的困惑表明，其行为不是依循现代西方功利主义和康德式道义论规范指引的理性化产物，而是源自内在固有的仁慈的道德本能和道德直觉。尽管齐宣王所置身的争战杀戮的时代和所位居的攻城略地的角色，决定了仁慈被压抑的命运。但是，仁慈作为一种道德本能，不同于道德习惯：道德习惯可以因外在情势的改变和行为的重复而培养或者消除；仁慈可以因情势的改变而被压抑，却无法被消除。假以适当的外在导引，它就会被激发出来。

一、仁慈的结构

人们在解读上述材料时，有时候过于关注牛被释放的仁慈结果，而忽视了整个仁慈过程。从齐宣王的角度来看，他是先看到了“觳觫”之牛从他眼前经过——“王见之”；随之产生了不忍之情——“吾不忍其觳觫”；并最终做出了“以羊易牛”的选择——“舍之”。这种在时间和逻辑上自有其序的三段论，行动者对他者痛苦的认识（同情），行动者对他者痛苦的拒斥（不忍），行动者减缓他者痛苦的尝试（行善），构成仁慈的基本结构。

同情是行动者对他者痛苦感知的主观情感想象，不必然与他者经历的痛苦共属同类。[①] 牛之“觳觫”触发了齐宣王的不忍之心。“觳觫”本意是形容牛之恐惧发抖状，其可客观测量的标准是牛之四肢颤动。但是，齐宣王不直接用四肢颤动来描述牛的体态，而是冠以“觳觫”，显然不纯粹是追求文字表达之优雅，而是在以看似客观化的措辞无形无意中表达了他自身的主观情感想象。他从牛之四肢颤动的体态中，读到的是牛之恐惧。但事实上，牛之四肢颤动也可能是疯牛病所致。正如赖尔在其眨眼睛的例子中提出的，对于两个都在猛眨右眼皮的男孩子，旁观者很难区分生理性抽搐的眨眼和捣鬼的眨眼；而即使是捣鬼的眨眼，也可能因递眼色捣鬼、戏拟递眼色、排演递眼色、假装递眼色和假装戏拟而代表了不同的精细的交流和特殊的本义。但是，如果纯用完全照相式的观察来判别，他们都只是“右眼皮迅速抽动”[②]。因此，齐宣王对牛的体态的描述是以客观情势为基础的主观化想象。它可能与真实的情感相吻合，也可能相背离。但是，如果联系到牛的命运是“将以衅钟”，从生命的消逝中延伸到对生命的敬畏，那么，齐宣王的主观化情感想象，即使与真实的情感相背离，也仍然是虽不合理而合德的想象。这也正是中国伦理文化中极富价值的道德

① 参见 John P and Reeder Jr.，“Extensive Benevolence”，*The Journal of Religious Ethics*，Vol. 26，No. 1，1998，pp. 47 – 70.

② ［美］克利福德·吉尔兹：《地方性知识——阐释人类学论文集》，王海龙等译，中央编译出版社 2000 年版，第 47 – 48 页。

情怀。圣人修德不是仅仅停留在人伦日用之中，而是攀凌于天地万物之上，从无情的草木中读出道德真情。我们再假设，牛此时不仅有痛苦感知能力，而且有正常的理性思维，且其四肢颤动是源于痛苦。但是，即便如此，齐宣王对牛之痛苦的主观化情感想象也可能与牛之情感真实之间相互背离。例如，牛的痛苦可能来源于同小牛犊的分别，而齐宣王却将之想象为被宰杀的悲伤。但这种司空见惯的同感现象并不能削弱同感在仁慈结构中的基础性地位。同情的要义在于，行动者赋予他者的情感以痛苦的意义。

当同情被视为行动者对他者痛苦感知的主观情感想象时，它只是建立了同情与他者痛苦之间的关联，尚未刻画出同情的意向体验。现象学家耿宁批评了休谟、斯密和胡塞尔对同情的意向体验刻画。他认为，休谟将同情理解为"将他们的感受注入"我们自己之中，斯密把同情从根本上视为"与受苦者设身处地"，胡塞尔将同情刻画成"为他在受苦而苦，因他在受苦而苦"，这些都是不成功的。恰恰相反，"我们这样担惊受怕，不是因为这个处境被体验为对我们是危险的，而是因为它是对另外一个人而言是危险的，我们是为他者担惊受怕，我们倾向于做某事不是针对自己，而是针对那另外一个人而言的危险处境"。[①] 因此，"孺子将入于井"所激发的"恻隐"，根源于"将入于井"的危险处境，而不是源于"孺子"的苦难。事实上，懵懂未知的"孺子"可能从"将入于井"的危险处境中，体验的不是苦难，而是新奇与快乐。耿宁对同情意向体验的刻画，在对"以羊易牛"的解释中，无疑具有合理性。"将以衅钟"之牛"觳觫"的体态，并没有明确告诉齐宣王，它正在遭受死亡前的痛苦。因而，齐宣王的同情意向体验，就不是"将他们的感受注入"或者"与受苦者设身处地"或者"为他在受苦而苦，因他在受苦而苦"。齐宣王对牛之痛苦感知的主观化想象，来自牛所面临的危险处境，"若无罪而就死地"。尽管这种生命即将消殒的处境对于牛而言，痛苦是未定的；但是，对于齐宣王而言，充满

① ［瑞士］耿宁：《孟子、斯密与胡塞尔论同情与良知》，陈立胜译，载《世界哲学》2011年第1期。

了痛苦。因此，从根本上说，正是牛的处境而非牛可能存在的真实的痛苦体验，激发了齐宣王的同情。

齐宣王的不忍是同情触动的结果。只有行动者建立起对他者痛苦感知的主观化想象，无论合于还是逆于情感真实，才可能激发起后续的不忍。之所以只是一种可能性，乃在于行动者即使对他者痛苦感知保持着主观化的情感想象，但倘若这种痛苦是获得更大善的不二法门，那么，他非但不会拒斥，反而可能会欣赏、享受、促成或者追求他者的痛苦，如“忍痛割爱”“舍命陪君子”或者“挥泪斩马谡”。不忍是中国道德生活中的常识性的概念，它所引发的道德行动更类似于韦伯所提出的情感行动。韦伯在《经济与社会》中，将社会行动区分为工具理性行动、价值理性行动、情感行动和传统行动。情感行动来自感觉、激情或心理需要的触发，由于现实的感情冲动和感情状态而引起。中国社会常以“不忍”解释其诸多慈善动机，隐含的深意在于，人们的道德行动，既非来自工具理性的算计，又不是自觉的追求真善美的价值意识，更未必有着宗教信仰背景或者社会传统，而是道德情感的自然流露和行动化显现。

社会民间小传统中的“不忍”情怀与儒家经典大传统中的“不忍”要义形成了相互辉映之势。孔子、孟子和王阳明等儒者都有关于“不忍”的论述。但是，“不忍”在孔子处并没有鲜明的道德内涵。“子曰：‘巧言乱德，小不忍，则乱大谋。’”（《论语·卫灵公》）这是《论语》中对“不忍”的直接论述，它只是表达行动策略。在这种语境中，行动者的“忍”或者“不忍”都不具有特别强烈的道德意义。但是，孟子将“不忍”推向了道德的制高点，使之成为性善论的中心和仁政仁术的基础。[①] 孟子并没有详细刻画出“不忍”的道德情感状态，这不仅是源于语言苍白和情感丰富之间的强烈反差，而且是因为它是行动者的常识性情感体验，无须刻画而只需反观。当行动者遭遇（尤其是在毫无预见的情况下）“不忍”的道德情感时，他往往会出现尖叫惊讶、脸部抽搐、眼酸流泪或者掩面避视

① 参见陈少明《忍与不忍：儒家德性伦理的一个诠释向度》，载《学术月刊》，2007年第1期。

等身体反应；他有时候也会明显地感觉到心脏出现瞬间的紧缩或者被抓住的痛感（这或许正是中国伦理思想传统将“心”作为道德的隐喻的重要原因）。这些外在或内在的消极而负面的应激性反应，传达的正是行动者对他者痛苦的拒斥。如果行动者无睹于他者的痛苦而体泰心安，就是麻木不仁。这不仅是生理病，而且是伦理病。“医书言手足痿痹为不仁，此言最善名状。仁者，以天地万物为一体，莫非已也。认得为已，何所不至？若不有诸己，自不与己相干。如手足不仁，气已不贯，皆不属己。”“人之一肢病，不知痛痒谓之不仁，人之不仁亦犹是也。”[①] “仁是四肢不仁之仁，不仁是不识痛痒，仁是识痛痒。”[②]

但是，即使齐宣王对牛动了“不忍”之情，也不一定会发展出减缓其痛苦的尝试，而可能会有其他的替代之法，如逃避。从情感而言，行动者对他者痛苦的拒斥，隐含着渴望减缓他者痛苦的愿望和行动；但是，从态度而言，如果糅合进对风险或者成本的考虑，乃至对更大善或者他者善的服从，行动者会默许或者促成他者痛苦的延续，不会采取减缓他者痛苦的善举。因此，即使牵牛从堂下过者对牛也动了不忍，但是，他所处的社会地位以及擅自“以羊易牛”所招致的风险，决定了他只能忍痛依循惯例，以牛“衅钟”。而齐宣王之所以能够完成仁慈的完整结构，最终做出行善的尝试，正得益于其特殊的社会地位，使之不因此而承担被惩罚的风险。牵牛者的内心可以被称为善良，其行动可以被称为明智，但不是仁慈。反言之，即使行动者有行善的尝试，但不受“不忍”的驱使，那么，这种尝试只是助人，而非仁慈。尤其是当助人的首要行为动机出自不可告人的邪恶目的时，它距离仁慈更远。弗兰克纳认为，仁慈（benevolence）与行善（beneficence）之间主要的一个区别在于，仁慈者的行动源自对他者的关心，而行善者的动机不夹杂着情感。

行善不仅指积极的善的给予或者恶的阻止，而且包括消极的恶的不作

① 〔宋〕程颢、程颐著，王孝鱼点校：《二程集》，中华书局2004年第2版，第15页、第366页。

② 〔宋〕朱熹辑：《上蔡先生语录》，中华书局1985年版，第19页。

为或者善的不阻止。弗兰克纳提出，仁慈作为一种倾向或者性情（disposition），包括：不向他人加诸罪恶或伤害；使他人受益或对之行善；阻止袭向他人的罪恶或者伤害；袪除或补救已发生的罪恶或者伤害。[①] 但这种分类被批评犯了涵盖不足和过度的错误。涵盖不足主要表现在，弗兰克纳排除了不阻止朝向他人的善和不袪除已达至他人的善。涵盖过度主要体现为，弗兰克纳的“不作为”（不向他人加诸伤害）事实上是“不作恶”，而不是“行善”；为使这种“不作为”被视作“行善”和潜在的仁慈而必须限定，不加诸伤害的人有权利做伤害的行为，以及避免履行伤害行为导致不加诸伤害的人可辨识的不适（recognizable discomfort）。[②] 同时，“使他人受益或对之行善”如果是来自法律义务或者先前行为所引发的道德报偿或者道德感激，那么，这种行为也不能被看作仁慈。不过，尽管仁慈的结构蕴含着减缓他者痛苦的尝试，但这并不要求它事实上实现了减缓他者痛苦的结果。虽然母亲对孩子的溺爱产生了危害孩子的痛苦结果，但是，“败子”丝毫不能减损“慈母”仁慈固有的道德价值。

二、仁慈的本质

齐宣王“以羊易牛”的仁慈不仅延缓了牛的生命历程，而且抚慰了齐宣王内心的不安。[③] 这就必然引出何者为根本和首要的问题。对这个问题的不同回答，往往被认为会影响齐宣王仁慈的性质和道德价值。这就引发出关于仁慈的本质是他者导向的美德还是自我导向的美德的争论。如果齐宣王仁慈的首要动机是解除牛的痛苦，而心安的实现是他“以羊易牛”的附带结果，那么，人们基本上不会否认其对牛仁慈的道德属性。他“以羊易牛”的行为是仁慈的行为。如果这只是其习惯性仁慈行动中的一桩个

---

① 参见 William Frankena，“Beneficence/Benevolence”，*Social Philosophy and Policy*，No. 4，1987，p. 1.

② 参见 Yuval Livnat，“On the Nature of Benevolence”，*Journal of Social Philosophy*，Vol. 35，No. 2，2004，pp. 304 – 317.

③ 朱熹在《四书章句集注》对《论语 · 阳货》“问三年之丧”章的解释中，将不安理解为“不忍”。但在日常道德生活中，无论是不忍还是忍，都会引发不安。

案，那么，齐宣王就可以被认为具有仁慈的品质特征，是一个有德性的人。在这种情景中，仁慈指向的对象是他者。自我虽然可能因仁慈的行为而获益，但是，它不是有意追求的结果，而是附带的产物。这就好似一件纯粹的礼物，既不受习俗化了的仪式所管制，也不受道德义务所控制，它不受限制。否则，它就不再是礼物。因为一旦礼物包含回馈的期望，它就是借贷和信用。即使是渴望得到神的肯定的期待，也与礼物的纯粹性相冲突。但是，不包含回馈的期望，并不意味着拒绝回馈。因此，无论行动者获益与否，都没有违背其主观意志。我们日常生活对仁慈的理解基本都是他者导向，是有助于他者的利益，而自我利益只是附带的产品。

当代德性伦理学者斯洛特在区分关注自我（self-regarding）的美德和关注他人（other-regarding）的美德时指出，当人们谈论有德者的美德时，首先想到的就是，这个人是一个对他人和善或者公正的人。这是因为人们习惯于将有德者与行为道德很自然地联系起来。而在人们关于行为道德的普通想象中，他主要是做对他人正当的事情。他批评康德主义、功利主义和日常直觉道德以其不同的方式，将对他人幸福的关注看得比自身福祉或利益更重要，指出“对自身利益的关心和机敏当然应该被认为是美德，而在处理自身事务方面缺乏关心和愚蠢倾向都应该被视为罪恶。尽管它似乎很少被谴责或过时地称为反德性。因此，我们认为正当或错误的，我们崇敬或者谴责的，不仅在于他们怎样对待别人，而且在于他们怎样引导自身的生命和促进自身的利益”①。

斯洛特对关注自我美德的强调，也是对古典美德观的回归。亚里士多德提出，人类的最高善是幸福，它是灵魂合乎美德的实现活动。美德不是有助于幸福，而是幸福的内在要素。人类欲求幸福，联结着美德，外化为德行。为此，麦金太尔认为，在古希腊伦理学中，道德词汇同欲望的词汇保持着勾连。例如，只有依据后者，才可能理解职责的概念。职责意味着履行一定的角色，而角色的履行服务于某个目的；“这个目的完全可以理

---

① Michael Slote, “Self-regarding and Other-regarding Virtues”, in David Carr and Jan Steutel. *Virtue Ethics and Moral Education*. London and New York: Routledge, 1999, p. 95.

解为正常的人类欲望（例如一个父亲、一个海员，或者一个医生的欲望）的表达”[1]。因此，在古典德性伦理学的视野中，美德的本质是对自我的关注。这在古希腊伦理学中，是自我幸福的实现；在中国古代道德文化中，是自我君子人格的达成。为了实现自我的最终或者最高目的，人需要并践行美德，并由此产生可能有益于他者的结果。因此，古典的美德观同日常生活对美德的理解恰巧颠倒过来。

即使我们不是完全退回到古典的美德观，而是折中地承认美德具有自我关注的合法性，那么，对于齐宣王“以羊易牛”的解读会出现另外的可能。如果齐宣王因牛“就死地”而不忍，因牛被“舍之”而心安；他“以羊易牛”首要且根本的动机在于舒缓其“不忍”，而“以羊易牛”只是便宜的手段，那么，从日常生活的视角看，齐宣王的行为不会被视为对牛的仁慈。但是，从美德的本义来看，齐宣王的仁慈即使是自我导向，是对自我生命的引导和自我利益的促进，这也不失为一种自我关注的美德，或具体称之为自爱。

自爱是行动者对自身完整存在状态愿望或者目标的追求，其实质是自利。自利（self-interest）和自私（selfishness）是伦理学中经常被提及的概念。自利的要义是，寻求自我愿望的满足或者目标的达成，是关注自我（self-regarding）。它强调行为对自我愿望或者达成自己的目标，关注行动者自身而不是他者。而由于不仅经济利益或者感性愉悦，而且道德愿望或道德目标，都可以成为自我欲求的对象，因此，自利不仅可以用来刻画追求利益满足或者快乐实现的理性经济人，而且可以用作描绘甘于自我牺牲的道德圣人。自私的本质是，即使与他人正当的愿望或者目标相互冲突，也坚持优先满足自我愿望或者目标的达成，是关系他人（other-related）。尽管自爱作为美德冲击着人们的直觉，但是，先秦儒家给予自爱很高的道德地位。“子路入。子曰：由，知者若何？仁者若何？子路对曰：知者使人知己，仁者使人爱己。子曰：可谓士矣。子贡入。子曰：赐，知者若

---

① ［美］阿拉斯代尔·麦金太尔：《伦理学简史》，龚群译，商务印书馆2003年版，第128页。

何？仁者若何？子贡对曰：知者知人，仁者爱人。子曰：可谓士君子矣。颜渊入。子曰：知者若何？仁者若何？颜渊对曰：知者自知，仁者自爱。子曰：可谓明君子矣。”（《荀子·子道》）在这段对话中，孔子通过对弟子关于仁者若何的回答及评论，将仁者分为使人爱己、爱人和自爱，三者之中以自爱为最高。这与儒家“推己及人”的思维非常吻合。人由自爱外推至对亲人的爱，延展至对家族共同体和社会群体的爱。

以自爱解释仁慈又可以区分出两种截然不同的思路。一种思路认为，不管是仁慈还是自爱，其实质都是爱的具体表现，自我通过对他者的仁慈，锤炼了爱的能力，可以更好地自爱；在仁慈中经受了爱的体验，可以更好地享受自爱的愉悦。一个不懂自爱的人，就是没有理解和领会爱的本质与精髓，从而就难以发展出仁慈。而行动者在仁慈中，促进并完善了自爱的能力、品质和艺术。在这种思路中，仁慈与自爱互为手段和目的。例如，18 世纪中期，哲学家约瑟夫·巴特勒提出，仁慈与自爱具有互通性。“人身上有一个自然的仁慈原则，它在某种程度上指向社会，自爱指向个人。”[1] 他在这里区分的是仁慈与自爱所指对象的差异，提出了仁慈的先天特性。“然而，我必须提醒你们，尽管仁慈和自爱不同，尽管仁慈主要倾向于公共善，而自爱倾向于私人善，但它们也是非常一致。对我们自己的最大满足依赖于在一定的应有程度上的仁慈。自爱是我们对社会正当行为的一个主要保证。”[2] 巴特勒这段话就深刻而明确地指出了自爱与仁慈之间的一致性关系。仁慈可以满足自我，成为自爱的一种方式；自爱的人出于对自身的爱惜，必定会行为正当。“每一次特别的爱，即使是对我们邻居的爱，像自爱一样，真正地是对我们自己的爱；从这种特别的爱中获得的喜悦，像自爱带来的愉悦一样，是我自己的愉悦。”[3]行动者通过仁慈

① 转引自 Nathaniel Lawrence，“Benevolence and Self-Interest”，*The Journal of Philosophy*，Vol. 45，No. 17，1948，p. 458.

② 转引自 Nathaniel Lawrence，“Benevolence and Self-Interest”，*The Journal of Philosophy*，Vol. 45，No. 17，1948，p. 458.

③ 转引自 Nathaniel Lawrence，“Benevolence and Self-Interest”，*The Journal of Philosophy*，Vol. 45，No. 17，1948，p. 458.

获得的愉悦，与自爱所收获的愉悦，是相同的、积极的情感体验，且其主体都是行动者自身。尽管爱的对象有差异，但是，承受爱的愉悦情感体验的主体同为行动者自我。因此，对他者的仁慈，其实质就是自爱。弗洛姆在论述爱的时候也强调，对别人的爱必然同对自己的关怀、尊敬、责任以及了解相互关联。我自己和别人一样必须同样成为我爱的目标。只有爱和尊敬自己的人，爱别人才是可能的。如果一个人的爱是多产的，那么，他也爱他自己；如果他只爱别人，那么，他根本不会爱。

但这种思路显然不是孟子的追求。《孟子・梁惠王上》整篇讨论的是王天下的合法性问题，而不是分析仁慈与自爱在爱的本质上的同构互通性。孟子的思路显然不像巴特勒似的将仁慈和自爱视作爱的不同具体呈现，而是点明仁慈是自爱的明智途径。这就成为理解自爱作为仁慈本质的第二种思路。在这种思路中，仁慈是手段，自爱是目的。我们再回到孟子与齐宣王的对话场景，就可以更清晰地理解这种思路下的仁慈的自爱本质。面对齐宣王遭受的吝啬的指责，孟子以其点睛之语宽慰，指出故事的核心不是“以羊易牛”，不是以小牺牲换取大利益，而是其背后所折射的齐宣王的“仁术”——“此乃仁术也”。既然齐宣王对牛都可以行仁，那么，就理应推己及人。但是，“今恩足以及禽兽，而功不至于百姓者，独何与?”（《孟子・梁惠王上》）当探知齐宣王“兴甲兵，危士臣，构怨于诸侯”（《孟子・梁惠王上》）的不仁慈之举，是为了实现“辟土地，朝秦楚，莅中国而抚四夷”（《孟子・梁惠王上》）的最大愿望时，孟子提出，这无异于“缘木而求鱼”（《孟子・梁惠王上》）。孟子开出的对策是，“今王发政施仁，使天下仕者皆欲立于王之朝，耕者皆欲耕于王之野，商贾皆欲藏于王之市，行旅皆欲出于王之途，天下之欲疾其君者皆欲赴诉于王。其若是，孰能御之?”（《孟子・梁惠王上》）在孟子看来，齐宣王为了达到自身最大愿望的满足，而采取不仁慈之举动，非但不能促成愿望的实现，反而会引发更大的祸害，因此，自爱不能以不仁慈的手段达成。相反，如果齐宣王能够推行仁政，遍布仁慈，那么，必然可以做到天下归心，从而实现自身的愿望。因此，真正的自爱必须经由对他者的仁慈而实现。我们再回到《孟子・梁惠王上》的开篇之语。面对梁惠王“不远千里而来，亦将有以利吾国乎”的质疑，孟子回答的是，“何必曰利？亦有仁义而已矣”。以利求利，未必能真得利，反而招致祸端；而以仁得利，可获大利。因此，真正明智的自爱，必定伴随着对他者的仁慈。

三、仁慈的冲突

“以羊易牛”的典故经常被用于道德教育，通过齐宣王的不忍论证或解释人性的仁慈，而往往疏于揭示齐宣王面对的道德冲突。“衅钟”是当时的社会祭祀仪式，代表着社会规范，隐喻社会公正；“以羊易牛”完成“衅钟”，体现了齐宣王对社会规范或者社会公正优先性的认可。尽管牛和羊同为人之外的生命，原则上有着同等的道德地位，但是，牛之独特之处在于它为齐宣王所见，而羊则为齐宣王所未见。这种视觉上的差异产生的重要的道德事件是，牛转变为特定生命形式的牛，而羊依然是一般的生命存在。齐宣王对牛的仁慈代表着特殊主义，而对羊的仁慈则是普遍主义。因此，齐宣王“以羊易牛”不仅有着仁慈与公正之间的冲突，而且潜藏着特殊仁慈与普遍仁慈之间的矛盾。

（一）仁慈与公正的冲突

“衅钟”源自周朝的礼仪。凡新铸成的钟必以牛羊鲜血祭祀之，以显示钟作为神器的独特。它本质上就是一套社会规范，并且延续至齐宣王时仍为社会所认可和接受，成为共识性的社会规范。尽管博登海默称“正义有着一张普洛透斯似的脸，变幻无常、随时可呈不同形状并具有极不相同的面貌”[①]，但从实践观测性而言，共同体内社会规范的公正，可以操作化定义为客观公正和主观公正。客观公正是分析社会规范实现了“得其所应有，居其所应属”；主观公正是测量社会主体对社会规范的认可和接受。依此推论，“衅钟”在齐宣王的时代仍可以成为社会公正的隐喻。于是，齐宣王“以羊易牛”就隐含了仁慈与公正的冲突。齐宣王与牵牛者的对话表明，齐宣王因

① ［美］E·博登海默：《法理学——法哲学及其方法》，邓正来等译，华夏出版社1987年版，第240页。

不忍而要求“舍”牛，无疑是仁慈。但是，他同时对牵牛者是否“废衅钟”的疑问给出了明确的回答——“何可废也”，且齐宣王的语气不是一般的陈述性论调，而是反问式。基本的语言常识告诉我们，在态度的表达上，反问式要强于陈述式。齐宣王以反问式语气回答牵牛者的疑问，正是基于要强调他对不可“废衅钟”的坚持。这就表明，在齐宣王的道德观念中，代表社会公正的“衅钟”更具优先性。因此，孟子就必然提出“牛羊何择焉”的疑问。因为“以羊易牛”改变的是用以祭祀的对象，在“衅钟”不可废止的前提下，对牛的仁慈必定就是对羊的残忍。

齐宣王之疑也是人类道德实践之惑。兼具仁慈和公正的美德，是成为有德者的重要内容。但是，仁慈和公正之间的矛盾，使得它们并非可以轻易相互吻合。在道德实践中，行动者为了公正地履行义务，有时候不可避免地要伤害他人，侵蚀仁慈。这种处境对于仁慈的有德者而言，往往是一种无奈的痛苦。生活总是充满了矛盾和选择，公正和仁慈的冲突由此也成为常见的现象。这是德性伦理学无解的困惑。无论是亚里士多德和孟子的古典德性伦理学，还是赫斯特豪斯、斯洛特和斯旺顿的现代规范德性伦理学，最出色的解决方案不是消解仁慈与公正的冲突，而是凭实践智慧最大限度化解仁慈与公正的冲突所引发的灾难、不幸或者痛苦。规范伦理学批评德性伦理学无力为社会道德实践提供指引的时候，所经常援引的例证就是仁慈与公正的冲突。但这并不表明，规范伦理学就已经妥善地解决了仁慈与公正的分歧。无论是按照康德式的道德法则而行动，还是依据功利主义的原则去选择，表面上找到了最终解决问题的途径，但实质上只是给行动者或者旁观者一个看似合理的自我慰藉，仁慈与公正的冲突依旧存在，不是牺牲该仁慈对待的对象，就是伤害该公正面对的客体。

（二）特殊仁慈与普遍仁慈的冲突

特殊仁慈与普遍仁慈分别是特殊主义原则与普遍主义原则在仁慈中的反映，区别的标准在于：行动者的仁慈是依系于还是独立于行为者与他者身份上的特殊关系。在不废“衅钟”的前提下，齐宣王舒缓内心的不忍以求得心安的行动策略是“以羊易牛”。如果从生物属性而言，牛和羊存在着物种归属的区分，但同为非人的生命形式。但是，如果从它们在齐宣王心中潜在的道德地位而言，牛和羊就有着分明的道德级差。其原因在于，对于齐宣王而言，牛在场而羊缺场，“见牛未见羊也”。齐宣王目睹了牛“过堂下”和“觳觫”的情形，而未亲见将以易牛之羊的体态。这一“见”给牛和羊产生的道德地位的影响在于，牛由此成为特殊化了的和具体化了的牛，它在恐惧颤抖，正被牵向“衅钟”；而羊只是普遍化的和一般化的羊。因此，在齐宣王的道德视野中，牛是活生生的、当下的具体生命存在，而羊只是一种概念或者抽象的道德想象。换言之，因为“见牛未见羊也”，齐宣王与牛就具有了一种特殊的身份或者关系，而与羊则没有。因此，齐宣王对牛的仁慈，其实质成为一种特殊的仁慈，是对此牛的仁慈，而非对所有牛的普遍仁慈。而齐宣王即使对羊有仁慈，也是普遍仁慈。齐宣王“以羊易牛”体现的是特殊仁慈的优先性。

孟子对齐宣王“以羊易牛”的升华，凸显了特殊仁慈。“君子之于禽兽也，见其生，不忍见其死；闻其声，不忍食其肉。是以‘君子远庖厨’也。”孟子通过“见其生”“闻其声”将禽兽特殊化，使特殊仁慈得以流布。孔孟并不是素食主义者。孔子非但主张肉食，而且对此要求甚高。“食不厌精，脍不厌细。”（《论语·乡党》）肉要切得越细越好。孟子描绘的仁政前景中，“七十者可以食肉”（《孟子·梁惠王上》）是重要的目标。孟子所谈不忍食之肉，不是普遍的禽兽的肉，而是为“我”所“见其生”“闻其声”的禽兽的肉。由于这些亲见亲闻，“我”对这些禽兽的感受性更深，更不忍伤害它们。庖厨是禽兽屠宰之地，因此，既要吃肉，又要吃得心安的解决方式就是“君子远庖厨”。从心理上看，它降低了“我”对这些禽兽的感受性；从伦理上分析，它阻隔了“我”与禽兽之间建立特殊的关系，使得“我”的仁慈止步在特殊仁慈之外。唯其如此，“我”才能心安理得地吃肉。

特殊仁慈优先于普遍仁慈，是中国道德文化的重要特色。费孝通称中国社会是以自己为中心向外推的差序格局，其实质就是坚持特殊主义的优先性。人们生活在密匝的关系网络结构中，以自己为中心，由近及远，从最简单的家庭关系进至社区邻里关系，再推延至复杂的社会关系和国家关系。不同的关系属性，具有不同的角色期待和权责要求。儒家主张亲亲、仁民、爱物，就是一种特殊仁慈向普遍仁慈不断扩展的过程和结果。仁慈的道德教育往往从最亲近的关系圈开始，然后渐渐过渡到关系圈的最远端，使小爱化作大爱，使“小我”和“私我”提升至“大我”和“公我”。但这种由小渐大、由私化公的过程，是特殊仁慈推延到普遍仁慈的过程。但这种过程不是对小爱、小我的泯灭，也不意味着特殊仁慈和普遍仁慈在行动者的道德现象中应该具有相同的道德重要性。因此，即使普遍仁慈得以激发，也会以几种方式显得不足。首先，它不会是平均分配；其次，即使平均分配，也具有反复任意性或者多变性；最后，即使它是稳定的，也是脆弱的。[①]

重视特殊仁慈是中国道德文化的特色，但不是“专利”。诺丁斯谈到关心陌生人的时候提出，陌生者对于“我”而言已经成为一个特别的和具体的人。当“我”展现出对他人的同情和仁慈，而他人又不是“我”的亲属或者朋友时，事实上，“我”是将他者转换成与自己有关系的一个特殊的人。“我”渴望的是减缓一个特定人的痛苦。“我”像爱自己的朋友、兄弟和姐妹般爱陌生人的前提是，这个陌生人必须“不是以分子式（formula）而是以个体被接受”。诺丁斯解释“我”对陌生人仁慈的模式固然存在问题，因为道德现实揭示，只要陷于苦难之中的他者是人甚至是一般的生命形式，“我”也会给予安慰和帮助，而不取决于他者是否被“我”想象为一个特定的人。但是，诺丁斯的解释却从另一个侧面揭示了特殊仁慈要强于普遍仁慈。犹太哲学家马丁·布伯提出了关怀关系对实现人格同一性的决定意义。人格同一性首要的不是指自我人格的同一性，而是每位个体相互之间的人格同一性或者交互主体性。我们都是处在相互联系中的人。因此，如果“你”是“我”，并且“我”是“你”——我们的同一性是有关系的——那么，在“我”对“你”的善（good）的渴望和对自己善的渴望间就不存在需要缝合的裂痕。因为我们是一个共同的同一性，

① John P and Reeder Jr.，“Extensive Benevolence”，*The Journal of Religious Ethics*，Vol. 26，No. 1，1998，p. 60.

共享一个共同的善。这个观点的困难在于：人格同一性在本质上是关系的观点，即使这在形而上学的意义上是真实的，但这也不意味着“我”应当如重视“我”的价值般重视“你”的价值，以及我们的善事实上是一个整体，并不意味着彼此之间的善是无法区分的。自我的“关系”或“社会”属性不足以支撑这些。①

“以羊易牛”的典故经常被用作道德教育的文献史料。但教育者往往无区别地单向地注重灌输其显见的人性善良或者仁慈的结果，而疏于更完整地展示它所隐含的仁慈的结构、仁慈的本质以及仁慈的冲突，从而使得本该充满讨论的、活泼的道德教育材料，变成了呆板的道德说教的故事。典故进入德育是非常好的道德教育实践，但是教育主体对典故的阐释，既不能随意扩大，也不能任意减缩。首先，教育主体对典故的运用应充分尊重所出文献的整体思想。例如，在“以羊易牛”的典故中，齐宣王利用其地位可以“舍牛”，而牵牛者没有这个权力，尽管他可能比齐宣王更加充满了“不忍”。因此，地位等外在因素的差异，使得一个人成为圣人或者好人充满了偶然性。这就点出了道德运气问题。但这种挖掘显然不是“以羊易牛”所属《孟子·梁惠王上》的显在或潜在要表达的主题。教育主体就不适宜随意做出扩大化解释。其次，教育主体对典故的使用应充分体现出逻辑分析的力量，特别是面对有了一定反思和批判能力的教育客体，教育主体不能仅停留于将“以羊易牛”的典故讲得声情并茂，而是必须充分注重典故的逻辑分析，呈现出典故所隐含的丰富的可能性。例如，在“以羊易牛”的典故中，教育主体就不能停留于宣布结论甚至需要“悬置”结论，而是要更加注重通过对仁慈的结构、仁慈的本质和仁慈的冲突的展开，不仅向教育客体呈现刻板的仁慈定义之外丰富的仁慈维度，而且延展同情、自爱、公正以及仁慈的普遍性与特殊性，这就形成了以仁慈为中心的道德知识群。只有这样，才能提高教育客体的道德认知能力，培养其在现实的道德生活中理性而负责的道德选择的能力。再次，教育主体对

---

① 参见 John P and Reeder Jr.，“Extensive Benevolence”，*The Journal of Religious Ethics*，Vol. 26，No. 1，1998，pp. 47－70.

典故的使用应充分体现出思想的普遍性。人类几千年思想文明的成就是当代道德教育宝贵的资源。因此，对于一个典故，无论其文化背景，其所折射的道德命题都可能具有文化普遍性。这就意味着，不能只限于本土思想文化体内理解所使用的典故，而是必须扩大历史的和思想的视野，调用人类思想史上的相关资源，从不同视角丰富典故的应用。“以羊易牛”的典故来自东方文化，因而道德直觉的色彩强于道德心理的论证。这就要求教育主体在对仁慈结构的分析上，为了“将说理进行到底”，就不能只靠直觉论证，而是必须利用西方道德心理学甚至分析哲学的框架，对仁慈的构成进行拆解，然后综合。最后，教育主体对典故的使用应充分回应现实的道德生活。道德教育的根本目的不是为了认知而教育，而是为了行动；而道德教育作为价值教育的属性也决定着，只有教育的内容同教育客体的生活相联系，才能开启教育客体的接受之门。这就决定着，教育主体必须选择与现实生活紧密相关的典故。“以羊易牛”的核心是人的仁慈。这也是当代道德生活甚至教育客体日常道德实践中经常触及的问题。通过对这种典故的使用，教育客体就更有亲切感，更能参与进去；而对这种典故的分析更有利于引导教育客体的道德实践。

第三节　羞耻的伦理分析

中国古代先贤们对深刻思想的表达不以抽象的思辨为重心，而是寄寓于具体的经验。他们通过对普通生活中常人知识、常人境遇或者常人经验的点明，言简意赅而又深刻形象地传达出高明的意旨，也为后学预留了无止境的想象空间。[①] 王守仁曾以窃贼为例，向陈九川讲解良知的先天固有性。“良知在人，随你如何不能泯灭，虽盗贼亦自知不当为盗，唤他作贼，他还忸怩。”[②] 但它远难及王守仁门人“喝贼脱裤”的故事，这一故事更

① 参见陈少明《想象的逻辑：来自中国哲学的经典例证》，载《哲学动态》2012 年第 3 期。
② 〔明〕王守仁：《王阳明全集》（第壹册），线装书局 2012 年版，第 171 页。

能直接点明人皆固有良知本心。

> 有个王守仁的门人，夜间在房内捉得一贼。他对贼讲一番良知的道理。贼大笑，问他："请告诉我，我的良知在哪里？"当时热天，他叫贼脱光了上身的衣服，又说："还太热了，为什么不把裤子也脱掉？"贼犹豫了，说："这，好像不太好吧。"他向贼大喝："这就是你的良知！"①

故事没有说明窃贼拒绝脱裤的具体原因，也没有介绍窃贼被要求脱裤时的情绪反应。故事传达的唯一确定的信息就是，窃贼知道在门人面前脱掉裤子是不应该的举动。当人猿相揖别之后，穿衣戴帽逐渐成为人迈进文明的一个重要标志。剥人衣帽，示以裸体，无疑就是一件令人蒙羞的事情。受害人会产生或者应该产生综合交错的羞耻感和侮辱感。"贼拒脱裤"的抵制行为就成为其羞耻感和侮辱感的应激性反应。

一、羞耻与"门人"

裤子不可轻易脱，但绝非不可脱。这是人类社会的一个基本常识。它也说明，裤子虽关乎羞耻，但总是存在一个具体的境遇限定。在某种境遇中，脱裤是极其自然的举动，不脱裤反倒是令人尴尬的选择。相反，在其他境遇中，保持衣冠完整不仅是自尊而且是尊人的必然要求。在王守仁的门人与贼的对话中，贼拒绝脱裤的理由是"这，好像不太好吧"。贼的应答不是对抽象的、一般的脱裤行为是否不太好的回应，而是对具体的、特定的脱裤行为是否不太好的回复。贼的回答中隐去了一个重要的境遇前提。如果适当补充，那么，贼拒绝脱裤的理由会更完整地展现出来。这个境遇就是王守仁的门人作为他者的在场性。贼脱裤以后，其裸露的事实，就成为这个在场的他者捕捉的对象。换作更通俗的表达就是，他者目睹了贼脱裤的事实及其后果，使贼产生了羞耻于脱裤的心理防御机制。因此，

① 冯友兰：《中国哲学简史》，北京大学出版社1996年版，第267－268页。

羞耻总是与视觉有关。视觉是羞耻发生的重要而基本的条件。

亚里士多德在《修辞学》中引用了格言“羞耻栖居在眼睛里”[①]，以形象地揭示羞耻的实质。这表明，羞耻同视觉相关，是行动者被他者“看穿”或者“识破”后的负面情绪体验。威廉姆斯提出，耻感必须诉诸视觉。“同羞耻相关的基本体验在于，被错误的人，在错误的条件下，被看见。”[②] 行动者感到羞耻，源于自身不恰当的暴露在他人眼中的意识，自然的反应就是隐藏或者遮掩，以逃避或者减缓厌恶、蔑视、怨恨甚至惩罚的报应后果。如果他并没有觉察到他人的“在场”，那么，他就不会产生羞耻意识。“他反而会感到，只要不良行为没有暴露在社会上，就不必懊丧。”[③] 因此，“一个人感到羞耻，是因为他或者被公开讥笑、排斥，或者他自己感觉被讥笑，不管是哪一种，羞耻感都是一种有效的强制力。但是，羞耻感要求有外人在场，至少要感觉到有外人在场”[④]。

他人的“在场”可以有多种形式。最直接的是面对面的“现场”式，它的强制力最强。因此，“捉贼捉赃，捉奸捉双”。行动者在进行可耻的言行事时被逮个正着，从而被一览无余地暴露在他者面前。他人的“在场”也可以是虚拟式的想象。尽管行为发生时他人并不“在场”，可是，行动者总是忧虑“东窗事发”；或者行动者基于如是道德忧虑而对羞耻的言行事保持警惕。因此，尽管观众的视觉是羞耻的核心概念，但是，这个观众可以是想象中的个体，或者内化的观众。由于担心想象中的他者的反应，行动者会让自身远离羞耻。自我也可以成为“在场”的他者。在他者不“在场”的情形中，行动者并没有一个观众的意识。在这种情况下，行动者是将自我当作他者，观察着自我，就像他者观察自我，自我既是观众主体又是观众客体。

在视觉中，行动者意识到其具体言行所呈现出的自我的卑劣或者猥

---

① Aristotle, “Rhetorica”, Translated by W. Rhys Roberts. *In the Works of Aristotle*, Vol. XI. Oxford: Clarendon Press, 1952, p. 1384a30.

② Bernard Williams, *Shame and Necessity*, Berkeley: University of California Press, 1993, p. 89.

③ ［美］鲁思·本尼迪克特：《菊与刀》，吕万和等译，商务印书馆1990年版，第154页。

④ ［美］鲁思·本尼迪克特：《菊与刀》，吕万和等译，商务印书馆1990年版，第154页。

琐，感觉到在毫无遮掩的注视中失去了自尊，由此产生自我导向的紧张的否定性情感，并有了从视觉中隐匿或者逃避的想法。羞耻的体验由此具有了伦理意义，表达了行动者的一种道德意识。[①] 在《自豪、耻感和罪感》中，泰勒将羞耻描述为一种自我反思意识。在这种反思中，行动者体会到其整体存在貌似比其所感觉得要差。在这种体验中，视觉只是代表一种差异。这种差异的实质是，行动者对其自身状态或行为的假定与一个可能的独立的观察者对这种状态或行为的描述的差异。[②] 威廉姆斯提出，行动者的行为指向两个方向：它对别人意味着什么，它对我意味着什么；罪感主要是对应第一个方向，羞耻对应的是第二个方向。[③] 当一个人因说谎而感到羞耻时，他不只是在为说谎时呈现的品质状态而感到遗憾或自责，相反，羞耻的感觉表明了行动者在对自己是何种人上的深远的失望。

由于羞耻感的产生对他者"在场"的依赖性，行动者摆脱羞耻感的方式就不同于逃离罪感的方式。美国文化人类学者本尼迪克特提出，罪感"可以通过忏悔、赎罪而得到解脱。犯了罪的人可以通过坦白罪行而减轻内心重负"[④]。"但在以耻为主要强制力的地方，有错误的人即使当众认错、甚至向神父忏悔，也不会感到解脱。他反而会感到，只要不良行为没有暴露在社会上，就不必懊丧，坦白忏悔只能是自寻烦恼。"[⑤] 因此，对于行动者而言，隐匿他者或者挣脱他者的视线，是消除或者减轻羞耻感的最好方式。最极端和最残忍的方式是行动者不惜铤而走险，从肉体上消灭他者，这就是"杀人灭口"。最恶毒且最无耻的方式是抢先从伦理上减损他者的道德地位，从而弱化其道德舆论的能力和道德评价的可信度，以增强自身的道德地位。这就是"恶人先告状"或者"倒打一耙"。最常见且最无奈的方式是自我欺骗地假装他者不"在场"或者从他者的视线范围消

---

① 参见 Aantonio S Cua, "The Ethical Significance of Shame: Insights of Aristotle and Xunzi", *Philosophy East and West*, Vol. 53, No. 2, 2003, p. 7.

② 参见 Gabriele Taylor and Pride, *Shame and Guilt*, Oxford: Clarendon Press, 1985, p. 66.

③ 参见 Bernard Williams, *Shame and Necessity*, Berkeley: University of California Press, 1993, p. 92.

④ ［美］鲁思·本尼迪克特：《菊与刀》，吕万和等译，商务印书馆 1990 年版，第 154 页。

⑤ ［美］鲁思·本尼迪克特：《菊与刀》，吕万和等译，商务印书馆 1990 年版，第 154 页。

失，这就是“鸵鸟政策”或者“隐居江湖”。

羞耻对观众视觉或者他者在场的依赖引发了羞耻的自律性与他律性的争论。由于观众的视觉或者他者在场代表了一种标准、准则和理想，它可能为行动者所认同，也可能为行动者所反对，因此，行动者的羞耻感就具有了自律性与他律性的分歧。泰勒强调羞耻的自律性，威廉姆斯坚持羞耻的他律性。泰勒提出，羞耻虽然折射了行动者所属共同体普遍持有的标准、准则和理想，但是，它们必须为行动者所信奉，唯其如此，行动者才会因未能达到这些而产生羞耻感。所以，如果我们自己不接受这些标准，那么，就不会因未能达到而感觉羞耻。在为古希腊英雄文化的道德辩护中，威廉姆斯认为，行动者将观众内化，这些观众的观点反映了真实的社会期待。[①] 羞耻感“要求一个内化的他者，这个他者的反应为行动者尊重。这个他者是社会现实的间接反映。特别是，如果他以这种方式而不是那种方式行动，会对他自己与他人的生活产生什么样的影响”[②]。

这种关于羞耻之他律与自律的争论实质是社会规范的情感立场之争。泰勒重视的是社会规范的内在性。社会规范必须为行动者所信服，才可能因其被违犯而使行动者产生羞耻感。威廉姆斯强调的是社会规范的外在性。即使社会规范为行动者所崇信，而究其根源，仍是来自外在的制约。当行动者因触犯社会规范而产生羞耻时，这种社会规范必定兼具外在性和内在性。只有为行动者信服，成为其内在悦纳的观念，才会激发其羞耻感。但是，任何内在化的社会规范，都源于社会的外在化。正是社会规范起点的外在性和终点的内在性，使得不同的人在理解社会规范的性质上采取了不同的偏向，不是允执厥中，而是扣其两端，由此衍生出羞耻的自律性和他律性之争。

羞耻的自律性与他律性之争引发的思想恶果是，通过赋予羞耻他律性和罪感自律性，而断定羞耻文化劣于罪感文化。20 世纪中期以来，人类

---

① 参见 Bernard Williams, *Shame and Necessity*, Berkeley: University of California Press, 1993, p. 98.

② Bernard Williams, *Shame and Necessity*, Berkeley: University of California Press, 1993, p. 102.

学对耻感与罪感做出了区分。最著名的例子是本尼迪克特在《菊与刀》中所表达的观点。她认为，日本文化是耻感文化。雷斯曼将这个概念用来分析中国文化。[①] 他们认为，耻感必须有他人在场，具有外驱性；而罪感无须他人在场，具有内驱性。但是，真正的道德动机应该来自内驱，道德内化是道德自主性的要求。由此得出的结论是，在道德发展上，耻感文化劣于罪感文化。但这种分类也受到研究者的质疑，如心理学家皮尔斯和人类学家辛格在《耻感和罪感：一种心理学和人类学的研究》中提出，罪感的发生源自对苛刻父母的报复性冲动反应，只是对社会法则的勉强屈服；[②] 羞耻的真正价值在于，它是对未能达成充满爱的双亲理想的潜在的积极的回应，是对社会法则正常合理的认同，更具有道德优越性；[③] 羞耻往往不会导致怨恨，[④] 对个人人格的发展提供了更大的可能性。"耻感驱动的人会超越自然的限制，而罪感驱动的人还达不到他的潜能。"[⑤] 羞耻有别于罪感，这是事实。但是，任何时代、民族、文化和空间中的人都会经历着耻感和罪感的情感经历。这也是无可回避的事实。其中的区别在于，不同境遇下的人对耻感和罪感的体验程度和表达形式有异。中国文化虽然是典型的耻感文化，但民间生活中频繁使用的"罪过""罪孽"或者"罪恶"等与"罪"有关的家族语言表明，它并不排除罪感。

二、羞耻与"脱裤"

裤子并非不可脱，而是必须区分情境。在不能脱裤的情境中，非常重

① 参见 David Reisman, *The Lonely Crowd: A Study of the Changing American Character*, New Haven: Yale University Press, 1969.

② 参见 Gerhart Piers and Milton Singer, *Shame and Guilt: A Psychoanalytic and a Cultural Study*, Toronto: W. W. Norton, 1971, p. 53.

③ 参见 Gerhart Piers and Milton Singer, *Shame and Guilt: A Psychoanalytic and a Cultural Study*, Toronto: W. W. Norton, 1971, p. 70.

④ 参见 Gerhart Piers and Milton Singer, *Shame and Guilt: A Psychoanalytic and a Cultural Study*, Toronto: W. W. Norton, 1971, p. 45.

⑤ Gerhart Piers and Milton Singer, *Shame and Guilt: A Psychoanalytic and a Cultural Study*, Toronto: W. W. Norton, 1971, p. 45.

要的一点是他者的在场性或者视觉。但是，同裸露上身相比，他者的在场似乎特别能有效而强有力地使行动者萌发出脱裤的羞耻感。在“贼拒脱裤”的典故中，贼脱光了上身所有的衣服，似乎都未表达出任何反对的声音，只有当被要求脱掉裤子时，才有了被王守仁的门人称之为“良知”的反应。这似乎意味着，穿于身上不同部位的衣服具有不同的遮羞意义。

《圣经·旧约》中记载的上帝创世的故事表明，人类重视下身衣服远甚于上身衣服。未吃禁果以前，亚当和夏娃两人虽然赤身露体，但是并不为此感到羞耻。当偷吃了禁果以后，他们二人的眼睛就明亮了，才知道自己是赤身露体。难道在偷吃禁果以前，亚当和夏娃的眼睛是看不清而不知道自己是赤身露体的吗？显然不是这样的。在偷吃禁果以前，男人的眼睛也是明亮的，他可以分辨飞鸟走兽，且能为女人说：“这是我骨中的骨，肉中的肉，可以称她为女人，因为她是从男人身上取出来的。”显然，禁果使亚当和夏娃眼睛明亮不是指生理上的明亮，而是道德上的明亮。知道自己赤身露体不仅是指意识到身体一丝不挂的物理形式，而是认识到身体一丝不挂的羞耻意义。于是，他们拿无花果树的叶子，为自己编做裙子。亚当和夏娃编织的裙子，是用来遮掩下身的衣物。这种裙子是用无花果树的叶子做材料，谈不上美观。亚当和夏娃不是基于审美的眼光编织裙子的，而是基于道德的视角使用裙子。裙子是用来蔽体而非美化身体的。禁果的道德意义是使亚当和夏娃认识到他们是赤身露体的，赋予亚当和夏娃分别善恶的“良知”。这在蛇劝告女人的言语中体现得非常明显。蛇告诉女人，神禁止人吃果子的理由是谎言，偷吃禁果不一定死，反而会使眼睛明亮而如神般知道善恶。当亚当和夏娃听从蛇的劝告而吞下禁果后，神的反应印证了蛇所言之真实。神说：“那人已经与我们相似，能知道善恶。现在恐怕他伸手又摘生命树的果子吃，就永远活着。”

因此，无论是窃贼拒绝脱裤子，还是亚当和夏娃编织裙子，传达出的共同道德蕴涵是，下身之于羞耻具有更重要的伦理地位。那么，下身的独特性在哪里，使得人类赋予它如此厚重的羞耻色彩呢？这种独特性就是人类的生殖器官。因此，人类不能轻易脱裤子的举动，是对生殖器官的保护；而脱下裤子产生的羞耻感，本质上是生殖器官外露的羞耻感。弗洛伊德在《文明及其缺陷》中提出，羞耻是对暴露的生殖器的保护性反应。他认为，生殖器的可见性对应着人类发展的一个阶段。在这个阶段，人类因直立行走而不是四肢行走而感到自豪。[①] 但同时，人类也因其可见的生殖器而感到羞耻。“这（直立行走）使他之前隐藏的生殖器变得可见和需要保护，并因此在其身上激起了羞耻感。”[②] 威廉姆斯将羞耻与生殖器相联系。他提出，从词根来看，“羞耻”起源于或衍生于“生殖器”。“很明显，（羞耻）同裸体有关，特别是在与性的联系中。羞耻是用于生殖器的标准的希腊词汇。其他语言中也可以发现同样的术语。其反应就是将自己覆盖或者藏起来，人们自然会采取步骤避免这种情形。”[③] 这似乎表明，生殖器的暴露代表了人类最原始和最深层的羞耻。生殖器通常是被覆盖着的，而出于羞耻也有覆盖的欲望。因此，生殖器官的暴露是引发羞耻感的典型起因，它泄露了人最深层的隐私或者秘密。

但是，社会实例反证，人类脱掉裤子而暴露生殖器官并不必然会产生羞耻。一个典型的例子就是裸体艺术。1994 年，年仅 27 岁的斯宾塞·图尼克（Spencer Tunick）就开始实施他“裸遍美国”的摄影计划。他游历全美国，为美国各地的普通民众拍摄裸体艺术照片。斯宾塞的每到一处，都有当地的居民自愿充当他的摄影模特。完成“裸遍美国”之后，斯宾塞又决定“裸遍世界”。在为期一年的时间里，斯宾塞的足迹遍及全球七大洲。6000 多个不同国度和不同种族的人心甘情愿地向斯宾塞展现自己的裸体。斯宾塞所拍摄的裸体照片，往往是成百上千的男女老少赤身裸体地在街道上或高楼下或水流边，或站、或躺、或坐、或蹲、或睡、或抱。他们展现的裸体或优美、或健壮、或苍老。即使没有其他穿着得体的观众在场，这些人也相互处在他者的视觉中，彼此都是在场的他者。但是，他们裸体的行为并没有激发出拒绝脱裤的羞耻。相反，在成百上千的裸体人群中，偶尔拒绝裸体的人若立于其中，反倒容易产生难以遮挡的尴尬。

---

① 参见 Sigmund Freud, *Civilization and Its Discontents*, New York: W. W. Norton, 1961, p. 54.

② Sigmund Freud, *Civilization and Its Discontents*, New York: W. W. Norton, 1961, p. 54.

③ Bernard Williams, *Shame and Necessity*, Berkeley: University of California Press, 1993, p. 78.

舍勒将羞耻的情感表达视为人特有的现象，它同人介于动物和上帝之间的位置有关。因此，动物和上帝都不会有羞耻感。在解释特殊情境中裸体的女性由“无耻”到“有耻”的情感转换中，他提出了“转回自我”的概念。[①] 根据舍勒的解释模式，斯宾塞的摄影对象没有产生羞耻感的原因是，他们只是将自我视作普遍化的摄影对象，而不是独特的自我；当他们意识到是以自我呈现出来时，就必定会产生羞耻感。但是，根据福柯的解释，人类在17世纪初叶不把性视作隐秘的活动，言谈毫无顾忌，行事无须掩饰，是“展示”肉体的时代。“人们举止坦露，言而无羞，公然违反礼仪规范，裸体示人和随意做爱，对此，成年人开怀大笑，夹杂在大人们中间的小机灵鬼们也毫无羞耻和局促之感。”[②] 在这个时代之后，性经验被贴上封条，性完全被视为繁衍后代的、严肃的事情。性只存在于父母的卧室里。“彬彬有礼的态度就是要避免肉体的接触，用词得当就是要求净化语言。”[③] 我们似乎不能说，性行为的主体将本该私密化的活动暴露在公众的视觉中而没有产生羞耻感的原因是他们将自我普遍化。

日本学者正村俊之在《耻辱与秘密：日本社会的交流结构》中，将耻辱归因于秘密或者隐私的泄露，因生殖器官的裸露引发的羞耻感是耻辱的典型形式。但是，裸体会使人产生羞耻感，是因为暴露了作为行动者的生殖器官吗？生殖器官禁止外露的原因，是因为它代表了行动者深层的隐私吗？从表面上看，似乎如此。但若深究，则似乎不尽是。姑且不论生殖器官并不自始至终构成人类最深层的隐私；即使它构成隐私，其裸露也并不必然就会激发羞耻的负面情绪体验。在人类历史上的某些部落，裸露身体是正常的举止；相反，穿上衣服才是引人注意的羞耻事件。父母教育孩子不要暴露生殖器官的理由，不是因为这暴露了隐私，而是因为它是一件羞

---

① 参见［德］舍勒著，刘小枫选编《舍勒选集》（上），上海三联书店1999年版，第544－545页。

② ［法］米歇尔·福柯著：《性经验史》（增订版），佘碧平译，上海人民出版社2002年版，第3页。

③ ［法］米歇尔·福柯著：《性经验史》（增订版），佘碧平译，上海人民出版社2002年版，第4页。

事。人若行了羞事，就会感觉到羞耻。但是，为什么暴露生殖器官就是羞事呢？因为社会中正常的人都不暴露生殖器官，所以，如果要通过行动表明他是一个正常的人，就必须按照正常人的言谈举止法则规范自我。那么，正常人的标准是什么呢？是社会中的观念、习俗或者规范。由此，我们可以明白，人之羞耻不是来自身体袒露的事实，而是来自身体袒露后所表达的与社会观念、习俗或者规范的不相容。因为这种不相容，行动者产生了否定性的自我意识，对自我的存在状态感到深深的失望。而感到羞耻，是行动者自尊的重要标志。遮掩身体，这是社会的法则。而一个人裸露身体就成为对这个法则的对抗，成为不同于社会的人。因此，人的羞耻感就产生了。在这种意义上，羞耻代表着人向社会的屈服。如果一个社会的通行观念是不以衣蔽体，那么，穿衣就会引发羞耻感。舍勒指出，“裸露”现象及其附带的刺激，无论是色情还是审美，只是服饰意识的结果。[①] 因此，没有服饰意识，就不会有裸露现象。服饰意识是后发的社会法则，而裸露现象则是人先天的自然属性。当社会性取代了自然性之后，那么，不依循社会法则行事就成为激发羞耻感的诱因。

既然社会规范要求正常穿衣戴帽是避免羞耻的一种方式，那么，反其道而用之，在特定的社会中，不按正常人穿衣戴帽就会让人产生羞耻感。因此，在人类早期文明中，衣服曾经是一种“耻辱刑”刑罚的方式。我国最早的耻辱刑相传为皋陶创设的象刑。它根据犯罪者罪行的轻重，以五种刑罚相类比，令犯罪者穿上特定的服饰。“象”是服饰、象征的意思，“象刑”即是用“画衣冠、异章服”的办法来代替肉刑和死刑，以羞辱、惩罚犯罪者的一种象征性的刑罚制度。[②] 采用这种“画衣冠、异章服”的方法来标明犯罪者的身份，目的在于以示惩戒，使之知耻。[③] 头戴黑巾表示应受墨刑；戴上用草做帽带的帽子（另一种说法是让其穿上赭色的衣服）表示应受劓刑；穿上麻鞋（另一种说法是在其腿上蒙上黑布）表明

① 参见［德］舍勒著，刘小枫选编《舍勒选集》（上），上海三联书店1999年版，第540页。

② 参见武树臣等《中国传统法律文化》，北京大学出版社1994年版，第122页。

③ 参见张晋藩《中国法律的传统与近代转型》，法律出版社1997年版，第137页。

应受刖刑；割去犯人身前的护膝表明应受宫刑；穿上无领的布衣表明应受死刑。尽管象刑在中国很早就消亡了，但是以象刑为借鉴的刑罚方式，后代却时有出现。秦汉时的刑徒罪至城旦舂者，穿赤衣戴赤帽。据唐朝人封演的《封氏闻见记》记载："李封为延陵令，吏人有罪不加杖罚，但令里碧头巾以辱之。随所犯轻重以日数为等级，日满乃释。吴人着此服出入州乡以为大耻，无敢僭违。"[①] 特定的衣着是违犯社会法则的象征。因此，"耻辱刑"就是通过将罪犯与民众的外在人为区别，激发罪犯的羞耻心，达到经由社会的途径改造自我的目的。

三、羞耻与"作贼"

王守仁的门人通过棒喝式的禅宗门径，点醒贼人固有的良知自觉。但是，问题在于，贼虽然有着本然的良知，但仍然进行了违背良知的偷窃行当。这种良知与德行之间的背离曾经出现在王守仁与陈九川的对谈中。在与陈九川讨论良知问题时，王守仁谈到："良知在人，随你如何不能泯灭，虽盗贼亦自知不当为盗，唤他作贼，他还忸怩。"[②] 这句话也可以从反面理解，那就是即使贼因其良知而为做贼忸怩，但是，他依然选择了行窃的道路。这表明，羞耻归羞耻，德行归德行。这二者之间没有普遍的逻辑上和事实上的必然联系。元代理学家许衡说："教人，使人必先知有耻，无耻则无所不为。既知耻，又许养护其知耻之心，督责之使有所畏，荣耀之使有所慕。"（《许文公遗书·卷一》）人若无耻，虽更容易无所不为，但是，人若知耻，则不一定会依照道德的要求行事，所以必须加以"养护""督责"和"荣耀"的外在功夫，以呵护这良好的开端。

亚里士多德将羞耻看作一种情感而不是德性。感情、能力与品质是灵魂的三种状态，德性属于品质。"羞耻不能算是一种德性。因为，它似乎是一种感情而不是一种品质。至少是，它一般被定义为对耻辱的恐惧。它实际上类似于对危险的恐惧。因为，人们在感到耻辱时就脸红，在感到恐

---

① 转引自杨鸿雁《中国古代耻辱刑考略》，载《法学研究》2005 年第 1 期。

② 〔明〕王守仁：《王阳明全集》（第壹册），线装书局 2012 年版，第 171 页。

惧时就脸色苍白。这两者在一定程度上都表现为身体的某些变化。这种身体上的变化似乎是感情的特点，而不是品质的特点。”[①] 德性与羞耻的联系在于，具有适度品质的人会有羞耻之心，而一个有羞耻之心的人会受人称赞。但是，这并不表明，行动者做了坏事之后会感到羞耻是有德性的表现。“羞耻是坏人的特点，是有能力做可耻的事情的人所特有的。说由于一个人在做了坏事之后会感到羞耻，我们就应当说他是有德性的，这是荒唐的。因为，那个引起羞耻的行为必定也是出于意愿的行为，而一个有德性的人是不会出于意愿地做坏事情的。”[②]

羞耻无疑是个人道德完整性的重要指标。罗尔斯认为，羞耻表明了我们与他者的关系。“（当一个人感到羞耻的时候）他发现在其伙伴那里已经失去了价值。只有依赖这些伙伴，他才能确信其价值意识。他忧虑，唯恐他们拒绝他，并且发现他是可鄙的，是嘲笑的对象。在他的行为中，他流露（betray）出对他所珍视的和渴望成就的道德卓越的缺乏。”[③] 如果一个人在应该感到羞耻的时候不以为耻，或者拒绝承认，那么，他就承担着为其所属共同体拒斥的风险。泰勒提出，感到羞耻是其有自尊的标志。因此，“如果一个人有自尊，那么，在某种具体的条件中，他会感到羞耻”[④]。羞耻是“一种自我保护的情感：它可以防止这个人陷入易伤害的处境；或者使他意识到，他不应该置于发现他自己的情势中”[⑤]。一个人感到羞耻，虽然例证了他的自尊，也表明了他承担着失去他人尊重的风险，但是，并不必然会因此激发出德行的力量。行动者渴望荣誉和厌恶羞

---

① ［古希腊］亚里士多德：《尼各马可伦理学》，廖申白译，商务印书馆2003年版，第124页。

② ［古希腊］亚里士多德：《尼各马可伦理学》，廖申白译，商务印书馆2003年版，第125页。

③ John Rawls, *A Theory of Justice*, Cambridge Mass: Harvard University Press, 1971, pp. 445–446.

④ Gabriele Taylor, *Pride, Shame and Guilt: Emotions of Self Assessment*, Oxford: Clarendon Press, 1985, p. 80.

⑤ Gabriele Taylor, *Pride, Shame and Guilt: Emotions of Self Assessment*, Oxford: Clarendon Press, 1985, p. 81.

耻的内在情感，不是行动者遵从社会期待而做出合德性行动的充分条件。

羞耻和道德之间最理想的情况是，行动者知耻以后，积极地奋发向善。“昔西伯拘羑里，演《周易》；孔子厄陈蔡，作《春秋》；屈原放逐，著《离骚》；左丘失明，厥有《国语》；孙子膑脚，而论兵法；不韦迁蜀，世传《吕览》；韩非囚秦，《说难》《孤愤》；《诗》三百篇，大抵圣贤发愤之所为作也。”（《史记·太史公自序》）司马迁所列举的这些人、这些事，都是受辱之人发奋所为之事。行动者有了羞耻的意识后，通过升华的办法，克服这些羞耻。“小不忍则乱大谋”说的也是这种情况。忍受小的羞辱，是为了更大的作为。所以，当人们说，羞耻感会激发行为上的调整，避免再犯类似的错误，可以向着理想的道德之路前进，促进理想人格的形成时，指的就是羞耻与德行之间的理想结果。

但是，道德实践的复杂性决定着行动者会发展出其他应对羞耻的方案，使得即使行动者知耻后，其随后的行动仍有多种可能性。最恶劣的是明知道是无耻之事，他仍然去做，从而成为无耻之尤。行动者尽管知道这是无耻的行径，可是，出于利益算计或者其他考虑，他仍然愿意去做这些事情。有人是偷偷摸摸地去做，但也有人明目张胆地去做。后者成为无耻之耻。小偷们清楚他们的行为可耻，但是，仍然不会放弃这些无耻的行动，只是将活动的时间放在晚上。这不仅是为了行事的便宜，更是因为在晚上的时候，他人“在场”的机会基本为零。这种类型的小偷虽然可恶，但尚有一丝良心未泯，因此，才会对偷窃的行径有所收敛和顾及。有些无耻之耻的小偷采取的是另外的办法。他们光天化日之下盗取了别人的钱财，被逮住后不仅面不改色，甚至因为主人的追赶使其受伤而要求主人赔偿。这是最恶劣的无耻，典型的“我是流氓我怕谁”。

行动者知耻后，也可以通过找借口掩饰的办法使自己免耻。掩饰的手法有高低之分。比较低级和常见的是，制造虚假数据，编制虚假新闻，炮制虚假消息。这类典型的群体是政客。他们以为通过舆论宣传等手法就可以混淆是非，使自己免于无耻。比较高级的是意识形态。马克思主义认为，资产阶级意识形态是假仁假义的虚伪，它用歪曲的形式把自己的特殊利益冒充为普遍的利益：“占统治地位的将是越来越抽象的思想，即越来越具有普遍形式的思想。因为每一个企图取代旧统治阶级的新阶级，为了达到自己的目的不得不把自己的利益说成是社会全体成员的共同利益，就是说，这在观念上的表达就是：赋予自己的思想以普遍性的形式，把它们描绘成唯一合乎理性的、有普遍意义的思想。"[①] 因此，资产阶级的意识形态就成为整个阶级的"遮羞布"。

此外，行动者知耻以后，也可能通过心理学上的方法转移这种羞耻感，形成心安理得的自我安慰或者相反的心理反应及应对策略。也就是说，行动者知耻以后，可能会导致严重的破坏，特别是以自我怀疑的形式，埃里克森称，怀疑是羞耻的"兄弟"[②]；也可能会变成危险的沮丧，或者极度愤怒。"他或者丧失自信心，忧郁不振，或者怒发冲冠，或者兼而有之。"[③] 羞耻也可能引致道德上的不作为，不仅不为恶，也不为善。虽路见不平而未拔刀相助，表明的是行动者德行的匮乏，而并不意味着他内心缺乏羞耻感。事实上，行动者也可能以其未能拔刀相助而感到羞耻，但并没有因此发展出助人的行动。

在中国文化中，"脸""脸面"或者"颜"是形象地表达羞耻观念和现象的词汇。"没脸见人""脸面无光"或者"厚颜无耻"都是同羞耻相关的表达。"脸"不仅具有物理意义，更有伦理内涵。人天生皆有物理之脸，但并不是每个人都有伦理之脸。"脸"的伦理含义是指一个人的尊严、自尊、社会认同感、道德品质和道德荣誉。"脸"代表了社会对一个人道德品质完整性的肯定。尽管获得或失去"脸"由自己的行为决定，但最终它是由其他人决定和裁决。丢脸牵涉到他人对自己品质的信任，意味着一个人的行为被公共给予注意并被他人进行否定性裁断，导致道德或者社会地位的丧失，使行动者感觉"没脸见人"。中国社会生活中以"不要脸"来批评对方道德上的瑕疵，本意是要通过唤起行动者的羞耻感而使其依照德性的要求参与社会生活。人若"不要脸"，固然言行无所顾忌。但是，

① ［德］马克思、［德］恩格斯：《马克思恩格斯选集》（第1卷），中共中央翻译局译，人民出版社1995年版，第100页。

② Erik Erikson, *Childhood and Society*, New York: W. W. Norton & Co., 1950, p. 224.

③ ［美］鲁思·本尼迪克特：《菊与刀》，吕万和等译，商务印书馆1990年版，第106页。

“要脸”的人不一定有德性，因为“脸”可以“化装”，示人的不是真“脸”，或者是“打肿脸充胖子”。即使某人一贯“要脸”且“有头有脸”，在一些特定的时空，他可能也会撕破“脸皮”，跟对方拼了这张“老脸”，或者“死不要脸”。

四、羞耻的式微

由于羞耻依赖于视觉，并且不同人的视觉会激发出不同的羞耻反应。“他者也不是任意的人，在陌生人面前出丑与在熟人面前出丑相比，其狼狈程度是很不一样的。”① 因此，重视羞耻的文化也更倚重社会关系。特定社会关系的维系使行动者被束缚在相对稳定的熟人社会中。行动者与熟人共享着相同或者相似的社会关系，因而，其可耻的行为一旦为熟人所知，就意味着为社会关系内其他的人所了解，从而会减损其道德脸面，使行动者感觉“没脸见人”。传统社会主要是一个熟人社会，行动者需要在其所属的社会关系中找到情感归属或者得到尊重。换言之，他必须使自己成为社会关系网悦纳的对象。为此，行动者就必须努力增加或者维护自身的“脸面”。增加或者维护“脸面”的功夫包括两层含义：他不仅需要使社会关系网内的其他人熟悉并尊重其物理的脸面，而且必须提升其在社会关系网内的社会脸面和道德脸面。社会脸面的提升依赖于功利性的社会成就，而道德脸面的提升仰赖于道德成就或者德性操守。但无论是社会脸面还是道德脸面，最终还是为了使社会关系网内的其他人看中其物理脸面，也就是看中他这个人。它成为行动者无法逃脱的社会网络，使得行动者尽管可以在空间上躲避熟人的嘲讽，但在道德舆论上始终无法隐身遁形。这种道德舆论上的如影随形不仅会针对行动者本人，还会上溯至其先祖，下延及其子孙。这就意味着，他以往为增进道德脸面而做出的努力付诸东流，他已无脸见人。换言之，他因自己的言行导致道德脸面减损，他人也不再想见他。行动者不可避免地沦为被隔绝、被孤立和被封锁的存在。在重视社会关系的文化中，人的独特属性不是由理性定义，而是由关系规

---

① 陈少明：《关于羞耻的现象学分析》，载《哲学研究》2006 年第 12 期。

范。行动者在社会关系中被“悬置”，在某种意义上也就代表着他被剥夺了作为人的属性、价值和尊严。

现代社会的流动性恰恰使得羞耻反应的发生，更多的不是基于熟人的评价，而是源于生人的围观。这就在无形之中削弱了行动者羞耻反应的强度、纯度和持续时间。生人对行动者羞耻之言行的耳闻目睹，尽管可能会使行动者在现场产生瞬时的羞耻刺激，但是，行动者在行动上可以走为上策。更重要的是，他会意识到，只要他逃离了现场，那么，他者就已经完全不“在场”了。尽管行动者的不耻言行被围观，但是，这不影响他在原有社会关系网络内的道德脸面。甚至极端的情况就是，行动者通过在生人社会的不耻言行来增进在熟人社会中的道德脸面。这就不同于相对静止的传统熟人社会。如果这两个社会之间存在关联，那么，行动者的言行会收敛；如果毫无瓜葛，那么，行动者甚至可能肆无忌惮。因此，小本生意的经营者往往在异地经商。其中重要的原因在于，即使制售了假冒伪劣商品，所产生的羞耻反应也会小得多，对其在家乡的道德脸面的减损也轻得多。现代社会的流动性和陌生性使得行动者的物理之脸面不被他人所熟稔，因此，也就不会对其道德之脸产生损伤。在这种心理预期下，行动者就可以变得心安理得地从事在熟人社会中敢想而不敢说或者不敢为的事情。既然彼此都不熟悉，也不期待看清对方的物理脸面，那么，就可以不顾道德脸面去说真实社会中不可说的，去做真实社会中不可做的。即使说了或者做了以后，行动者的羞耻的身体反应也不会展现出来。

传统与现代社会中羞耻的命运变迁，其实质是行动者自爱内容以及自爱方式的差异。亚里士多德区分了两种形式的自爱。一种自爱是“使自己有更多的钱财、荣誉和肉体快乐”，也就是“满足自己的感情或灵魂的无逻各斯部分”。[①] 亚里士多德认为，这种形式的自爱尽管得到多数人的认同，但是它应该公正地受到谴责。另一种形式的自爱是“总是做公正的、节制的或任何合德性的事情”，“总是做使自己高尚［高贵］的事情而不

① ［古希腊］亚里士多德：《尼各马可伦理学》，廖申白译，商务印书馆2003年版，第275页。

是别的事情”，“尽力地满足他自身的那个主宰的部分，并且处处听从它”。[1] 在亚里士多德看来，这是真正的自爱。“我们应当做这种意义上的自爱者，而不应当做多数人所是的那种自爱者。”[2] 我们姑且分别称之为外在欲望自爱与内在德性自爱。

德性自爱与欲望自爱并不必然形成剧烈的冲突。比较美好的结合方式是，行动者在追求德性自爱的过程中，实现了欲望自爱。因此，在孔子看来，富贵是人之所欲，但是，对于那些通过不义的手段而获得的财物，有德者应该予以摒弃。换言之，如果富贵是通过正当的途径而得的，如德行，那么，它就值得向往和拥有。在熟人社会中，德性自爱与欲望自爱之间的勾连相对紧密。最简单的情形是，行动者对不正当的言行毫无羞耻反应，因此被其所属的社会关系圈内的成员批评；人们将降低对行动者的信任，使得行动者聚集社会资本的能力下降，从而影响其欲望自爱的实现。同时，我们会发现，在传统熟人社会中，会有相应的制度安排保障“德”与“得”之间的相通性。例如，在国家层面，汉朝有“举孝廉”的人才选拔机制；在民间，德高望重的人往往在当地享有裁判的特权。因此，在这种社会结构中，行动者理性的方式是对羞耻表现出恰当的敬畏和警醒。

但是，在现代社会中，这种勾连是脱节的。“德”“得”相通的机制被打断。比较典型的是，现代组织是崇尚效率的组织，也是去“耻”的组织。科层制作为现代组织的基本形式，它要求合理的分工、层级节制的权力体系、依照规程办事的运作机制、形式正规的决策文书、组织管理的非人格化、适应工作需要的专业培训机制和合理合法的人事行政制度。从纯技术的观点来看，科层制能最大限度地发挥效率，在精确性、稳定性和严格的纪律性和可靠性等方面都比其他组织形式要优越。但是，从道德的层面分析，因为对依照规程办事的运作机制和组织管理的非人格化的依赖，它内在排斥道德的运作空间，是效率最大化而道德最小化的现代“合法

---

① ［古希腊］亚里士多德：《尼各马可伦理学》，廖申白译，商务印书馆 2003 年版，第 276 页。

② ［古希腊］亚里士多德：《尼各马可伦理学》，廖申白译，商务印书馆 2003 年版，第 277 页。

化”的组织形式。因为对于现代组织的效率导向而言，重要的是行动的结果，而不是行动的过程。由此，结果考核彻底取代了过程关注：不管行为者在实践过程中采取了什么手段或者持何种心态，重要的是行为者带来了什么结果。在科层制中，“唯有组织内的规则被作为正当性的源泉和保证，现在这已经变成了最高的美德，从而否定个人良知的权威性”①。换言之，它使得对组织规程的忠诚成为良知最正确的内容和最合法的终极标准。“处于官僚主义行为轨道里的人不再是负责任的道德主体，他们的道德自主性被剥夺了，并且被训练成了不执行（或相信）他们道德判断的人。”②

法律是当代多元社会中共同的规范。尽管法律在进行责任认定时也重视过错原则，但是，这种过错仍然被限制在权利义务的框架内。如果行动者被设定为要履行某项义务，那么，过错就意味着对这项义务的不作为（如果义务的履行方式是不作为，那么，作为就构成过错）。因此，法律上的过错实质是对行动者义务的违反。作为组织控制的严厉手段，法律义务的范围必须受到控制，否则，它有可能侵蚀人类的自由。因此，在调整社会生活的广度上，法律弱于道德。行动者道德上无耻之尤的行径可以得到法律支持或者免受法律惩罚。在社会生活中，人们常会听到法理和伦理两难的悲怆故事。备受欺凌的弱者在走投无路的情况下奋起反抗，杀死不可一世的强者。从法理上说，这是一种过错，但它并不可耻。相反，人们还会从情理上同情地理解乃至倍加赞扬。相反，有一种过错，它在法理上无比正确，但在伦理上让人觉得难受。道德冷漠就是这种法律上正确的伦理罪恶。如果法律本身存有道德缺陷，那么，依法办事恰是人类文明的灾难。它以普遍主义的姿态蔑视人、否定人和遗弃人，使生活受制于法律，而不是法律服务于生活。尽管不能由此认定，现代法律是无耻之徒的帮凶，但是，它无疑对社会中的耻言、耻行和耻事起到了一些推波助澜的作用。先贤圣哲对此早有警示：“道之以政，齐之以刑，民免而无耻。道之

① ［英］鲍曼：《现代性与大屠杀》，杨渝东等译，译林出版社2002年版，第30页。

② ［英］鲍曼：《生活在碎片之中——论后现代道德》，郁建兴等译，学林出版社2002年版，第304页。

以德，齐之以礼，有耻且格。”（《论语·为政》）

第四节　传统典故的德育价值

中华民族是有着悠久历史和深厚传统文化的民族。“十八大”以来更加重视继承发扬优秀传统文化，这是中国社会发展的一个重要特征。为贯彻落实党的十八届三中全会关于完善中华优秀传统文化教育的精神，落实立德树人的根本任务，进一步加强新形势下中华优秀传统文化教育，教育部于2014年印发《完善中华优秀传统文化教育指导纲要》的通知中提出，“加强中华优秀传统文化教育，是深化中国特色社会主义教育和中国梦宣传教育的重要组成部分”，要“引导大学生深入学习中国古代思想文化的重要典籍，理解中华优秀传统文化的精髓”。

高校思想政治理论课是开展中华优秀传统文化教育的重要载体，同时，中华优秀传统文化是丰富高校思想政治理论课的重要内容。有意识地结合高校思想政治理论课的教学要求，有针对性地援引传统典故作为教育教学素材，不仅对完善大学优秀传统文化教育，对提高大学生的文化自觉意识、文化自信精神和文化自强能力，具有特别突出的价值，而且对丰富高校思想政治理论课教学具有重要的探索性意义，有助于实现“以文育人”和“以文化人”的教育使命。

一、传统典故进入高校德育的教育合理性

案例教学是高校思想政治理论课中一个重要的且具有广泛共识的教学方法。通常而言，案例的选取来自社会生活。教育者通过对社会实例的剖析，传导教育所要追求的价值。传统典故无疑是一个个实际发生或虽未发生却不失鲜活的案例，但更是一段段深刻思想的载体，脍炙人口且直抵心灵。教育者以之为教学案例，讲述的不仅是一则则故事，更是古今相袭的思想智慧。寄寓于具体的生活场景，通过对常人知识、常人境遇或者常人经验的点明，言简意赅而又深刻形象地传达出高明的意旨，是中华古代先

贤们表达思想的重要方式。这些知识、境遇或者经验通过后世的诠释和流传而积淀成中华优秀传统文化中的重要典故，成为民族文化的精华、民族智慧的象征和民族精神的结晶。“三年之丧”“亲亲相隐”“曾点气象”“嫂溺叔援”“孺子入井”“窃负而逃”“以羊易牛”“庄周梦蝶”“濠梁问答”等都是脍炙人口且直抵心灵的传统典故。它们通过对特定情景的描述，让观念形象化或者情景化，使“意义植根在经验的土壤中”。传统典故类似于西方学术中的“思想实验”，虽未必在生活中真实发生过，但读者能够凭借自身的间接经验理解其意义。① 这些故事既是古代施展道德教化的经典文本，又是当代完善中华优秀传统文化教育和深化高校思想政治理论课的重要资源。

（一）传统典故进入高校德育，遵循了教育的接受性规律

教育是化育人心的伟大事业，是塑造灵魂的复杂工程。人心之纤细精微决定着教育必然是充满艰辛的精耕细作。中华传统文化教育的本真是价值教育，它力求通过中华传统文化知识的载体，培养受教育者以“天下兴亡、匹夫有责”为重点的家国情怀，以仁爱共济、立己达人为重点的社会关爱，以正心笃志、崇德弘毅为重点的人格修养。这些宏伟的教育目标的本质是价值的传导。价值揭示的是客体满足主体需要的一种关系。如果仅有主体和客体，而缺乏客体满足主体需要的属性，那么，客体对主体就没有价值。只有客体满足主体需要，才能为主体所接受，才对主体具有价值。这反映在中华传统文化教育上就是，教育的内容和方法必须满足受教育者的需要，为受教育者所接受，唯有如此才能取得理想的教育效果。大学生的知识基础和认知心理决定了他们对中华传统文化教育的接受，既不会驻足于中小学阶段古代诗词艺术的诵读欣赏，也不会满足于对中华优秀传统文化虽精当却枯燥的抽离式凝练，而是要更深刻地思考感性材料之后的形上理念，更完整地还原枯涩概括之后的丰富信息。因此，既超越单纯的感性材料的诵读，又避免过度的抽象结论的灌输，就成为大学阶段中华

---

① 参见陈少明《想象的逻辑：来自中国哲学的经典例证》，载《哲学动态》2012 年第 3 期。

传统文化教育非常重要的方向。传统典故是一个个案例，是一则则故事，它虽虚设，但学生凭其间接经验可以感知；传统典故又是中华优秀传统文化的浓缩，是一段段深刻思想的载体。大学生从传统典故的形象化故事中，读出的是深刻的思想。因此，传统典故进入高校德育，就比较好地将形象材料和抽象思考结合起来，遵循了大学生的认知特点和接受规律。《完善中华优秀传统文化教育指导纲要》要求，要以推进大中小学中华优秀传统文化教育一体化为重点，整体规划、分层设计、有机衔接、系统推进。它揭示的正是接受性规律在中华优秀传统文化教育中的反映。

（二）传统典故进入高校德育，实现了学术向教学的转化

“教学相长”的本意不仅是指教师和学生在教学活动中共同成长，而且包含教育和学术相互促进的深意。教育实践中的难题和困惑引起了学术上的思考，促进了学术上的进步；同时，学术上的探索可以转换成积极的教育资源，推动教育实践的革新。学术研究特别是人文研究的重要使命是要触发人类灵魂深处的价值革命。但是，它往往不是自然生成的结果，而是通常需要借助教育的中介。因此，正是教育对学术的创造性利用，人类社会普遍的思想变迁才可能变成现实。中华优秀传统文化的当代学术研究，在观点、内容、视角和方法上，都取得了长足的进展，积累了丰硕的成果；特别是通过对传统典故的多维挖掘，使中华优秀传统文化的形象呈现日益丰富化、日渐立体化而变得更加鲜活生动，避免了对中华优秀传统文化的单调性剥离和平面化展示。刘清平从孟子有关舜的两个传统典故的辨析中，提出了儒家伦理与政治腐败之间具有暗合性的学术命题，引发了“亲亲相隐”与儒家伦理持续近十年的思想争论。其间既有“立场”之争，又不乏“学理”之辩；既复活了知识性考据的汉学传统，又重燃了义理性发微的宋学精华。持久的学术争论不仅使“直”和“隐”等关键词在具体文本中的确切含义得以详加辨析，儒家义理的真精神与孔孟的个别论述得以合理区分，儒家经典的完整内涵得以创造性诠释，而且使人们意识到：传统典故不仅仅藏于故纸堆，而且连接了古今、横跨了中西。它们不仅是经典世界的生活经验的直接反应，需要在具体的历史背景中去理

解，发掘未经明言而隐含其中的思想观念；而且要在文化的比较中，对它们的当代含义与实践价值进行有深度的哲学反思。如果热闹纷呈的传统典故的学术研究能够转换成积极有效的教育资源，那么，更多的人会受益于重大的学术探索，更加鲜活地感受到中华优秀传统文化的魅力。

（三）传统典故进入高校德育，回归了中华优秀叙事教育传统

中华优秀传统文化不仅是指其具体的内容，如以“天下兴亡、匹夫有责”为重点的家国情怀，以仁爱共济、立己达人为重点的社会关爱，以正心笃志、崇德弘毅为重点的人格修养，还包含那些承载或者传达具体内容的形式。内容和形式具有辩证性，没有内容的形式，易流于空洞；没有形式的内容，则行之不远；特定的内容要求相应的形式。继承中华优秀传统文化应该是内容与形式的统一。中华民族对核心价值观念的教育传统不以形而上学的思辨为重点，而是以叙事为中心，在对具体的人、事甚至物的阐述中，表达其观念、思想和智慧。《论语》既是孔子及其弟子的对话录，也是后儒用作教育的文本，但是，黑格尔批评《论语》“里面所讲的是一种道德常识，这种道德常识我们在哪里都找得到，在哪一个民族里都找得到，可能还要好些，这是毫无出色之点的东西”；他批评“孔子只是一个实际的世间智者，在他那里，思辨的哲学是一点也没有的——只有一些善良的、老练的、道德的教训，从里面我们不能获得什么特殊的东西”①。黑格尔立足于思辨哲学立场的批评确实有其道理。但是，他忘记了中西方思想家理解教育上的一个重要差别，即中国思想家所追求的教育目标，不是为知识而知识，不追求抽象的、宏大的且缜密的理论体系，而是强调教育所传导的知识对人伦日用和工商耕稼的解忧和满足。因此，在教育方式上，中国思想家就不会太玄远以致远离了人们的日常生活，而是要扎根在百姓可见可感的生活实践中，通过“故”事或者“活”例，体现知识或者思想的实用性价值。传统民间教育的主体基本是叙事教育，是故事在民

① ［德］黑格尔：《哲学史讲演录》（第1卷），贺麟、王太庆译，商务印书馆1959年版，第119－120页。

间的世代流传。人们在讲述、复述和聆听故事的教育实践中，接受文化的熏陶。《三字经》则将经典的故事凝练成朗朗上口、易读易记的话语表达。以叙事为中心的中华优秀教育传统将核心价值观念内隐在经典的故事中，在潜移默化中改变受教育者的价值观念，是一场温柔的心灵革命。传统典故的实质就是一则则充满了思想或者智慧的故事。传统典故进入高校德育，是对中华优秀叙事教育传统的回归。

（四）传统典故进入高校德育，体现了现代先进教育理念

现代教育强调回归生活，重视从受教育者的生活实践中生成教育内容并实现教育理想。同时，由于不同的人有着不同的生活境遇和生活预期，客观的生活世界就具有了千差万别的主观呈现，使得人们之间既共享着生活，又分离着生活。但不管哪种生活，都可能有其借鉴之处，也有其批判点。生活主体之间的交流和互动就成为差异化生活世界中必然的选择。因此，现代教育回归生活的主张，必然催生出教育主客二元的视野，反之亦然。传统典故是一则则案例，它们是想象的产物，但有着生活的基础。因此，无论是古人还是今人，面对传统典故中的人、事或者物，都不会感到很陌生，而是有一种由衷的亲切感和熟悉感；即使它们未必在读者的日常生活中实际发生，但是，它们都是可以凭借间接经验或者想象而感知。在“孺子将入于井”的典故中，虽然目击过小孩坠井的人非常罕见，但不妨碍我们想象自己（或者他人）置身于这种情景时的心理反应；而在“庄周梦蝶”的典故中，虽然绝大部分人不曾有过在梦中变成蝴蝶的经验，但只要做过梦，对日常经验在梦幻中变形的情形，就不会觉得不可思议。[①]这些传统典故有着深厚的生活气息和生活底色，且带着深刻的文化内涵。因此，传统典故不是简单地回归生活，而是承载着文化观念、文化思想和文化智慧。传统典故是古典思想家用作表达思想的工具，是精心设计的思想实验。但这并不表明它只蕴含着一维的理解。恰恰相反，无论是传统典故诞生之初，还是其流变之中，都隐含着多维的诠释空间。因为既然是思

① 参见陈少明《想象的逻辑：来自中国哲学的经典例证》，载《哲学动态》2012 年第 3 期。

想实验，它们就需要不断被再反思甚至复设计。这种思想属性决定了，高校以传统典故进行德育时的教学立场不是“独白式”的——无论是古典思想家之“独白”，还是现代教育家之“独白”，而必定是对话式，是师生交流和互动的过程。

二、传统典故进入高校德育的技术性考察

传统典故虽经常被用来进行当代教育实践，但教育者往往以之为既定结论的例证或者注脚，而疏于更完整地呈现它们所隐含的文化信息、文化观念或者文化智慧，使得传统典故所蕴藏的教育价值难以澄明，使得活泼生动的经典教育故事沦为呆板单调的道德说教。传统典故成功进入高校德育，离不开传统典故的知识性考据、义理性发微、观念史考察和伦理学想象。

（一）传统典故的知识性考据

一字多意是古代汉语的显著特色。思想家使用的字词相同，但是，在不同的语境下，表达的意思可能存在微妙的甚至巨大的差异。因此，细致甄别传统典故中关键字词的具体内涵，就成为成功运用传统典故的基本前提。如在由刘清平挑起的关于儒家“亲亲相隐”的学术争论中，控辩双方着力的一个焦点就是对“直”和“隐”的理解。在《论语》中，“直”共出现二十二次，是孔子话语中一个极为重要的概念。在叶公和孔子对话的寥寥数语中，“直”出现三次，分别是“吾党有直躬者”“吾党之直者”和“直在其中矣”，但是，它们的具体内涵有所区别。如有学者提出，“吾党有直躬者”之“直”主要是公正、正直，但“直躬”只讲理不讲情，故为孔子所不满；“吾党之直者”之“直”代表了孔子的理想，兼及情与理，其“直”是指“直道”；“直在其中矣”之“直”是率真、率直，是“直道”的具体表现。[①] 这种对“直”的分类和理解是否合理得当，姑且不论，但它揭示了传统典故中核心用语之隐晦复杂的事实，确是显见的结论。同样，学者们对于“隐”的聚讼纷争自古至今鲜有停歇，或

① 参见梁涛《“亲亲相隐”与“隐而任之”》，载《哲学研究》2012 年第 10 期。

将之解为“隐讳”“讳匿”；或将之释作“代为受过”；或将之视为“洁身自好”；或以之为“檃”的假借，表达“矫正”之意；或注之为“沉默”“回避”。[①] 不同的注解和诠释，使得相同的“亲亲相隐”的传统典故，呈现出迥然有别的基本内涵和精神境界。传统典故进入高校德育，并不苛求教育者对传统典故中的每一个关键字词都要亲躬考据，这既不可能，又不必要。其不可能源于每个人知识背景的有限性，难以完整且合理地穷尽古典世界中的字词；其不必要来自历经中华民族千百年的学术考据，传统典故中歧义的字词所隐含的多维指向，已经基本被开掘。但是，无须教育者亲躬考据的事实，并不排斥教育者面对传统典故时的考据的态度——客观地呈现围绕传统典故所展开的知识性考据论争，为受教育者提供选择的路径，而不是代替选择。

（二）传统典故的义理性发微

古典思想家讲述故事的目的，不是为了娱乐而是旨在传达思想。故事看似轻描淡写或者漫不经心地托出，但其实总是经过精心设计和巧妙安排。人们从这些故事中直接感受到的思想冲击正是思想家渴求传导的思想观点。结论其实早已预先被安置在故事之中。后世学人围绕传统典故的孜孜不倦的知识性考据，根本追求是要尽可能逼真地还原这些故事背后的思想或者义理。它们才是典故得以成为传统的真谛。“孺子将入于井”的传统典故之所以精彩，是因为孟子将人之善良本心的义理，放置在作为弱者象征的“孺子”身上，呈现在突如其来的“将入于井”的危险处境中。客观的不幸遭遇和主观的弱小生命形成强烈的反差，使“路人”萌生出“不忍人之心”。孟子并没有详细刻画出“不忍”的道德情感状态，这不仅源于语言苍白和情感丰富之间的强烈反差，还因为它是行动者的常识性情感体验，无须刻画而只需反观。如果行动者无睹于他者特别是幼弱者的痛苦而体泰心安，就是麻木不仁。这不仅是生理病，而且是伦理病。传统典故进入高校德育，必然要求教育者能够将这些传统典故所力求表达的思

---

① 参见裴植《“父为子隐子为父隐”新解》，载《孔子研究》2009 年第 3 期。

想或者义理展现出来。这并不是特别艰难的重任，因为传统典故的诱人之处，恰是其以简约的形式表达深刻而不远人的思想。义理跃然于文字表述之上。教育者对传统典故的运用应充分尊重所出文献的整体思想，而不能过度以现代化或者西方化的概念、逻辑或者理论，去解释古典的思想世界。解释过度或者解释不足，都是对传统典故不负责任的体现。在"以羊易牛"的典故中，齐宣王利用其地位可以"舍牛"，而牵牛者没有这个权力，尽管他可能比齐宣王更加充满了"不忍"。因此，地位等外在因素的差异，使得一个人成为圣人或者好人充满了偶然性。这就点出了道德运气的问题。但这种现代式的挖掘显然不是"以羊易牛"所属《孟子·梁惠王上》的显在或潜在要表达的主题，教育者就不宜随意做出扩大化的解释。

（三）传统典故的观念史考察

思想的诞生和流传总有其生活世界的背景。传统典故所传达的思想或者义理，即使被后世证明具有超越性的普遍价值，但它们首先必然同其所处的古典生活世界有关，是彼时世界模式特有的秩序、规则、经验和智慧的反映。传统典故的观念史考察的实质，就是从古典生活世界出发，同情地理解传统典故所传达的思想或者义理，而不是以现代世界的观念曲解古典世界的思想。在孟子"窃负而逃"的传统典故中，舜父因杀人而被皋陶抓捕入狱；舜放弃王位而将父亲窃负到海边，享受着乐以忘天下的生活。如果按照现代世界的观点，那么，舜是徇情枉法，把父子亲情摆在至高无上的位置，将它凌驾于社会生活的法律规范之上，为了营救自己的亲生父亲，不惜牺牲正义守法的普遍准则，放弃"为民父母"的天子使命。[①] 但是，这种解释忽视了舜的生活世界与当代生活世界的差异及其引发的社会观念的区别。解释者在不自觉地以当代生活世界中"法律""天子""正义"和"父子"的观念去诠释舜的生活世界中的同类概念所隐含的观念，而不是在舜的生活世界去理解"法律""天子""正义"和"父子"的所

① 参见刘清平《美德还是腐败？——析〈孟子〉中有关舜的两个案例》，载《哲学研究》2002年第2期。

指。以“法律”为例，无论是中国古典时代，还是古希腊时代，它不仅指制成条文或者刻成文字的实在法，还泛指一切有效的社会规范。当亚里士多德在最广泛的意义上说一个正义的人是守法者时，他所使用的古希腊语中的“法”（nomos）不是实在法，而是泛指协调人类交往的社会规范。因此，正义不只与一个社群的立法者颁布的成文法有关，还与更广泛的社会规范有关。这些规范约束着所处社群的成员。一个正义的人已经将基本社会规范内化，成为守法者。同样，无论是古典的还是现代的生活世界，总是具有多维性。虽同为“亲亲相隐”的故事情节，但在《论语·子路》《庄子·盗跖》《韩非子·五蠹》《吕氏春秋·当务》和《淮南子·氾论训》等不同的文本中，具有了不同的命运。而在“亲亲相隐”受到肯定的生活世界中，“大义灭亲”也成为受推崇的道德观念。在任何生活世界类型中，社会观念都具有多元性。因此，教育者不仅要考察特定传统典故所传达的社会观念，而且要兼及其变异者与反对者。这些传统典故的变异者与反对者的当代理解，会增进对彼时社会观念整体且更真实的把握。

（四）传统典故的伦理学想象

中华传统文化总体上以伦理为本位，直接反映的是中华民族古典生活世界特有的道德秩序和伦理规则。但是，它之所以被后世不断地诠释，在于其具有了一种超越性的思想力量，揭示了一种伦理现象、一种伦理冲突和伦理智慧。因此，后世对传统典故的态度和立场就不能仅仅是传统古典式的，还必须借助人类思想发展的力量，特别是伦理学的思考力量，展开伦理学想象。在齐宣王“以羊易牛”的典故中，人们的解读往往集中于牛被释放的仁慈结果，而忽视了整个仁慈过程。从齐宣王的角度来看，他是先看到了“觳觫”之牛从他眼前经过——“王见之”；随之产生了不忍之情——“吾不忍其觳觫”；并最终做出了“以羊易牛”的选择——“舍之”。这种在时间和逻辑上自有其序的三段论，行动者对他者痛苦的认识（同情），行动者对他者痛苦的拒斥（不忍），行动者减缓他者痛苦的尝试（行善），构成仁慈的基本结构。随之而来的问题是，同情作为行动者对他者痛苦的感受，与他者经历的痛苦有什么关系；我们借助休谟、斯密、叔本华和泰勒的思想遗产，如何刻画出同情的意向体验；行动者未能由同情之感发展出不忍之情并由不忍之情外化出不忍之行的制约性因素是什么；齐宣王“以羊易牛”的仁慈本质是他爱还是自爱；他爱和自爱在中国传统文化中的地位是什么。此外，“衅钟”是当时的社会祭祀仪式，代表着社会规范，隐喻社会公正；“以羊易牛”完成“衅钟”，体现了齐宣王对社会规范或者社会公正优先性的认可。尽管牛和羊同为人之外的生命，原则上有着同等的道德地位，但是，牛之独特之处在于它为齐宣王所见，而羊则为齐宣王所未见。这种视觉上的差异产生的重要的道德事件是，牛转变为特定生命形式的牛，而羊依然是一般的生命存在。齐宣王对牛的仁慈代表着特殊主义，而对羊的仁慈则是普遍主义。因此，齐宣王“以羊易牛”不仅有着仁慈与公正之间的冲突，而且潜藏着特殊仁慈与普遍仁慈之间的矛盾。[①]

三、传统典故进入高校德育的教育前景

《完善中华优秀传统文化教育指导纲要》对我国小学、初中、高中和大学的优秀传统文化教育提出了不同的要求。大学阶段要“增强学生传承弘扬中华优秀传统文化的责任感和使命感”，“辩证看待中华优秀传统文化的当代价值”。传承和弘扬中华优秀传统文化的实质是要在新的历史条件下批判地继承中华优秀传统文化，其前提是对中华优秀传统文化的同情的理解。而只有落实到中华民族的文化实践和世界文明发展的土壤中，才能够更清晰地理解中华优秀传统文化的当代价值。传统典故进入高校德育，以知识性考据、义理性发微、观念史考察和伦理学想象为基本教学维度，可以培养学生对中华优秀传统文化同情的理解能力、批判的继承能力、文化的历史眼光和文明的全球视野。

（一）同情的理解能力

根据梁漱溟的观点，“同情的理解”就是人们首先必须对中华传统文化怀有“敬意”，把它看成“天理”的载体、世界上最优秀的文化形态，

① 参见童建军、马丽《“以羊易牛”与仁慈美德》，载《道德与文明》2013 年第 4 期。

尽管它存在这样或那样的问题，譬如，没有发展出西方式的民主与科学，物质文明也很落后，但是本源上它不存在任何的不足。然后，遵循“六经注我”的路子，依据自己对中华传统文化所怀的“敬意”，来解释中国历史文化，体认它的根本精神及其价值。同情地理解中华传统文化，是否就要视之为世界上最优秀的文化形态，暂且不论。但是，不以今人的眼光妄论古人的视野，而强调历史地审视传统文化的优劣，却是一个基本的学术立场。传统典故首先反映的是中华古典世界社会生活的特有规则，自有其产生的土壤和适应的时空。沧海桑田，时代在变。创设规则的人已经远去，适用规则的社会已经不再。今人面对的只是古人遗留的一堆既成的文字材料，且严格来讲，每一个社会都有其特定的用语规则，相同的字词在不同的社会所表达的含义可能都不同。因此，经由静止的文字进入古人流动的社会生活，设身处地地去理解古人的生活规则与社会秩序，艰难而重要。西方社会有重要的解释学流派，中国有历史悠长的注经传统。文本或者经传之所以需要解释，是因为前人的文字所表达的含义有其待阐明之处，且社会生活的实践本质决定了社会的变动性，必然会对旧规则有新的阐发，以适应新的实践。无论是解释，还是注经，虽然后人的创见是否高远决定了经典诠释的深浅，但是，根本的前提是对前人所创造的文化或者思想的同情的理解能力。这种能力不仅表明后人的一种品质，更是为了逼真地走进古典的生活世界。

（二）批判的继承能力

在一般语义上，“批判”主要包含三层意思：批示判断，评论、评断，对所认为错误的思想、言行进行批驳否定。[①] 经过“文化大革命”后，“批判”成为日常生活用语中不太美好的词语，成了你死我活的斗争或者无情彻底打击的代名词，这纯粹是历史的误会和扭曲。如果从哲学的层面对“批判”的要旨做出概括，其主要是方法论意义上的反思、扬弃和超越的思维方式。我们对传统典故的同情理解，不是为了理解而理解，不是脑

① 参见《汉语大词典》（第6卷），汉语大词典出版社1990年版，第366页。

海中的思想体操，而是为了在更完整地呈现传统典故真意的基础上，更好地挖掘其价值，寻找其普遍的精神力量。批判的继承反对全盘接受和全盘否定，而主张在理性辨明真伪的基础上的扬弃。传统典故所隐含的社会生活的规则或者文化智慧或者人生经验，虽然在当时的古典社会有其适用性，但是随着时代的变迁和社会的更替，也会显示出其合理性、非理性或者反理性。这就需要我们时刻保持理性的反思和批判的态度。只有在同情理解的基础上，运用理性的力量，加以批判的继承，才能做到真正取其精华，去其糟粕。“亲亲相隐”的传统典故，在《论语》中的表述是，面对“攘羊”的不道德行为，“父为子隐，子为父隐”（“直躬证父”）。但在《孟子》中不同的版本是，舜王偷偷背上父亲逃到海边（“窃负而逃”）。这两个不同版本的“亲亲相隐”的故事揭示的一个共通的思想主题是古典社会对血缘亲情的推崇。但是，这两个版本的传统典故之间的差异在于，孔子处理的是日常生活中屑小的道德难题，本质上是“家”的伦理；而孟子遭遇的是政治生活中重大的道德困境，根本上是“国”的伦理。在“直躬证父”的典故中，“子”只是“子”，对父子亲情负有责任。而在“窃负而逃”的典故中，舜不仅是“子”，而且是“王”，其负责的对象不仅有父亲，更有天下。现代社会应该心平气和地接受孔子似的“直躬证父”，而理直气壮地反对孟子似的“窃负而逃”；既在私人生活领域维系亲情，又不能以公共权力干扰司法公正。

（三）文化的历史眼光

文化人类学者泰勒提出：“文化是包括知识、信仰、艺术、法律、道德、习俗以及其他作为一个社会成员所必须具有的能力和习惯的总和。”[①] 文化既是有形的，也是无形的，它可以通过物质实体、社会范型来表达，亦可通过思想意识、制度理念来体现。因此，文化尤其是文化传统对人的影响方式，才具有渗透到每个人的毛孔、流淌到每个人的血液中之功能。文化同人类生活的内在关系极为紧密。梁漱溟把文化直接定义为“人类生

① 转引自周大鸣、乔晓勤著《现代人类学》，重庆出版社 1990 年版，第 26 页。

活的样法”。因此，人们为不同的文化所影响着，彼此就会有不同的生活样法。钱穆说道：“文化是一个民族生活的总体，……不是指每个人的生活，也不是指学术生活、经济生活、物质生活或精神生活等。它是一切生活的总体。英国人有英国人的生活，德国人有德国人的生活，印度人有印度人的生活，……这个生活就是它的生命，这个生命的表现就成为它的文化。”[①] 传统典故不仅是经典的故事，更重要的是它在历史的流变中已经成为民族传统。而只要是传统，就会对当下的实践产生历史的预制。反言之，每个民族虽然共享着共通的原则，但其实践也会自有其特殊性。这种特殊性就来自每个民族在进入社会实践时面对的不同的前提。这些前提既有自然地理的，也有历史人文的。因此，传统就构成了每个民族当下实践的前提。只有澄清前提，才能理解每个民族的实践特色。西方社会以“分粥”原则例证社会正义实现的前景。据此，当分粥者是最后的取粥者时，就能够实现分配的公平正义。这种将人从各种社会关系中抽象化和剥离化的思维方法，不是中国传统文化中主导性的方向。中国文化对人的理解不是原子式的，而是基于关系。人一生下来就生活在关系的网络之中，成为网络上的结点，自有其职分。在这种关系本位的文化传统中，受到崇尚的不是“分粥”，而是“让梨”。孔融是分梨者，也是最后一个取梨者。他将大的梨给了兄弟，而唯独给自己留了最小的梨。这个结果显然不公正，但是充满了道德温馨。无论是否愿意，我们生而浸润在传统的熏陶中，生活在传统的“掌心”中，经受着传统惯性的推拉，这是无法逃脱的“命定”。它使得人类文化的发展主要不是表征为普遍的和制造的进程，而是呈现出经由历史延续而培育的特征。

（四）文明的全球视野

传统典故虽诞生于中华民族的历史文化土壤之中，但是，它所包含的故事情节或者隐藏的思想观念可能具有普遍性。“直躬证父”的典故无疑

---

① 钱穆：《从中国历史来看中国民族性及中国文化》，香港中文大学出版社 1979 年版，第 13 页。

始出于孔子，并在庄子、韩非子和孟子那里得到了不同版本的流传。即使在中国传统文化内部，不同的思想家对“直躬者”持有不同的态度和立场。但是，跳出中华民族文明之外，西方文化传统中也有着类似的“直躬证父”的例子。柏拉图的《游叙弗伦篇》记载，游叙弗伦告诉苏格拉底，他要起诉自己的父亲犯了杀人罪。苏格拉底认为只有那些拥有极高智慧的人才会这样想。这就给出了不同于孔子和孟子的答案。或许传统典故的情节中西互异，但是，如果将中华民族传统典故蕴含的思想观念放置在更加宽泛的世界文明框架内去解释，那么，会显示出更加充分的思想力量。“孺子将入于井”点明人皆有恻隐之心。但是，由于中国古典思想家不着力于理论思辨，因此，这则典故虽具有顿悟人心的冲击力，但是，缺乏逻辑的力度，例如，它尚未刻画出恻隐的意向体验。而西方的情感现象学却提供了有益的思想资源。休谟将同情理解为“将他们的感受注入”我们自己之中，斯密把同情在根本上视为是“与受苦者设身处地”，胡塞尔将同情刻画成“为他在受苦而苦，因他在受苦而苦”。耿宁则提出：“我们这样担惊受怕，不是因为这个处境被体验为对我们是危险的，而是因为它是对另外一个人而言是危险的，我们是为他者担惊受怕，我们倾向于做某事不是针对自己，而是针对那另外一个人而言的危险处境。”① 因此，“孺子将入于井”所激发的恻隐之情，根源于“将入于井”的危险处境，而不是源于“孺子”的苦难。事实上，懵懂未知的“孺子”从“将入于井”的危险处境中体验到的可能不是苦难，而是新奇与快乐。因此，聚焦中华民族的传统典故，不必然摒弃与世界文明谱系中传统典故的对话。恰恰相反，只有在与世界文明的比较中，才能更清晰地理解特有的故事情节或者思想观念的深远价值。

传统典故进入高校德育不仅可以深化高校思想政治理论课相关内容的教学，通过对作为案例的传统典故的深度剖析，使教材中重要的知识点更加鲜活和形象，使学生对传统文化的体认更加深刻；而且沟通了学术研究

---

① ［瑞士］耿宁：《孟子、斯密与胡塞尔论同情与良知》，陈立胜译，载《世界哲学》2011年第1期。

与教学实践的联系，使得围绕传统典故的知识性考据、义理性发微、观念史考察和伦理式想象所积累的丰硕的学术成果转化成有效的教学资源。同时，中国古典思想家经由观人、说事和论物而传达思想智慧，通过对日常生活经验进行言简意赅的点化而开悟道德心灵的教育传统，对当前完善大学阶段的中华优秀传统文化教育具有极其重要的理论价值和实践意义。

后　记

严格而言，在中国传统思想史中，“治道”包括“修身”。本书以“治道”与“修身”并列，是侧重于“国”家治理的层面去理解“治道”，从传统思想的现代教育意义去理解“修身”。本书是我们关于传统治道与修身主题的碎片化思考的结集。我们出版这本著作，既是出于对中华优秀传统文化的热爱，更是源于对曾经共同工作岁月的怀念。从2003年到2008年，我们在北京师范大学珠海分校共事五年。那是工作环境相对比较艰难的五年，也是工作心情比较舒畅的五年。

此后，我们各奔南北。虽然再也没有见过面，但是，那段共同工作的时光，是无法抹去的记忆。那段时光不长，但是在我们心中很值得怀念。那时我们刚刚毕业，心中藏着理想，肩上扛着道义；那时我们正青春，激扬文字，没有顾虑，无所忧，无所惧。

感谢北京师范大学杨寿堪教授、李春秋教授、刘志强教授、于风政教授、江万秀副教授和吴建新副教授的厚爱。他们的关怀、宽容和教育，让我们走得更稳，行得更正。

本书原来计划由我们合作完成。后来，博士研究生林晓娴和博士后刘宇加入写作中，并对写作提纲做了调整。写作分工如下：肖俏波负责第二章和第三章，童建军负责第四章及第一章第二节，刘宇负责第一章第一节，林晓娴负责第一章第三节。特别需要指出的是，本书的部分内容曾经发表于《当代儒学》《诸子学刊》《道德与文明》《社会科学辑刊》《哲学动态》和《深圳大学学报》（人文社科版）等刊物。

童建军　肖俏波

2019 年 8 月